*i*

imaginist

想像另一种可能

理
想
国

imaginist

范泓作品

雷震传

民主在风雨中前行

GUANGXI NORMAL UNIVERSITY PRESS
广西师范大学出版社

**图书在版编目(CIP)数据**

雷震传：民主在风雨中前行 / 范泓著.
—桂林：广西师范大学出版社，2013.4（2015.12 重印）
ISBN 978-7-5633-4578-6-01

Ⅰ.①雷… Ⅱ.①范… Ⅲ.雷震–生平事迹 Ⅳ.K827=7

中国版本图书馆CIP数据核字(2004)第026677号


广西师范大学出版社出版发行

桂林市中华路22号　邮政编码：541001
网址：www.bbtpress.com

出 版 人：何林夏
全国新华书店经销
发行热线：010-64284815
山东鸿君杰文化发展有限公司

开本：880mm×1230mm　1/32
印张：17.5　插页：24　字数：412千字　图片：44幅
2013年4月第2版　2015年12月第2次印刷
定价：69.00元（精装）

如发现印装质量问题，影响阅读，请与印刷厂联系调换。

兹據 自由中國 社依出

版法第九條聲請登記業經審核合格

除登記外核給本登記證此證

中華民國四十二年十二月七日

（蓋 闲 印 ）

發行人

發行地址　住址　籍貫　姓名

金山街一巷二號　金山街一巷二號　浙江省　　市　縣　雷震　男 女 年五十七歲

1953年，雷震担任《自由中国》半月刊发行人的登记许可证。1953年12月7日，雷震正式接替胡适，登记成为《自由中国》发行人。此后，胡适才算真正卸下发行人的名义。

1953年雷震致胡适函。这封信的主要内容是谈"总统府"秘书长王世杰免职案之原委。

1959年6月3日，台湾"警备总司令部"军法处呈报《自由中国》半月刊第二十卷第十一期言论分析表。

1961年7月，雷震六十五岁生日，民社党领袖之一蒋匀田祝寿手迹。

萬山不許一溪奔，
攔得溪聲日夜喧。
到得前頭山腳盡，
堂堂溪水出前村。

南宋大詩人楊萬里的
桂源鋪絕句，我最愛讀。
今寫給
儆寰老弟，祝他的六十五
歲生日。

適之
五十年七月

1961年7月，雷震六十五岁生日，胡适想念狱中的雷震，手书南宋诗人杨万里的诗《桂源铺》以赠。第二年胡适即去世了。

1961年，由胡适、夏涛声等四十六位知名人士，呈请蒋介石特赦雷震的陈情书，于2月初送达"总统府"。

# 目 录

# 序言：为雷震造一个铜像

　　第一次对雷震这个名字有了印象，大约是在二十多年前，李敖的某一篇杂文中有一段话给我留下了很深的印象，大意是说，中国人本身有很多不自由民主的性格，雷震的气质是革命党式的、单调的、高高在上的，兴趣狭窄，虽然很雄浑、很过瘾，可惜不是自由民主的气质。从那时起，我就想了解雷震，这位曾经进入过国民党权力中心、最后却因追求民主自由而成了"阶下囚"的历史人物到底是怎样一个人，他真的像李敖论定的那样缺乏民主自由的气质吗？自那以后，我断断续续读到过不少有关书籍、文章，但真正对雷震一生大起大落的命运，他的理想、追求，他的性格、气质，有了较为全面的了解，一直要等到 2004 年 5 月《风雨前行——雷震的一生》问世之后。相隔多年，此书重出修订本，易名为《雷震传：民主在风雨中前行》，范泓兄要以我当年写下的一点感想为序。修改旧作之时，遥想海峡对岸，物是人非，早已换了人间，雷震若在，不知会有如何的感想。面对十年牢狱，他在铁窗之中写给儿女的信里，傲然说出了这番话："我是缔造中国历史的人，我自信方向对而工作努力，历史当会给我做证明。"是的，历史已给他做了证明。

这是我到目前为止读到的第一部雷震传，也是唯一的一本。以史家笔法而不是文学笔法写的，没有多少轻飘飘的抒情成分，读起来沉甸甸的。范泓兄是新闻记者出身，年轻时当过诗人，却偏好文史，对1949年以后海峡对岸的历史曲折和政治变迁尤有特别的兴趣，所以首先选择了这个题目。我从中看到了一个包括我在内的多数大陆读者陌生的雷震，一个从坐而论道到起而行之的雷震，一个"虽千万人，吾往矣"的大丈夫，即便在狱中，他也从来没有低头屈膝，他的脊梁始终是挺直的，他的骨头向来是硬的。他不仅是海峡对岸迈向民主宪政的风雨历程中一个具有鲜明个性特征和悲剧色彩的象征性人物，一个"光焰万丈"的纪念碑，也是中国人追求民主的百年长路上的一个不能回避的坐标。读罢此书，我老是在想，他早年深受蒋介石的赏识，连国民党内炙手可热的CC系、政学系都暗中嫉妒过他，在国民党大厦将倾的1949年他还成了"沪上三剑客"，他身上不乏对蒋和国民党政权的忠诚。如果不是1949年风云激荡的大变局，他是不是会走上这条不归路，还是一个未知数呢。

但另一方面，青年雷震长期留学日本，曾师从日本负有盛名的宪政学者森口繁治、行政法学者佐佐木惣一等，接受了宪政主义思想。特别是他在国民党权力系统中那段独特经历，从参政会到政协会议，奔走于各党各派之间，与政治观点截然不同的各种人打交道，在一个历来缺乏包容、缺乏多元选择可能性的中国，这一经历对他政治生命的影响，怎么估计都不过分。雷震不是从中国传统文化中生长出来的，虽然他身上有类似古代士大夫的那种浩然之气，在许多方面受到中国历史文化的影响，但毫无疑问他是近代的产儿，他的思想、行事作风中包含了更多我们传统中所缺乏的东西。

　　雷震主持《自由中国》半月刊达到了一生事业的顶峰，历史记住了雷震这个名字，后世的人们缅怀这个名字，不是因为他曾是国民党高官，介入过许多重大历史事件，而是因为他主办的那本《自由中国》杂志。从 1949 年 11 月到 1960 年 9 月，在长达十年多的岁月中，《自由中国》在水深浪阔、长夜难明的孤岛举起了一个火炬，照亮了一代青年，后来推动台湾民主化进程的许多重要人物或多或少受到这本杂志的影响。李敖批评雷震的民主自由气质是"革命党式"的，可是如果不是他以雷厉风行的决绝姿态，高举起《自由中国》的大旗，不断地发出道义的声音，殷海光他们的书生论政能坚持十年之久吗？在与蒋介石政权的冲突中，正是雷震不惜被开除党籍、撤销"国策顾问"等头衔，以傲岸的人格力量抵抗一切袭来的横逆。

　　1960 年，在岛上存在了十年之久的《自由中国》已陷入风雨飘摇之中，雷震不仅没有退缩，反而加快了筹建反对党的步伐，超越了士大夫的清议传统。他的悲剧命运也因此注定，罗网迅速张开，情治机构最初想找马之骕，这位与雷震并无深交、"对政治向无兴趣、也没有写过任何文章"的普通人不肯出卖人格，拒绝和当局合作，而另一个与雷震关系更深、多次受过其恩惠的原《自由中国》杂志社会计刘子英在威逼利诱面前，很快就软了下来，"自白"是邵力子之妻傅学文派到台湾的"匪谍"，而且早就向雷震说明。这让国民党黑暗势力情治部门大喜过望，一场以"知匪不报"罪名将雷震构陷入狱、掩天下人耳目的独角戏就此完成。雷震为此付出了十年牢狱代价。

　　在这出历史剧中，让我感到吃惊的不是刘子英的出卖，在人权根本没有保障的时代，漂浮在黑暗的孤岛上，刘子英，一个微不足道的小人物，在强大到几乎无所不能的暴力机器面前，确实连一只蝼蚁都不如，他选择出卖雷震以求自保显得那么正常。在构陷了雷震之后，刘子英照样被判了十二年，当局给他的回报是"养其终生"，即在狱中享有零花钱之类的特殊待遇。

而雷震几乎从一开始就原谅了叛卖他的刘子英，以他阅世之深，岂能不明白，就算没有刘子英扮演这个不光彩的角色，他的牢狱之灾同样无法幸免，刘子英不过是一个工具罢了。他说："我并不深责刘子英，如果他不肯屈服，警备总部当会另找他人来陷害我的。"特别是后来他了解到，刘子英被捕后关押在台北警备总部保安处的黑屋子里，"四周无窗户，不透空气，不见天日，地上是泥土，其黑暗阴森可怕，被囚于此者无不肉跳心惊，以为个人的末日将至也"。他明白，"关在这里的人，都是为着逼供的，和过去的屈打成招则毫无二致……这里的方法，是精神压迫而使囚者精神崩溃"，何况"有时也兼用酷刑"。所以，1970年代有人告诉他刘已获释时，他当场就问："刘子英已经出狱，为什么不来见我？"语气平静。1988年8月，雷震的遗孀宋英终于等到了刘子英的忏悔信，其中说："而您对我的为人罪行也似给以宽容，从未表露责怪之意，因而益使我无地自容。"此时，距离震惊台湾及国际社会的"雷震案"已相隔二十八年，雷震谢世已近十年，这是一份迟到的忏悔。

这一切，在这部传记中都可以看得很清楚。雷震的前半生在国民党体制内浮沉，《自由中国》创刊那一年他已年过半百，却是他在风雨中前行、跋涉的开始。此书初版时，我曾以为，从篇幅上说，他前半生的经历可以写得简略一些，《自由中国》十年、狱中十年还可以写得更详细、更丰满一些，因为雷震一生意义最重大的是他的后半生。这已经在修订本中得到了相当程度的解决。

这些年来，相关的新史料不断浮现，当年台湾的许多档案都已陆续解密，修订本增加了许多新材料，在这方面还有进一步可拓展的空间，比如雷震日记中留下的大量有价值的线索，都可以好好利用。当时驻美"大使"叶公超的"使美外交文件"中涉及"雷震案"的内容，1960 年 11 月 28 日，雷震案判决几个月后，叶公超致电"外交部"并请转陈诚，美国国务院主管政治事务的助理国务卿 Merchant 当天下午约谈，对雷震案表示"至为遗憾"，美国一般人士指责蒋政府压制自由及阻止组织新党，国务院受到国会方面强大压力，要求发表声明。约谈一个多小时，就是希望蒋介石能考虑减刑一途。美国国务院中国事务局马丁局长向叶公超透露，有国会议员列举韩国李承晚封闭反对党报纸时，国务院曾发表声明，此次如不采取行动，实有偏颇，为此提出警告。叶公超的电报转到蒋介石那里，蒋不为所动，亲批："雷案为'反共运动政策'与'共产颠覆阴谋'之争。且为维持'国法'与破坏反共法律之争，乃为国家生死存亡之关键，不能再作其他如减刑等之考虑。否则我政府无法再言反共，即使其存在亦无意义。最后结果台湾只有坐待'共匪'和平解放而已。"12 月 4 日，由"总统府"秘书长张群复电，除了转达此意，并说台湾为西太平洋防卫之要冲，其安危得失，与美国利害有不可分之关系，要叶公超将这个意思相机恳切陈说，获得美国的谅解。[1]

　　如果要说初版时留下一些什么遗憾的话，我想到的是雷震的心路历程，1949 年前后，他目睹国民党政权在大陆的失败，仓皇撤到孤岛，惊魂未定，雷震和一班受过良好教育、心怀自由理想的知识分子一起开始了重新的思考，穿越《自由中国》和漫长的囚禁生涯，直到出狱后的最后时光，从他的思想转型到最后以如此决绝的姿态，与他大半生栖身的这个政治集团决裂，他的内心轨迹、精神脉络还可以进一步展开；此外，对雷震的个性、精神

[1]　参考周谷编著《胡适、叶公超使美外交文件手稿》，台北联经出版公司 2001 年版，页263—264。

气质可以做更深入的探索。李敖以为自由民主的气质是自然的、从俗的、快乐的、嘻嘻哈哈的、拍肩膀捏大腿的,雷震不具备这些气质。这不过是一管之见、一家之言,我不相信一个有着如此深厚的专制土壤的民族,依靠嘻嘻哈哈、拍肩膀捏大腿就能走向民主,我不相信只有那样的气质才是自由民主的气质。诚如雷震在《自由中国》时期一再说的,自由是争取来的。嘻嘻哈哈、拍肩膀捏大腿式的自由民主未免也太廉价、来得太容易了,它忽略了在专制向民主过渡的过程中志士仁人们付出的努力、汗水和血泪代价。假如没有雷震,海峡对岸的历史有可能完全不同,1960年胡适就在《自由中国》十周年纪念会上说过:"雷先生为民主自由而奋斗,台湾的人应该给雷震造个铜像。"

我以为,雷震不仅属于那个他埋骨的孤岛,同时也属于生养他的这片广袤的大陆。他在本质上是一个真正大陆型的知识分子,尽管他一生的事业是离开大陆之后才开始的。在雷震告别人间四分之一个世纪之后,范泓兄的这本《雷震传:民主在风雨中前行》,可以看作是他用象形文字为雷震建造的第一个铜像。

傅国涌
2011 年 11 月 7 日于杭州

1947年春天，雷震于南京家中书房留影。雷震此时被委任为"制宪国民大会"代表兼任副秘书长。

1920 年，雷震在日本第八高等学校时期留影。

1934 年，雷震追随王世杰任职于教育部，任总务司司长。

1939 年 9 月 9 日，对日抗战的第三年，国民参政会第四次大会在重庆召开。雷震时任国民参政会副秘书长兼议事组主任，折冲于各党派之间，运筹帷幄达十年之久。

1939 年 9 月 9 日，雷震在重庆出席第四次国民参政会，在会场前留影。

1946年雷震（右）在南京机场，等候中共代表周恩来的到来。雷震在大陆时期深受蒋介石信任，担任与其他党派协调的工作。

1946年冬季初雪，雷震（右）于百事繁忙之际，偷得浮生半日闲，与友人泛舟于南京玄武湖公园中。

1946 年，国民政府还都南京，雷震在国民政府大厦前留影。

1949 年 1 月，蒋介石下野前夕，雷震摄于南京的办公室中。

1949 年 9 月下旬，雷震在厦门赴高崎地区视察军事工程时，在战壕前留影。

雷震于重庆留影。雷震在狱中曾以家书明志："'士不可以不弘毅，任重而道远。'这是《论语》的话，我一生服膺勿忘。"对照着此刻寒风中独坐于湖心孤礁之上的形象，雷震这一生从"忠党爱国"，到不惜"悖党爱国"，一路走来身影益形孤单，却不曾言悔，"任重道远"之志，的确未尝片刻离心。

1949 年 9 月，上海已易手，雷震（左三）转往福建参加厦门防卫战。与夏道平（左四）、方治（中）等人摄于南普陀。

《自由中国》三周年纪念餐会于1952年11月28日在青岛东路装甲军官俱乐部举行，国民党中央党部元老许世英、吴铁城等人皆与会，共计两百五十多人参加。胡适在会上讲话。雷震最后以"对人无成见，对事有是非"的工作态度期勉全体同仁。

1952年11月至次年1月，胡适从美返台讲学期间，与雷震（左一）、许世英（左二）、张群（右一）合影留念。

胡适与雷震正式结交于 1937 年秋，胡代表北京大学，雷代表教育部。同年庐山会议，两人对话曾不欢而散，雷主张"对日抗战"，胡则主张"忍辱负重"。但因当时胡住在教育部宿舍，得以朝夕相处，终成莫逆。雷震意见较激进，胡则主冲和。终其一生，雷震都尊崇胡适。胡适在雷震入狱年余病逝，雷震为此恸哭，他自言他如苏雪林一生两次大哭，一次哭母丧，一次哭胡逝。

1953 年，胡适与雷震摄于《自由中国》杂志社。

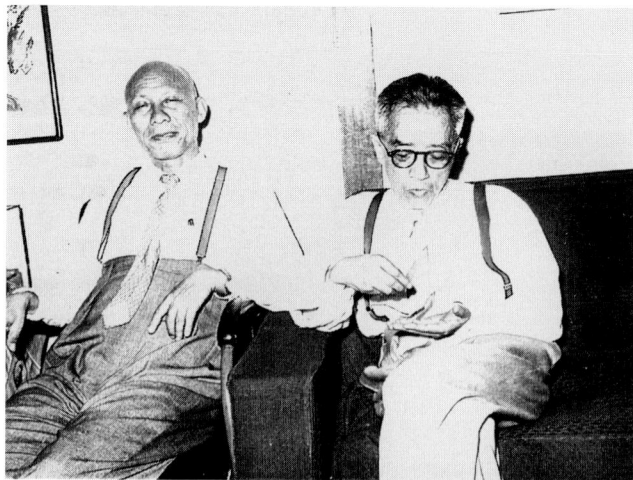

1958 年，胡适回台湾出任"中研院"院长，与《自由中国》社同仁雷震（后排右四）、殷海光（后排右二）、夏道平（后排左五）、毛子水（后排左三）、聂华苓（中排左四）、黄中（前排右二）及宋英女士（中排左一）等人合影留念。

曾以言论得罪台湾当局的自由派学者傅正展示全套《自由中国》杂志。

台湾民主人士到松江路寓所拜访雷震先生，前排左起为张富忠、林正杰、陈菊。
后排左起为向筠、雷震、许信良。

雷震与来访的田秋堇合影。田秋堇与同去的陈菊为雷震带去了两份香港《明报》
和一本洪三雄先生的书。

1960 年 10 月 8 日，雷震案一审判决前，雷震从容地步入"军事法庭"，被关心的热情民众包围。

雷震案宣判时，雷震妻子宋英（左）及亲友在军事法庭门前等候。

雷震案辩护律师梁肃戎（右）与雷震妻子宋英（左）讨论案情审判情形。

雷震第二次狱中嫁女。雷震家书中总是对女儿们谆谆教诲，期勉她们用功读书，多次鼓励她们赴美深造。即便身在狱中，对子女的殷切期望从未止息，然而作为一个父亲，无法亲自送女儿出嫁，也是他一生的遗憾。图前排左起：陈襄夫、新郎刘泽基、向筠女士、新娘美莉，美琳与美梅。

雷震摄于家中盛开的杜鹃花前。他曾说："我是缔造中国历史的人，我自信方向对而工作努力，历史当会给我做证明。"

19 • 72

雷震出狱后，蓄起了小胡子。他逝世后，好友胡虚一等人到殡仪馆瞻仰遗体，看到他嘴上的小胡子被剃掉了，因此显得微微露齿，胡虚一还取笑他：人家是死不瞑目，雷公却是"死不瞑嘴"，大概还在阴间办着他的《自由中国》，争取"言论自由"吧！

1979 年 3 月 7 日，雷震病逝。灵堂上的挽联多为雷震的至亲好友所赠，其中夏道平所作、胡虚一代笔的挽词最有深意（图右）："政治上是非功罪，往往晦于当代而明于后世。谨以史家此一名言，献于 儆寰先生灵前，以祈安息。"

1988 年，雷家三姊妹自美返台为父亲雷震翻案，在政治受难者家属晚会中合影。左起：雷美琳、雷美莉、向筠、雷美梅、陈菊、友人及雷震昔日狱中难友张化民。

1931 年，雷震、宋英于日本合影，两人次年在北平结婚。

1951 年，宋英女士五十大寿，雷震夫妇二人合影。（郎静山摄影）

出狱后的雷震与夫人宋英摄于木栅家中。

1949 年底，雷家迁至台湾。图为 1952 年雷震、如夫人向筠携子女在台北合影。

雷震与如夫人向筠一家摄于无锡太湖之滨。当时雷震欲为在 1937 年遭日军杀害的母亲觅一埋骨处，曾多次走访太湖，终于在 1947 年 10 月使母亲安葬。

1947 年，雷震与向筠及友人等合影。

美琳夫妇带着孩子与美梅母子和雷震、向筠夫妇在家中庭院合影。

雷震（左一）与美琳（右二）、美莉（右三）、天洪（右一）等至野柳游览，天洪调皮地在美琳头上作怪。

晚年雷震与向筠

# 引 言

　　2002 年 5 月 23 日,台湾《中国时报》记者陈盈珊一篇关于《雷震故居难保,改以公共艺术留事迹》的报道引起不少读者关注。这篇报道主要内容是,台北市文化局长龙应台女士应雷震之女雷美琳的要求,偕"中研院"社科所研究员钱永祥、《新新闻》杂志总编辑南方朔等人会勘位于台北市松江路一百二十四巷内的"雷震故居"。这是一所被玉兰花、莲雾树、龙眼树所环抱的日式木构平房,当年的松江路还是阡陌稻田、白鹭鸶优雅飞掠的一个地方。这所日式木构平房,为《自由中国》半月刊发行人雷震生前与如夫人向筠女士的居所,最早是台湾省主席陈诚专拨供给青年党领袖、原国民政府农林部长左舜生及家属来台所住,因其不久即往香港定居,转拨给了雷震作为《自由中国》社职工宿舍。

　　由于年久失修,这幢日式木构平房已十分残破,掩不住颓圮之势,雷震之子雷天锡表示"无力修缮"。这所"雷震故居"(雷震在木栅埤腹路另有一住所,与夫人宋英所居)正位于此时建造中的新庄线与松山线交会的地铁出口处,土地与产权属于"国有",

恐难保其存在。经专家们讨论，拟计划改以"公共艺术方式"在地铁站内呈现其人文历史意义，以另一种方式来记录雷震与台湾民主进程中那一段惨烈历史，究竟采以何种"公共艺术方式"，这篇报道并未加以说明。

那天，在蒙蒙细雨之中，龙应台女士手执一本1956年10月适逢蒋介石七十寿辰出版的《自由中国》半月刊，内文包括当年雷震所写的一篇题为《寿总统蒋公》的社论，呼吁蒋介石不应三连任，以及胡适、徐复观、毛子水、夏道平、陈启天、陶百川等人要求台湾当局集纳众议、善待建言、以图革新的文章。这一期"祝寿专号"在当年台湾社会引起巨大反响，前后再版十三次，龙应台女士动情地说："这篇社论正是雷震十年牢狱之灾的关键点。"

雷震曾经是国民党高层核心人物之一，蒋介石的政治幕僚，1949年随国民政府去台湾，被任命为蒋介石的"国策顾问"。雷震与蒋介石的关系，在较长时期交往中，无论于公于私，都非同寻常，雷震本人一直得到蒋的信任和重用。上世纪50年代初，雷震与胡适、王世杰、杭立武等人共同发起创办极具自由主义色彩的《自由中国》杂志，"创刊宗旨"即出自胡适之手。其时国民党正在检讨大陆失败原因，并进行改造运动，党内外出现两种截然不同的声音，"其一是以胡适、雷震为首，认为国民党在大陆的失利就是因为没有贯彻民主政治，导致政府腐化，人心尽失，因此国民党必须彻底反省，在台湾实施充分的民主宪政，如此才能对大陆百姓产生号召力；其二则是以蒋经国、陈诚为首，他们认为国民党在大陆的失败正在于提供了过多的民主自由，给予共产党渗进内部和煽风点火的机会，国民党本身却绑手绑脚，无法施予有效的反击。为了记取教训，国民党在台湾应将内部不稳定因素彻底清除，广设政工制度，巩固领导中心，以确保政策的顺利推动"，[1] 胡适、雷震等人的意见未得当局认可和采纳。

1950 年 6 月，朝鲜战争爆发，美国第七舰队进入台湾海峡，惊魂未定的国民党政权由此得以维持。国民党为了在台湾巩固其统治地位，对党政军组织进行了大规模的内部改造。主持改造计划的不是别人，正是在斯大林时期留苏十二年、曾为苏共预备党员的蒋经国。由于国际形势出现骤变，创刊不久的《自由中国》半月刊，将着眼点从国际事务转向台湾内政，对国民党各项施政提出一系列尖锐批评，前后近十一年时间，双方不断发生言论冲突，终因政治理念与国民党威权体制迥不相侔，成为当局在政治上的"眼中钉、肉中刺"，雷震本人因与本土政治精英筹组新党，遭到政治构陷，成为蒋介石的"阶下囚"。1960 年 9 月 4 日发生的"雷震案"震惊海内外，被舆情认为是国民党自 1949 年退守台湾岛以来最大的一件政治冤案。2002 年 9 月 4 日，"雷震案"终获平反，距他去世已有整整二十三年。

胡适是《自由中国》半月刊揭橥自由、民主理念的一面大旗，但在《自由中国》整整十年社务中，扮演最重要角色的却是雷震，被同仁称为"《自由中国》的火车头"（夏道平语）。这不仅因为雷震是一个顽固的民主宪政论者，在国民党内拥有较高地位，更在于这位二十岁在日本留学时就加入中华革命党（国民党）、有着三十七年党龄的"老牌国民党"，晚年毅然决然地为了民主、自由的理念，不惜与自己的那个党决裂，通过创办与主持《自由中国》与威权体制进行抗争，从而赢得了台湾社会和民众的极大敬意。雷震等人被捕后，《自由中国》被迫停刊，胡适认为"一种杂志为了争取言论自由而停刊，也不失为光荣的下场"！1961 年阴历五月二十六日，雷震六十五岁生日，胡适想念狱中的雷震，手书南

---

[1]　徐宗懋《胡适在台湾的日子》，香港《凤凰周刊》2002 年第 9 期。

宋诗人杨万里的名诗《桂源铺》转交这位老友："万山不许一溪奔，拦得溪声日夜喧。到得前头山脚尽，堂堂溪水出前村。"第二年，胡适就去世了。

1970 年 9 月 4 日雷震出狱，自撰春联贴在牢门前：十年岁月等闲度，一生事业尽销磨。横联是"所幸犹存"。1979 年 3 月 7 日雷震病逝，终年八十三岁。对于台湾民主宪政运动发展来说，《自由中国》十年中传播出去的自由民主理念，早已深入人心，为日后台湾社会的政治转型起到了承前启后的作用，直至上世纪 80 年代，台湾所有重要的政治议题都是根据《自由中国》的言论来阐述或界定的，"《自由中国》半月刊对台湾政治体制和社会关系所引起的问题，在出刊十年期间几乎都曾论及……从思想史的角度来看，台湾新一代不见得都读过《自由中国》这份刊物，但所使用的语言、基本概念和陈述方式，都是从这份刊物出来的"，这一切，雷震功不可没。

在台湾媒体的视野中，被捕前的雷震和被捕后的雷震，从一开始就具有划时代的意义：既是《自由中国》半月刊在一个时代的夭折，又是一场"媒体反对运动"的重新开始。台湾世新大学传播研究所管中祥博士在《媒体反对运动》一文中指出，"有关大众媒体在推动民主及言论自由中所扮演的角色，一直是战后台湾政治反对者与社会运动团体的关切重点"，雷震与他主导下的《自由中国》半月刊是这场运动中至关重要的角色，在台湾思想发展史中具有独特而不可磨灭的地位。《自由中国》创办十年，雷震被关十年，一天不多，一天不少，折射出威权体制的冷酷与无情。以雷震从政多年的经验，对此早有思想准备。1957 年 8 月 2 日，他在给"中华民国"原驻丹麦"大使馆"秘书朱养民的一封信中这样写道："本刊自八月一日起，拟连续讨论'今日的问题'，先生看了八月一日这一期社论即可明白。这就是反对党的纲领，因此反对党的文章务请先生拨冗写好寄下，千万千万。他们愈顽固，我们愈要干，今日打开局面，是知识分子的责任……我已下决心与他们奋斗到底，早已准备坐牢了。"

在动员勘乱时期威权体制的限制下，上世纪 70 年代前，台湾只有地方选举，而透过地方选举则成为自由派人士推动台湾实现民主的重要政治参与。1960 年 6 月 3 日上午，雷震与青年党《民主潮》杂志发行人夏涛声来到胡适家中，再次言及国民党威权体制给台湾政治、经济、文化、教育等领域所造成的种种弊端，表示仍想组建一个"新党"。胡适出于对这个体制的"大失望"，觉得"一定没有结果的"，乃出言相劝，劝雷震放弃这个想法。这次谈话或许不欢而散，三个月后，胡适的话不幸而言中，雷震遭当局逮捕，"新党"也胎死腹中。1960 年 11 月 18 日，胡适与蒋介石有过一次谈话，表面上是汇报赴美出席"中美学术合作会议"情况，实际上谈了许多有关雷震和"雷震案"的话题。不过，为时已晚，蒋介石制裁雷震决心如铁，胡适已无能为力。"雷震先生就是这样失去身体自由了，想到这里，我不禁要借《圣经》上的一句话赠给雷震先生：'为义而受难的人，有福了'。"这一段话是《自由中国》政论主笔殷海光于雷震被捕后在一篇文章中写下的，也正是当时所有关心雷震和"雷震案"的人想说的一句话，历史就这样记住了雷震这个人。

正如胡适所说：雷先生为民主自由而奋斗，台湾的人应该给雷震造个铜像！

第一部

少年时代（1897—1916）

第一章

# 浙江豫籍移民之子

　　知名学者陈鼓应[1]是雷震老友台大教授殷海光的学生，也是雷震晚年交往甚多的晚辈之一。上世纪 70 年代初，雷震出狱后，陈鼓应经常邀请雷震去家中做客。此时的雷震，在政治上已成为边缘人物，"尽管有时还有议论政治的兴趣，但已很少有再从事政治活动的精神和体力了，偶然与他有所接触的'民主人士'，还是以老一辈者居多"[2]。尽管如此，雷震的行踪仍受到当局的严密监控，在他寓所的对面，有一个长年监视他的行动小组。陈鼓应的

---

[1]　陈鼓应（1935— ），福建长汀人。1949 年前往台湾，1960 年考取台湾大学哲学研究所，师从殷海光、方东美。1964 年在台大哲研所取得学位后，于台大哲学系担任讲师，后升为副教授。与哲学系讲师王晓波常常批评时政，主张应在校内设立民主墙并鼓励学生运动，引发台湾当局注意。1973 年，陈鼓应因当局压力被调动职务；1974 年被台大不续聘。陈鼓应这一段时间投入党外运动；之后与陈婉真分别参与 1978 年的"中央民意"代表增补选，发表《告中国国民党宣言》，被国民党开除党籍。1979 年在台湾创办《鼓声》杂志，任发行人。之后，前往美国加州大学柏克莱校区担任研究员，1984 年前往北京大学担任哲学系教授，讲授老庄哲学。1997 年台大平反"台大哲学系事件"后，陈鼓应重返台大任教。
[2]　李敖、胡虚一等著《雷震研究》，李敖出版社 1988 年 5 月 5 日初版，页 36。

住处与雷宅隔着一个小山头，骑自行车去雷家只要十几分钟时间，雷震时常来他家谈天，陈鼓应回忆，"他一到我家，就可以看到特务的身影，偏偏我家的围墙又低，因此只看到一颗头晃过来又晃过去……"[1] 在陈鼓应心目中，雷震是一位为台湾民主自由奋斗的前辈，具有政治远见、对民主宪政持有坚定信念的先驱人物。

陈鼓应形容雷震"南人北相"，个子高大、心胸开阔，性情坦诚，是一个完全没有心机的人，对人没有任何设防，即便遭受很大的打击，也照样睡觉，照样谈天，照样会见客人。有一件趣事：当年一位专门盯梢雷震的情治人员（情报与治安）"老陈"，经年累月之后，竟成了雷震的好友，甚至还买下了一块与之相连的墓地，打算身后也要与雷先生相伴至永远。陈鼓应开玩笑地对他说："你不但生时要和雷震在一起，连死了也不放过他呀！"

陈鼓应所说的"南人北相"，透露出雷震这位浙江豫籍移民之子的血脉之承。雷震出生在浙江省长兴县，祖籍是河南省罗山县周党畈，祖上世代务农，皇天后土之下，男耕女织，与世无争。1884年（光绪十年），近而立之年的雷震之父雷锦贵（1857—1909），因捻乱[2]之后，生活愈发艰难，便独自南下浙江去寻找自己的堂兄，欲以谋求垦荒之事。未料来到浙江之后，垦荒之期已过，惟有一些不毛之地，雷锦贵无心开垦，便又在堂兄的介绍下，来到长兴县小溪口一户童姓人家中做佣工，一年酬金为九块大洋。雷锦贵整整做了两年，分文未用，攒得十八大洋，购良田九亩，返回豫中老家将家室接来，从此落籍于小溪口镇。

---

[1] 蔡惠萍《一份机密文件透露的雷震案秘辛》一文，原载台湾《历史月刊》（2002年）第167期。

[2] 《剑桥中国晚清史》提及捻军的来历：这些人大都是1814年白莲教叛乱失败后的余众，分散在安徽和河南的交界处，成了强盗和土匪，当地人将这些"一小伙一小伙"的人称之为"捻"。

小溪口镇跨于长兴、安吉两县，以苕溪支流的"小溪河"为界，市镇以"小溪口"命名，中间有一座古老的石桥连缀两头，这里的店面与学校，大都以"长安"或"安长"而命名。长兴地处长江三角洲杭嘉湖平原，位于浙江省的北部，与苏、皖两省接壤，东临太湖，西倚天目，南靠杭州，北接苏州。当时小溪口镇连一个邮政代办点都没有，只有少数的篾竹店和铁匠铺，可见一时的古老和落后。

其时雷锦贵的原配夫人范氏依然健在，他们已有二子，继续以农营生，日夜勤耕于江南这个天然富庶的"鱼米之乡"，家境渐有好转。十年之后，范氏不幸过世，壮年雷锦贵续娶十九岁浙江诸暨女子陈氏（1875—1938）为妻，雷门遂另生一支。第二年，陈氏即生长子用邦；翌年，即1897年（光绪二十三年）阳历6月25日，雷震出世，取名用龙，学名雷渊；之后，又有一弟和二妹。

浙江豫籍移民被称为"客民"，因风俗习惯不同而自成一个小社会，与浙江人（所谓"土民"）鲜有往来。当时浙江豫籍移民不在少数，却通常只在族群内进行婚配，很少有人能像雷震父亲那样与当地的女子结婚。陈氏出身浙东诸暨一个望族，但在"客民"这个小社会里，仍未能逃脱在社群内备受族人歧视的不堪命运。初来雷家时，学不好河南话，不知受了多少河南人妯娌之间的闲气。每逢本家或亲戚婚寿喜庆之事，除非是对方真心实意地三请四邀，否则绝对不敢贸然前往，惟恐遭之鄙视，或讥她不懂"中原规矩"而有损于自尊。雷震自小目睹这一怪现状，后来这样评价浙江豫籍移民："河南迁来的人，尽管都是一些'老粗'和'目不识丁'之辈，但他们自视甚高，认为江浙地方乃蛮荒鄙野之地，老百姓不大懂得中原上国的规矩。他们认为河南是中原，中原的一切一切，才是中国的正统文化，才是合乎礼教的规范。譬如说，本地的妇女可以随便和男子讲话，或在客厅里，或在门外，河南人就认为这是不懂礼教的缘故。"[1]

浙江豫籍移民一般看不起浙江人，口口声声称他们为"蛮子"，从不避人。雷震年少无知，一次竟也跟着叫母亲"蛮子"，陈氏听到后，满脸不悦，当时狠狠地瞪了他一眼。雷震顿感失言，从此再也不敢说"蛮子"之类的歧视语。等雷震上中学时，浙江籍同学反又嘲笑他不会说浙江方言，此事让他苦恼了许久。雷震一直认为，自己之所以能够在日后"培养出忍耐心与反抗心极强的特质"[2]，与少年时代这一段经历有关，尤其是在移民社会特殊的生活氛围中，"让他体认到省籍冲突与歧视是毫无必要的，双方只有和平共处，才是互利之举"[3]。

长兴是南北朝时期陈朝开国皇帝陈霸先的故乡。茶圣陆羽在这里撰写旷世之作《茶经》，因此，长兴成为中国茶文化的发祥地之一；明代吴承恩任长兴县丞时，为撰写《西游记》在这里积累了大量的创作素材。雷震父母虽不识之无，却相当关心子女的教育。只是由于受到豫籍移民传统之风的浸淫，他们并没有利用当地现存的文化资源作为培养子女学习成长之手段，而是聘请河南籍塾师入塾授课，说起来，是为免受"南蛮饶舌之人的影响"。

据雷震回忆，在十二岁之前受的是传统私塾教育，十二岁之后是新式教育。依当时家乡对儿童发蒙的一般认识，当某个孩童识数能达到百位以上，就算是心灵"开了窍"，即可入堂读书。雷

[1] 雷震《我的母亲》，收入傅正主编《雷震全集》第8册，台湾桂冠图书股份有限公司1989年初版，页98。以下不另注傅正主编之字样。
[2] 台湾"中研院"近代史所"雷震个人档案"D.40，《中华民国制宪史》（第一节注释I）。
[3] 任育德著《雷震与台湾民主宪政的发展》，台湾政治大学1999年5月版，页1。

震在五岁时，常以铜钱来识数，当他很快就能数到百位数时，父亲雷锦贵脸上顿时泛出异样的神情，大呼"竖子禀赋很高"，应赶紧入学念书，以"光耀雷氏门楣"。母亲陈氏更是时常过问课程进度与选择塾师之类的琐事。实际上，雷震至1903年（光绪二十九年）虚龄七岁才发蒙入学。最初三年，随二表兄沈幼卿就读，初念《三字经》、《百家姓》，继以《论语》，《千字文》则未读，雷震感到索然寡味，每每要吵着回家，不想念这个书。而这位表兄，虽然授课力有不逮，却十分严厉和粗俗，动辄打人，进而罚跪，无所不为。第四年，雷震改随堂姑丈黄有邻就读，雷震对他的印象同样不佳："在他的学塾中，一连读了两年，等于糟蹋了两年的光阴。我终其一生就痛恨这个不务正业，好管闲事，迹同讼棍，而贻误学生学业的黄老师。"[1]

1909年初，小溪口镇开办两所新式小学堂，乡下人称之为"洋学堂"，客民、土民各办一所。客民办的小学设在小溪口镇上街头陈家大屋内，取名为"安长小学堂"。刚刚守寡的陈氏觉得这是"大势所趋，不能抱残守缺"，自己的孩子也应当进"洋学堂"读书，于是动了这个念头。此时所谓的"洋学堂"，不过是一个半新半旧的"教育混合物"而已，甚至较之后来的"改良私塾"还不如。由于两所新式小学堂的生源一直有限，致使入不敷出，出资人惟恐负担不起，于是，在某一个冬天，经由地方绅商大佬数度集议，将原有客、土两校合并为一所，公推客民韩宝华（字剑青）先生为校长，校址仍设在陈家大屋内，校名改为"安长两等小学堂"。

入校后的雷震，人小志大，勤学可嘉，无论大考或小考，在校成绩皆为第一，深得校长韩宝华的赏识。1912年初，韩宝华离开"安长两等小学堂"，受聘于距小溪口镇二十华里之外的梅溪高

---

[1] 雷震《我的母亲》，《雷震全集》第8册，页159。

等小学校，托人带信给陈氏，请她将雷震也送来梅溪高小就读，并谓可以"就近照料"。就这样，雷震去了梅溪镇，成为梅溪高等小学校的一名学生。

这时是民国元年，之前一场突如其来的"革命"掀天揭地，最终导致清帝退位，千年帝制结束，进入一个人人争说的"共和"时代。但此时的中国，仍处于各种政治势力彼此相争、互相倾轧的动荡不安之中。不过，从朝代的更迭来看，在新旧交替之间，也正为国家"百废待兴"之时。这一年春季，浙江省教育司"励志思变"，推行改革，决定在本省各"府治"地方，新设省立中学各一所，并依照浙江省十一府"杭（州）、嘉（兴）、湖（州）……"等府名顺序命立校名，设在湖州府的新校就称之"浙江省立第三中学"，拟暑假正式招生。

梅溪高小校长刘式玉先生爱才如珠，再加上韩宝华先生的推赏，刘校长特别嘱咐雷震也去参加这一次的考试。从未出过远门的雷震，这是第一次去湖州，他在小溪口镇搭乘"夜航船"独自前往，次日拂晓，抵达湖州城内前街码头，投宿在码头旁一个名为"萃牲"的小客栈里。报名时，雷震发现新式中学仍未脱清朝过考的习惯，无一例外要填上曾祖父、祖父和父亲三代的姓名。

关于这一次考试，雷震始终记忆犹新，当时一共考了三门，即国文、数学和英文。他回忆说："国文试题为《试述如何振兴工艺》。我不晓得怎样胡诌了近三百字。数学可能有一半对的，而英文一课，在梅溪高小读了半年，除ABCD外，大约认得头二十个生字。不料这次考试，试题由丁师莲伯（圣约翰大学毕业，后为学校的英文教师）临时用粉笔写到黑板上。信手写草体，已经使人感到模糊，而丁先生又写得很快，在初学英文的人看起来，真是蟹形蛇体，辨认困难，经穷二十分钟之研究，我只认得 TREE 一字。"[1] 尽管如此，他还是被录取了。雷震在"浙江省立第三中学"一直读到1916 年毕业，在校成绩名列前茅，偶尔也有例外。

---

[1]　参见《雷震全集》第 10 册，页 490。

第二章

# 父亲之死

　　雷震进入新式小学堂之前，父亲雷锦贵一天突然病倒，这个家庭陷入一片恐慌之中。

　　雷震清楚地记得，这是阴历腊月初三晌午之后，父亲赴长兴县城交纳完皇粮国课的"槽米"，突然感到身体不适，踉跄回到家中之后，就一直卧床未起。这一天，雷震与胞兄用邦正在山上抓柴叶，在他家前面不远处的地方，有一个很大的平山，这是雷震童年经常去的地方。母亲陈氏当时以为丈夫雷锦贵马上就要断气了，急忙差人至山上寻找兄弟二人，让他们速归，并再三叮嘱兄弟二人要死守在父亲的病榻之旁，一步也不许离开，以尽子责。

　　雷锦贵已神志不清，"连自己家人都不认识，满口胡言乱语，有时大呼大叫，时时要起床向外奔跑，好像有人在外面招呼他似的……"[1]附近的本家人闻讯赶来，里里外外挤满了人。屋内烧着一盆炭火，噼啪作响，由于人多闭塞，空气极为燥热，沉闷不堪。众人见雷锦贵呓语不止，于是七嘴八舌，说东说西，最后竟铁口

---

[1]　雷震《我的母亲》，《雷震全集》第 8 册，页 126。

直断，说雷锦贵此次在外肯定是遇上了什么"孤魂野鬼"，要么就是被云游的"妖魔鬼怪"攀附缠身，以致鬼迷心窍，才如此言语失常的。这些人还不停地大声嚷着，让陈氏赶快焚化纸钱，叩头祷告，求神拜符，声称只有这样，才能使附身于雷锦贵体内的"魔鬼"尽快地离去。此时，陈氏早已六神无主，只好照办，遂出门呼天喊地，指名唤鬼，但终无效验。至傍晚时分，雷锦贵的热度更高了，双眼紧闭，呼吸短促，口吐白沫，呓语益甚，延请的"郎中"又迟迟未到，众人惊慌失措，乱作一团，陈氏急得泪如雨下，这时一位亲友说应当预备后事了，以免措手不及。

实际上，雷锦贵在这一天并未离去，而是整整折腾了三个月又十六天，宣统元年（1909 年）闰二月十九日黄昏之际才撒手人间，时寿五十三。父亲雷锦贵究竟得的是什么不治之症，至死没有一个人能够说得清楚。母亲陈氏除未请西医前来断病之外，方圆几十里远近闻名的中医，无不一一请到。令少年雷震大惑不解的是，这些郎中大都不能给予确诊，不是说什么"温症着风"之类，就是一些不着边际的话。而且，诊费之昂贵，让人难以置信，仅出诊一趟，非二三十元光洋不可，不仅如此，还要有大鱼大肉供奉。这些人大模大样，架子十足。每当陈氏问及病症时，总是吞吞吐吐，期期艾艾，一副高深莫测的样子。其实，他们是由于不能确诊，才出此"妙策"，免得尽失面子。

这种情况下，陈氏心里已然清楚，丈夫雷锦贵的性命已时日无多，必须做好这个心理准备。雷锦贵在弥留之际，一直在依赖自己魁梧结实的体格维系日见衰败的生命，直至最后一刻，仍未能闯过这一关。

在雷震的记忆中，父亲除患有严重的鼻炎之外，平日里很少生病，像这一次重病卧床不起，从来没有过。三个多月的病疾折磨，几乎耗尽了雷锦贵的所有体能，在清醒的时候，他很想能吃上一碗鸡汤或鱼肉什么的，陈氏却严格遵守那班郎中的医嘱，每天只熬上一些稀饭或是米汤，并苦口婆心地规劝丈夫要能忍耐这一切，待病愈之后再吃；其实，陈氏并不知道这是丈夫在体能上的一种需要，毕竟在封闭的乡下，当时人们医学常识极其匮乏，只能听由郎中的摆布。据雷震后来回忆，"父亲是由于营养不足而渐渐瘦弱下去的"，再加上一次又一次道士、巫祝五花八门的捉妖降魔法术，扰得病中的父亲始终不得安宁，"只要有人建议某某巫祝或某某道士法术高明，捉妖手到擒拿，即刻派人邀请其来家行法如仪。因此，道士和巫祝，此去彼来，很少间断，锣鼓喧天，号角震瓦，好人可能被吵得生病了，何况病人更需要安静休养呢？"[1] 母亲陈氏一生笃信佛教，虽然从内心讨厌这些道士、巫祝或三姑六婆，然无奈之中，却又寻思不出更好的办法，只得依众人的建议去做，以免日后遭到族人说三道四。有一次，道士、巫祝将米糠在锅中炒焦后，洒在一个火把上四处驱鬼。炒焦的米糠，在火把上惹得火焰嘶嘶乱蹿，直冲房顶，雷震见了十分害怕，他担心弄不好会把整个房子都给烧了。开始时，雷震对这些术法还颇有点好奇，以为这样就可以将父亲从死亡边缘拉回，可看得久了，老是这一套，父亲的病情没有任何好转的迹象，渐渐地，从心里厌恶起来。

父亲雷锦贵之死，使雷震从此对中医抱有很深的成见。他始终认为父亲之死完全误于那班"胡言乱语"的郎中，"我敢斗胆地说，那些中医没有一个是对症下药的，因为他根本不知是患了什么病，也许中医看病就是用'不求甚解'的办法……中医遇到病人求诊时，从来没有说过，此病非待专门而拒绝诊治的。他们总是摸脉后开

---

[1] 雷震《我的母亲》，《雷震全集》第 8 册，页 136。

上一个不好不坏的方子，让病人自己去受折磨吧！这并不完全是中医医德之坏，而是中医的治法，根本是一个'一品锅'、'大杂烩'的办法啊！"[1]

若干年后，雷震又遇到了一件事，让他再次想起当年患病的父亲，对中医更是没有什么好感了。那是在抗战初期，重庆国医馆馆长、著名中医焦易堂[2]先生有一天突发高烧，口中呓语不止，呼吸困难，其状与雷震父亲当年极为相似。当时重庆所有的名中医主动前来会诊，竟无一人断出真正的病因，这些人只好私下合拟一方，让焦先生吃了再说……幸亏其时监察院院长于右任路过此地，见状后，立即差人将焦先生送至歌乐山中央医院，经验血确诊，不过是患了"恶性疟疾"，打了几针，没过几天，便痊愈如初。此事一直让雷震觉得"中医的理论和治疗的方法，实在是太落伍了……而中国人生病，误于中医者，又岂止我父亲一人而已……"当年父亲的病若不是相信那班"郎中"，而是"试身西医"前往湖州一家教会开办的"福音医院"去就诊，父亲凭藉自身的强壮体魄，很可能不至于如此早逝。只是当年雷震才十二岁，根本无法左右当时的一切，因此，留给他的只是对中医的一种轻蔑和反感。这位浙江豫籍移民之子对父亲的死一直"耿耿于怀"，实际上，暗含强烈的父子情感，少年失怙的不幸际遇，一直刻骨铭心。

---

[1] 雷震《我的母亲》，《雷震全集》第 8 册，页 133。
[2] 焦易堂（1880—1950），名希孟，陕西武功县人，早年毕业于北京中国公学大学部法律科。一生酷爱中医药。遵照孙中山遗教，极力主张提倡发扬我国中医药之国粹。1931 年，中央国医馆成立，焦易堂被选任为馆长。几年中，在各省成立了分馆，各县成立了支馆，在海外成立了十三个分馆。

第三章

# 《我的母亲》

　　父亲病逝那一年，母亲陈氏三十四岁，除雷震三兄弟外，身边还有一个不满周岁的女儿。

　　就在雷锦贵出殡（宣统元年闰二月二十二日）当天下午，雷震同父异母的二哥雷用书突然来到陈氏家中，大吵大闹，声称自己也是雷锦贵的儿子，应当按比例分得生父遗留下来的产业，当场要陈氏把田地契纸拿出来，否则绝不罢休。陈氏未曾料到雷锦贵尸骨未寒，亲生骨肉竟会这样昧着良心打上门来，实在是忍无可忍，出言怒斥其"糊涂荒唐"。雷用书泼皮无赖，当堂反目，乱打乱跳，执意要与陈氏算账拼命，全然不顾是一个有家室的人。

　　早在陈氏来雷家之前，雷用书已过继给雷震二伯父为嗣子。当年二伯父经营有方，勤劳克俭，产业之裕为其弟雷锦贵的十倍之多。二伯父死后，留有肥田沃地二百多亩，未出十几年光景，一份偌大的产业，被他们母子坐吃山空，卖得一干二净……而现在，又要来瓜分雷锦贵的这一份薄产，见财起意之心，超出一般的情理。此事惊动了族内长辈兰泉伯父老人，闻讯赶来，厉声叱责雷用书，声称若再这样胡闹下去，将打开祠堂大门，召集所有雷氏族人治以"不孝之罪"。雷用书方知理亏，才中途收场，但陈氏在精神上遭受此番打击，内心苦不堪言。其时，雷锦贵的灵柩尚未移往苏州东山正式下葬，浮厝在老屋后面不远的山上。陈氏心情低落时，常常会一人跑到浮厝边嚎啕大哭。雷震只要发现母亲不在家中，就知此时一定是在父亲坟前哭诉。每每此时，雷震也会跑去浮厝前，跟着母亲一起失声恸哭。

　　这不过是未来一系列不幸事件的开端。

　　这一年七月，兰泉伯父不幸染病去世，让陈氏感到身边失去一位值得信赖、敢于说公道话的族长前辈，对这个家的前景更加忧心忡忡。雷震描述过母亲当年所处的困境，"……门衰祚薄，孤苦伶仃，不仅里里外外要她一人肆应周旋，而且枝节横生，应付棘手，真是一波未平，一波又起，使她尝尽了人世间的辛苦。故此后的十年间，是她一生中最艰苦的时期，也是她个人奋斗成功的时期。她个人的社会地位，也是由此时期而奠定的……如果稍有松懈或忽略一点，我家产业定不可保，不仅我们生活会发生问题，我们的读书也就无法继续。"[1]

　　雷家经过多年的经营之后，已渐入佳境，确有不少田地、桑园和山场，这些都是雷锦贵夫妇二人起早摸黑、胼手胝足辛劳而得，也是全家人终年粗茶淡饭、省吃俭用积累起来的一份产业。雷用书在生父出殡之日大闹析产，说起来，与其终日游手好闲、结交乡间顽劣、及时行乐的品行有关，在背后却是受到某些族人的肆意挑唆。之后，又发生过诸如霸占水路、强行借贷、盗伐森林、偷窃田中稻谷和桑叶等事件，为首者皆为族中一班不肖子弟，指使者则是一些族中长者，这些人明里暗中变着法地欺侮这一门

---

[1] 雷震《我的母亲》，《雷震全集》第 8 册，页 138。

孤儿寡母，其目的就是想侵吞他们的财产。然而，陈氏秉性刚直，信佛而不佞佛，精于辨析事理，且不屈不挠，为保得这一份家产，不惜一切与之周旋到底。经年累月之后，终使族人意识到陈氏本是一个意志坚定、不可轻侮的女人，轻视不得，并由此对她产生敬畏之心。当时有人送陈氏一个"老巴子"绰号，意即"老虎"。但更多的人视她为本地的"大绅女"，出了湖州城而西上，只要提起"雷四老太太"，几乎无人不晓。雷锦贵本兄弟二人，以其叔伯兄弟排行计，雷锦贵行四，故"雷四老太太"之谓由此而来。

一份含辛茹苦的家产，不仅遭族人垂涎，竟也被一帮江湖大盗所觊觎。

雷锦贵病故这一年，即宣统元年阴历九月初一，这一天，正好是陈氏生日。午夜时分，夜风飕飕，伸手不见五指。陈氏尚未入睡，突然听到门外一片喧嚣声，且火把通天，亮如白昼。陈氏小心翼翼地起身爬到厢房瓦上窥望，但见十多名江湖大盗手执钢刀，花布裹头，面目狰狞，正蠢蠢欲动。家中虽藏有防范的枪支和马刀，但无奈势单力薄，面对这么多的强盗，根本无法抵御。陈氏急中生智，快速折回楼上，将通往阁楼的小门打开，那里有一架木梯可通向院外。陈氏之所以这样做，是想作出已外逃的一个假象，以避免盗匪捉到"当家人"，而受到恣意勒索。在那个瞬间，陈氏想到：这帮盗匪诛求无厌，欲壑难填，但对于雷震这样十几岁的"小把戏"[1]顶多是施以恐吓威胁罢了，不至于会有生命的危险（雷震说，幸亏当时盗匪还不懂"绑票"手法，否则，后果不堪设想）。后来事实证明，陈氏料事如神。

陈氏布置妥当之后，又退回厢房的瓦上伏身不动，以观其

---

[1] 当地人俗称小孩子为"小把戏"。

变。这帮江湖大盗冲进屋后，将熟睡中的兄弟三人惊醒。三兄弟吓得跳下床，乘乱而逃，大哥用邦和三弟用国侥幸逃脱，雷震却被捉住。未满周岁的小妹在床上大哭，雷震走上前将她紧紧地搂在怀中，竟然没有任何胆怯。盗匪用马刀架在雷震的脖子上，威逼他说出"婆子"（指陈氏）哪里去了？洋钱放在哪里？雷震一概不予搭理，直顾狂呼救命，就是想把动静弄大，这帮盗匪闻之惶恐不已，急忙制止。就这样，十二岁的少年雷震目睹了一次江湖大盗疯狂打劫的场面，"毫无人性和理性可言。他们找东西，不止是倾箱倒箧，但凡遇到箱笼柜子，不论有无上锁，立用刀斧或木棍来劈开，柜子从背后，箱子则从底面，因为背面和底面的木板比较薄些，开劈较为容易。遇到皮箱之类，即用刀子在上面划破，再从划破的裂缝中把里面所藏的东西倒出来，从不愿意花点功夫去开箱子……强盗恣意搜索完毕，大包小包捆好背在身上，一齐集合在大门口稻场上，由强盗头子点名，一五、一十、十五、二十，恰好数到一百为止。这不过表示强盗人数众多，虚张声势而已。随即鸣枪数响，说明是来借军粮，然后蜂拥由房屋左边往吴山渡一条路走去……"[1]

　　精明的陈氏伏在厢房瓦上"察言观色"，辨析盗匪口音，又尾随其后，将他们的去向通报给了小溪口镇防守军，并数次告到县衙门。数月之后，这帮盗匪有七人被捉，雷震上堂一一指认，这些人终于供出有十七人参与了这次打劫，为首者是一个绰号叫"张大霸子"的人。这伙人是号称"清帮"的职业强盗，专以打家劫舍为生。这一次之所以盯上了雷家，乃风闻陈氏刚刚卖了百担大米，米款就藏在家中。这些盗匪一直被关到辛亥革命那一年才得以获释，其中一人病死狱中。此番险恶之后，乡人更是敬佩陈氏

[1]　雷震《我的母亲》，《雷震全集》第 8 册，页 154、156。

有胆有识，在此千钧一发之际，像她这样镇定自若，事后不屈不挠，配合官府将这些人抓获，即便在男子汉中，亦不可多得。雷震经历少年时代最为惊心动魄的一幕，其临危不乱、死不足惧的性格，与母亲陈氏颇为相似。等盗匪走后，雷震才感到自己的颈部疼痛不堪，"辣烘烘犹如火烙一般"。陈氏撩衣细察，发现道道血条子，是这帮盗匪威逼时将快刀搁在雷震脖子上留下的刀痕，陈氏心如刀绞，紧抱雷震，泪如泉涌。

熬过了最初的十年之后，陈氏在族人中的处境大为改观。这种不屈不挠的天然秉性，对雷震的成长影响很大。陈氏一生只关心两件事，一是子女教育，二是勤劳致富。常对雷震说起"贫在路边无人问，富住高山有远亲"、"人死得，穷不得"、"毛毛细雨湿衣裳，豆腐小菜吃家当，坐吃大山也要空"等乡间俗语。她自己也说，"乡下人只有起五更，摸半夜，勤俭刻苦，自然会有饭吃，不必依靠别人。大家都这样做，天下就会太平了！"在陈氏看来，惟有读书可以"振兴门楣"，凭勤劳才能"自立致富"。陈氏一生最怕一个"穷"字，说"等到向人家借钱过活，倒不如死了干净，免看人家的白眼"。

"子女教育"和"勤劳致富"两件大事，始终贯穿于陈氏事必躬亲的一生，成为她的"人生观"。在她六十寿辰时，不让雷震为自己铺张做寿，命其筹办一所小学校，以求造福于乡间邻里的穷苦子弟。对于自己孩子的教育，陈氏坚守原则，苛刻无比，从不姑息。自长子用邦也过继给雷锦贵胞兄之后，她对雷震的学业更是倾注了大量的心血，雷震始终记得这样一件往事：

> 不料到塾后，我心血来潮，坐立不安，无论如何不想念书，不管他们怎样哄骗，我均置之不理，坚持要回家。姑丈不得

已，嘱用书二哥陪我回家。路上既滑蹂，我又走不动，二哥几乎背了我走了一半。到家后，天色已暮，父亲疼爱儿子（父亲此时已有四十七岁），心中虽不高兴，但未怎样责备。而母亲见此情状，则勃然大怒，认为竖子逃学，不堪教诲，在痛骂之后，还狠狠地打了我一顿，立命用书二哥连夜带我返塾，不稍姑息。此时天已漆黑，雨又未停，还是父亲百般讲情，始准我在家中留宿一晚……我自此之后，再未逃过学，且深知读书的重要。以后多多少少读了一点书，乃是母亲此次教训之力。[1]

陈氏一度受到浙江豫籍移民家族的歧视，在家中却与长自己二十岁的丈夫相濡以沫，恩爱有加，其主妇的中心地位不容忽视。与缄默、慈厚、性温的夫君相比，陈氏机智过人，善于言谈，这个身世并不复杂、不识之无的女人，较之当时一般地位卑下的妇女倒是一个例外。雷震说自己的体格像父亲，高大魁梧，性格与母亲十分相像，虽亦豁达、健谈，但与母亲相比，有时自愧弗如。丈夫病逝后，陈氏一人独撑门户，艰辛备尝，雷震夫人宋英十分敬重陈氏，在一篇文章中描述过自己的婆婆：

儆寰不幸在十二岁时丧父，全靠寡母掌理门户。而乡间欺侮孤儿寡母的恶俗歪风，对他母亲的冲击很大，所幸他的母亲个性倔强，从不认命，更不向恶势力低头，虽是文盲，又是妇道人家，仍敢于到省政府打官司，而且获得胜诉。所以，他的母亲早以雷四奶奶的大名而传闻乡里，大家都尊称为"一乡之长"。地方上要兴办公益事业，固然要与她商量，

---

[1] 雷震《我的母亲》，《雷震全集》第8册，页103。

甚至请她出面倡导。而地方上的大小纠纷，也常需要请她主持公道，乃至不惜专门抬轿子或雇船只请她出面处理。儆寰后来之热心于为人排难解纷，例如到台湾以后，对于民、青两党的家务纠纷，他也愿意挺身介入，多少就受到了母亲的影响。[1]

1938年2月20日，陈氏在家乡被日军硫黄弹击中而不幸罹难，终年六十四岁。直至两个月后，雷震才在武昌惊悉这一噩耗。其时，他随王世杰[2]已离开国民政府教育部，受聘为军事委员会政治部设计委员，这是一个闲职，相当于顾问性质，除两周例会之外，平时不用到会办公。雷震当时住在汉口，办公地点在武昌。4月底的某一天，雷震过江去设计委员会，在办公桌上发现一封未贴邮票、显然不是从邮局寄来的信。拆阅之后，获知两个月前母亲陈氏已在家乡遇难。写信人是浙江安吉县的杨哲夫先生。雷震知道此人，却素无来往。此信也没有留下地址，雷震因此判断杨先生大概是从家乡逃至后方途经武汉时特意给他留下的。雷震捧信展读，悲伤欲绝，心如乱麻，含着泪水跑到不远处的黄鹤楼上大哭一场。若干年后，他借用汉末徐庶说的一句话来形容当时的心境："今失老母，方寸乱矣！"

雷震与母亲最后一次见面，在1937年"七七事变"发生后。陈氏不顾大战在即，执意要来南京看雷震一次。正是南京政府各

[1] 《雷震全集》第1册，页58。
[2] 王世杰（1891—1981），字雪艇，湖北崇阳人，曾留学英国和法国。历任武汉大学校长、国民政府教育部长、外交部长、国民党中央宣传部长等职。赴台后，任台湾"总统府"秘书长、"中央研究院"院长等职。

机关紧急疏散的关键时刻，雷震身为教育部干部，要职在身，四处奔波，至重且繁，席不暇暖，未能有时间与母亲长谈一次。8月6日，其妻宋英率全家撤离南京，陈氏独自一人留在云南路西桥五号寓中，终日枯坐。8月13日，日军进攻上海，淞沪之战开始，陈氏闻之决定立即返乡。她对雷震说，将把地方上零散的枪支搜集起来，组织青年壮丁担任地方上的防卫工作。雷震担心战事之中交通线被切断，自己又公务缠身，无法更好地照料母亲，就未作最后的挽留。当时陈氏身体已十分虚弱，经常大咳不止，雷震放心不下，拟调用教育部小车送母返乡，以减少旅途劳顿。陈氏闻之坚拒，说：对日一战，关乎国家盛衰和民族存亡，在这个时候怎能动用国家物资，一个老人坐坐长途汽车又算得了什么？

　　第二天，雷震将母亲陈氏送至白下路江南汽车公司长途车站，母子俩动情相别，依依不舍。陈氏对雷震说了不少勉励的话，特别嘱咐一人在外要注意身体。以往也有过母子相别的场面，陈氏从未掉过一滴眼泪，而这一次，泪水涟涟，神情恍惚，仿佛冥冥之中，早有预知。雷震感到国难当头，山河破碎，人心惶惶，"大家前途茫茫，吉凶祸福未卜，恐怕以后不容易见到面……我也不知不觉的眼红流泪了。当汽车开行的一瞬间，我看到她在车上的背影，瘦削的两肩，斑白依稀的头发，和以巾擦泪的凄凉样子，我的泪水益发涌溢不止，很想痛哭一场才好。万未料到这次车站一别，竟成永诀……"[1]

　　雷震说母亲一生受尽了人世间的所有之苦——辛苦、劳苦、艰苦、痛苦。

　　陈氏有子女五人，先后四人病殁，惟雷震一人尚在，成为她

[1]　雷震《我的母亲》，《雷震全集》第8册，页17。

在这个世界上"最可亲、最可靠、最可依念"的亲人。母以子贵，每次相见，陈氏总是情不自禁地将心中的缱绻和寂寞一吐为快。陈氏晚年最大的夙愿，就是希望身后也能安葬在苏州吴县太湖洞庭山，她觉得那里"风水好"，不仅九泉之下可心安理得，且"存殁均安"和"子孙高发"，这也是她在后来之所以将雷锦贵和原配范氏夫人移葬到那里的缘故。陈氏每次与雷震言及此事，态度十分坚决。雷震表示：一定遵命办理，绝不食言。

抗战八年中，雷震开始进入权力中枢，在国民党内部成为炙手可热的人物。抗战胜利后，雷震参与筹备1946年1月的"全国政治协商会议"（秘书长）及同年11月"制宪国民大会"（副秘书长），被记者们公认为"南京第一忙人"（陆铿语），一直无暇顾及母亲陈氏的下葬之事。及至行政院改组，雷震出任政务委员，此时并无固定职责，才得以抽身前往苏州东山俞坞数次，为母亲陈氏踏勘墓地。在表叔丁鹤人的协助之下，总算在父亲雷锦贵墓地东面较高的一处坡地，为母亲选定了最后的墓址。此处藏风聚气，温暖异常；枇杷树、杨梅树成林；伫立远眺，可见太湖的浩瀚，水天一色，风帆上下，鸥鸟群飞，且与父亲雷锦贵之墓遥相对望，完全符合陈氏遗命中的各种条件。

1947年秋天，陈氏正式下葬于此，墓碑由雷震老友于右任先生所书。若干年后，1978年6月9日，八十二岁高龄的雷震在给老友"立法委员"王新衡[1]一封信中，谈及当年母亲之惨死，仍悲愤不已：

> 我母亲三十四岁守寡，茹苦含辛，抚养我们弟兄成人，

---

[1] 王新衡（1908—1987），浙江人，1926年赴苏联留学，与蒋经国同学。长期从事特工工作，1948年当选为"立法委员"。

后来兄与弟相继去世。而日寇侵华时，常到我乡骚扰，说她帮助地方上的游击队。平时敌人来时，我母亲和家人逃到后面山上自建茅屋内暂避。这一次我母亲患病不能走动，遂卧在小船中停在对面汉港里。敌人来我家搜索时，看到对面河港里有几只小船停泊着，遂发射硫黄弹烧船，家人避到田沟里，母亲不能走动因而烧死。时为民国二十七年阴历正月二十一日。我在武汉获此凶耗，曾至黄鹤楼上恸哭一场。

民国三十七年（应为三十六年）回家葬母，因见厝在石坛上的棺木业已腐朽，另换一口棺材时，看到母亲的尸体烧得只剩下几根骨头，使我又大哭了一场，因而恨透了日本人残忍成性，以杀人来满足其征服的欲望。来台后，我写了《我的母亲》一文，在《自由中国》半月刊上刊出，本拟分作八期刊毕，不料被诬陷坐牢，《自由中国》半月刊也因而停刊。兹将已刊出的一段奉阅，请兄看看有什么不妥之处。[1]

实际上，《我的母亲》是一部近二十万字的书稿，前后共八章，书名原为《对母亲的回忆》。此书完稿于 1959 年 11 月，雷震将书稿交胡适先生审阅。胡适仔细通读，用红笔改了几处笔误，还把第六章的标题"应付裕如"改为"独力持家"，并建议书名可改为《我的母亲》，雷震后来照办了。1960 年 5 月 14 日，胡适给雷震回信说："《对母亲的回忆》，我匆匆读了，很感兴趣。长兴与我家乡相去不过一百多公里，竟完全是两个世界，我竟不知道这个太湖、苕溪区域的情形。你的记载很有历史意味——如河南移民的一类

---

[1] 1978 年 6 月 9 日雷震致王新衡函，《雷震秘藏书信选》，《雷震全集》第 30 册，页 515—516。

问题。我也觉得此中记你自己的事情太多 [ 例如第（一）章的大部分可删除 ]……文字似须仔细删削。如原第一页的第一个句子，长到二百多字……"[1]

退还原稿时，胡适在另一封信中，对雷震又说："一般人写的传记，总是夸大其辞，歌颂备至。尤其对于大人物，明明是一个虚伪阴诈的暴虐之徒，偏偏说成是一位伟大英明的领导者，全篇均是歌颂溢美之词，读之令人肉麻不已。你确实是用平淡的字句，据实写出，这才算是一本真正的史料，够得上是一篇名副其实的传记……"[2]

1977 年 9 月，雷震深感生命来日无多，拟将《我的母亲》一书自费印出两百本，注明"非卖品"，准备分送给子侄及至友作为最后的纪念。未料，书印好后，尚在装订之中，被台湾警备司令部连同原稿全部没收。当时，台湾所有印刷厂里面都有国民党安插的特务，因此，印刷厂老板刘某也遭到了拘留，其妻跑到雷震家来吵闹。警总没收《我的母亲》的理由，是书中有批评蒋介石的内容，雷震闻之，怒不可遏，当即给过去的"老朋友"蒋经国写了一封信，责问道：你可以写《我的父亲》，三个月内卖了八版之多，我为什么不能写《我的母亲》，只印两百本，且注明是"非卖品"，是不是只许州官放火，不许百姓点灯？

蒋经国将此信转至国民党中央党部，警备司令部自知理亏，将原稿和没收的一万五千元印刷费全部退回，雷震这才罢休。1989 年 3 月，在纪念雷震逝世十周年之际，原《自由中国》社编

---

[1] 万丽娟编注《胡适雷震来往书信选集》，台湾"中研院"近代史研究所 2001 年 12 月版，页 229。

[2] 雷震著《雷震回忆录——〈我的母亲〉续篇》，香港七十年代杂志社出版，1978 年 12 月初版，页 2。

辑傅正[1]主编的四十七册《雷震全集》经由台湾桂冠图书正式出版（原丛书计划出版四十七册，实际出版四十三册，缺第七册《雷案平反记》及第二十四至二十六册《中华民国制宪史》），《我的母亲》一书作为第八册收入全集之中，雷夫人宋英女士为雷震全集写了序言，有"如愿以偿"之句；其子雷德宁也说，"父亲一生受祖母的影响最大"[2]。

---

[1] 傅正（1927—1991），本名中梅，江苏高淳县人。早年响应"十万青年十万军"号召，弃学从戎，加入蒋经国担任政治部主任的抗日青年军，复员后经分发至上海大同大学经济系，后转学武汉大学政治系。1950年赴台后参加"国防部"政干班，因阅读《自由中国》，认同雷震的民主理念，离开政工系统，从投稿者而成为编辑，与雷震同时献身"中国民主党"组党运动，一起被捕。1979年后曾任世界新闻专科学校、东吴大学政治系教授等。

[2] 参见《雷震全集》第2册，页290。

# 第四章

# "莼菜汤事件"与"反袁运动"

1912 年，雷震考入湖州"浙江省立第三中学"。不久，因"莼菜荡事件"与校方发生冲突，一怒之下，离校返家，这一年，他十六岁。

"莼菜"是湖州一带生长于乡间池塘或河汊浅水之中的一种野生植物，当地人称之为"董董秧"，被视为"浮萍"的一种。"莼菜"叶子呈椭圆形，茎上和叶背面多有黏液，花开暗红色。这种野生植物到处都是，当时的乡下人从不拿它当菜吃，只是城里人好奇，特别爱吃。所以，每当春季长出嫩叶时，乡下人就采来卖给城里人，一般是做汤。

"莼菜"初吃尚觉清香可口，滑溜溜的，而且很嫩，若连日吃来，就会觉得"淡而无味"了。

校方食堂小伙夫，每逢"莼菜"上市，几乎三天两头就做这种"莼菜汤"，一是容易做，二是价格便宜。结果，同学们吃得实在是倒了胃口，不得已找到庶务（旧指专做杂项事务的人）钱胖子进行交涉。钱胖子有点世故滑头，见人多势众，苗头不对，便满口允诺，说一定转告食堂以后不再做这样的菜汤，又称：如果发现食堂再这样应付大家，同学们尽可以将汤碗敲掉就是了。

谁知，只过了三天，食堂还是照样"莼菜汤"不误。同学们大呼上当受骗，一时间，自发鼓噪起来，一定让食堂换汤之后才吃饭，而且，嚷着要钱胖子出面解释清楚。钱胖子避而不见，不知跑到哪里去了，学生便怀疑他在伙食费上必有好处，或揩油，或朋分，否则，为什么这样言行不一，不负责任？校长潘起凤平时不在学校用餐，由舍监罗先生出面代为解释。罗先生口才笨拙，结结巴巴说了半天，也不得要领。这时，同学们早已饥肠辘辘，实在忍受不了，喊声、嘘声顿时连成一片，食堂里乱作一团。有人突然想起，说应当以三天前与钱胖子达成的"君子协定"，将汤碗都敲掉才是。话音甫落，就有人乒乒乓乓打碎了五只汤碗，事态一下子变得严重起来。

潘校长闻讯赶来，见学生们仍在与罗舍监争论不休，也不分青红皂白，雷霆大发，厉声责问道：究竟是何人打掉了这些汤碗？又说：如此嚣张胡为，无异于暴徒之行……同学们一下子被震住了！而刚才将汤碗打掉的那些同学，竟无一人敢于站出来承认。雷震觉得潘校长不明就里，有失偏颇，只见敲碗，不论菜汤，于是走上前与潘校长理论。雷震对他说：我们之所以将汤碗打掉，完全是事出有因，这是与钱庶务事先达成的"君子协定"，然而，学校食堂对我们的正当要求漠然置之，食言背信，那个钱胖子又不肯见人，我们无计可施，才出此下策，对那些不负责任的轻诺寡信者，有愧于自己职守的人，潘校长理应严查究办他们才是……话音毕落，赢来一片喝彩声。

潘校长未想到眼前这位学生竟敢顶撞自己，更加气急败坏，当场一通训斥，随后在校内贴出一张布告，谓"查得'雷渊'等敲破菜碗，殊属非是，除责令赔偿外，当照章严予处分……"其时，雷震尚未改名，"雷渊"是他的学名。雷震事后说："我并未打过一只碗，我之讲话是出于'正义感'，乃是'打抱不平'的态度。所以，我看到这张布告后，十分生气，因为布告上仅我一人的名字，下面是'等等'，等等者表示学校当局并未查出敲碗人的名字。校长既未查出菜碗究系何人所敲，只因我出头争辩了一番，竟把敲碗责任全部放在我的身上，等于诬陷好人，心中实有未甘。"[1]

此时有人正在酝酿罢学之事。校方意气用事，意欲开除雷震。雷震觉得受到莫大委屈，心想索性跟着罢学风潮而动，卷起铺盖，打起箱笼，一走了之。就这样，雷震离开了学校，尽管走在路上编了一大堆理由，又觉得"总不能自圆其说"，心中一直忐忑不安。当他突然出现在母亲面前时，陈氏大吃一惊，不知道儿子"在学校里闯下了什么滔天大祸"，以至于非要回家不可。不过，陈氏是一位精明、沉稳的女人，以她对儿子的了解，雷震在学校是不会无端惹祸的，此次离校归来，其中必有内因，只是一时无法明说而已。

发生这样的事情，陈氏当然不便去校方直接查询，免得伤及雷震的自尊。于是，静观其变，她相信一定能够等来校方的说法。果不其然，校方不久来一公函，声称已开除"罢学闹事"的学生，共十七人，雷震不在其中，校方希望各位家长敦促未被开除的学生立即能够返校。雷震事后获悉，此次参与打碗的人，并未被全部开除，相反，平时敢于直言批评校方的同学，却被藉机除名了，"安吉的章廷坤已被开除了，但他已有二十多岁，办过学校，有经验，对校务讲过几次话，都是一针见血之谈，今竟被开除了，我深感不平"[2]。雷震从此对潘校长心存芥蒂，认为校方此举是"杀

---

[1] 雷震《我的母亲》，《雷震全集》第 8 册，页 186。

[2] 雷震《我的母亲》，《雷震全集》第 8 册，页 187。

鸡给猴看",只求"校内安定"而不思改进。若干年后,即1927年,当雷震从日本归国治病,被浙江省教育厅突然任命为母校"浙江省立第三中学"校长一职,为教学之事,雷震还去过潘校长家中请益,老校长早忘记十几年前的"莼菜汤事件",只知道自己的学生现在出人头地,乐不可支。

当时,雷震并没有打算立即返校。正近年关,家中一些琐事需要分劳,加上他向省内各私立学校提出的转学申请,尚未有最后的结果,须在家中等待一段时间。母亲陈氏表示不妥,坚持让雷震返回湖州城,不许他转至别处就读,态度十分坚决。寒假过后,在母亲一再催促下,雷震才快快地回到了学校。经过此次"莼菜汤事件",雷震对校方有了自己的看法,变得成熟了许多,很少再过问校方与学生之间的矛盾。然而,此时他却发现自己对政治的兴趣开始渐浓,其视线从校内已转到了校外。此时的中国,正处于袁世凯时代,尽管清廷被推翻,但各种政治矛盾仍层出不穷,新与旧、专制与共和、革命党与立宪派仍处于对立和交锋之中。不久,发生一个重大事件,国人指责袁世凯与日本签下了一个丧权辱国的"二十一条","凡稍有国家观念和民族意识者,谁也不能忍气吞声、茹辱含垢了。所谓'是可忍,孰不可忍也'。尤其像我们这些血气方刚的青年学子,身上热血的沸腾好像已升到摄氏百度以上,心脏五腑快要爆裂似的,再也无法心安理得的在教室内平心静气的上课了……"[1]

雷震是初三的学生,四年级的学生正面临毕业大考,不能全身心投入反袁运动,只能"从旁协助,无力率先倡导",雷震与其他一些学生便成为校中反对日本"二十一条"活动的活跃分子。

---

[1] 《雷震全集》第10册,页401。

雷震带头上街抗议，组织同学们进行颇有声势的示威活动，在街头发表慷慨激昂的演说，甚至在湖州城内发起了一个"抵制日货"宣传活动。以雷震本人的说法，这完全是一次自发的学生行为，所散发的大量传单，不仅由学生自己撰写、油印，其纸、笔、墨和印刷费用也需要个人来承担。湖州这个小城并非政治文化的中心，不过是随全国风潮涌动而已。校长潘起凤先生，早年就读于日本早稻田大学，但毕竟是中国人，内心并不反对这一次的学生运动。浙江省教育厅一再发文要求各校及时制止学生的反日活动，但出于大势所趋，人心所向，潘校长既未采取高压手段，也未予以积极支持，雷震等人在湖州发起的"学生救国行动"持续好几个月，"经过一阵狂热、紧张和忙碌之后"，回到了课堂上。不过，深感"身心俱疲"，功课和学业被耽误了不少。尽管每次开会、活动，大都选择在星期天或晚间进行，但为时不短的反日活动，无法让年轻人的内心保持应有的平静。这一年暑期大考，雷震成绩平平，"总算勉强及格"。

对于参加这一次学生运动，雷震并不感到后悔，相反，由此有了一番较深的体认：近代中国学生之参加救国运动，实应自反对日本"二十一条"的运动开始。当时全国学生游行示威和抵制日货，其声势之浩大，地区之普遍，时间之持久，实可比得上后来的"五四运动"而毫无逊色；可以这样说，"五四运动"之发生，"直接与间接"都是受到这次运动的巨大影响。但有一个问题，当时始终在困扰着雷震，就是"读书与救国孰重"，雷震这样说："此时大家只知道国家民族的荣辱，而未计行动的实际效果……我们那时尚未发明'读书不忘救国'的巧妙口号，故对于这个难题，始终未能获得一个'两全其美'的答案……我就常常反省到我们青年学生去搞这样的救国运动与爱国运动是否与国家有益？又是否与自己有益？究竟应不应该由学生来做？"[1] 当然，雷震还是肯定了那种自发的、"洁身自爱"的学生运动，因其背后，尚无不良的政治动机：

> 那个时候，学校里面也没有什么党部和青年团、救国团一类的组织，故此时的学生运动，也没有这类组织在背后策划支助，可是大家搞得井井有条，谁也不想出风头，哪个也不打算做领导人物。每次开会时去做主席和作报告的人，总是一再被推、被迫得不得已而后才勉强登台，因为哪个人也不想靠此而起家。相反的，大家生怕有人说他要出风头，故总不愿过分露面，其洁身自爱的心理则充分流露了。一切行动既是完全出于"自发"、"自动"，所以也就没有一点越轨的行为……那时的教育，则庶几乎近之。[2]

雷震说这一番话时，已是国民党执政之时。他以亲历自发的学生运动为考量，针对国民党自实施"党化教育"以来，在"学校设立党部、团部"利用学生为政治工具、违背教育的根本原则，提出了自己的看法。1927 年，雷震任湖州"浙江省立第三中学"校长时，发现"无论用人或施教，已受到当地党部不少干部的干涉和牵制"，各类政治组织进入校园，制造出不少诸如挑拨离间、无中生有、争权夺利、派系倾轧等副产品；而学生又过于年轻，血气方刚，富于情感，容易冲动，自易发生诸多波澜和裂痕，"波澜进而愈浪愈大，而裂痕则愈陷愈深，其结果则是损毁了整个的教育。将来撰写中国教育史的人们，当然不会忽视这一政策——

---

[1] 《雷震全集》第 10 册，页 405。
[2] 《雷震全集》第 10 册，页 403。

党化教育——对于中国实际教育之恶劣影响"[1]，这一洞见与若干年后，雷震在国民党中央会议上提出"在学校废除三民主义课程以及军队撤销其党部"之主张，有一种内在的逻辑关联，并非泛泛而谈，而是他的一种基本认识。

参加反对"二十一条"救国运动不久，雷震又第二次参加了反袁救国运动。1915 年 12 月，袁世凯盗用"民意"，帝制自为，于次年元旦登极，称"中华帝国皇帝"。面对这种复辟行径，全国掀起了反袁怒潮。1915 年 8 月，"梁启超反对帝制的名文《异哉所谓国体问题者》率先在《大中华》杂志第一卷第八期发表，一文既出，轰动南北。9 月 9 日，《申报》以大字标题、大块篇幅刊登介绍这一期《大中华》杂志的广告：'国体问题发生，全国人应研究，本报梁任公凡三篇，洋洋万言，切中今日情势，为关心时局者不可不读'。"[2]

湖州离上海不远，关心时局的雷震不会没读到梁任公这篇"轰动南北"抨击帝制的檄文。这一年冬天，雷震等人"已获悉此事的经纬，大家乃暗中集会，讨论进行策略，并和其它各地中学秘密联络，以冀造成广大的反对阵营。可是这一次却非常危险，不意军警密探们竟在暗中对我们加以监视，几乎被捕而坐牢。由于反对二十一条运动的缘故，我们这批人已经声名大噪，自为当地军警和密探所密切注意"[3]。

与第一次参与学生救国运动相比，雷震这一次似乎走得更远。当时所期待的已不仅仅是上街示威游行，或街头上的一番慷慨陈

---

[1]　《雷震全集》第 10 册，页 403。

[2]　参见傅国涌《"报有报格"：史量才之死》一文，原载 2003 年《书屋》第八期，页 20。

[3]　《雷震全集》第 10 册，页 404。

词,而是试图组建一个"广大的反对阵营"来反对袁世凯"帝制自为",以维护新生民国的存在。这一年,雷震十八岁,已初步具备一定的组织领导才能,否则不至于会遭到官厅的跟踪和监视。若不是校方予以庇护,或许已惹出麻烦来。"不过,雷震此时的政治知识与教育其实并不充分,他的政治行动仍然偏向立即性、偶发的回应,而未进一步的参与政治组织。直到东渡日本求学后,才更进一步的了解民主、法治、议会政治,与参与政党"[1],这是学者在后来对他的客观评价。

---

[1] 任育德著《雷震与台湾民主宪政的发展》,页17。

第二部

# 求学日本（1916—1926）

第五章

# 加入中华革命党

1916 年秋天，雷震从上海抵达日本东京，开始了自己的留学生涯。

高中毕业后，他原本想投考北京大学预科，当时的想法比较简单，就是"藉此观光和瞻览历朝的文物和建筑"。未料，等他赶到杭州，试期已过，不免有点失望。在下榻的旅馆中，得遇梅溪镇金正容先生。金先生正准备赴日本留学，与雷震素不相识，只是出于结伴之心，拼命地劝说一同前往，称此间从上海赴日本的船费比去北京的车票还要便宜，而且，到了日本之后，有"公费"可读。尽管雷震对金先生所说的这些，没有多少了解，但觉得去日本读书并非是一件不可能的事情。尤其当金先生无意中透露一个消息，雷震在梅溪高小时的业师刘式玉也准备前往日本留学，雷震动了心，决计东渡留学。

从杭州回到家中，雷震将此事禀告给母亲，陈氏在惊闻每年需要五百银元巨额学费之后，沉默未语。但这位目光远大的母亲，并没有阻拦儿子的鸿鹄之志，"在风气相当闭塞的我们乡里，把出洋留学看做了一件大事，母亲为我筹措了一笔留学的经费，确实费了不少的苦心。经过三个多月的筹备阶段，终于是年阴历九月初五日由家乡起程"[1]。陈氏亲自将儿子送到湖州府，雷震将在那里与刘式玉、金正容及同学潘梓余等人会合，一同赶往上海。

就在前夜他们从长兴乘坐夜航船往湖州时，陈氏的水烟袋被人偷走了，她半夜起来要抽水烟却找不到，不免有点懊恼，心生疑惑。第二天，陈氏在府城的城隍庙内看到一个"测字"小摊，突然停了下来，想测一测儿子此行吉凶如何。她从一大堆纸卷里取出两个字，问："向东方去好，还是向西方去好？"测字先生装模作样，将这两个字放在洋铁皮板上左拆右拆，慢条斯理地说：东行啊！大吉大利……伫立一旁的雷震不禁松了一口气，他实在害怕这位测字先生在此时会说出相反的断语，陈氏也多少感到有点宽慰。十天之后，雷震等人乘坐一千六百吨的"筑岛丸"号从上海起航，经由黄浦江向东而去。这一年，雷震十九岁，正式更名为"雷震"，字儆寰。

雷震到达日本后的第一个目标，是准备参加 1918 年夏天东京第一高等学校特别预科考试，由此进入一所高等学校；等毕业之后，再报考日本最高学府之一东京帝国大学。雷震从未学过日语，不识日本文字片假名五十字母，必须先从语言学起。他进入神保町的东亚预备学校，突击学习日语和英语。东亚预备学校除设有"日文班"、"英语班"之外，还有"数学班"和"理化班"，是专为中国留学生开办的。校长松村龟次郎先生，是一位五十多岁的中国通。在晚清时期，曾经到中国东北教过书，比较熟悉中国留学生的情况。大约半年后，雷震又进入"数学班"补习数学、物理和化学等课程。他与同来的刘式玉、金正容等人厕身于东京的"锦辉馆"，名字听

---

[1] 雷震《我的学生时代》，《雷震全集》第 10 册，页 407。

起来十分悦耳，其实，这是一家条件极其简陋的小旅馆，雷震住的那个房间什么陈设也没有，仅有三叠席子。

1917 年 5 月 7 日，留日中国学生在东京大手町卫生院召开会议，以纪念日本政府对中国所提"二十一条"而发出最后通牒的"国耻日"，较之国内 5 月 9 日为"国耻日"提前了两天，原因在于 5 月 7 日是日本政府发出"最后通牒"之日，留日学生即以此为"国耻日"，5 月 9 日为袁世凯签字之时，中国各地在"七七事变"之前，则以此定为"国耻日"而举行大会。这是雷震到日本后第一次参加留日学生举行的公开活动，从这以后，他每年都要参加这样的纪念大会，当时在日本的留学生，大都也是这样。

这一天，出席者约有千人之多，楼上和楼下，座无虚席，几乎都是留日的中国学生。纪念大会于上午 9 时正式举行，由东京帝国大学学生王兆荣担任主席。王兆荣在开场白中阐述了纪念大会的意义之后，邀请革命党人张继、戴季陶两位先生上台作演讲。雷震清楚地记得："……张先生先讲，他穿着白胶布学生装，精神奕奕，容光焕发，讲演时捶桌顿脚，口中白沫四飞，慷慨激昂，语惊四座。戴先生则穿着极其考究的日本和服，外罩'羽织'（haori）[1]，说话时慢条斯理，用上许多学术上的名词，颇有教授先生在课堂讲书析理的风味。"[2] 这次纪念大会开了近三个小时，至中午 12 时才散场。说起来，为留日中国学生会所发起，幕后实际组织者，却是中华革命党（即国民党）东京支部。大会结束后，张继、戴季陶二人余兴不止，邀约参会的部分年轻人谈话，雷震是其中一位。

---

[1]　原注："羽织"颇像中国衣服之马褂，罩在衣服外面。夏天非上层社会的人，或出入隆重礼节之场所，则不穿此服。夏季之羽织，都是用丝织品的纱做成的。

[2]　《雷震全集》第 10 册，页 413。

张、戴二人为追随孙文从事革命的骨干人物，与留日学生打交道有着丰富的经验，这是从同盟会成立以来，革命党人在不断的挫败中逐步积累起来的。戴季陶出生在四川广汉，祖籍是浙江湖州，算是雷震的老乡。这是雷震第一次见到大名鼎鼎的"戴天仇"（戴的笔名，日本人称其戴天仇），立刻被他的演说及翩翩风度所吸引。张、戴二人"鼓动式"谈话，对雷震个人来说，无异于注射了一次政治的兴奋剂，雷震决定加入"中华革命党"。

当年革命党人利用留日学生从事推翻"满清"的活动，起到相当有效的作用。这些年轻的学生，与秘密社会"洪门会党"毕竟不同，他们既关心时局，又有专业知识和政治理想，大都对"革命"持认同的态度，稍加鼓动，往往激情高涨，血脉贲张，此时的雷震就是一个典型的例子。"二次革命"失败后，孙文等人逃命日本。在孙氏看来，此次失败的主要原因，是由于国民党内部思想混乱、组织不纯所致，"非袁氏兵力之强，乃同党人心涣散"，决定从整顿党务开始，改组国民党为"中华革命党"；至1919年，孙文再次改组"中华革命党"为国民党。以台湾学者任育德的看法，加入政党，对雷震来说是自发的选择，"与当时学生一般，普遍希望改革与救国，建立民主政治，选择入党即成为达成理想的最佳途径"[1]。

当时入党手续极为简便，可见扩充党势之需要，"只要写上自己名字、年龄、籍贯和通讯地址，就算是入党了，党部既未颁发党证，我们也不用缴纳党费，更无宣誓等等形式。我们这些年轻的学生，深深痛恨北京政府之腐败无能，和各地军阀割据之自私，看到整个国家快要被他们断送殆尽。在这种悲观和愤慨的当儿，我们相信国民党是一个有现代政治意识的政治团体，如果国民党一旦能

[1] 任育德著《雷震与台湾民主宪政的发展》，页17。

够掌握政权，一切改革均可立即进行，而民主政治就可建立起来，国家自然富强，人民也就是康乐"[1]。这是雷震当时对革命党人以及他们的政治目标的一个基本认识，曾经用"五体投地的信仰"来形容自己的心情。自从参加这样一次纪念大会后，雷震与国民党结下不解之缘。在某种程度上，也可以说，决定或影响了雷震此后的人生方向。

　　这里简单介绍一下张继、戴季陶二人的政治经历，对于我们认识和了解雷震在未来的中国政坛上迅速崛起有一定的帮助，同时也可见国民党派系路线的"法统"理念，对于某个人在政治上的成长往往起到"推波助澜"的作用。张继（1882—1947）是直隶沧州人（今河北沧县）。1899年（光绪二十五年）留学日本；1902年结识孙中山，次年回国，任《苏报》参议，创办《国民日日报》；1905年在日本加入同盟会，是最早的会员之一；三年之后，赴法国，与友人创办《新世纪》杂志。1924年国民党改组，曾任中央监察委员；1927年南京国民政府成立，张继为国民党中央特别委员会委员，出任司法院副院长。从雷震的自述中可以知道，他与张继无论在当时还是以后，并无实质性交往，只是仰慕已久的一位前辈人物，但张继作为雷震入党介绍人之一，这一点，不容忽视，张继在国民党中的元老地位对他多少有点帮助。相反，在与戴季陶的交往中，一直保持某种特殊关系。在雷震的政治起步中，如果没有戴季陶，就没有后来的雷震，戴氏于雷震有"知遇之恩"。

　　戴季陶（1891—1949）于1905年（光绪三十一年）留学日本，1909年（宣统元年）毕业回国后，曾任《天铎报》主编，以"天仇"

[1]　《雷震全集》第10册，页414。

为笔名撰写社评，抨击清政府，在南洋槟榔屿加入同盟会；1911年武昌首义发生后，回上海参与创办《民权报》。二次革命时，受命在上海、南京联络反袁军事，事败后再次逃亡日本；1916年随孙文返国，次年在广州任护法军政府法制委员会委员长，兼任孙文大元帅府秘书长。1920年参与筹备上海共产主义小组，后又拒绝加入；1924年国民党"一大"，被选为中央执行委员、常务委员，出任国民党中宣部部长、黄埔军校政治部主任等职；1925年孙中山逝世后，发起组织孙文主义学会，形成所谓的"戴季陶主义"。1949年2月11日深夜，戴季陶深感国民党大势所去，写下遗书，嘱家人送交蒋介石，尔后自杀身亡。

1927年底，雷震辞去母校浙江省第三中学校长一职，以国民党员身份服务于国民政府。就是在戴季陶的举荐下，直接进入国民政府法制局担任编审之职；次年冬天，法制局并入立法院，雷震被戴季陶征召到考试院担任编译局编撰，并兼任中央军校教官；1929年铨叙部成立，雷震任秘书兼调查统计科科长，1930年兼任国立中央大学法学院教授，铨叙部隶属考试院，戴氏为考试院院长，这一切，都不难看出戴季陶在背后的作用。戴季陶自杀时，雷震在沪上协助汤恩伯[1]军事防守，正疲于奔命之中。从雷震的文字中，并没有发现此时与戴氏保持"过从甚密"的记录，尽管他已成为国民党高层核心圈内的人物之一，不乏与这位国民党元老相互走动、交换意见的机会。戴季陶之死，给雷震内心带来多少震动和

---

[1] 汤恩伯（1900—1954），名克勤，字恩伯。浙江武义人。1925年入日本陆军士官学校。1928年任中央陆军军官学校军事教官，继任学生总队大队长，博得蒋介石赏识。1945年3月任陆军第三方面军司令官；1949年1月任京沪杭警备总司令，奉蒋介石之命凭借长江天险固守宁沪杭地区。人民解放军发动渡江战役后，汤部在沪战中大部被歼，余部溃退厦门。10月由金门去台湾，任"战略顾问委员会"战略顾问等职。病逝后被追晋陆军上将。

冲击，不得而知。但以雷震的厚道性格及处事风格，应当不会忘记戴氏当年对他的赏识和举荐。

雷震经张继、戴季陶二人介绍在日本加入"中华革命党"，这一年，二十岁。其时，在日本加入"中华革命党"的年轻留学生，大都处于一种亢奋状态，"党部如有工作分配去做，大家都争先恐后地去干，即令赴汤蹈火，亦在所不辞。不仅一切工作出自己心愿，所有的费用都是自己掏荷包，从未接受党部的任何津贴。党部开会，大家认真讨论，可谓知无不言，言无不尽，真是民主之至，谁也不想领导谁，谁也不敢领导谁"[1]。相比之下，雷震却较少参加东京党部的各种活动，主要是因为没有更多的时间，他正在昼夜不停地预备第二年的升学考试，每天要上六至八小时的课。然未出一年，即传出北京段祺瑞政府与日本签订"山东胶济铁路密约"的消息，在留日学生中引起巨大震动，一下子打乱了雷震内心的平静和苦读投考的计划。

[1]　《雷震全集》第 10 册，页 414。

第六章

# 罢学归国

　　袁世凯与日本签下的所谓"二十一条"，其中共五号（项），第一号就是"山东问题"。"二十一条"始终遭到中国国内各界人士强烈反对。日本政府惟恐在一次大战结束后，中国作为战胜国之一，在不久的"巴黎和会"上突然临时变卦，于是在1918年9月24日，委派外务大臣后藤新平秘密照会中国驻日公使章宗祥，提议胶济铁路归中日合办经营，即所谓《山东问题换文》（日方称《山东善后协定》），"铁路巡警本部及枢要驿并巡警养成所内须聘用日本人"（照会中第四条），并欲以两千万日元贷款，以济北京政府之急，试图签下"济顺"（济南至顺德）和"高徐"（高密至徐州）两条铁路借日款修建的合同。

　　在这份秘密合同中，不仅写明日本应在山东省内继承德国过去所享有的全部权利，还包括胶济铁路的交换条文。根据这份密约，不仅使日本完全取代德国的权利，甚至还超出德国的旧有权利。北京政府急于筹军费，以巩固加强自己的实力，指示驻日公使章宗祥秘密复照后藤新平,对日本政府这一提议表示"欣然同意"。[1]
这是日本政府继向中国政府逼签"二十一条"之后,以其政治贷
款试图控制北京政府的同时,打着"共同防御俄国革命"的幌子,
与北京政府秘密签订《中日共同防敌军事协定》中的一部分。段
祺瑞与日本政府的这一秘密交易,事先被泄露出来,激起在日中
国留学生的不满和抗议,这一历史事件,史称"拒约运动"。

　　据雷震本人回忆,北京政府意欲签下"秘密合同"的消息,
在中国留学生中不胫而走,"立刻现出极度悲观的骚动和不安"。
曾琦(后为中国青年党领袖,也是雷震好友之一)发起的"留日
学生罢学归国"行动,以及组织的"救国团",得到众多留日学生
的响应,"此时无论是官费生抑或自费生,又无论是已经入学或正
准备入学的学生,都不能安心读书,犹如滔天大祸快要临头似的。
其悲恸的心情,正如丧考妣。大家不仅在私下谈论,见面就问到
事情发展到了什么地步,而且三三五五,到处集会,商讨应付办法。
这样或明或暗、半公半私的酝酿了两个多星期之后,留日学生总
会乃召集全体留学生大会,决议'罢学归国',要求留日学生全体
即日回国,以后不再留在日本读书,表示要与日本断绝文化的关系,
以抗议日本的无理勒索"[2]。
　　这一段记述,可见此事在当年留日学生内心所带来的极大震
荡,以及民族主义情绪适时发酵的真实一面。雷震置身其中,不
可能不受到影响,他不仅将一年多来添置的书籍、桌椅、和服以
及日常生活用品统统卖掉,还发誓再也不愿在日本这个蛮横无理

---

[1] 参见陈旭麓、李华兴主编《中华民国史辞典》,上海人民出版社 1991 年 8 月第一版,
页 98。
[2] 《雷震全集》第 10 册,页 415。

的国家读书。这次"罢学归国"行动，就雷震个人而言，与当年在湖州自发地反对"二十一条"抵制日货活动有所不同，因为幕后策划者，仍是"中华革命党"东京支部，雷震当时"像发了狂的疯子一样，只想到如何完成我担负的任务，每日到各处宿舍找同学们谈话，传达留学生总会的意旨（党部未公开露面），好像多能回国一人，我就多一份光荣似的，我对国家就多一份功劳似的"[1]。

作为一次有组织、有策划的"罢学归国"行动，不免蒙上一层人为的政治阴影，在当时，并非人人都自愿"罢学回国"。当时青年周恩来也在日本，他却主张在日本就地组织某些反抗行动，可见有分歧或不同意见。不过，在一种普遍的激奋情绪之下，如若有人反对罢学或不愿归国，即会遭到某些激进者的"卖国贼"之辱骂，甚至还有"挨揍"的危险。一些学生甚至组织起"铁血团"、"归国队"、"纠察组"等临时性团体，在主体上以温和方式劝导中国留学生回国，其中亦不乏胁迫之举。

雷震决定回国前，去见当年的业师刘式玉。刘玉式见他执意要放弃即将到来的考试，再三劝说"不必这样兴奋的自暴自弃，要冷静些考虑考虑自己的前程，以免将来后悔莫及"。刘式玉是一位忠厚的大哥，当年与雷震等人结伴而来，在湖州城内出发前，陈氏一再拜托他好好照料和看管雷震，以免不慎而误入歧途。刘式玉尽自己的责任，好言相劝，无奈雷震在冲动之下而不知自抑，对刘式玉所说，大不谓然，甚至放言"年轻人应重信义，中途退缩，乃莫大之耻"！

1918年5月，雷震等人从东京乘夜车至神户，转乘"八幡丸"

---

[1]《雷震全集》第10册，页418。

号轮船于下旬抵达上海。在虹口、汇山码头，分别受到先期返国留日学生的欢迎。雷震下榻在一个名为"振兴"的小旅馆，这是湖州人开办的一家旅店。店老板十分热情，尤其对日本归来的同乡店客，有所照顾，房价折扣优惠。雷震当天就去已迁至上海办公的留日学生总会报到，他以为回国之后，就可以投入到蓬勃兴起的"反日救国"运动中去。

事实上，此次"罢学归国"行动并不顺利，北京段祺瑞政府根本不理睬留日学生归国团提出的"拒约要求"。据 1918 年 6 月 11 日《民国日报》报道，段祺瑞接见留日学生代表，在会见时，"归国团"团长王兆荣及代表团成员"闻其刚愎自用之言，乃知废约之无望"。段祺瑞政府还接连发出训令，要求归国学生一律于 6 月中旬返日复课，并以开除学籍相威胁。如此意想不到的结局，使雷震深感一腔热血，无地可洒，"一切与在日本的想象相去甚远"。

"归国团"第一批成员抵沪不久，创办了一份《救国日报》，作为反对签订中日军事协定的舆论阵地（1920 年秋，在经济、政治双重压力之下，《救国日报》被迫停刊）。雷震担任发行之职，负责报纸的推销工作。雷震本来就对上海社会不熟悉，更不懂报纸营销，虽然干得十分卖力，却不见效果，最后不得不感叹道："其他又无投效之事可做，真是'盲人瞎骑马，夜半临深池'，简直不晓得今后要怎么办才好。"[1]

"罢学归国"学生的所有费用，均由个人自己承担。除了路费等开销之外，加上平日里的日常生活之需，雷震在日本变卖生活用品的钱款已所剩无几，不仅旅馆欠账不能支付，最后连坐车子钱也没有了。万般无奈之下，雷震只好给母亲陈氏写了一封信。

---

[1] 《雷震全集》第 10 册，页 419。

　　陈氏做梦也没有想到此时雷震竟然不在日本，而是已回国多时，在上海滩上卖什么报纸，且受困于小旅馆之中。在此之前，雷震曾给她发来一函，述说自己正在发愤努力，将在这一年夏天投考第一高等学校特别预科，语气中透着十足的信心。可眼下的情形，与所说竟是两回事，陈氏不禁伤心至极。母亲毕竟是母亲，陈氏让三儿用国带上一百五十银元，前往上海去寻找雷震，并传达自己的意思，无论如何，必须回家一趟。从弟弟的口气中，雷震深知母亲的失望，不免悔意顿生。就这样，雷震随三弟回到了长兴乡下，度过了一段极为难堪而又失落的时光。雷震无法向前来探望的亲朋至友解释此次返国的真实原因；而当时，在政府与一般百姓眼中，民党、国民党、革命党均为"乱党"。就在前一年，雷震在湖州就读时的好友韩裕峰从沪上返乡，被诬为"乱党"分子，竟被湖州镇守使王桂林枪决。陈氏对此心有余悸，对谁也不敢吐露实情。

　　然而，天下没有不透风的墙。两星期之后，雷震在与友人一次相聚的酒席上，发现湖州镇守使署的两名暗探正在门外监视。他们不知从何处得知雷震此次回国，乃因反对"胶济铁路密约"，参加罢学行动，疑与乱党有关，只是一时无真凭实据，无法下手。未几，发生一件意想不到的事情，雷震堂兄子才与湖州镇守使署密探朱阿二为一名土娼式女子争风吃醋打架被拘，被诬为"乱党嫌疑分子，拒捕行凶"。根据他的口供，湖州镇守使署确认雷震是反对北京政府、罢学回国的激进分子，立即派出若干密探前去捉人。

　　这一天，雷震正好前往表叔丁鹤人家中做客，所幸不在。陈氏面对湖州密探的盘问，镇定自若，一再声称雷震前几日就去了上海，此时或已回到日本。陈氏并解释说雷震此次返乡，不过是暑期例行省亲而已，与罢学无任何关系。陈氏一边与密探周旋，一边暗中差人通知雷震，让他速往附近亲戚家中暂避。夜半时分，雷震来到一位亲戚家中，当亲戚问明真相，十分害怕。将雷震藏匿在后阁楼上，连大小便都不让他下来。彼时容留乱党分子在家，轻则受到处罚，重则株连九族。雷震在后阁楼上待了两天，实在不堪忍受，差人通知母亲说要离开这里，陈氏只好同意雷震前往苏州吴县渡村镇姑夫那里再避一些时日。

吴县渡村镇距苏州城约六十华里。靠近太湖洞庭山，从苏州前往乘木船一日即可到达。姑夫沈文卿在小溪口种过雷家的田，光绪三十一年迁至渡村镇，与雷震已有十三年没有见过面。雷震的突然到来，沈文卿不免感到诧异，却也料到其中必有原委。沈文卿并没有深问，而是浓酒醇茶以待，二人相与笑乐。雷震在沈文卿家大约住了半月，又应远门亲戚敖云翘先生之邀前往苏州小住。雷震有一远房侄女嫁给敖先生之子为妻，平添了一门亲戚关系。敖先生家居苏州城内，得此之便，一生喜山乐水的雷震尽情游览各处名胜，许多景点不止去了一次。他还将"天堂"中的苏杭作了一次生动的比较：杭州西子湖边，风景秀丽，山水明媚，引人入胜，处处生机盎然；苏州名胜古迹，处处可见衰颓老旧的模样，一如大家庭门道败落之气象，与《红楼梦》后半部中的大观园毫无二致。尽管如此，苏州人声鼎沸的茶楼仍给雷震留下深刻的印象：

> 我在苏州这段期间，约摸有两个月，雨天无处可游则常至茶楼品茗，分享苏州人的乐趣。敖亲家最喜欢上茶馆，几乎天天非去不可。他到的那些地方，可以碰上旧雨新知，谈天说地，打听消息；而我可以到茶馆看看报纸，了解内外大事。苏州茶馆之大而且多，在中国则是鼎鼎有名的。苏州人上茶馆，似乎等于每日经常工作之一。早晨起来跑到茶馆找朋友聊天。泡上了一碗茶可以过上一天，随到随吃，走时关照一

声，堂倌自会收留，用不着另外花钱。所以茶馆也者，乃是
苏州人交际应酬、呼朋会友、商场交易和消闲休息的场所。
就是游览名胜古迹，也还离不开吃茶一事，不论虎丘或留园，
随地都设有茶楼、茶亭，高档的或简单的，游客游毕一地时，
必定坐下来吃茶休息。这确比喝汽水有味道得多。[1]

　　在一种悠闲而又颇为失落的心境中，雷震似乎忘记了自己是
湖州镇守使署欲以捉拿的"乱党嫌疑犯"。但在夜静更深时，他还
是想到了母亲的某种担忧和失望，虽然也知道，母亲并不会认为
自己做错了什么，但此次轻率"罢学返国"无异于一种荒弃学业、
浪掷光阴的幼稚行为。当年，家中谷贱伤农，收入卑微，母亲为
了让自己出国留学不惜举债度日，不知耗尽多少心血。想到这里，
雷震决定给母亲写信，说想返回日本继续求读，"此番前去一定可
以考上官费学校"，所需费用已不会太多，请母亲赶紧筹措，并由
此下了决心，"今后不再盲目参加学生救国运动，必须好好的多念
一点书，求一点有用的知识，俾使他日可以自立于社会，以免依
赖社会或贻害社会……国者人之聚，个人如能自立，也就是对国家、
对社会有贡献的地方。而一个人必须具备有渊博的知识，和高远
的学问，而后才能自立，才能有所贡献。盖读书求知即所以救国，
尤其是在科学昌明的时代，'知识即权力'……"[2]
　　有了这一番切身感悟，雷震对以后的政治活动，抱以疏离的
态度，对他而言，这很现实。这一年12月，陈氏将稻谷加工成大
米出售变作川资和学费，然后携带钱款、衣物、书籍等，与雷震
从苏州一同赶往上海。雷震再次赴日本留学，中国学生"特别预科"

---

[1]《雷震全集》第10册，页426。
[2]《雷震全集》第10册，页428。

考试早与他擦肩而过，只能等待来年 7 月的又一次考试。近半年的从事"政治活动"，原先预习的许多功课多有丢失，必须从头至尾再温习一遍，"每晚常常读到夜半更深，甚至次晨一二时左右就寝，早晨不到六时又起床，每晚仅睡四五个钟头。这样继续准备了四个多月，不料在入学考试之前一个月，忽然头部剧痛，眼睛昏花，弯腰时眼中发黑，星火迸发，口中干燥无味"，就是在这种紧张、自律开快车的苦读中，困扰雷震一生的失眠症由此而来。

第七章

# 东京"明寮"一年

1919 年 7 月底，雷震考取东京第一高等学校（简称一高）附设的中国学生"特别预科"文科班，他形容当时的心情"快慰可知"，总算"进入过去朝夕所祈求的学校"，"即可享受官费待遇，按月领取生活费用，直至大学毕业时为止。如欲再进研究院，官费还可以继续两年"。[1] 据雷震自己统计，三年来几乎用去母亲先后为他筹措的一千多银元。对于乡里人来说，无论如何，都不会是一笔太小的数目。此时乡间谷米根本不值钱，由于所借之款未能及时归还，利上翻利，涨到了三千多银元，至 1923 年才得以还清。

所谓"特别预科"是为已经考取高等学校的中国学生专门设立的，主要是经过一年语言训练之后，使中国学生可以从容地与日本学生同堂上课，不致在语言交流上出现障碍。"特别预科"是清末年间，清政府吁请日本文部省明令发文在四所学校中特别设立的，这四所学校分别为：东京第一高等学校、东京高等师范学校、东京高等工业学校、千叶医学专科学校。各校每年招收中国学生

---

[1] 《雷震全集》第 10 册，页 428。

五十名，以十五年为期。就是说，在这十五年中，只要能够考取这四所学校的中国学生，均为"官费生"，由清政府提供学习和生活费用。尽管此时清政府已不复存在，这一条约依然有效。雷震考取的东京第一高等学校中国学生"特别预科"分文理两科，选择文科是他个人的意愿，当时他的梦想是能在不久的将来考进东京帝国大学法学部。

东京第一高等学校的学生，除身体患疾经校医务室确诊得特别许可者外，一律要住校，另外三所学校好像没有这种严格限制。"一高"学生宿舍均冠以"寮"字，雷震所住的那幢楼，就是叫作"明寮"。寮均为两层，每寮分割成三十间，楼上为卧室，楼下对应的那间是自修室。

"寮"者，即中国人说的那种较为简陋的普通住房。当时"一高"学生宿舍共有八寮，皆位于校区内课室后大操场的西头，一律坐东西向，依次为八排。寮与寮之间，相隔九米许。若站在窗口，两寮之间的人大声呼唤，清晰可闻。雷震住在"明寮"的第十六室，正好在此寮的中间，寮中共有十四名学生，除雷震之外，都是日本当地学生。

开学伊始，依惯例有一次同学聚会，日本人称之"Room Meeting"。每寮临时选出一人为主席，由此人来阐述同学集会的意义，然后各人自报家门，除姓名、年龄之外，还要特别说明本人曾在何地何处就学、成绩如何、家乡风景名胜以及土特产品、家乡出过什么大人物等等。雷震发现，本寮的日本学生成绩相当优异，不少人中学毕业考试皆为第一，最低者亦在前五名之内。雷震在"浙江省立第三中学"毕业名列第四，多少使他保住了一点面子。只是轮到表演个人才艺时，雷震窘迫不堪，不会唱歌，也讲不出故事；有人提议唱"国歌"，更让他沮丧不已，此时中国尚无正式国歌，雷震只好背诵了一首白居易的《长恨歌》，竟也是结结巴巴，未能全篇。

东京第一高等学校中国学生"特别预科"，为期一年。

从雷震本人叙述来看，并无多少特别的记忆。惟有"一高"宿舍学生自治委员会和"寮雨"这两件事，给他带来不少意外收获和快感。"一高"学生宿舍的管理，校方素不过问，完全放手由学生们"自治而为"，如同一个小社区。课堂以外的任何事情，大都通过学生自治委员会加以协调和管理。校方之所以放任"自治"，目的就是为了培养学生"独立审事、公平正义"的能力。从某种程度来讲，学生自治委员会的权力实际上很大，其权威仅次于校方的管理委员会。雷震入住"明寮"时，这一届自治委员会业已改组完毕，他并不知道自治委员会成员是如何选出来的。自治委员会由七人组成，每天有一位轮值委员，负责处理宿舍内部的日常事务。经过一年细心观察，雷震发现这些人都是责任心很强的学生，他们按章办事，有条不紊，委员们之间的关系十分融洽。同学们对自治委员会的管理和处置也十分信服，很少有什么怨言。主要是因为自治委员会在处理问题的方式上谨慎而又独到，能够坚持原则。

和所有学校一样，在当时，最常见的违规之举乃是"深夜不归"。如果一经查出，就要受到委员会的处置。所谓处置，其实不过是"禁足一周"而已，即一周之内不准迈出校门半步。对于屡犯者，最多也是两周或一月不等。这种"处置"对于同学们来说，确实不算什么，但处置过程有点"程序公正"的意味。据雷震回忆：学生在宿舍内如有犯规的，先经调查确实之后，由自治委员会写一条子，秘密通知某生于某日某时到委员会办公室谈话。该生按时到达，由一位委员说明违规情节，当面申斥一顿，或禁足若干日子，该生认错道歉，就算了事，"当然不张贴布告"。而对于那些诸如偷窃、打人、对女生大有冒犯不敬者，被视为"重大犯规"，处置方式则是意想不到的"拳头惩罚"。不过，这种"惩罚"必须事先经委员会讨论之后方可执行，绝不轻易使用，仍是秘密通知某生于某夜十二时到委员会办公室，接着由全体委员率同该生一起来到距离宿舍很远的操场一角。除自治委员和犯规学生外，不允许其他学生到场，也尽量不让他们知道，这大概是要保全违规学生的面子——自尊心，使其在精神上免遭太大的伤害。操场上没有灯光，仅燃一堆柴火，先由一位委员对某生所犯过失详为报告，如有遗漏，其他委员可补充说明。然后询问违规者事实是否如此，如该生承认其事，自治委员们就重赏几拳和几下耳光，该生认错道歉，谓今后一定改过自新，请委员给予原谅等等。最后由首席委员声泪俱下地痛斥一番，说这是损毁校誉的大事，今后一定要自爱自重，"犯规学生接着向各委员逐一鞠躬为礼后，退出操场，回房睡觉……自治委员会没有记录"[1]。

　　雷震在"明寮一年"，只听说过有两次这样的惩罚，一次是有人偷窃东西，另一次，是一男生强行要求某女生接受情书而遭到告发，其实，就是把情书强塞到这位女生的衣袖里。学生自治委员会这种"文武兼治"的管理模式，成了雷震最初体验社团群体"自治而为"的一次绝好机会。虽然无法断言对于雷震在日后从事现实政治能否提供一点直接的经验，但这种"自治理念"无疑给雷震留下了深刻印象。尤其是"学生在自修室内，常常放言高论，批评学校当局，批评某某教授，乃至批评政府措施，毫无忌惮，从不怕有人在背后监视。当然，学校里面没有设立执政党的党部，

---

[1]　《雷震全集》第 9 册，页 10—11。

学生甚至连党员都不是的。"[1]

雷震忘不了一高宿舍"寮雨"这一幕。

"寮雨"一词,是学生们自己杜撰出来的。《雷震全集》第九册《我的学生时代》中有这方面的细节描述,"寮雨者,就是住在宿舍的学生,夜间要小便的时候,就推开它[他]卧室的窗门,两脚跨在窗沿上,一手扶着板壁,以对着天井'撒尿'之谓也。当尿龙下落时掉在地面上滴滴答答的声音,犹如天上下雨一般,而这种雨水乃是从寮的楼上降下,一高宿舍学生遂名之曰'寮雨'。宿舍里住上了头二千人,这种寮雨几乎无夜无之。如果要寮雨的人,每夜每百人中平均有二人,则一齐发射,亦可蔚成奇景壮观"。

在最初时,雷震极为反感这种不良的生活作风,他觉得作为一名学生,毫无顾忌地站在宿舍窗口小解,不仅妨碍公共卫生,也有失学生行为之操守。但"寮雨"之由来,实则因其宿舍与厕所相隔较远所致。"寮"本是一幢很长的房子,只有两头才有楼梯通向楼下较远处的厕所。且不说平日里上厕所如此不便,临到冬季夜间,寒风刺骨,尿急逼人,人的行动更显迟缓,谁都不想穿过这长长的黑暗甬道去厕所行一次"方便",实际上,是客观条件所促成的。"寮雨"之所以不在学生自治委员会的管理视线之内,因为这些委员往往也是这样的夜间"寮雨者"。可见当时一高"寮雨"之甚,当然,同学们也是自有苦衷,决非简单的不知自爱。雷震后来认为,"一高"宿舍若不加以适时改造的话,"寮雨"之景观绝不会自动消失,而"过分地矫枉过正是行不通的"。

当年某个夜半时分,病中的雷震也曾经手扶板壁,战战兢兢地"寮雨"数次,并自嘲"习俗移人,圣贤不免。如入鲍鱼之肆,

---

[1] 《雷震全集》第9册,页9。

久而不闻其臭，或即此之谓欤"。1923 年 9 月 1 日，在关东大地震之中，一高校舍毁之殆尽，后迁至东京郊外重建，"各寮是否照旧，不得而知"，雷震后来说。

# 第八章

# 名古屋"八高"三年

1920 年 7 月,雷震于东京第一高等学校"特别预科"毕业,被分发至名古屋第八高等学校(简称八高)就读。这是根据"中日两国关于留学生设置特别预科的规定,中国学生在第一高等特别预科一年修完后经过考试及格者,须分发至其他高等学校与日本学生同班肄业,然后再与日本学生一样的升入帝国大学"[1] 这一规定,雷震所作出的一个选择。

当时日本从本岛到九州,有十余所高等学校,雷震的第一志愿为京都"三高",第二、第三志愿才是名古屋"八高",但"三高"文科"设有以法文为第一外国语的班级",一般未习法语的文科学生,颇不易被分到这个学校。雷震之所以选择离开喧嚣不已的东京,其中有一个很现实的想法,就是想暂时远离国民党(此时已改名国民党)东京党部的各种政治活动,"俾可好好的读一点书",以便集中精力,为投考东京帝国大学打下较好的基础。而且,京都或名古屋,气候温和,风光明媚,交通便利,文化发达,这

---

[1] 《雷震全集》第 10 册,页 431。

也是雷震所喜欢的。

"八高"当时并不在名古屋市区内，而在较远的郊外瑞穗郡，隶属爱知县管辖。很快，名古屋市区扩大，"八高校址始改列为市区"。这一年8月，雷震从东京来到这里，办完注册手续，入住距校区约有半公里远的"御器所町"的"庆亲馆"。这是一所比较简陋的寄宿学生公寓，只有二层楼，中间有一天井，是一幢矩形"回"字式的房子，有三十个房间。入住者大部分是"八高"的学生，只有少数是名古屋其他学校的学生。雷震自称是一个"不喜移动"的人，在"庆亲馆"一住就是三年，与广东籍同学后来成为大学教授、《自由中国》半月刊编委的罗鸿诏[1]同居一室。雷震与罗鸿诏之所以没有像其他中国学生一样常换住地，还有一个原因，就是这里的饭菜较合中国人的口味，雷震不爱吃"腥气逼人的鱼类"。

这一年，日本全国各高等学校改行"新制"。在这之前，大、中、小各级学校的学制，均以每年9月为新学年之始，至次年8月底止为一个学年；改制后，从每年4月开始为新的学年，至次年3月底止为一个学年。这次改制的原因，主要是考虑学生的健康以及考试环境，以避开夏季溽暑大热，使学生不受季节的干扰。由于学年改在了第二年3月结束，只剩下几个月时间就要进行大考，雷震若不想留级，必须加倍努力，其辛苦可想而知。

---

[1] 罗鸿诏，广东兴宁人。"八高"毕业后与雷震分开，考入东京帝国大学哲学系。毕业回国后先后任中山大学、金陵大学、暨南大学教授，赴台后为《自由中国》半月刊编委之一。为雷震一生中最重要的朋友，病故若干年后，雷震将其移葬至自己预购的墓园中。

## 一、求学与恋爱不可兼得

这一年，雷震二十三岁，这是一个人一生中精力旺盛又往往难以自控的阶段。

雷震等人所寄居的"庆亲馆"经营和管理，由老板铃木一家人共同承担：老板娘亲自烹饪，老板端菜送饭犹如一跑堂伙计，他们有两个女儿，在后厨房经常帮助母亲做一点杂活。大小姐姿色不俗，可惜是一个哑巴，花信之年，尚无如意郎君；二小姐仍在上学，放学后帮家人端茶送水，分信发报，与中国留学生接触相对多一些。

在雷震眼中，"二小姐比日本一般女子身段略微高些，修长个子，瓜子脸盘，肤色洁白，头发漆黑，两眼脉脉含情，见人笑口常开，芳龄约为十七八岁，而聪明活泼，体态窈窕，说话时莺声宛啭，娇羞自持，充分现出少女的美丽，真有'沉鱼落雁之容，闭月羞花之貌'（这是我们当时的评语）。因此，遂成为多数学生角逐争夺的对象了"[1]。从这一段描述中，可见雷震本人对二小姐亦不无好感，否则，不会给他留下如此深刻的印象。不过，"赏花"与"品花"是两回事，并未妨碍雷震在学业上的突飞猛进。

倒是二小姐与理科学生蒋君一番"陈仓暗渡"之后，不久即生下一男婴，让雷震觉得不可思议。蒋君为了能与这位妙龄少女"多厮守一年"，心甘情愿地留级一年，以后经常可以见到他们双宿双飞，俨若夫妇一般，"而在名义上无父的男孩不便在宿舍内公开抚养，据说送到附近的乡下人家里养育去了"。无独有偶，不久，又发生中国学生与隔壁两位千金小姐"三角恋爱"事件。

这两位小姐都是小学教员，姿色一般，但毕竟年华二十，"都

---

[1] 《雷震全集》第 9 册，页 24。

有一股动人的少女美，而燕语莺歌，又都驾乎我们宿舍的二小姐之上。因为这两位小姐喜欢唱歌，在学校里教的'歌遴'（即唱歌游戏）返寓后歌声缭绕不绝，一壁之隔，犹可欣赏余韵。因此，亦就成为我们宿舍中诸位男士追逐猎取之目标的了"，两位小姐"架子摆得十足，对于我们'支那'学生，是不肯随意假以颜色的"。

与雷震同在"特别预科"又同被分发至"八高"的同学周君，情窦初开，暗恋上两位千金小姐，"朝夕相攻，不久遂入彀中，而成为邻居的座上宾了"。周君是长崎宁波华侨之子，小学、中学都是在日本完成的，日语十分流利，且深谙日俗，其言谈举止，一如日本翩翩少年。周君家道殷实，不靠官费来维持学习和生活，对学业的好坏，并不特别在乎。

初恋中的周君如同入魔一般，一下课，就直奔隔壁与两位千金小姐厮混，有时连书包都来不及放下。隔壁人家并不供应晚饭，周君常常是跑回来用开水泡饭，狼吞虎咽之状，让人哭笑不得。"周君每晚流连忘返，恒至夜静更深，宿舍全室学生都睡了，他才蹑手蹑脚地返回寓所睡觉，风雨冰雪无阻，天天如是，夜夜如是，习以为常。假日还要侍奉小姐到市区看电影，或逛'大丸'百货公司。……因为每晚睡眠特迟，有时迟到半夜三更，故次晨头一堂课就常常迟到，而睡眼惺忪，听课时全不知道先生所讲的是什么，致常遭学校生徒监[1]之严厉谴责。"鉴于这种情况，同学们出于好意，让雷震出言相劝，因为他们两人同来"八高"，一个湖州人，一个原籍宁波，怎么说也是浙江同乡，雷震与他谈，"希望要以身体与学业为重"。周君当面没有拒绝雷震的这番劝告，表示自己"以

---

[1]　生徒监即"学生监"之意。日本高等学校和中小学校的学生，均称为"生徒"，管理学生的人即为"生徒监"。进入大学之后始称为"学生"，管理者就成了"学生监"，这是学制上规定的名称。

后用功读书，保养身体，以符同学的关怀与雅爱"。

事实上，周君口是心非，依然故我，照样夜半而归，甚至旷课废学如故，不停周旋于两位千金小姐的情欲之间，更要应付她们父母的要求，看脸色行事，奔波效命，"在此期间，周君唯一新的作法，就是绝对不和我们往来，偶尔返寓，一定避开我们的视线"。果然，不出众人之所料，周君的学习成绩直线滑落，考试恶劣不堪。未出一年光景，罹患上肺病，日夜咳嗽咯血不止，力不能支，竟至卧床不起，待休学返回长崎家中治疗时，已来不及，而天不假年。雷震闻之以此为鉴，大发感慨，"学生时代之不可妄谈恋爱，除因谈情说爱浪费时间妨碍读书而外，这类麻烦的事情，亦足以妨碍求学而有余的"[1]。

六年之后，也就是 1926 年春天，雷震在南京经友人介绍认识后来的夫人宋英，已近三十岁（之前与刘氏有过一次短暂婚姻，但不论在其文章、回忆录，以及他人的记述中，都很少提及此事），雷震与宋英在北京结婚是在 1932 年秋天的事情。

## 二、"自夸狂"的日本教授

在雷震眼中，"八高"的老师除少数堪称优秀外，其一般水准均不可与东京"一高"同日而语。"八高"三年，所聆教过的老师不下二十人，真正让雷震"心悦诚服"的老师少之又少，他这样说，"数学一课教授解析几何和高等代数，照我当时的观察，先生自己尚未搞通，故讲解的时候结结巴巴，极不顺口，其结果是教者谆谆，听者藐藐"，因此，根本无法激起雷震对数学的兴趣。这一年期中考试，数学只得了五十分，不及格。进入学年考试，雷震凭藉博

---

[1] 《雷震全集》第 9 册，页 24。

闻强记的本领，将定律和公式记了一大堆，居然也考到了七十分。

　　新开设的经济地理一课，由河村信一先生讲授。他本是理科植物学的教师，由于校方一时找不到适合人选，让其代为授课。河村先生自知不通，初次与同学们见面，坦承自己不是这方面的专家，完全是因为校方"拉夫"不得已才来"充数"的。当时日本各校的师资状况，雷震认为"东京系首善之区，人文荟萃，群贤毕至，所以好的教授特别多……我曾在一高特别预科读过一年，那里的教师都是由一高的教授来兼任，故对于教师之优劣，具有特别的敏感"。

　　"八高"的师资水准参差不齐，令人无可奈何。但某些日本教授看不起中国人，让雷震更加"敏感"。栗田元次教授讲授日本史和东洋史，在他的讲义中，更多的就是中国历史或与此有关的历史。"他是特别的瞧不起中国人，认为中国民族是自私自利、散漫颓废、消极苟安、不求进取、有奶就是娘……等等，今日已经衰老到了无可救药的地步。换句话说，他认为中国民族将要亡国灭种的。"栗田教授时常在课堂上鼓吹"军阀主义"，声称"日本人之向大陆发展（侵略之意），乃势有必至，理所固然，正如水之就下，系一自然的趋势，一方面为日本自身谋发展计，同时亦系为世界求进步计，他并认为这是日本在世界政治上应有的责任"[1]。雷震感到栗田教授十分荒唐可笑，某些日本人如此狂妄自大，岂止是对中华民族的极大侮辱，也是对整个世界的一种鄙视，他说："栗田教授的这些说法，完全忽略了近代历史的演进中，酿成世界局势发生变动的最大因素，乃是普遍的民族觉醒的运动潮流所激荡，而中国民族的觉醒运动，也正是沿着这一方向而前进，就是要求中

---

[1]　《雷震全集》第 9 册，页 53。

国民族之独立与平等。"[1]

雷震当时读过一个名叫大谷光瑞"政治和尚"写的一本《对支那议》，大谷在书中声称"支那"存有"五匪"，即"土匪"、"学匪"、"兵匪"、"官匪"、"政匪"。对于这种说法，年轻的雷震在情感上当然不能接受，读后极为反感，曾经毫不客气地说："其实若大谷光瑞这种流氓和尚，为军阀之走狗，天天鼓吹侵略中国，我们也可称之为'匪僧'也。"

雷震留学日本十年，无时不在思索日本人看不起中国人的原因。尽管结论是有的，却又让他感到颇多痛苦，因为有许多事实不可否认，"第一，中国留日学生之良莠不齐，坏的学生不仅不用功读书、努力求知，而且到处闹事、玩女人。第二，中国在日本若干商人，一有机会就想法走私套汇，而知识水准之低落，不仅不明了世界的局势，即对中国历史、中国文化和中国事情，所知亦属有限。第三，过去革命党人在日本私生活之糜乱荒唐，和穷极无聊时胡作非为等等，都是造成日人轻视中国人的原因"[2]。

雷震还读过一本署名"不肖生"撰写的《留东外史》，有不少关于留学生和革命党人的逸事闲话，此书文笔肆意，旁征博引，尽管有"若干穿插和捏造，但大部分均系事实"，作者叙述时比较巧妙，将这些事实中的人物"易名更姓"，避免引起麻烦。所以雷震认为"中国内部军阀混战、革命阴谋、政治腐败、官吏贪污、盗贼横行、民不聊生，更是加深了日本人轻视中国人和加速侵略中国的心理"。这种"反省自咎"，从客观上讲，加深了雷震对当时中国情状的认识，以致内心感到不满，萌发出有朝一日投身政治、改造中国的想法。

---

[1] 《雷震全集》第 9 册，页 53。
[2] 《雷震全集》第 9 册，页 51。

在"八高",今井教授也是一个莫明其妙的"自夸狂"。1919年1月"巴黎和会"开幕,日本代表用日语在会上发表演说,这原本是一件十分正常的事情,今井教授竟在课堂上手舞之、足蹈之,大呼"日本语"已开始走上了世界外交舞台,今后必将成为国际会议的通行语言,"其欣喜欢愉的态度,好像着魔发疯似的",雷震冷眼观之,觉得可笑至极,一如演技拙劣的演员。

当时日本的报刊杂志也是整天煞有介事在那里"自夸自炫",更是助长了一般日本国民"自夸狂"的心理。针对这一现象,雷震后来指出:九一八事变也好,七七事变也好,乃至第二次世界大战也好,问题虽出在日本政府"穷兵黩武"的侵略政策,但是"一般文人学者和知识分子之不知天高地厚,而成天盲目的自吹自擂,殚精竭虑地制造自夸狂的根据和理由,陷一般无知国民于夜郎自大,只知有己而不知有人的心理,对军人侵略的野心更是火上浇油","独裁政治都是患了自夸狂的毛病,而独裁者也就天天以'领袖'、'领导者'自居而恬不知耻,希特勒和墨索里尼之流,也就是被这种自夸狂毁灭掉的……"在雷震看来,日本这个民族毕竟"根基太薄",得意忘形,大有一种"暴发户"的心态。

## 三、校园观察

雷震是一个善于观察和思考的人。这一点,对他的未来十分重要。

虽然他对某些日本教授的偏激言论不以为然,甚至反感,但也能客观地看到日本这个民族的另一面,"老练不足,而热情有余。惟其如此,所以在做事情的时候,真是拼命工作,而在玩时,也是尽情玩乐……一个极其落后的国家,经明治维新几十年之经营而变成一个现代化的国家，当不是一件偶然的事情"[1]。

此时日本行宪已三十多年，许多信仰民主自由、醉心于民主政治的政治人物、文化人、大学教授等，正在集中精力和力量向着"议会政治"和"政党内阁"这个目标突进，希望能使日本现实政治进入宪政常轨，以期制止嚣张跋扈的"萨摩"和"长州"两派军阀残余势力，以及日见抬头的"少壮派军人"的政治野心，"进而希望打破乃至铲除日本七百年来、甚至千余年的'武家政治'和'军人政治'的局面"。

雷震对军人执政素无好感，就当时日本的状况而言，他认为"军人执政或掌握实际政治，对内一定采取高压政策，使人民没有言论及讲学的自由，对外很容易和英美列强发生正面的冲突，挑起国际间的战争……"

在"八高"，教学基本上仍以训练语言为主。就文科而言，除英语、德语、汉语、修身、体操和军事训练等课程为必须教授之外，还要教授一个学年的数学、物理、化学、日本史等课程。准确地说，这只是"普通教育"的一种延伸，并不完全等同于大学的"预科教育"。根据当时日本政府的"高等学校令"，学生应以完成男子高等普通教育为目的，特别强调致力于"国民素质"方面的培养。在课余，校方尽量使学生能参加各种运动和活动，如柔道、剑术、射击、游泳、骑马等，有专人教授；校园内还有学生自己组织的各种团体，登山会、远足会、骑马会、诗歌社、绘画会等。不过，雷震对于这一类活动的兴趣，远不如对校内日本学生自发举行"议会演习"的关注，他认为这是"八高"三年对自己在政治上的成长最具意义的一件事情：

---

[1]《雷震全集》第 10 册，页 470。

　　每年举行"议会演习"一次。由学生自己组成若干政党或政团，有的在朝，有的在野，开会的时候，俨然是一个议会活动的雏形：有政府的施政报告，也有议员的质询，复有政府主管机关的答复，最后有提案的讨论。惟上午下午的角色，须换班扮演，即上午在朝的团体，下午就立于在野的地位。其未参加团体的学生，有的做新闻记者，有的坐在旁听的席上做旁听人。大家兴趣十足，搞得井井有条，殊可佩也。[1]

　　此间日本报刊杂志，正流行这样一句政治术语——宪政常道，政治人物的各种演说，往往也离不开这句话。经过三年的实际观察，雷震对此话的理解是，"宪法政治的正常轨道，必须是由人民经由普通选举而产生的代议士（议员）所组成的议会来决定政府政策的政治"，也就是说，"政府必须是在议会里握有多数议席之政党首领出来组阁，而天皇的任命只不过是形式上的例行手续而已。若从另一角度来说，即政府这一切施政，包括政府预算案和军事设施案在内，凡是含有政策性之诸般措施，必须先行经过议会之决议，政府始能付诸实施。就是要发挥议会政治、政党政治和内阁制度之精神，采行'虚君制度'，一如英国当时之政治体制，要把日本的'天皇'变为英国的国王"。[2] 正是由于受到舆情的影响，以及日本各界在政治上的渐次觉醒，"宪政常道"之风开始吹进了校园，新潮教授在课堂上经常提到的就是这句话，"议会演习"则成为校园内自发演练的最好模拟形式。

　　对高等学校的学生来说，这种政治"模拟活动"，不仅有助于激发他们对民主政治中"议会政治"的理解和兴趣，更能身与

---

[1] 《雷震全集》第 9 册，页 49。
[2] 《雷震全集》第 9 册，页 116—117。

其中直接体会"议会政治"之如何运作。为了让学生们获得这方面的经验,校方一般并不介入,而是积极鼓励学生们"自由发挥",事先通报一下就可以了。毫无疑义,观察"议会演习"成为雷震在"八高"一年间最不容忽视的一段经历,使他认识到"议会政治"的重要性,"我当时的想法是这样的:凡是学习政治的人,即令将来自己不去从事实际政治的工作,但是仅仅靠着书本上一些知识和教授们在课堂上口述的那些讲义,是不容易了解现实政治的情况的。盖政治人物的实际行动和其纵横捭阖的行为,乃是推动现实政治的主因之一,凡是学习政治的人,自不能不注意考察这些实际政治的运作……"[1] 如果说,未来的雷震能在中国现实政治中迅速崭露头角,尤在国民参政会和政治协商会议中担任要职,与他在日本留学时获得的初步经验不无关系,或者也是他"政治理想"的一部分。

在"八高"一年最后的一段时间里,雷震本人也在从事自己早期的"政治实践",耗去了不少业余时间,他先后出任"华工共济会"名古屋分会副会长和夜校校长等职,与中国现代史上的重要人物王希天 [2]、王兆澄 [3] 等人交往甚密。

## 四、华工共济会

1920 年前后,日本各地突然出现了大批的中国劳工和行商的人。

---

[1] 《雷震全集》第 9 册,页 117。

[2] 王希天(1896—1923),又名王熙敬,吉林长春人,留学日本,曾与曾琦等人在日本发起"罢学回国"运动,被日本政府视为"排日分子",后惨遭杀害。

[3] 王兆澄,安徽天长人,毕业于东京帝国大学农业化学系。1949 年曾代理湖南长沙南岳师范学院院长,时往广州请款("国民政府教育部"),消息不慎泄漏,归途中遇刺身亡。

这些劳工和行商，大部分是浙江青田人，也有一些是青田附近各县的人，还有少数是山东青岛人。在第一次世界大战中，日本大发战争横财而净赚十六亿日元，以那个时候的汇率，一美金折合二日元，可见不少，许多新工厂需要兴建和开工，急需大量廉价的劳动力。此间在日本的浙江青田劳工就成了这种"实际需求"的牺牲品，而更多的浙江青田劳工并未能意识到自己是遭到"盘剥"，那时的中国太穷了，"有钱可赚的消息传到他们家乡青田以后，马上不胫而走，他们的同乡和亲友们就络绎不绝的跟着跑到日本去找工作"，以为可以"大发其财"。

此时，中日两国无需办理护照、签证，从上海到日本长崎、门司和神户等地的客货船，三等舱的票价，不过就是十几块钱，来往一趟，凑点钱，并非特别困难。中国劳工以东京与名古屋两地为最多。东京市区这时正在快速扩充发展，名古屋作为仅次于大阪和东京的工业区，也是百废待举，开路筑港、建厂造屋。过去以出产瓷器而著名，现在则各种工业次第兴起，尤其在军事工业方面，名古屋已成为飞机制造业的一个中心。事实上，中国劳工只能干一些挖泥、挑土、筑路、开矿之类的简单粗活，工资往往是日本同类工人的一半。

所谓"行商"，是指那些携带"货物"沿街挨门挨户叫卖的中国人，所卖的东西，无非是些文房四宝、青田石刻、石雕之类的小玩艺儿，以毛笔、笔筒、笔架和松烟墨居多。这些中国行商，在日本做买卖，当成在中国一样，"看到人家大门开了，就随便闯入，倘遇关门闭户之家，又任意乒乓敲门。日本人的习惯，外面来人敲门时，俟开门后，要向主人说一声'对不起'或'请原谅'的话，他们既不明了日人的习惯，也不会说这套客气话，看见人家把门打开了,就马上闯入而把考篮[1]揭开,立将篮内货物摆出来兜售"[2]。时间一久,遂引起当地人的反感。

由于在日中国劳工急剧增加,出现不少问题,一是语言不通,经常招致误会;二是住宿问题;三是卫生习惯;四是聚众赌博;五是与日本工人竞争工作而引发矛盾。在这些问题中,以住宿条件之不堪最为突出和严重。

这些人合住在远离闹市区一个较为偏僻的地方,房子是租来的,条件自然十分简陋,一间十多平方米的房子往往挤上十几个人。为了防止警察取缔,夜间连窗子都不敢打开,空气十分郁塞,导致一些身体虚弱的人或患病者在夜间猝然死去。这些劳工做的都是粗活,又不常去洗澡,"真有三分像人七分像鬼的样子";在异国,又住郊外,挣来的钱舍不得花,要积蓄起来寄回国内,而赌博成为他们唯一的消遣和娱乐。中国劳工过于廉价,加上能吃苦耐劳,此时劳务市场基本上被中国人所占据,一些日本人抱怨这些中国人抢走了他们的饭碗,便与当地警察勾结在一起,滋事挑衅和欺凌中国劳工,动辄拘留或罚款,以此进行报复。中国驻日使领馆依然采取袖手旁观、不闻不问的态度,"极尽推托敷衍之能事",引起留日中国学生的强烈不满。在这种情况下,一个名叫"华工共济会"的组织在日本出现了。

这是由在日本的"救世军"[3]和东京中国青年会共同发起组

[1] 所谓"考篮"即古时读书人参加科举考试时,用来盛放文房四宝的器具,以竹编成,常见的为敞口,四围有底。
[2] 《雷震全集》第9册,页90—91。
[3] "救世军"是基督教的别派,由英国人薄氏(William Booth)于1877年创建成立。注重对贫民、失业者、堕落者的救济。有自己的贫民学校、廉价的旅馆和食堂、劳动介绍所等,对于社会救济事业,贡献很大。

织的。这两个组织都是信奉基督教的社会事业团体，有着共同的
目标——助人济世、服务社会。目的是为了能够帮助在日中国劳
工解决上述问题和矛盾，所以，正式成立了"华工共济会"，总
部设在东京，负责人为吉林人王希天，他是一位虔诚的基督教徒。
名古屋也成立了分会，由王希天的至友、"八高"理科学生王兆澄
出任分会会长，负责办理这一区域中国劳工的福利事业，此时名
古屋的中国劳工比东京还要多。

　　最初，雷震并没有介入此事，还有一年就要报考东京帝国大学，
他并不想分散自己的精力，尽管对中国劳工的处境抱以极大的同
情。王兆澄是一个忠厚老实、热心有余而计划不周的人，他与雷
震同住"庆亲馆"，经常找到雷震一起商量分会的具体工作，雷震
总能替他想出一些行之有效的办法。后来干脆提出请雷震出面主
持一些事务，雷震回忆说："我当年离开东京来到乡间（指名古屋
郊区）的目的，原为想多读一点书，故不欲为外务而分去读书之心，
起初数度拒绝其请，无奈他一再诚意相邀，情不可却，而我有一
天和工人谈过一次零落不接气的话，使我觉到工人的境遇，确实
可怜而令人同情；……在这种周围情势相逼而来之情形下，我遂
决定出任华工共济会名古屋分会副会长兼夜校校长。"[1]

　　在名古屋，"华工共济会"分会除了自己经营的两所宿舍外，
还办了一所夜校。

　　开办夜校的目的很明确，一方面教中国劳工学习常用的日语，
一方面让他们由此熟悉日本的习俗，使之能够在日本较为便利地
生活下去，不至于因种种矛盾和冲突，经常受到日本人的轻蔑和
欺侮，同时也想提高在日中国劳工的文化水平和文明素质。雷震
对夜校寄予了某些期待，尽管学业繁重，仍抽出时间亲自授课，

---

[1]　《雷震全集》第 9 册，页 97。

因其人手不够，又请来"八高"低一班的同学刘楚青、朱得安二人协助教学。然而，有一半的中国劳工并不情愿来夜校上课，他们白天做工，耗去不少体力，到了晚上已疲惫不堪，实在打不起这个精神，前来上课的人，往往也无精打采，这是一个实际问题。

此事让雷震意识到开办夜校的愿望和动机良好，却未能从中国劳工的实际处境出发，往往事倍功半，得不偿失，"主观上觉得是好的东西或者有利的事情，对方可能不感兴趣或者觉得对他们根本无益"。在个人卫生文明方面，"华工共济会"要求每一位华工起床后必须洗脸、刷牙；夏季每晚洗浴一次，冬季三日洗浴一次；尤其那些在染坊、漆布店打工或挑泥、挖土、挑煤的中国劳工，无论春秋寒暑，每晚都必须洗浴一次。这些看起来都是一些最基本的生活要求，从一开始时就不能做到，后虽有一些改观，仍不是特别理想。相比之下，对于内部打架、吵嘴者一律处以"罚日金一元"的规定，尚能行之有效。在当时，中国劳工打架、斗殴之事，几乎每天都有发生，"工人之易于冲动，甚难与之理喻"，对当事人处以"罚金"乃出于下策，不得已而为之，却收到意想不到的效果。这些人知道"华工共济会"所做的一切都是为他们着想，而且比使馆、领事馆要到位，从内心也认同这个组织。但在更多的时候，由于自身原因，许多陋习仍不能一下子改掉，比如聚赌，在当时是最为严重的一个问题，争吵和打架大都因"赌博"而起，因此"抓赌"成了雷震等人的经常性工作。只是这些聚赌的人自有对付办法，"常常专雇一个人在门口'把风'，一闻我们走来脚步之声，不待敲门，他们就已先行收场，往往使我们扑上一个空"[1]。

---

[1]《雷震全集》第 9 册，页 100。

对于"华工共济会"分会工作，雷震与王兆澄确实投入不少精力和业余时间。从他们的"庆亲馆"到分会会所，至少要走上半个小时，雷震几乎每天晚上都要到分会。当时"共济会"的经费特别紧张，许多工作不易展开。1922年寒假期间，经总部负责人王希天提议，派雷震前往神户富裕华侨家中进行募捐，同去的还有共济会成员王家桢，当时王在东京总部工作。若干年后，此人曾任国民党外交部次长及国民参政会参政员。

以雷震等人学生身份，人微言轻，再加上对神户商埠华侨人家有所不熟，结果，极不理想，只募集到了五千多日金，这对于庞大的中国劳工群体来说，杯水车薪，实在是太少了。神户有一宁波巨商名叫吴觐堂，家住海滨，宅邸宽大，院内花草树木茂密，"当时积有百万日金资产，为富不仁，起初是一毛不拔，嗣经托人要求，才捐到了一点钱"。驻神户领事馆总领事也姓吴，是四川人，当雷震找到他时，"总是推托支吾，毫不开诚相助，而神户华侨社会亦深恶其处事为人，认为他是一个标准的中国官僚。吴君对于国民党党员更是敬鬼神而远之，生怕一和他们来往，则贻误他的前程。但又不敢公开得罪这些党员，深恐其中有亡命之徒要和他捣乱"。

1924年初冬，孙文途经神户准备返国，经戴季陶的引见，雷震与东京帝国大学同学许世瑛、金庸三人应约前往交谈，那位神户总领事正好也在场，"看到他那副侍奉左右毕恭毕敬的神态"，雷震暗自发笑，心想这位总领事大概预感到国民党可能就要得势，立马换了一副嘴脸。[1]

1923年春天，雷震与王兆澄二人从"八高"毕业，分别进入京都帝国大学和东京帝国大学就读，"华工共济会"名古屋分会工作遂转交给刘楚青、朱得安二人负责。刘、朱二人十分热心，接

---

[1] 《雷震全集》第9册，页102。

办后会务仍能照常进行。这一年初夏,雷震三弟用国忽患病亡故,陈氏悲痛欲绝,雷震赶回国,陪伴在母亲身边,"冀略减少她的悲伤之情"。回国之前,王希天曾嘱托雷震在国内向各界呼吁给予"华工共济会"援助。5 月 9 日在上海各界举行的"国耻日"纪念会上,经大会主席居觉生(居正)[1] 同意,雷震在会上详细报告了中国劳工在日本的实际境况,吁请各界援之以手。会后,雷震又来到上海国民党党部,先后见到居觉生、徐谦(曾任孙文政府最高法院院长)、黄宗汉(黄兴夫人)诸先生,"请他们登高一呼,号召各界发起援助华工,并促政府改善留日华工之境遇"。雷震在沪上奔走十多天,各方在口头上均表示十分同情,"可是无一人采取实际行动"[2]。

这一年 9 月 1 日,日本发生关东大地震,在东京、横滨、千叶、横须贺一带,并发生海啸。当天下午,共济会总部负责人王希天不顾个人安危,舍命去寻访幸存的中国劳工;9 月 8 日,他只身一人骑车再次前往灾区查访华工下落时,途中被日本宪兵伺机逮捕;9 月 12 日凌晨 3 时,被日本宪兵杀害,尸体被剁碎,抛入竖川河中,年仅二十七岁。"华工共济会"总部因此陷于瘫痪,分会的工作也无法再继续下去。不久,日本政府即开始大规模遣返中国劳工,"华工共济会"的历史使命就这样"寿终正寝"了。

---

[1] 居正(1876—1951),湖北广济人。早年留学日本,加入中国同盟会。1911 年参加武昌起义。为西山会议派主要代表人物。后任国民党中央执行委员、立法院副院长、院长等职。

[2] 《雷震全集》第 9 册,页 104。

第九章

# 京都帝国大学三年半

## 一、兴趣旨在政治学科

在雷震的求学计划中，进入东京帝国大学法学部一直为首选。

与他在"庆亲馆"同室三年、亲密无间的"八高"同学罗鸿诏，此时已报考东京帝国大学文学部，准备选修哲学，雷震报考了该校法学部政治学科，这样一来，两人不仅可以经常见面，还可相互切磋，彼此有个照应。虽然雷震平时也喜欢读一些哲学方面的书籍，但这还不是他报考东京帝国大学法学部政治学科（法学部有两科，即法律与政治）的真正原因,他主要是为学习"政治"，雷震认为：

> 东京时为日本的首都，中央政府的所在地，实际政治的活动中心，无论就议会政治或政党活动来说，抑就各种大大小小的选举和各种会议来说，东京总是发号施令的大本营，计划作战的首脑部，因而就可随时随地与政治的实际行动有接触和见习的机会。尤其是东京为人文荟萃之区，各色各样

的人物都在那里聚居和活动，还有来此作短期的访问者，而外国人来日本访问和观光，亦均以东京为其主要的目的地，职是之故，除在报纸上和刊物上揭出的公开活动之外，尚有许多的内幕策划，和不露面的地下活动，暗地里在那里把持和操纵政治的人物存在者，在实际上更有影响于现实政治。我如果能在东京读书，则接触方面既可广泛，而实际上的见闻自然较多。[1]

没有想到，罗鸿诏顺利考取，雷震却失败了，打乱了事先预设的求学计划。

1923 年，东京帝国大学法学部预定招收五百五十名新生，法律学科五百名，政治学科五十名，实际报考人数有九百多名。东京帝大法学部通常要对报考学生进行一次"选拔试验"，以淘汰一批报考的学生。参加这次"选拔试验"的中国学生有七人，只有云南籍学生邓鸿藩[2]一人考取。这天晚上，雷震与友人丘景尼擦着火柴去看榜，发现榜上无名，情急之下，第二天打电报至"八高"教务处，再报京都帝国大学法学部。

当时日本有五所"帝国大学"，大凡准备学习法律、政治和经济的学生，第一志愿首选东京帝国大学，其次是京都帝国大学，"在那个时代的宪法学范畴，日本算是亚洲比较先进的国家"[3]，时京都帝国大学校风以自由主义为特征，这种风气尤以法学部为强[4]。这一年，京都帝大法学部招收三百名新生，此次报考没有失手，

[1] 《雷震全集》第 9 册，页 115。

[2] 邓鸿藩，生卒不详。1929 年，曾任东陆大学（今云南大学）预科部主任、教授。

[3] 《可贵者胆，所要者魂：雷震》，收录于蔡明云主编《台湾百年人物志 2》，页 7。

[4] 参见潮见俊隆、利谷信义编《日本法学者》，东京日本评论社 1974 年出版，页 286。

雷震榜上有名，但却与好友罗鸿诏分开了。

京都帝国大学即今日京都大学前身，创建于 1897 年，位于日本京都府左京区吉田本町，是当时日本第二所国立大学。雷震进京都帝大时，该校设有文学、理学、法学、经济学、工业、农业、医学等七个学部，大学院（相当于我国的研究生院）设在各学部内。雷震读的是法学部政治学科，这是经过反复思考后选择的一个专业。考入京都帝大的学生百分之九十选择法律学科，只有很少一部分人选择毕业后出路较窄的"政治"。雷震选择政治学科，首先是希望研究"政治"，尤其是国家的根本大法——宪法；其次，自己不愿做律师，在他内心一直把律师看成是一个"讼棍"。[1]雷震的这一选择，为不久的将来步入中国政坛、从事现实政治埋下了一个"伏笔"，尽管此时并不知道毕业后前途将如何，但对于"政治"的浓厚兴趣，未来的人生方向实际上已确定了下来。

雷震选择学习"政治"，却没有把"政治"看得有多高尚。

相反，认为"政治"在某些时候是十分"龌龊"的，而书本上的"政治"，与现实中的政治根本是两回事，"凡是学习政治的人，自不能不注意考察这些实际政治的运用，尽管政治有其极为'龌龊'的一面，而学习政治的人，对于这种'龌龊'的一面，自不能不求个相当的了解"[2]。

京都帝国大学政治学科课程，介乎法律学科与经济学科之间。除政治学、政治史、外交史等，其余大部分均为法律学科方面的内容，如宪法学、民法总则、物权法、债权法、刑法总论、行政

---

[1] 《雷震全集》第 9 册，页 143—144。
[2] 《雷震全集》第 9 册，页 117。

法学总论等，另有一部分为经济学科方面的内容，如经济学、财政学、社会政策和殖民政策等。依雷震个人的看法，京都帝国大学的"政治学科"应称为"法律政治经济学科"才更为准确，因其涵盖面之广，无所不包，而这些课程的设置，无形中使雷震学到不少有关法律和经济学方面的知识，成为他日后撰写法政文章的根底，"修课范围涵括自由主义、宪政主义、马克思主义，使他对于社会科学与哲学有一定的认识"[1]。

京都帝国大学法学部采用"学分制"，时间为三年。即三年之内，必须学完必修学科中的十八门课程和选修科目的六门功课，通过考试及格，才能获得毕业证书，授予法学士学位。虽然是"学分制"，其中一门"外国法"，属于必修课程，又分为"英法"、"德法"、"法法"（日本称为"佛法"）三个部分，每个学年只能选修一种，即便在两年内修足其他所有的学分，也不可能马上毕业。雷震在京都帝大三年半所修读的课程，除"外国法"三项必修，共计二十四门，雷震曾经完整地列举出所修课目之名录，以其夫人宋英后来的说法：这使雷震不断地充实自己，多了一分拯救这个苦难国家的机会。[2]

大正十五年三月，即1926年3月，雷震从京都帝国大学法学部毕业，随后进入"大学院"跟随森口繁治教授攻读"宪法"。这一年一月，京都帝大修正了"法学部规程"，旨在弥合政治学科和法律学科之间的区别，取消了必修课目和自修课目的分类，改行"自由选科"制度。这一项新的规定拟于四月一日正式实行，也就是说，凡是想在三月底之前毕业的学生，按旧规定必须参加二十四门课程考试，欲延期至四月底毕业的学生，依照新的规定，可以少考

[1] 任育德著《雷震与台湾民主宪政的发展》，页20。
[2] 参见《雷震全集》第1册，页60。

六门。

雷震自承是一个"好胜心极强"的人，又要"替国家争面子"，决定参加三月份的毕业考试。日本学生考虑到毕业之后的就业问题，全都参加了三月份的毕业考试，因为在四月底毕业的人，就要被算成是下一个学年的毕业生。中国学生则无此方面的顾虑，早一个月毕业，与晚一个月毕业并无大的区别，而且还可以少考六门。大部分中国学生都选择了四月份的毕业考试，只有雷震与吉林籍同学徐家恒两人考足了二十四门。法学部十分赞赏这种做法，视之为"优秀学生"。雷震毕业后申请进入大学院（研究生院）时，立即获准，连口试都免去了。

## 二、接受立宪主义思想

上世纪 20 年代的京都帝国大学，学风相当自由与多样化。

建校初始，首任校长木下广次先生就强调京都帝大要办出自己的特色，"比东大更尊重学生的独立自主精神"。京都帝国大学法学院宪法学研究，教学令誉素著，与东京帝国大学法学院分庭抗礼，同居南拱北辰之领导地位。雷震入校时，"京都帝大师生研究学术的空气甚为浓烈，极力倡导学术研究的自由，和发表意见的自由，其中尤以法经两部的教授为然。盖法经两学部所讲授的课程，很多与现实问题有密切关系，故教授在课堂上讲书的时候，常常要涉及当前的现实政治得当否，有时候还要引用现实政治上各种设施作为课程理论的例证，俾可阐释其原因和结果，用以证明某一学说在理论上的正确性，和政治理论与实际政治之间的距离"[1]。当时的法学部教授中，有主张"国民主权说"的森口繁治

---

[1]《雷震全集》第 10 册，页 284。

先生，主张"法人拟制说"的市村光惠先生，讲授"马克思资本论"的河上肇先生，以及讲授"殖民政策"的山本美越乃等人。有日本学者指出，京都帝大远离政治中心东京，在批评时政时所遭受的反弹与压力，远远要低于东京帝国大学，因而在校园中比较容易培养出学术独立、超然于国家权力的开明风气，自然形成了有别于东京帝大宪法思想的独特视角和理论。[1] 正是在这种学术自由的氛围之中，雷震获得了一个最重要的认知，就是在立宪主义的理念中，"纵为天皇也要受其约束和监督"[2]。

《宪法学》和《政治学》两门课程，由著名教授市村光惠先生讲授。

市村先生著有《帝国宪法论》一书，以"法实证主义"和"国家法人说"来阐释日本的宪法，在日本被时人称为倡导"法实证主义"的第一人，对日本法学界的影响很大。市村先生"除以德国公法学者 Georg Jellinek[3]（1851—1911）的学说为其主要见解外，兼涉猎宪法学诸家的学说，撷取其适合于自己之学说而采用之，故他的比较宪法学的学识，相当丰富，也是站在'立宪主义'的立场上来立论的"[4]。市村先生性格自由奔放，治学研究，不拘旧章，特立独行，在课堂上"海阔天空，古往今来，漫无边际的自由讲话"，批评时政不遗余力，给雷震留下了深刻印象。京都议会的议员，大都是市村先生的学生。

1927 年，雷震回国后不久，市村先生被京都市议会推选为该

---

[1] 家永三郎著《日本近代宪法思想史研究》，东京岩波书店 1967 年出版，页 177。

[2] 李鸿禧《雷震之宪法学者像素描》，页 15—16。

[3] 德国法学家格奥尔格·耶利内克，先后在维也纳大学、柏林大学、海德堡大学任教，最著名的公法学说是"国家自限说"，著有《人权与公民权利宣言:现代宪法史论》等。

[4] 《雷震全集》第 9 册，页 162。

市市长，以冀其大展鸿图，实现"学人从政"的理想。然则，不到两个月，即与市议会闹翻，挂冠而去。对此议论者不一，有人认为市村先生根本不能胜任行政工作，不仅一点政治手腕都没有，说话态度也极不谦逊，对市议员发表谈话，一如在大学课堂上对待年轻的学生，居高临下，让人无法接受；也有人认为，教授的理想和远大抱负，与实际政治运作是两回事，他们批评时政，纸上谈兵，固属不易，但从政时却不具备"从善如流"的本领，面对复杂的行政诸事，往往不得要领，以致一筹莫展。在雷震看来，市村先生无法胜任市长，或与他浪漫不羁的性格有很大关系。市村先生上课喜欢坐在椅子上，虽然才六十岁，"时常离开本题，而海阔天空，古往今来，漫无边际的自由讲话"。雷震在校时就听说市村先生从不阅卷，而是异想天开地"在自己书斋的榻榻米上，手捧试卷向上抛，落下则散布于榻榻米上，他预先划定一条界线，规定试卷落在某区之内为六十分到六十九分，落到某区者为七十分至七十九分，某区者则为八十分以上，然后拿起笔来，按此区别给以分数，横直都是及格的"。[1] 雷震并不相信这个说法，尽管有不少同学认为确有其事，他们的试卷答案明明十分正确，却只有六十分，一些不甚用功的同学胡乱答来，反而在八十分以上。雷震姑妄听之，当成是一个笑话。

在京都帝大法学部的教授中，对雷震影响最大的属森口繁治和佐佐木惣一先生。

森口繁治教授讲授《国法学》，与市村光惠先生共同翻译卢梭的《社会契约论》，并撰有《近世民主政治论》、《立宪主义与议会政治》、《比例代表法之研究》等专著。日后成为台湾大学法学院

[1]《雷震全集》第 9 册，页 164。

院长的萨孟武[1]也毕业于京都帝国大学法学部，曾将森口先生的《近世民主政治论》翻译成中文，在抗战前由商务印书馆出版。森口先生是一位坚定的民主主义者，毕生推崇"全民政治"的民主政治、议会政治和政党政治，反对军人弄权和武人干政，针对日本军事体制以及军队首脑绕开行政内阁直接上奏天皇的制度，讥之为"帷幄上奏"。

森口认为近世民主政治，是以民主主义或"国民主权说"为基础的，其中包含三个重要的思想要素：其一，国家为个人而存在；其二，国家的一切权力，出自人民自身，政府官员要对人民负责；其三，人民之服从国家利益，就是服从自身的利益，人民有权选择自己的利益。在森口先生看来，现代民主政治就是"多数决的政治"、"议会政治"，也是"舆论政治"，这三条原则具有浓厚的立宪主义色彩，对雷震在日后坚持民主政治、议会政治等一贯主张有直接影响。森口当时还很年轻，思维活跃，治学有道，具有"诲人不倦"的风范。在雷震的记忆中，森口先生最感兴趣、研究最深入的是"比例代表制度"。这种制度"可以把少数人的意见，反映于构成国家意志的议会之中……以免陷于'多数暴政'的局面，因为多数人的意见，有时并不完全正确，惟有采用'比例代表法'的选举制度，才可以表现出少数人之意见，才是实现真正的民主政治——全民政治。由于多数暴政以压制少数人的权利的局面，不仅不能实现真正的民主政治，且易酿成'革命'或'暴动'发生，盖少数人的意见及其利益，决不能完全置之不顾。"[2]

---

[1] 萨孟武（1897—1984），福建福州人。历任国民党陆军军官学校教官兼编辑部主任、国民党中央政治大学大学部行政系教授兼主任、国民参政会委员、中山大学法学院政治系教授兼院长等。赴台后曾任台湾大学法学院教授兼院长、"立法委员"、国民党中央评议委员等。1984 年 4 月 13 日逝世。

[2] 《雷震全集》第 9 册，页 167。

　　森口先生留法多年，是一个十足的民主主义者。以他本人观察法国议会选举，发现就是采用这种"比例代表法"；不过，他又认为其中有一定的弊端："比例代表法"虽民主之至，却容易造成"小党林立"的态势，如果没有一个党派获得半数以上，势必就是一个"联合内阁"，对于一届政府制定或贯彻其大政方针不利，而政府内部结构，亦不易稳定。森口先生撰文立说严谨，讲课却不甚简洁明了，有重复和啰唆之嫌。尽管如此，雷震在法学部政治科毕业后，申请进入"大学院"，仍是选择森口繁治先生作为自己的指导老师。

　　佐佐木惣一博士讲授"行政法总论"、"行政法各论"，一生致力于行政法学和宪法学的研究，著有《日本行政法总论》、《日本行政法各论》、《警察法概论》等。《日本行政法总论》一书在七百页以上，被时人称为"权威之作"。与森口不同，佐佐木惣一授课条理清晰，观点鲜明，语言生动，大受学生欢迎，每次上课"几乎座无虚席"。佐佐木惣一博士有"总论"和"各论"两大册在手，却从不照本宣科，而是层层深入解释其原理和原则，并尽量举例加以一一说明。每次开课，雷震总要抢得头排位置，"我最佩服佐佐木老师的学问和风度，不仅好好的去听讲，且从不缺课，对于他的《日本行政法总论》一书，我仔细地读过好几遍。为使容易记忆和下次翻阅起见，在书本上用红墨水打了许多红线条，并在每页书头上写下了许多'眉批'和'注解'来表示个人的意见"[1]。抗日前夕，这本《日本行政法总论》被中央政法学校教授刘百闵[2]借用不还，雷震"舍不得自己的眉批和注解"，再三索要，刘不予搭理。

[1] 《雷震全集》第9册，页234。
[2] 刘百闵（1898—1969），浙江黄岩人，留学日本，历任南京中央大学、中央政法学校、复旦大学教授；1952年去台湾，次年任香港中文大学教授；1969年卒于香港。

1932 年（昭和七年），京都帝国大学发生震惊全日本的"泷川教授事件"。

泷川幸辰先生是一位富有自由民主思想的青年教授。日本政府在第一次世界大战后，推行"学校军国主义化"教育，采取各种手段以取缔当时的"左倾思想"。所谓"左倾思想"，指的是"民主自由"和"尊重人权"等基本政治诉求。泷川教授的《刑法读本》系自由主义刑法学说，他在这部书中强调"犯罪的最大原因，是由于环境不良和社会的不健全，要减少犯罪的人，应从改革社会环境入手"。因为泷川教授具有所谓的"左倾思想"，成为日本政府打压的对象。教育部长鸠山听命于军方的指示，将泷川教授赶出了京都帝大。法学部全体教授同情泷川教授遭受无端迫害提出集体辞呈，试图迫使政府收回成命。然而，政府态度十分强硬，不愿纠正这一错误决定，最终导致法学部森口繁治、佐佐木惣一、宫本英雄、末川博、田村德治、恒藤恭等教授愤然离教席而去。直至第二次世界大战日本战败后，"泷川教授案"被再次提出，政府才承认其处分不当，泷川教授得以复职。日本著名电影导演黑泽明以"泷川教授事件"为背景，执导了战后自己的第一部电影《我于青春无悔》，获当年日本电影旬报年度十大影片第二名。雷震回忆说，"关于此事，佐佐木教授在战后出版的《日本国宪法论》改订版（1951 年）的序论中，有这样一段回忆文字，读之令人敬仰不已"[1]。

[1] 佐佐木惣一教授这样说：我学于斯（京大），毕业后又以职员而工作于斯，一心一意致力工作于斯，今竟要和这个大学分别，真是感慨无量。惟此非关系于个人的私事，而是国家的公事，我不过当作一个"公人"而去职的。况当时和我站在反对的立场的人，不论是政府当局抑或大学当局，毫无个人的感情在内，今日依然是一样的。参见《雷震全集》第 9 册，页 234。

京都帝国大学这种崇尚自由、人权，不畏权力、不惧打压的校风，对熏陶雷震成长为一个知识分子，使其具备择善固执、坚其百忍之性格，自有深邃的意义。观诸雷震著作中所阐述的宪法学观念之清晰，法理论述体系之严谨，颇得佐佐木诸师之真传。雷震在京都帝国大学就读过程中，专攻的一部分属于宪法学范畴，雷震对于"宪政原理"的了解和掌握，基本上是在这一时期形成，"在这种环境熏陶下，有助于雷震汲取自由民主与宪政主义之观念；雷震不屈服于权威的个性，更因为教师们的言教与身传，而得到进一步的强化"[1]，雷震也认为"森口师之教诲，所受之时间虽不多，而今日之笃信民主政治和议会制度而牢不可破者，自不能不说是受到他的意见的影响"。

## 三、奈良模范监狱

奈良位于日本中西部，距离京都很近。从京都乘坐火车前往，只需一个多小时的时间。对于喜欢旅行的雷震来说，奈良就像是京都的近郊，"晨往而夕返"，可以尽情游玩许多著名景点，如祭奉着日本最大的佛像，又是世界上最大的木结构建筑——东大寺，一直让雷震"叹为观止"。奈良公园是日本当时最大的公园之一，以天然林木为主，约占奈良市区的三分之一。苍杉古松，树木葱郁，春樱秋枫，景色十分迷人，是一般游人不可不去的地方。雷震在此期间，先后去过奈良三次，前两次都是游历名胜和瞻览古迹，第三次是在京都帝大法学部的安排下，与几十位同学一起参观了在当时被认为是日本监狱管理制度最为完善、最见成效的奈良模范监狱，从学习法律的角度来讲，无疑是他"政治课程"中的一部分。

---

[1]　任育德著《雷震与台湾民主宪政的发展》，页 22。

　　走进这所模范监狱，环境与设施之好，同学们不胜惊讶，根本不像是一座阴森森的监狱，"一如学校式的生活，绝无坐牢的意味，犯人也无脚镣手铐之事"。监狱长是一位法学博士，对监狱管理订有一套完整而充满人性的制度。在这位博士监狱长的监管理念中，其中最重要的一点，就是犯人也有最基本的、不可剥夺的人权自由。对于狱方来说，应当根据每一位犯人的技能及自己的志愿（而不是强迫）分配适合的工作，不能不考虑每一位犯人的实际情况。在这所模范监狱中，除了正常管理之外，还有许多由狱方出面安排的团体活动，名目繁多，内容生动，其目的是为了"让犯人被囚的身心在一种集体的相互关照下感到几许温暖"。

　　对于那些信奉宗教的犯人，狱方会尊重每一个人的信仰，尽量满足他们提出的正当要求，并指定牧师、神父以及佛教的和尚，按时前来给这些人做祷告或念经；他们自己每天早晚也要诵读圣经或佛典，以便在服刑期间，首先在精神上能够获得一种自救，然后对其罪责有所反思，真正做到洗心革面、悔过自新，出狱之后，方能自觉地成为一个守法有理智的公民。狱方还提供大量的文艺书籍或专业参考书供犯人阅读，若哪位犯人想研习专门的学问需要参考书籍时，尽可开出书单让狱方代为购买。

　　这位博士监狱长谈吐儒雅，为人真诚，给人以一种信任之感。

　　雷震了解到，狱中的犯人对这位监狱长无比尊敬和拥戴，"他对于犯人十分亲切，照料周到。每周一到周六的午餐，和他们会餐，每次约有一百五十人，他坐在上头，面对着犯人，用日本吃饭时的小茶几，吃的东西，完全相同，吃完了谈笑风生，他把所有犯人视为兄弟……这位典狱长在犯人工作时，经常去巡视，拍拍犯人的肩膀，称赞他们做工做得好，夸赞有加。凡入狱的犯人，不久之后，对这位典狱长则极为尊敬"。这种监管方式，雷震等人闻所未闻。这位博士监狱长对前来参观的学生说：这所监狱的犯人，有很多人在刑期不到三分之一之时，就已经忏悔改过，并表示出狱之后，将努力做一个遵守法纪的人。而法院的判决却"刑有定期"，对狱方来说，只能依照判决之刑期对其继续执行禁锢，而不是根据犯人的悔过表现，由狱方提出建议，予以提前释放，或暂行开释。日本现行刑法固执刻板，法理陈旧，无视人性可以回归的这一基本事实，既残害了犯人的品格，也伤害了犯人的情感，对于国家和社会来说，在人的资源上是一个极大的浪费；更何况，岁月蹉跎，人生几何，不能因为一个人偶尔失足或犯罪，就要长期受到身体乃至精神上的折磨，从而消耗了一个人的大好时光。

这位博士监狱长主张修正日本现行刑法，在他认为，今后法院的判决只要判出一个"最高年限"和"最低年限"就可以了，其改造过程及自省效果，可以由监狱方针对每一位犯人在狱中的实际表现、忏悔程度，核准其释放年限，以求真正达到"改过自新"、"刑期无刑"之目的。这一番话，让雷震等人茅塞顿开，"印象极深而迄今不能忘怀"。雷震当时就认为，这是日本"监狱理念"正朝着法治和人道主义方向转变的一种努力，在这所模范监狱中得到了最好的体现，与中国传统中的"牢不可破"的监狱观相比，更具理性和人性化色彩。据当时介绍，从这所模范监狱被释放出去的人，再犯者仅为极少数，可见"人性化管理"对于人性的复苏带来了效果。

若干年后，当雷震坐满蒋介石的十年大牢之后，以其亲身经历深感两者之间的巨大差距，"中国人过去把监狱叫做'牢'，'监牢'，'牢'者，饲养牲畜的圈子，所以有'牢头禁子'之说。有关'牢'的术语，如'坐牢'、'监牢'等等，似对人有侮蔑之意，盖把人当作牲畜看待也。现在法律上称'牢'为监狱，我觉得'狱'字

100

也有些不妥,使人联想到'地狱'上去,倒不如称为'监屋'为佳,或'民监'、'军监'亦可,这是我被蒋氏父子下令坐了十年牢狱的感想,未坐过牢的人则不会注意及此",在中国,"牢头禁子在观念上,一般的是没有把受刑人当作'人'看待,其心目中认为'受刑人'简直就是一个'祸害',牢头禁子对于受刑人没有给予相当的礼貌……像奈良模范监狱长对待受刑者的温暖,一点也没有"。[1]

1925年秋天的"奈良模范监狱"之行,可以说,成为雷震一生考量"监狱理念"的一个重要标尺,这是他在后来之所以猛烈抨击国民党牢狱制度的一个主要原因,这堂意外的"政治课"对他个人来说,实在是太重要了!

[1] 《雷震全集》第10册,页375—376。

第三部

# 投身政治（1927—1949）

第十章

# 进入权力核心

## 一、从中学校长到"国策顾问"

1926年3月，雷震于日本京都帝国大学法学部本科毕业，进入"大学院"随森口繁治教授研究宪法，未料，只读了一个学期，被迫停下来。其原因是之前落下的失眠症日趋严重，以至于精神萎靡，体力不支。在这种情况下，不得不接受朋友们的劝告，采用"旅行治疗法"，暂时回到了国内。

脱离紧张的学习氛围，原本的压力一下子得以释放，再加上对症下药，失眠症逐渐有所好转。雷震本想在这一年底回日本继续自己的学业，母亲陈氏却认为大学已毕业，"大学院"研究生课程并非天天上课，坚持让他过完了阴历年再走。就在这时，浙江省政府教育科突然宣布雷震出任"浙江省第三中学校长"一职。

1926年7月，国民革命军出征北伐，相继收复湖南、江西、福建、浙江等省，成立了"革命政府"。张静江为浙江省主席，省府委员中包括沈钧儒、沈定一等人；同时设有浙江省政治分会，代主席为蔡元培，韩宝华是政治分会委员之一。国民党刚刚掌权不久，大凡有国民党背景的人自然容易成为被委以重任的对象。雷震后来才知道，这是当年梅溪高等小学校校长韩宝华（时为国民党浙江省党部工人部部长）推荐所致，省教育科长朱兆莘（1927 年初改为教育厅，蒋梦麟任厅长）是雷震在日本时的好友，因此，在"浙江省第三中学"校长人选问题上，韩、朱二人一拍即合，就这样定了下来。雷震是京都帝大法学部高材生，入党介绍人又是国民党元老张继、戴季陶两位，凡此因缘种种，一件看起来十分突然的事情，却又在情理之中。1927 年 2 月，雷震前往浙江省教育科（厅）接受了这一任命。

2 月 16 日，雷震走进湖州天宁巷自己的母校"浙江省第三中学"，心情十分复杂。这次意外的任命，打乱了他的所有安排，日本京都帝国大学变得遥不可及，学业因此中断，不免有一种失落和不安。雷震并不打算在这里长期任职，他不知自己能否胜任一个中学校长，也不知道森口先生对自己一去不返会持何种态度。不过，既已决定不再返回日本，就必须正视现实。雷震只是隐约感到有种莫名的召唤正在等待自己，虽一时无法说清是什么，却变得越来越清晰，这就是湖州对他来说，格局确实太小了一点。

这一年年底，雷震辞去浙江省第三中学校长一职，在戴季陶举荐下进入国民政府法制局担任编审之职。未几，国民政府定都南京，许多法规制度亟须改革与创新，首任法制局长是王世杰。当王世杰了解到雷震具有日本京都帝国大学法学部这一学历背景，立即同意将他招至麾下。王世杰本人先后留学英国、法国，专门攻读宪法，其专长与雷震差不多，两人彼此相惜，十分投缘，公私之谊自此肇始。惟此时王世杰已是国民政府中重要人物，雷震则需要谨慎行事，尽管这时从政的大门已向他打开，但还有一段较长的路要走。

1928 年冬，法制局并入立法院，雷震被戴季陶征召至考试院担任编译局编撰一职，兼任中央军官学校的教官。戴季陶此时为国民政府考试院院长，十分器重雷震，命令这位年轻人起草《公务员任用法》[1]。雷震深感起草《公务员任用法》难度颇大，尤其是参考资料"在中国文献上则无法找到"，于是致函森口先生，请其代寻日本文官任用制度范本。森口先生很快寄来日本现行文官任用的许多法规，并向京大图书馆借了一套三巨册的《官吏学》。雷震后来说，"对我研究此道，颇有资助"[2]。

雷震进入法制局和考试院之后，仕途十分畅达。1929 年铨叙部成立，隶属考试院，雷震任秘书兼任调查统计科科长，1930 年兼任国立中央大学法学院教授。1931 年 8 月，雷震当选国民党南京市党部候补执行委员，负责宣传工作；次年 10 月，当选国民党南京市党部执行委员兼常务委员；1933 年 4 月，王世杰出任教育部长，调升雷震为教育部总务司司长；1935 年，在国民党五中全会上，雷震当选候补监察委员，兼任国民党政治委员会所属财政专门委员会委员；1938 年 1 月，随王世杰离开教育部，转任军事委员会政治部设计委员，同年 7 月 5 日，第一届国民参政会第一次会议在武汉召开，汪精卫为参议会议长，王世杰为秘书长，雷震为议事组主任。中共领导人毛泽东、董必武以及邓颖超、林伯渠等

---

[1] 南京国民政府于 1933 年 3 月正式公布《公务员任用法》，此时雷震已随王世杰入教育部任职；1931 年雷震发表《行政改良刍议》一文，曾引发戴季陶不快，此后即少有往来。由此推断，《公务员任用法》虽为雷震起草，但此间公布的《公务员任用法》大概已与雷震无关。

[2] 《雷震全集》页 9 册，页 198。

人被聘为参政委员，毛泽东因"公务缠身"没有出席这次会议。[1]

参政会筹备期间，副秘书长一职由参政员周炳琳[2]兼任。周炳琳身任"西南联大"法学院院长，平时在昆明主持校务，并未去重庆参与会议的筹备工作，副秘书长的工作，由雷震一人代劳。"此时的雷震是政通人和，一帆风顺。他在政治生涯中的发迹，就是从国民参政会开始的"[3]，这一段话是马之骕[4]后来说的，不无道理。

从1927年底算起，雷震离开湖州前往南京，不过是一个普通的中学校长；仅仅过了十年之后，即在国民参政会这样一个重要的国家议政机构中挑起大梁，绝非一般人轻易可以做到。雷震在当时的中国政坛崭露头角，获得各方好评或赏识，应当说，与他本人所学专业以及个人才干有一定关系，但绝不能排除戴季陶、王世杰等人对他的关照与大力提携，再加上日后蒋介石对他的信任和使用，其仕途通达，就无怪其然了。其中还有一点不容忽视，那就是无论雷震本人的政治才干，抑或戴季陶、王世杰等人慧眼识珠，恰好与这一时期中国政治的某种需要（行宪准备与专门人才）有关或相适应，即所谓"时势造英雄"。事实上，雷震可能无法胜任一个中学校长，但在政要云集的"国民参政会"却找到一个使自己大显身手的绝好场所。

1940年，国民参政会成立宪政期成会，雷震出任秘书长，

---

[1] 参见《南京国民政府纪实》，安徽人民出版社1993年7月第一版，页608。

[2] 周炳琳（1892—1963），字枚荪，浙江黄岩人。北京大学毕业，留学英、美、法、德等国。曾任中山大学、清华大学、北京大学教授，西南联大法学院院长，国民政府教育部常务次长。中华人民共和国成立后，任全国政协委员，民革中央常委。

[3] 马之骕著《雷震与蒋介石》，台湾自立晚报社文化出版社1993年11月第一版，页10。

[4] 马之骕，当年《自由中国》社发行部经理，"雷震案"涉案人之一。上世纪70年代中期任台湾东华书局总编辑。著有《中国的婚俗》、《新闻界三老兵》、《雷震与蒋介石》等。

此后有关国家制宪的工作，雷震均为其中的重要人物之一。
1943 年，雷震升任国民参政会副秘书长；1945 年 5 月，在国
民党第六次全国代表大会上，雷震连任中央监委。1946 年 1 月，
政治协商会议在重庆召开（简称"旧政协"），雷震任秘书长，
负责协调各党派的意见。同年 11 月 15 日，召开"制宪国民大会"，
雷震以国民党中央监察委员身份遴选"制宪国大"代表，兼任
副秘书长一职；这次会议产生了《中华民国宪法》草案[1]，亦称
"政协宪草"。

　　1947 年 4 月，国民政府扩大各党派参与组阁，张群[2]为行政
院长，雷震任不管部政务委员。1948 年 5 月，翁文灏组建行宪
后的第一任内阁，雷震仍为不管部政务委员。翁内阁总辞后，在
孙科内阁，雷震未再续任。1949 年 1 月，蒋介石宣布引退，由
李宗仁代行总统职权，雷震前往上海担任京沪杭警备司令部顾问
一职。同年 8 月，国民党总裁办公室在台北草山成立，雷震为设
计委员会委员。不久，又被蒋介石任命为"国策顾问"。至此，
雷震从一名普通的中学校长，自 1927 年进入国民政府法制局后，
在上世纪三四十年代这一段云谲波诡的风云际会中，很快成为国
民党高层核心圈中人物之一。

## 二、"各党各派"之誉

　　随王世杰进入国民参政会后，雷震的政治生涯出现重大转

---

[1] 关于这部"宪法"，中国共产党领导人周恩来曾发表《对国民党召开"国大"的严正声明》，
　　他指出：这部所谓的"宪法"，把"独裁'合法'化，把内战'合法'化，把分裂'合
　　法'化"。
[2] 张群（1889—1990），四川华阳人，字岳军。日本士官学校毕业。历任上海特别市市长、
　　湖北省主席、外交部长、四川省主席、行政院长等职。赴台后，任"总统府"秘书长等职。

折。之前"多是担任幕僚、执行者角色，并未参与决策，从其担任编撰、编辑、秘书等名称便可见分晓"[1]。参政会议事组长虽是一个事务性官员，但在先后两任秘书长王世杰、邵力子[2]均无暇过问国民参政会具体事务时，雷震成了国民参政会实际上的大管家。1946年雷震出任政治协商会议秘书长，这是同级职务中最引人注目的一项工作。雷震办事一向认真仔细，能力突出，且善于巧妙周旋，受到蒋介石、王世杰等人的高度信任，因工作之需与国民党以外的各党派人士频繁接触，进而成为他们的朋友，在当时获得"各党各派"之誉，更有人私下戏称他为"国民党的统战部长"。

这一期间，雷震与青年党李璜[3]、左舜生[4]，国社党（民社党前

---

[1] 任育德著《雷震与台湾民主宪政的发展》，页 25。

[2] 邵力子（1882—1967），浙江绍兴人。1919 年加入国民党，1921 年参加共产党。曾与柳亚子发起组织新南社，提倡新文学。1927 年后历任国民革命军总司令部秘书长，甘肃、陕西省政府主席，国民党中央宣传部长；1940 年出任驻苏大使，1943 年回国后任国民参政会及宪法促进会秘书长。1949 年通电脱离南京政府。中华人民共和国成立后，曾任中央人民政府政务院委员、中苏友协副会长、政协常委等职。1967 年在北京病逝。

[3] 李璜（1895—1991），字幼椿，四川成都人，青年党创始人之一。法国巴黎大学文科硕士，曾任北京师范大学、北京大学、四川大学教授。1938 年至 1948 年任第一届至第四届国民参政会参政员，后任"行政院"政务委员、"总统府"咨询委员会委员。

[4] 左舜生（1893—1969），名学训，字舜生，湖南长沙人，青年党创始人之一。上海震旦学院毕业，曾任复旦大学、大夏大学、中央政治学校教授。1938 年至 1948 年任第一届至第四届国民参政会参政员，后任国民政府农林部部长。1949 年短暂赴台，后定居香港。1969 年在台北病故。

身）张君劢[1]，职教社黄炎培[2]，乡治社梁漱溟[3] 等人，有着密切交往，并建立起良好的个人关系。从黄炎培"国民参政会日记"中可以知道，雷震与中共代表一直有频繁的接触。抗战期间，中共驻渝代表团团长周恩来、共产党参政员董必武，每次见到雷震，必戏呼其为"雷长官"。[4]1945 年 2 月 8 日，周恩来、王若飞、王昆仑等人在参政会与王世杰、雷震等人讨论国共两党团结问题；同年 4 月 7 日，王世杰、雷震设宴为中共领导人董必武等人饯行；同年 8 月 31 日夜，毛泽东到重庆谈判时，参政会秘书处设宴招待。[5]

　　而蒋介石本人，每当在政治上意欲寻求与各党派之间的合作时，常常会利用雷震这一特殊管道，由他单线向各党派传递自

---

[1]　张君劢（1887—1969），名嘉森，号立斋。1913 年留学德国柏林大学。1932 年创建国家社会党，1945 年出席联合国会议，任联合国宪章大会组委员。1946 年 1 月回国出席政治协商会议；8 月将国社党与华侨中的民主宪政党合并为中国民主社会党；11 月民社党参加蒋介石召开的国民大会。1949 年 11 月赴印度，1951 年移居美国。1969 年 2 月 23 日在旧金山病逝。

[2]　黄炎培（1878—1965），上海人，爱国民主人士。早年因反清而逃亡日本，加入同盟会。辛亥革命后，曾任江苏省教育司司长。后任国民参政员。1941 年参与发起中国民主同盟。1945 年发起筹组中国民主建国会。1949 年，中华人民共和国成立后，历任中央人民政府政务院副总理兼轻工业部部长、全国人大常委会副委员长、全国政协副主席、中国民主建国会主任委员等。1965 年在北京逝世。

[3]　梁漱溟（1893—1988），原名焕鼎，字寿铭，广西桂林人，生于北京。1918 年起在国立北京大学任哲学教授。五四运动时提倡"生命派哲学"。1921 年出版成名作《东西方文化及其哲学》。曾任南京国民政府行政院司法部秘书、国民党广州政治分会委员兼建设委员会主席、广东省政府委员。提出《开办乡治讲习所建议和试办计划大纲》，获准后在广州为地方警卫队编辑委员会讲《乡村十讲》，开展"乡村建设"活动。1945 年在重庆担任中国民主同盟秘书长。中华人民共和国成立后，曾任政协全国委员会委员、常务委员。1988 年 6 月在北京病逝。

[4]　李敖、胡虚一等著《雷震研究》，李敖出版社 1988 年 5 月 5 日初版，页 179。

[5]　此处参考黄炎培日记，刊于《国民参政会纪实·续编》，重庆出版社 1987 年 6 月第一版，页 575。

己的意图。民社党副秘书长杨毓滋[1]在一篇文章中透露："抗战胜利……这期间有政治协商、'制宪国大'、及行宪后的政府改组，一时之间，朝野接触频繁。儆寰兄当时负责政府方面的传言人，最高当局凡是有咨商于民、青两党或君劢先生者，类多由其沟通协调，故儆寰兄每仆仆于京（指南京）沪道上，无分昼夜，有时在君劢先生所居上海范围内，即于沙发上和衣而睡……"雷震与各党派人士关系密切，除责任心强之外，最主要的是能做到不偏不倚，真诚倾听，甚至仗义执言。

1941年12月，珍珠港事件第二天，日军进攻香港。由重庆派往香港迎救有关要员的飞机，发生接运孔祥熙之妻宋霭龄宠物狗的咄咄怪事，引发西南联大的一次学潮。此事本与民社党领袖张君劢无直接关系，蒋介石听信他人诬告，将张氏软禁在重庆南岸汪山寓所，张君劢胞弟张公权时为国民政府交通部长，对此莫可奈何。1943年，雷震知悉内情后，挺身而出，亲自前往汪山予以证实，归后据理力争，终使张君劢恢复人身自由，从此二人成为"莫逆之交"。不过，在国民党内部，也有人将雷震与各党派之间的这种友善关系，贬抑为"党性不强"，认为雷震总是在帮这些人说话。但对于雷震来说，恰恰符合他本人的民主政治理念。他一直认为，作为执政的国民党，只有站在"在野党"角度去换位思考，才是双方相互合作与信任的先决条件。

雷震以"归国学人"身份投身中国现实政治，与一些"受政府征召，尽书生救国"之道的知识分子从政经历有所区别，如王

---

[1] 杨毓滋，江苏人，毕业于私立东吴大学法学院，台湾民社党前主席。1947年3月增补为第四届国民参政会参政员，后为"监察委员"。

世杰、翁文灏、陶希圣、蒋廷黻[1]等人，都是在获得相当学术成
就之后才进入政界的，雷震并无这方面的学术成就，他只是从戴
季陶的推荐而开始，王世杰的重用而发轫，蒋介石的信任而荣升，
成为国民党内部重要人士，其中固然不乏机缘巧合，但最终选择
从政还是因其个人的政治理想，并符合他本人的志向与所学。自
重庆开始，雷震与左翼和右翼知识分子均能保持融洽的关系，不
仅仅是因为豪爽义气的真性情，而是每每在政党协商的难题上坚
持互信与团结的立场，"而自然对民主人士友善，以促进宪政与民
主政治早日实现"[2]。

　　在法制局服务期间，雷震结识杭立武[3]、周鲠生[4]等人；在教
育部总务司长任内，与蒋梦麟[5]、胡适、段书贻、傅斯年[6]、李济[7]
等人多有接触。傅斯年主持中研院史语所，在南京的办公地点，
正好是在教育部对面，傅、雷二人"几乎常可在上下班的时刻，

[1]　蒋廷黻（1895—1965），湖南邵阳人。美国哥伦比亚大学哲学博士，曾任南开大学、
　　清华大学教授；后为国民党政府驻苏联大使、联合国常驻代表、驻美大使等。
[2]　台湾"中研院"近史所藏，雷震档，D.19，《中华民国宪政史》之《制宪国民大会召
　　开的筹备》一文。
[3]　杭立武（1904—1991），安徽滁县人。英国伦敦大学博士，曾任中央大学政治系教授
　　兼系主任、国民参政会参政员、"教育部长"等职。
[4]　周鲠生（1889—1971），湖南长沙人。早年留学日本，曾加入中国同盟会。后留学欧洲，
　　先后获英国爱丁堡大学政治经济学硕士、法国巴黎大学法学博士学位。曾任北京大学、
　　中央大学、武汉大学教授；中华人民共和国成立后，任武汉大学校长、外交学会副会长、
　　全国人大法案委员会副主任委员等职。
[5]　蒋梦麟（1886—1964），浙江余姚人。早年留学美国，获哲学博士学位。历任浙江省教
　　育厅厅长、教育部长、北京大学校长、行政院秘书长等职。1964年6月18日病故于台湾。
[6]　傅斯年（1896—1950），山东聊城人。早年留学欧洲，就读于英国伦敦大学、德国柏
　　林大学哲学研究院，后任中山大学教授、中央研究院历史语言研究所所长等职。1949
　　年1月，出任台湾大学校长，次年12月20日脑溢血猝发，在台北的省议会现场去世。
[7]　李济（1896—1979），湖北人。早年留学美国，获哈佛大学人类学博士学位。曾任南
　　开大学、清华大学教授，后为"中央研究院"院士、史语所所长。

打个照面和招呼的，两人之熟识，已到可以互开小玩笑的境地"[1]。
雷震任职教育部时期，即与胡适相识，对他一直很敬重。抗战结
束后，胡适从美返国，出任北大校长，雷震此时已是行政院政务
委员，在行政院会议上，凡是胡适代表北大争取政府财政补贴时，
雷震总是极力支持。陈布雷对此感到不解，一次私下与雷震闲谈，
笑问："儆寰兄非北大出身，又非胡适门下的弟子，一个日本留学生，
如何对一个美国留学生这样支持呢？"[2]雷震只说了一个故事[3]，并
没有正面回答，言下之意，自己之所以这样，完全是对教育事业的
支持，他本人无派无系，对胡适的支持，就是对教育的支持。

在国民参政会时期，雷震与周炳琳、罗隆基[4]、梁实秋等人交
往甚密。1941 年 11 月 23 日，诸参政员与蒋介石会餐时，雷震原
本安排罗隆基坐在蒋介石身旁，以便能够交谈。只是因为陈布雷
临时调整，罗才被调至席末，此事说明雷震与自由派知识分子关
系非同一般，或许也是具有自由主义倾向之故。抗战期间，雷震
兼任川康建设协进会主任秘书，参与筹备"工矿银行"、"工矿建
设公司"，并代表官方任董事，他在商界中也有许多朋友。"这些
人际网络多在其供职国民参政会期间建立，人际网络有助于他了
解各方意见与工作进展，还有知识的吸收。故供职国民参政会，

[1] 李敖、胡虚一编著《雷震研究》，李敖出版社 1988 年 5 月 5 日初版，页 185。
[2] 李敖、胡虚一编著《雷震研究》，页 128。
[3] 雷震对陈布雷说的故事是：当年他做教育部总务司长，政务次长段书贻（锡朋）起初不敢批阅总务司的公文，段以为雷震在南京首都这个地方，办理地方党务工作，疑他可能是"CC派"的人。有一次段与部长王世杰闲话此事，王哈哈大笑，连声说"儆寰不是的"。此后段书贻与雷震公私交谊增进如至友。这一往事是雷震在晚年对友人胡虚一所说，参见李敖、胡虚一编著《雷震研究》，页 128—129。
[4] 罗隆基（1898—1965），江西人。早年留美，先后任清华、光华、南开、西南联大等大学教授。1938 年后，为国民参政会第一、第二届参政员；1941 年参与组织中国民主同盟，任中央执行委员。中华人民共和国成立后，历任政务院政务委员、森林工业部部长、政协常委等职。之后被打成右派，1965 年病死北京。

对雷震一生而言，是相当重要的经历。"[1]

国民党内部的派系斗争，一直为后来的研究者所关注。

雷震对国民党的派系斗争素无好感，曾劝说当时把持国民党组织大权的 CC 派首脑陈立夫[2]，要与张群、孙科、王世杰、陈诚[3]、朱家骅等人搞好关系，强调本党只有加强团结，"则局势尚有可为"，否则必败；更对陈立夫进言，"……谓今日办党，应变更作风。过去为一党专政，今后为多党政治，不独方法不能同，而一切作风，均应改变。并望其一改过去狭隘作风，而代以宽大之作法，但渠仍不以为然"（雷震 1947 年 2 月 18 日日记）。

雷震一生交游广阔，朋友遍及各党各派，从未与任何一派发生过冲突，也不介入任何一次派系纷争，这在国民党内部极为少见。雷震与王世杰关系密切，王被划入"政学系"[4]，雷震又曾在张群主掌行政院时担任过政务委员，在事实上，很难脱"政学系"色彩，至少也是一个亲政学系的人物。雷震本人不大同意这种说法，"我做了三十七年有半的国民党党员，对党虽无贡献，也未靠党吃饭，在党内始终是独往独来，未参加任何派系的活动，纵然无益于党，也未为害于党"。

上世纪 20 年代末，国民党完成北伐统一中国，实施"党外无

[1] 任育德《雷震与台湾民主宪政的发展》，页 28。

[2] 陈立夫（1900—2001），浙江湖州人。历任国民党中央组织部长、军统局局长、立法院副院长等职。

[3] 陈诚（1897—1965），字辞修，浙江青田人。时任国民党参谋总长。后任东北行辕主任兼东北政务委员会主任，进攻东北解放区，遭到重大打击。东北解放前夕被免职。后赴台，任台湾省主席、"行政院长"等职。

[4] 政学系原指 1916 年由部分国民党右翼分子及进步党分子组成的政治集团——政学会的通称。1927 年南京国民政府成立前后，该系一部分人与蒋介石接近，又成为国民党内的派系之一，其主要成员有黄郭、杨永泰、张群、熊式辉等人。

党"的一党专政，为反对国民党一党专政，一些主张民主自由的有志之士，先后成立政党与之抗衡，其中有 1923 年曾琦、李璜等人在法国巴黎成立的中国青年党，1930 年邓演达的第三党，1934 年张君劢的国家社会党；其后又有梁漱溟的乡村建设派、黄炎培的职业教育社和沈钧儒的救国会。这些政党均有自己的政治主张，由于实力有限，仍不足以抗衡国民党，常遭到国民党的打压。直至七七事件爆发，中日全面战争，国民党为营造朝野团结、共赴国难的氛围，主动释出善意，邀请在野党派领袖共商国是，彼此间的关系才得以改善。

朝野关系的改进，并不意味这些小党放弃各自的主张，即便国难临头，仍希望在抗战中推行民主宪政。由于国民党在参政会中占多数优势，与各党派的矛盾十分突出，雷震身任议事组主任、副秘书长及至后来的政协秘书长，须倾听来自各方的意见，协调解决各党派之间存在的矛盾和问题，包括这些党派对国民党施政的批评和指责，尽可能作出合理解释，并建议他们以大局为重，不要为难国民党。

雷震曾对"七君子"之一王造时[1]说："抗战期间，政府处理问题当有许多困难，也可能不免有错误之事发生，何况仁者见仁，智者见智，希望在下笔写提案时，不要过分主观，要顾及政府困难，特请下笔留情。"[2] 不过，雷震又认为："当时那些靠每月向国民党政府领取津贴过日子，连办公房子住所和代步汽车都靠国民党予以施舍供给的所谓'友党'……认为像这个样子的'在野党'，是不能担负起一个能监督'在朝党'的'反对党'角色，这样又如

---

[1] 王造时（1903—1971），江西安福人。著名"七君子"之一，时为国民参政会参政员。
[2] 台湾"中研院"近史所藏，雷震档，D.45，《中华民国制宪史》第三节。

何能培养出一个民主国家的真正‘政党政治’来呢？”[1]

雷震在党外广交朋友，完全是一种为推动实现民主宪政的自觉行为。获得“各党各派”雅誉之后，及至重庆政治协商会议失败，与他个人情谊不浅的张君劢、左舜生等人，见面总要一番调侃，“儆寰兄多年来的专业工作，是‘各党各派’和‘民主宪政’，而今功败垂成，一切努力，尽付东流”[2]。“各党各派，民主宪政”，为当时民主党派人士对雷震的高度评价。雷震后来回忆道：“国民党中央党部从未命我做任何拉拢各党派或注意党派活动的工作，也未给我一点经费，我和他们应酬，完全是自掏腰包，我在参政会工作十余年，除了一点国难薪和配给外未领一文特别费，参政会的预算编得很紧，用钱非常节约。”[3]

1946 年 11 月，“制宪国民大会”开幕前后，雷震不停穿梭于各党派之间，尽管有第三方从中不断斡旋，中共出于自己的立场以及对时局的考量，拒绝参加这次“制宪国大”，民盟也是如此。青年党的态度则以民社党是否参加为前提，当时正在犹豫是否提出参加此次会议的最后名单。在雷震的建议下，蒋介石同意先拿到青年党出席“制宪国大”的名单，并公布于媒体，再由雷震亲自出面前往上海敦请民社党参加这次会议（详见本书第十三章：“制宪国大”真相）。

“制宪国大”后政府改组，国民党当局以期组成一个“联合政府”，雷震又承命奔走于民主同盟、民社党、青年党之间，自1946 年 11 月 27 日起即与各方进行广泛会谈，并在 1947 年年初将会谈带入磋商具体事宜阶段。民、青两党均主张国民党与中共

[1] 李敖、胡虚一等著《雷震研究》，页 182。
[2] 李敖、胡虚一等著《雷震研究》，页 179。
[3] 台湾“中研院”近史所藏，雷震档，D.45，《中华民国制宪史》第三节。

先开和谈，如不成功，再议改府之事。

1947 年 1 月 15 日，国民政府决定派员前往延安洽商恢复和谈，蒋介石特别嘱咐雷震将此事通知民、青两党。次日，司徒雷登正式通知中共代表王炳南，国民政府派张治中前往延安，同一天，雷震携和谈新方案到沪，与第三方面接洽。1 月 17 日，中共作出正式答复，声明"重开和谈"必须以 1946 年 1 月 13 日军事位置及取消"宪法"为先决条件，蒋介石未能接受。在此情况下，国民党与民、青两党的商谈才正式转到政府改组方面，仍由雷震负责从中协调。1 月 20 日，政府方面的代表在立法院与民、青两党会谈，对改组方案，青年党表示同意，民社党则迟疑不决。此时雷震面临的一个问题是：青年党对于名额分配不满，要求增加代表名额；民社党因内部意见不统一而争论不休，张君劢不赞成参加联合政府，汪世铭（民社党内部革新派人物之一）等人则认为"民社党应在行政院有主导力量"[1]。雷震及时抓住了这一分歧，1 月 26 日，代表政府再次前往上海，反复做工作，一再强调"今日局面，要实事求是，三党合作，应以国民党为重心，然后始能挽救其政治局面"[2]。2 月中旬，民社党终于同意参加立法院、监察院、参政会、宪政实施促进会，但对参加行政院与决策机构仍持有保留意见。

雷震在当时被记者公认为"南京第一忙人"。著名记者、曾经担任过北美南加州华人写作协会会长的陆铿于 1979 年 3 月 21 日雷震病逝后的两周，撰文回忆抗战胜利后、国共两党和谈期间记

---

[1] 汪世铭主张由张君劢出任行政院长，其他人则反对国民党以民社党为点缀。参见雷震 1947 年 1 月 28 日日记，胡虚一《雷震日记选注》，收录于李敖主编的《千秋评论丛书》第 72 册，页 313。

[2] 雷震 1947 年 1 月 26 日日记，胡虚一《雷震日记选注》，收录于李敖主编《千秋评论丛书》第 72 册，页 313。

者们对雷震的总体印象：

> 当时，和谈新闻是头条新闻，南京、上海和全国其他各地以及外国派驻南京的记者，都钻头觅缝，废寝忘食地去打听。八仙过海，各显神通，各人有各人的主要来源，各人有各人的新闻网。可是每遇和谈进行到关键时刻，大家都不约而同的想去问问雷震，出了什么岔子，有了什么希望。因为，他身兼政协秘书长，国民参政会副秘书长，国民大会筹备委员，后来又是国民大会的副秘书长，由于他忠诚对事，热诚待人，在各党各派中，建立了信用，结交了好多好朋友，不少人都愿意和他讲知心话，因而，他所掌握的情况就比较全面、可靠。[1]

有许多政客都不愿意与新闻记者打交道，"畏记者如虎，或视记者为敌人"（陆铿语），雷震则尽量满足他们的要求。当记者看到雷震双眼布满血丝，仍在不知疲倦地接受采访，心里都过意不去，有时会说出一些比较客气的话。每逢这时，雷震就会说："用不着讲客气话，我们大家都是为中国的光明前途而奋斗嘛！"不过，国共和谈尚属机密，雷震并不会轻易透露，这也是他的身份所决定的。1947 年，陆以正在南京《大刚报》做记者，跑国共和谈新闻，他这样回忆："每次他与周恩来在梅园新村谈话回来，不管多晚，总看见我们这群记者在他客厅里恭候大驾。高高瘦瘦的雷先生明知也赶我们不走，只好耐着性子陪我们穷聊。他总是守口如瓶，很少让我们挖到什么新闻。一晚，有位出道未久的新闻同业，冒冒失失地问他，那天下午和周恩来究竟说些什么？傲

---

[1] 《雷震全集》第 2 册，页 256。

寰先生强忍住满脸疲倦之色，右手往他全秃的前额往下抹了一把，似笑非笑地瞅着他说：'忘记了！'哄堂大笑之余，大家只好起身告辞……"[1]

政协秘书长的工作事无巨细，雷震办事一向认真，此间政党之间的矛盾又格外突出，雷震代表国民党不得不做大量的协调工作，因而显得格外忙碌。他既要参加各种会议，又要去黄埔路官邸向蒋介石直接汇报，更要考虑各党各派所提出的各种要求，小至一张卧铺车票，大至名额分配不均，往往都需要雷震亲自出面来安排或解释。

这一时期，雷震每天工作在十六个小时以上，没有娱乐，也没有假日，有时需要休息一下，但走进西桥五号家门时，常常又是记者先生、小姐"守株待兔"在那里等他，只好又强打起精神接受他们的采访，实在是支持不住了，"顶多打两个呵欠而已"。于此可见，雷震在当时之所以使出浑身解数，终日周旋于各党派及记者之间，"决不是单纯的折冲樽俎，而是有一种理想在支配着他，这种理想就是他晚年以身殉之所表现的志节"[2]。

雷震回忆自己生平有过三次在白天"遗精"之事，完全因为疲劳过度及紧张所致。前两次是在读书期间，第三次是在国民制宪大会开幕典礼仪式上，站着行礼时，突然出现"遗精"。就在几天前，他为了邀请民社、青年两党参加"制宪国民大会"，尤其在邀请蒋介石最讨厌但又非请其出席不可的民社党的商谈中，不仅耗费许多口舌，还听了许多咒骂国民党和蒋中正的话，心情已十

---

[1] 陆以正《我所知道的雷震与国民党间的旧事》一文，收录于张忠栋著《胡适·雷震·殷海光——自由主义人物画像》，台北自立晚报出版社 1990 年，页 91—92。陆以正，资深外交官。1924 年生于江西南昌，南京国立政治大学外交系一期毕业，获美国哥伦比亚大学新闻硕士学位。曾任职台湾"行政院"新闻局，出任危地马拉、南非"大使"等。

[2] 《雷震全集》第 2 册，页 257。

分糟糕，"十一月十四日晚上我索取青年党出席国民大会的名单，又进而听了该党秘书长陈启天和那些办事人员的讽刺，使我几乎一夜未睡着，才有第二天站着会场上遗精之事出现"[1]。

---

[1]　《雷震全集》第 9 册，页 235。

第十一章

# 与蒋介石结缘

　　雷震与蒋介石结缘，首先因为他本人与王世杰关系密切，其次是缘于国民参政会。雷震特殊的政治才干，也是蒋介石委以重任的原因之一。从历史的某种渊源讲，雷震留学日本多年，蒋介石早年也曾在日本学习过军事，在事实上，自然会有一种"同为留日的亲切感"。而且，雷震二十岁在日本就加入了中华革命党（国民党），介绍人是张继、戴季陶两位党内元老，与孙文也有过实际接触，因此，"对党性的成分当无问题"。

　　1927年，雷震从政不久，在法制局（立法院前身）即为王世杰所延揽的得力干部。由于蒋介石对王世杰十分信任（赴台几年后对王的信任有所改变），对雷震也有某种好感。雷震进入国民参政会后，被王世杰委以秘书兼议事组主任，与蒋介石开始有了一定接触，"以僚属关系为主，逐渐获得蒋之信赖"，随后在蒋的意旨下增加了一些兼职，如国防最高委员会"财政委员会专门委员"，参与当时的预算审议工作；国民参政会"川康建设期成会"，蒋兼任会长，雷震兼任该会秘书。在国民参政会附属的委员会中，大凡由蒋介石本人兼任会长的，即派雷震出任秘书；凡与各党派成立的联合组织，由蒋介石亲自主持的，也是任命雷震为秘书长。

国民党内部派别林立，一般认为除"西山派"外，主要有三大政治军事集团，即蒋介石政治军事集团，汪精卫、孙科两大政治集团，汪精卫集团又称"改组派"，孙科集团亦称"太子派"、再造派，西方称它为"自由主义派"。[1] 蒋介石集团又分有三大派系，以军人为主体的黄埔系，还有所谓的"CC 系"[2] 和"新政学系"[3]，这两个派系以文官为主，都在蒋介石面前争宠、效忠，"眼看着雷震已由'单线作业'与蒋介石建立了直接关系，与其嫉妒他，不如拉他'入伙'，所以这两派的人物对雷震都尽力拉拢，张群组阁时雷震被任命为政务委员即为明证"[4]。但"独往独来"的雷震，无疑是一位坚定的"拥蒋派"，每逢关键时刻，表现出一种忠诚不渝的立场。1949 年 1 月，朝野上下要求蒋介石下台的呼声日渐高涨，王世杰、雷震、胡适等人为反对蒋下野的少数派人物。在当时，华中"剿总"司令白崇禧[5] 通电要蒋下台，国民党 CC 派人物刘百闵认为，蒋介石若选择下台可使腐败势力"无所依恃"，青年党领袖左舜生甚至主张蒋介石"放洋出国"，张君劢在徐蚌会战（即淮海战役）之前致函蒋介石，劝其下野。1949 年 1 月 3 日，王世杰曾给雷震打电话，明确表示"蒋介石不宜下野，战局仍有转机等"，

[1] 参见张皓著《派系斗争与国民党政府运转关系研究》，商务印书馆 2006 年 2 月第一版，前言，页 3—4。

[2] 所谓 CC 系，即 1929 年 11 月陈果夫、陈立夫兄弟成立的"中央俱乐部"，一般认为是国民党内部的拥蒋集团，其势力颇大。骨干分子有张道藩、谷正纲、谷正鼎、胡健中、洪兰友、程天放、高信、黄少谷等。晚年陈立夫并不承认有这一派系组织的存在。

[3] 所谓"新政学系"，是相对于北洋时期的"政学系"（政学会）而言，其成员比较复杂，前期核心人物有杨永泰、黄郛、蒋百里、陈仪等，后期为张群、王世杰等，也包括其他从政学人，如王宠惠、张君劢、蒋梦麟、蒋廷黻等。

[4] 马之骕著《雷震与蒋介石》，页 13。

[5] 白崇禧（1893—1966），广西桂林人。抗战后，曾任国防部长、"总统府"战略顾问委员会副主任等职。

并约雷震一同前往李宗仁处，以"探听口气"。雷震认为蒋介石即使下了台，李宗仁也无力维持中国的局面。在当时倒蒋势力中，以 CC 派健将黄宇人[1]为最激烈，雷震对此事一直深感不安。

1949 年 2 月 20 日，雷震特意邀约黄宇人夫妇至中山陵梅花山观赏初春的梅花，借此机会二人"交换对时局的意见"。黄宇人对蒋介石其行其言认识颇深，并不掩饰自己的看法，说"蒋以个人第一，权力第二，儿子第三，国家第四"，并斥责蒋介石"二十年之工作，完全是为保持自己之权力"，"以蒋公之私心太重，今日 CC 与复兴社之组织，均系其一手所造成"，黄对此表示深恶痛绝；雷震也未客气，当场批评他"不够恕道"，竭力为蒋介石辩护。[2]

早在 1937 年，雷震就表达了对蒋介石的一种支持。当时有一个很现实的想法，即建立一个统一的政府才能抗日救国，这种想法多少受到"政学系"的影响。在雷震看来，建立统一的政府不仅是救国的条件之一，也是步入现代国家的方法；而统一的政府应力行法治，整治社会腐败；在政府内部需要养成一种廉洁的风气，为达到此目的，惟有公平地用严刑重典。[3]雷震还认为，好的在野党应当持有两种正确的态度，若不能出以友谊而支持现行政府，也应当持有一个客观的立场来批评政府，这些都反映出雷震"身为国民党员，对党的感情与期盼，使其更注重实际，即以国民政府的胜利为优先，亦以民族思想、'反共'为优先，对于政府有侵害人民权利措施，采取容忍态度，不予苛责，劝反对党人士多多包容，呈现思想与行动的落差。这种取舍涉及当事人内心的价值观，

---

[1] 黄宇人，贵州黔西人，生于 1905 年。黄埔军校第四期毕业，留学英国伦敦大学。曾任国民党江苏省党部常务委员兼组织部长，贵州省党部执行委员，后为"立法院立法委员"。

[2] 参见雷震 1949 年 2 月 20 日日记，《雷震全集》第 31 册，页 139—140。

[3] 雷震《党国当局应有之觉悟》一文，收入《雷震全集》第 18 册，页 95。

若无相当自由民主观念者，是不易产生孰先孰后的选择……"[1]

正是由于这一点，蒋介石对他长期信任、重用，也就不令人奇怪了。从 1939 年到 1949 年止，雷、蒋二人的"缘"与"情"渐次达到了一个沸点。关于这一点，对雷震知之甚深的马之骕认为：雷震"本来是具有'民主宪政'思想基础的人，但他自从当过'政治协商会议'秘书长之后，因与蒋介石建立了浓厚情感，所以，对他的民主自由理念不无影响。譬如他对蒋'言从计行'，事无巨细作报告；无论对党内外人士，无论在任何场所，只要有人批评蒋介石的不是，而雷震当即提出解释或答辩。"[2]CC 派人物刘百闵戏赠雷震"新 CC"绰号，其中应暗含嫉妒。在刘百闵看来，雷震对蒋介石效忠的程度已不亚于某些"CC 分子"了。

雷震以"拥蒋救国"为手段来实现自己的政治理想，但在种种场合下，仍不止一次当面向蒋介石表达"速谋重大改革的意见"。虽然事实上无效，却亦尽了"知无不谏"的职责，在当时蒋介石的高级幕僚中，可说是无出其右者。也就是说，鉴于局势的不断变化，雷震内心中对蒋介石也有新的认识，毕竟他是一位有着自由、民主理念和宪政素养的人。对他个人来讲，之所以拥蒋，在当时的客观条件下，不过是一种"孰先孰后"的选择而已。随着他本人对蒋介石威权体制认识的不断加深，民主宪政意识必然会再度萌发，以致在不久的将来与之渐行渐远，乃至决裂抗争。若历史地看，雷震在政治上的这种转变，根本在于他是一位渐进的民主宪政论者。

抗战结束后，雷震与蒋廷黻曾经讨论过如何发展中国宪政的问题。当时，两人获得三点共识：第一，若政府行宪后，国民党

---

[1]　任育德著《雷震与台湾民主宪政的发展》，页 53。
[2]　马之骕著《雷震与蒋介石》，页 25。

必须放弃"一党独大"的优越地位，应居于一般政党地位；第二，不赞成中共以武力方式争夺政权，那不是"宪政民主"；第三，对某些"书生政党"颇感失望，未能真正发挥"民主宪政"中"制衡执政党"的真正作用，并由此而想到"在国民党内，既常闹派系政争的倾轧而不和，还不如让其不满分子退出来，和国中抱持'民主宪政'理想的仁人之士，另组一个真能发挥一点'民主宪政'力量，不依赖国民党维持，真能独立自存的新政党，来和国民党作公平、和平的政治竞争……"[1] 这是雷震、蒋廷黻之间的一次私人谈话，并未认真其事，但可以看出他的"民主宪政"思想已初步形成，显现对"宪政体制"的重视。不久，雷震忙于"制宪国大"调停，奔走于各党派之间；蒋廷黻奉命赴美，接替郭泰祺出使联合国，两人均无暇来真正推动此事。直至1949年，蒋廷黻在美国突然宣布要成立"中国自由党"，尽管由于诸多原因，后来不了了之，但从上述细节中可找到某些合理的解释。

二战结束后，徐蚌会战（即淮海战役）是国民党与共产党势力消长的一个重要转折，面对战局不利的状况，国民政府内外主张和谈的声浪渐高，包括手握重兵的白崇禧也主张和平，"使得刚失去精锐部队的国民政府已无再战的可能"。蒋介石在1949年1月1日总统元旦文告中，对中共提出和平呼吁，表示只要能够和平，"个人进退出处绝不萦怀"；1949年1月21日，蒋介石决定下野，由李宗仁任代总统。当天下午，蒋介石在南京黄埔路官邸召集国民党中常委宣布此事，下午3时即乘专机飞往杭州。这天晚上，雷震与王世杰乘夜车前往上海，雷震在日记中这样写道：

> 蒋公下野，改造依然困难，如稍有不慎，则自趋崩溃，

[1] 参见李敖、胡虚一编著《雷震研究》，页187。

因德邻先生（即李宗仁）一派亦无人才，恐不易大刀阔斧来改造也。惟今日之局面必须改革，我前次曾于蒋公面前陈之，劝其以最大决心，最大勇气，如北伐时之勇气改革现局，并提供意见，当时蒋公听得颇不耐烦，不到一月局势演变如此，蒋公自己亦要负责。[1]

　　1949 年 2 月 12 日，在上海，雷震奉蒋之命给即将赴美的胡适送去有关经费，他在胡适的住处用完午餐，两人就当下局势推心置腹谈了数个小时。其间，胡适示以陶渊明一首小诗表明心迹，雷震看过之后，认为正为国民党今日处境之写照：种桑长江边 / 三年望当采 / 枝条始欲茂 / 忽值山河改 / 柯叶自摧折 / 根株浮沧海 / 春蚕既无食 / 寒衣欲谁待 / 本不植高原 / 今日复何悔？（《拟古》其九）就在这天，胡适还对雷震说，蒋介石有意让他出面组织一个"在野党"，但他觉得自己"个性不适合"，做不了这件事。[2] 说者无意、听者有心，胡适这一番话在雷震内心引来较大的悸动，尽管胡适坦承自己做不了这件事，但不反对在中国能有一个真正意义上的"在野党"，与蒋介石所说的"在野党"有本质的不同。从某种事实来讲，雷震赴台之后主持《自由中国》与威权体制相抗争，乃至发展到与本土政治精英共同组党，其是受胡适（包括蒋廷黻）的影响最大，这也是晚年雷震在精神上与胡适"同声相应，同气相求"的原因之一。

　　1949 年 3 月，中共部队已迫近江边，南京或很快失守，何应钦[3] 此时在广州，被李宗仁代总统提名为行政院长，正待由立法

---

[1]　雷震 1949 年 1 月 21 日日记，《雷震全集》第 31 册，页 125。

[2]　参见雷震 1949 年 2 月 12 日日记，《雷震全集》第 31 册，页 130。

[3]　何应钦（1890—1987），贵州兴义人。1949 年 1 月蒋介石下野时，曾任行政院长，5 月 30 日辞职。

院行使同意权，雷震对于国民党内部"犹轧轹不已"深感不安，于 3 月 10 日致函何应钦，"阅报悉先生已出任艰钜，欣佩无似，窃意先生此次出山，应负两重责任，一面备战谋和（备战除整军经武外，必须立谋政治与经济上之改革），一面为德公与介公间之桥梁，沟通两者之意见。能如是则局势虽艰，事尚可为，守江复兴，不难实现……"[1] 尽管局势非如雷震所想象的那样，但他强调政治与经济的改革，可见对国民党的前途无比担忧。

4 月 3 日，雷震、王世杰等人赴溪口看望下野的蒋介石。这一天特别冷，到达后"蒋经国来迎，同至宁波午餐"；是晚，蒋介石在其老宅约餐。席间，雷震将与胡适、王世杰、杭立武等人意欲发起"民主自由中国运动"、筹办《自由中国》杂志之设想报告给蒋介石，"渠表示赞成并愿赞助"（雷震当天日记）。

这是蒋介石第一次听到胡适、雷震等人要办杂志这件事，以蒋当时对胡适的尊重，以及对王世杰、杭立武、雷震等人的信任，自然会表示支持。只是万未料到《自由中国》这份经自己同意创办、资助的一份刊物，若干年后，会成为挑战国民党威权政治和意识形态的舆论重镇，雷震这位忠诚的幕僚也成为自己在政治上的一个敌手。这一切，在当时虽无法预料，可现实的演变就是如此，即基于雷震具有民主政治理念这一事实，尽管一度是蒋介石的坚定拥护者，甚至超过国民党内部的其他人，一旦情势出现恶化，双方的理念发生冲突又无法调和之时，最后的抉择必然决定一个人在政治上的取向。雷震与蒋介石的关系，就这样由亲密而分离，看似偶然，实又必然。

[1] 1949 年 3 月 10 日雷震致何应钦函，《雷震秘藏书信选》，《雷震全集》第 30 册，页 26。

第十二章

# "旧政协"秘书长

1946 年 1 月，全国政治协商会议在重庆召开，受命出任秘书长的雷震，已成为中国政坛炙手可热的人物。这里所说的"政治协商会议"，有别于 1949 年以后的"人民政协"，故今天习惯称之为"旧政协"。

"旧政协"无疑是当时中国各种政治势力经过重大较量和妥协之后，正在理性地朝着"和平"的方向迈进的一个政治产物。具体来说，是在国共两党 1946 年 1 月正式签订"国共双方关于停止冲突、恢复交通的命令与声明"这一停战协议的基础上召开的，"所以 1946 年 1 月 10 日那天，停战协议在早晨签字，上午十点方开成了政治协商会议"[1]。如果说没有这次短暂的停战，"在政治上也就无从协商起"。抗日战争的胜利，无论如何，对于此时的中国都是一件有历史意义的重大事件，亦为重整山河、恢复元气之始。然而，历史总是在某个关键时刻远离人心而去，"日本投降国共两党争着'受降'，国内许多地方已由共产党给解放了，受降接收了，

---

[1] 梁漱溟著《忆往谈旧录》，中国文史出版社 1987 年第一版，页 171。

国民党却不予承认……就在各处打了起来。后由美国出面调停，国共双方都表示愿意停战，就由马歇尔代表美国居间，组成停战会议"[1]。

此时中共已成为一支在军事上、政治上与国民党相抗衡的政治力量，其他一些政党，诸如青年党、民主社会党（简称民社党）、民主政团同盟（简称民主同盟）等，虽有自己的政治主张，鉴于自身实力有限，并不能真正与国民党政权相抗衡，其中一个重要原因，就是这些党派并无自己的武装力量。上世纪40年代初，国民党专制独裁日见趋强，这些原本各自为政、政治立场颇有分歧的小党派，捐弃成见，共组"中国民主政团同盟"，即日后的"民盟"。"民盟"成员在政治上有左右之分，终因分裂亲共，遭当局取缔而宣告瓦解。

从这一点看，"所有在野党派，除共产党可以用武力抗争外，其他党派对国民党所作所为，均敢怒而不敢言"[2]。中国政坛的这种无奈格局，经过八年抗战之后，随着中共的日益壮大和崛起，国民党最高当局不得不认真考虑各党派之间的政治矛盾和分歧，并由此试图组建一个"联合政府"——这也是美国政府竭力想促成的一件事情。[3]在国共两党之外，青年党提出"国民党还政于民，共产党还军于国"的口号，反映出当时国共两党仍有以武力相向而争雄的危险，在野党无不忧心忡忡。

1945年8月25日，中共就抗战胜利后时局发表《中共中央对于目前时局的宣言》，呼吁当局"立即召开各党派和无党派代表

[1] 梁漱溟著《忆往谈旧录》，页171。

[2] 马之骕著《雷震与蒋介石》，页12。

[3] 1945年12月5日，美国总统杜鲁门发表对华声明，表示美国承认蒋介石政权，同时暗示这个政权必须进行民主化和宪政化变革。参见陈峰著《中国宪政史研究纲要》，贵州人民出版社2003年1月第一版，页242。

人物的会议，商讨抗战结束后的各重要问题"，以结束国民党"一党专政"，成立民主的联合政府。正是在这种背景下，国民党当局以现实为考量，权衡利弊，对中共领导人毛泽东发出赴重庆谈判的电报，谓：倭寇投降，世界永久和平局面，可期实现，举凡国际国内各种重要问题，亟待解决，特请先生克日惠临陪都，共同商讨，事关国家大计，幸勿吝驾，临电不胜迫切悬盼之至。毛在延安回电表示：鄙人亟愿与先生会见，共商和平建国之大计。

1945 年 8 月 28 日，毛泽东等人飞赴重庆，国共两党经过四十一天的会谈，双方在讨价还价之后，终于签订了一份《双十协议》，"对和平建国基本方针、政治民主化、保障人民自由、党派合法化、释放政治犯、推行地方自治、惩治汉奸、解散伪军等问题获致协议，但对召开国民大会、军队国家化、解放区地方政府及受降等问题未能达成协议"[1]，其中确定召开一次"全国政治协商会议"，此即 1946 年 1 月"旧政协"的由来。蒋介石任命雷震为全国政治协商会议秘书长，理由不外乎他在国民参政会副秘书长任内，为人诚信，办事得力，颇得人缘，无论各党各派或无党无派的参政员，都愿意与之打交道；当各方意见不相统一需要沟通时，多由雷震出面负责协调解决。不过，雷震这个秘书长的任务非比寻常，因为"国民党一党专政数十年，党人已养成'坐大'的习性，各党派积怨已深。尤其共产党一直是刀枪相向，而今要面对不同的脸色，不同的意见，以笑脸言和，当然要费一番周章。究竟如何沟通、协商，藉以达到各党各派合作之目的，就要看秘书长的修养与其运筹帷幄的方略了"[2]。

---

[1] 张玉法著《中华民国史稿》，台湾联经出版事业公司 2001 年 7 月二版，页 438。

[2] 马之骕著《雷震与蒋介石》，页 14。

　　"旧政协"于 1946 年 1 月 10 日在重庆开幕，至 1 月 31 日闭幕。大会的目标与任务，最主要的一点是由各党派相互协商如何结束国民党"一党统治"，从而实行"宪政"。与会者来自五个方面，国民党代表八人，共产党代表七人，民主同盟代表九人，青年党代表五人，社会贤达人士九人，共计三十八人。[1] 在这些代表中，原有参政员二十二人，超过与会者半数以上，雷震任国民参政会副秘书长时，与这些代表已建立了良好的关系，沟通起来比较容易。

　　此次大会拟分设宪草、国民大会、政府组织、施政纲领、军事问题五个小组。既然目标在于实行宪政，就必须先起草宪法，再提交国民大会通过，因此，设立宪草小组和国民大会小组十分必要；而将来召开国民代表大会，不能由国民党一手包办，须由各方共同召集，又必须改组其政府，以容纳各党各派，设立政府组织小组乃针对于此；而政府改组、实行宪政前，中间有一过渡时期，必须产生一个共同纲领，于是有了施政纲领小组；此外，停战会议而产生的停战小组，当时只负责调处停战，国共两党军队如何才能转变成国家的军队，即军队国家化问题，尚需协商解决，所以军事小组的设立，担纲此方面的重任。这就是分设五个小组的背景和由来。

　　五个小组围绕国家即将实行宪政、走向和平统一而工作，环环相扣，互相渗透，一个也不能缺少。经过二十二天的激烈争执，会议总算通过了和平建国纲领、军事问题协议、国民大会协议、宪草问题协议、改组政府协议等五项。具体内容是：一，国民政

---

[1]　国民党方面：孙科、张群、吴铁城、王世杰、陈立夫、张厉生、陈布雷、邵力子；共产党方面：周恩来、董必武、吴玉章、陆定一、叶剑英、邓颖超、王若飞；民主同盟方面：张澜、沈钧儒、张君劢、张东荪、章伯钧、黄炎培、张申府、罗隆基、梁漱溟；青年党方面：曾琦、陈启天、余家菊、常乃惪、杨永浚；社会贤达方面：邵从恩、莫德惠、王云五、傅斯年、钱永铭、缪嘉铭、胡霖、郭沫若、李烛尘。

府委员会为政府之最高国务机关，国民政府委员四十人，半数由国民党人充任，半数由其他党派及社会贤达充任。二，1946年5月5日召开国民大会。三，奉行三民主义及遵从蒋主席领导；立法院为国家最高立法机关，由选民直接选举之，其职权相当于各民主国家之议会；行政院长由总统提名，经立法院同意任命之，行政院对立法院负责。四，军队国家化。五，制定宪法，积极推行地方自治，实行由下而上之普选，省长民选，制定省宪，但不得与国宪抵触。[1]

对于国民党高层来说，出于对国家现实的种种考虑，未必不想履行上述这些协议，但其内部意见尚未统一。1月31日会议闭幕当天，宪草问题即已暴露出来。这一天上午8时，在综合小组会议上，为清理汇总各项问题所达成的协议，并商决尚未取得协议的若干问题，争执了很久，一直开到下午2时才取得了最后的协议。当时民主同盟总部在重庆国府路300号，政协会场在300号之东的国民政府礼堂，国民党中央党部在300号之西，彼此相距不远，各种消息传递得很快，据梁漱溟回忆：

> 政协综合小组下午二时散会，国民党中央就于三时起开会一直到六时，好多国民党人如谷正纲、张道藩等在会上吵啊，吵啊，顿足嚎叫，大哭大闹，他们说：国民党完蛋了！什么也没有了！投降给共产党了！宪草十二条原则把"五五"宪草破坏无遗了……蒋介石任他们大哭大闹，一言不发。最后，蒋才说："我对宪草也不满意，但事已至此，无法推翻原案，只有姑且通过，将来再说（盖蒋视政协如无物），好在是一

---

[1] 金冲及著《转折年代——中国的1947年》，生活·读书·新知三联书店2002年10月第一版，页23；同时参见张玉法著《中华民国史稿》，页439。

个草案，这是党派协议，还待取决于人民，等开国民大会时再说吧。"蒋流露出宪草有修改挽回余地，伏下了祸根。[1]

"政协宪草"之所以出现问题，与当时政治形势及各党派的自身利益有很大关系。

关于宪政模式，当时存在三种蓝本：一，英美式的国家宪政；二，根据孙文五权宪法所说的宪政；三，以苏联为首的社会主义国家所实行的宪政。对于执政多年的国民党来说，当然要标榜孙文的五权宪法，并有一个"五五宪草"作为蓝本；民盟大多数人及无党派人士多半趋向英美式宪政；中共代表深知此时若提出苏联式宪政恐怕不会得以通过，若能产生一个英美式宪法就可以了，只要能打破国民党一党垄断政权的局面，就是最大的胜利。周恩来对马歇尔[2]说：我们愿意要英美式宪法，假如能像美国宪法那样，我们便满意了，只怕不可得。[3]

三种宪政蓝本于此剩下了两种，即五权宪法与英美式宪法，最大的问题在于如何折中五权宪法与英美式宪法，从而产生新宪法，需要政治上的相互协商和妥协。民社党领袖张君劢提出：应把国民大会化有形为无形，公民投票运用四权（选举、罢免、创制、复决）就是国民大会，原有"五五宪草"的国民大会制只是间接民权而非直接民权。张君劢因此主张监察院作为英式的上议院，立法院作为英式的下议院，行政院作为英式的内阁；行政院须对立法院负责，立法院对行政院可以有不信任票，甚至可以推

---

[1] 参见梁漱溟著《忆往谈旧录》，页174。

[2] 马歇尔（1880—1959），美国民主党人士。1945年至1947年任美国政府驻中国特使，"调处"国共两党关系。1947年至1949年任国务卿，1951年辞职。1959年10月16日病逝于华盛顿。

[3] 梁漱溟著《忆往谈旧录》，页175。

翻内阁，另组新阁；行政院如有自信，也可以对立法院不予信任
而解散，实行大选，产生新的立法院。

关于这部政协宪草，张君劢作为主要设计人，对此有过一段
说明："此稿之立脚点，在于调和中山先生五权宪法与世界民主国
家宪法之根本原则；中山先生为民国之创建人，其宪法要义自为
吾人所当尊重，然民主国宪法之根本要义，如人民监督政府之权，
如政府对议会负责，既为各国通行之制，吾国自不能外。"[1] 显而
易见，若根据这一设计制定一部"新的宪法"，对执政党来说有所
不利，而有利于在野党，政协宪草原则中包括总统权力大幅压缩，
行政院不必对总统负责而直接对立法院负责、总统制改为内阁制、
省县自治改为联邦体制等，"所以张君劢这种设计，在野党方面莫
不欣然色喜，一致赞成；尤其是周恩来简直是佩服之至，如获至
宝"[2]。尤其政协宪草十二条中有其各省制定"省宪"的规定，共
产党已控制了中国的若干省份，若能制定"省宪"，在政治上可大
有余地，甚至可以"大有作为"。

孙科时为国民党代表团团长，他是"五五宪草"的主持人，
由于长期以来与蒋介石之间存在分歧与矛盾，加上他本人对"宪法"
的理解和认知，最后同意了张君劢的这一政治设计，而国民党其
他代表也未表示反对意见。宪草小组只开了四次会议，就通过了
政协宪草十二条。[3] 可是会后国民党内部则闹翻了天，2月10日，
在重庆校场口，陪都各界召开庆祝政协会议成功大会，"会议还没
有开始，数十名暴徒就冲上主席台，抢占播音器，殴打主席团成

---

[1]  雷震《张君劢先生与中华民国宪法》，收录于《张君劢先生七十寿庆纪念论文集》，
     1956年1月台北出版，页118。
[2]  梁漱溟著《忆往谈旧录》，页174。
[3]  梁漱溟著《忆往谈旧录》，页175—176。

员郭沫若、李公朴、施复亮等，还以石块、木凳等向人群乱掷，致使大会未能开成，此事是国民党重庆市党部主任委员方治直接策划下发生的"[1]。

3月1日，在国民党六届二中全会上，一些人又是大吵大闹，对孙科、邵力子等人群起而攻之，辱骂不已；作为大会秘书长的雷震也遭到了攻讦，宋英后来回忆，"顽固派而且主要是属于陈家帮的CC系，反对和谈的情绪高涨，儆寰（雷震）更成了众矢之的，乃至指责他吃里扒外，骂他是吴三桂。他眼看众人皆醉、唯我独醒，但又感到势孤力单，只有听任那些人自吹自擂乃至做忠贞表演"[2]。

梁漱溟与许多在野党人士大惑不解。梁漱溟曾私下问雷震：宪草原则在小组会上国民党完全同意，为什么又突然不承认呢？雷震深知内情，对梁氏说：政协开会期间，国民党出席各小组的代表在会后都要向蒋介石汇报，只有孙科一人懒得亲自面呈，只是把宪草小组会议记录交蒋介石过目。蒋不看；雷震觉得此事重大，多次请蒋一定要看，还是不看；到了政协会议闭幕前夕，蒋才看了这份会议记录，但此时已通过，为时已晚。国民党中央责成孙科收回宪草协议，在宪草审议会上，孙科提出希望对此作若干修改，张君劢当场表示不同意，并对中共代表周恩来说：宪草审议会议只能根据宪草原则起草宪法条文，无权讨论原则问题，应堵住国民党的嘴不让它开口，免得节外生枝。孙科、邵力子等人窘迫不堪，周恩来见状回过头来做张君劢的工作，对张氏说：政治是现实的事情，走不通就得设法绕过去，不能因此而牵动大局。当时主要是国共两党之争，既然中共代表周恩来表示可以让步，张君

[1] 金冲及著《转折年代——中国的1947年》，页26。

[2] 《雷震全集》第1册，页65。

劢大失所望，就不再多说什么。[1] 最后的让步共有三点：一，国民大会从无形回到原来的有形；二，同意取消立法院对行政院不信任票和行政院对立法院的解散权；三，省宪可以改为省自治法，但非省自治法规。

1946 年 3 月 21 日，周恩来飞回延安，向党内汇报宪草审议会的情况，毛泽东听后表示："他们（指国民党）要制定他们所要的宪法，十个、八个，由他们自己去制定吧！必须制定共同遵守的宪法，我才接受，我只接受第十一个宪法！"[2] 从毛的这一番话中，可见内战的可能性已越来越大。虽然在这一段时间里，"政协协议成了国民党统治区很多人衡量是非的重要尺度"，毛泽东在颁布的停战令中也说，"中国和平民主新阶段，即将从此开始"，甚至在之前还表示："中国如果成立联合政府，可能有几种形式，其中一种就是现在的独裁加若干民主，并将存在相当长的时期。对于这种形式的联合政府，我们还是要参加进去，进去是给蒋介石'洗脸'，而不是'砍头'。"[3]

中共当然有自己的想法，进入"联合政府"为一时的权宜之计，推翻蒋家王朝才是最终的目标。以中共党史专家的说法，政协协议中这些规定，虽不是毛泽东心目中新民主主义性质，但至少已开始接近西方式的民主议会制，"这些规定有利于冲破国民党的一党专政和推进民主政治，有利于保障解放区的地方政府的合法地位，有利于和平建国，真能做到的话，在历史上是进了一大步，因而受到人们的欢迎"[4]。只是在事实上，问题远没有这样简单，

---

[1] 梁漱溟著《忆往谈旧录》，页 179。
[2] 梁漱溟著《忆往谈旧录》，页 179。
[3] 《毛泽东文选》第 4 卷，人民出版社 1993 年版，页 7。
[4] 金冲及著《转折年代——中国的 1947 年》，页 24。

在"政府组织"这个问题上，中共为"国府委员"名额分配多次提出交涉；按原议，国府委员为四十名，其提案权须经过三分之一以上委员同署后才能提交，也就是说，除国民党委员之外，其他党派委员必须占有十四个席位，才有可能真正行使提案权和否决权。

在野党若能拥有否决权，对制衡权力中心有着至关重要的意义。民社党负责人蒋匀田回忆："关于主席之复议权，须有五分之三以上委员始能对抗主席之复议权。而国民党占全体委员之半数，可说主席之复议权，已是稳如泰山。因此复议权之多次协商，乃有第六条第二款及施政纲领之变更者，须有出席委员三分之一赞成之规定一项，可说二者系互相交换之协议。当时中共与民盟同认为维护施政纲领之重要，不亚于国民党所尊重之主席复议权，故愿以此易彼。……故迨协商国府委员名额时，中共与民盟欲共得十四名，而国民党仅允给十三名，僵持于一名国府委员席位，终不可解决，使改组政府与军队国家化之企望均成空想，诚为始料之所不及。"[1]

蒋介石早年参加革命，经历北伐，终获至高无上的权力，但并无多少民主思想。为了防止中共在改组后的"国府委员会"中获得提案权与否决权，不愿多给中共一名国府委员的席位。国共两党相争多年，根据以往的经验，蒋介石对中共心存疑虑，站在他的立场上，并非全无道理。但正因为如此，结果导致中共决定不参加多党派的"联合政府"，这就意味着将改变历史的应有方向，朝着不幸的结局（内战）走去。雷震作为大会秘书长，试图打破这种政治僵局，在国民党内部做了大量的工作，却最终未能挽救其分裂的局面。时任雷震随从秘书的龚光朗对此知之甚稔，1986

---

[1] 蒋匀田著《中国近代史转折点》，香港友联出版有限公司 1976 年版，页 41—42。

年 1 月 11 日在上海政协《团结报》撰写回忆文章，这样写道：

> 综合委员会最后审议的是联合政府最高权力机构——国务委员的组成问题。几经争执商议，初步拟定了四十名委员的名额分配案：国民党二十名，共产党八名，民盟四名，青年党四名，无党派人士四名。这样，国民党方面在国务委员会中至少占有百分之五十到六十的多数，共产党方面则注定在任何情况下都居少数地位。为了求得最低限度的民主，周恩来提出了行使"三分之一否决权"，和四名无党派委员中要有两名由中共推荐的建议。国民党方面对此表示：同意实行"三分之一否决权"，但是只同意由中共推荐一名无党派委员；也就是使中共八名委员加上民盟四名委员和由中共推荐的一名无党派委员，合共只有十三票，凑不足占四十个名额三分之一的数，自然也就无法去行使"三分之一否决权"了！旧政协秘书长雷震眼见这样僵持下去，联合政府大有因此流产的危险，于是为求得这一名之差的问题圆满解决，曾多次向最高当局犯颜直谏，请其以大局为重，从宽同意中共推荐两名无党派人士，其结果却是口舌全白费！

雷震无法改变或影响蒋介石的决定，尽管他的所有努力"均是以支持蒋中正领导下的国民党为主体，加上青年党、民社党的政府而努力。在此权力架构下，政治权力仍集中于国民党之手，是由国民党让出部分权力给其他党派，与多党平等竞争、政权和平交替仍有相当的距离"[1]，雷震在主观上想为中共多争一席"国府委员"的可能性并不存在。蒋介石一直把中共视为最强大的政

---

[1]　任育德著《雷震与台湾民主宪政的发展》，页 40。

治敌手，同时相信国民党有能力在短时间内以武力消灭之。1946年底，蒋介石约见美国驻华大使司徒雷登，坦言"共产党问题必须以某种方式在半年内解决"[1]。雷震深感和谈无望，内战在即，十分沮丧。这一年11月15日，国民党召开"制宪国民大会"，蒋介石命雷震出任大会副秘书长一职，雷震推辞不掉，只好接受。

---

[1] 《被遗忘的大使司徒雷登驻华报告》，江苏人民出版社1990年第一版，页203。

第十三章

# "制宪国大"真相

"政协宪草"由各方代表共同起草，正式通过须经国民大会的认可。实际上，制宪大会最早定于 1936 年 11 月召开，因代表产生不顺利而延期一年，未料一年后，抗战爆发，不得不再次延期。此次政治协商会议决议，国民大会原定于 1946 年 5 月 5 日举行，后又改在 11 月 12 日召开，这一天，正好是孙文的诞辰日。7 月 3 日，国防最高会议通过此决议，次日，南京国民政府单方面对外宣布了这一消息，引起中共与民盟的强烈反弹。中共代表声明不受国防最高会议决议案之约束，认为：召开国民大会应由各党派共同磋商之后才能举行，其中包括停止内战、政府改组、结束训政、宪草修正完成后，方可召开，国民党无权独自办理。

这次召开国民大会的中心任务是制定《中华民国宪法》，故称之为"制宪国大"。此时国民党在军事上取得暂时性的胜利，因而试图在政治上也能够抢得先手，于是蒋介石提出结束"训政"，召开"制宪国大"。

中共为此提出书面抗议，民盟也深表不满。到了 11 月 11 日，临近会期，中共仍表示拒绝参加这次会议，第三方人士[1]在南京白下路交通银行紧急聚会，以商讨对策，同时建议大会延期三天召开，改为 11 月 15 日，以争取时间促成中共的参加。以梁漱溟当时的判断：共产党方面此时最迫切的一个要求就是立即停战，国民党方面则希望各党派都来参加这次"制宪国大"。因此，他对王世杰提出了自己的一个主张："国民党宣布停战，共产党提出国大名单，这样就可以关闭和平破裂之门。因为所谓国民大会并不是民选的大会而等于各党派综合性的大会，如果有些党派不来参加，大会是开不成的"[2]。

王世杰对梁漱溟的这一建议表示感兴趣，认为"很有意思"；梁漱溟去找周恩来谈，周坚持认为中共单方面停火"太险"，这个建议就未能正式提出。[3]11 月 14 日，事态越发紧张，不仅中共方面拒绝参加，民社党也不表态，青年党则以民社党是否参加为前提，仍未提交出席会议人员的名单。第二天大会就要开幕，几方面均无动静，蒋介石"急得像热锅上的蚂蚁"（雷震语）。当天下午 4 时左右，雷震接到蒋介石官邸打来的电话，命他即刻前往。

雷震赶到黄埔路官邸时，吴铁城[4]已在那里，随后王世杰也来了。

蒋介石问雷震：青年、民社两党参加国民大会的消息怎样？

---

[1] 第三方人士是指以民盟、青年党、社会贤达三方所扮演的国共两党调停人之角色，以沈钧儒、罗隆基、张申府等人为要角，后调停以失败而告终。
[2] 梁漱溟著《忆往谈旧录》，页 206。
[3] 梁漱溟著《忆往谈旧录》，页 207。
[4] 吴铁城（1888—1953），广东中山人。时任国民党中央党部秘书长，国民党中央执行委员会常委。1949 年赴台后，任"总统府"资政。1953 年 11 月因替王世杰讲情，遭蒋介石痛斥，不堪刺激，归后服安眠药过量，于当月 19 日在台北去世。

张君劢肯不肯参加？雷震如实回答：青年党已表示参加，但要以民社党参加为首要条件，否则是不愿单独参加的。雷震又说："民社党方面，我私下虽有接触，并劝他们参加，由于中央和蒋先生没有表示，我不便正式表示邀请。"已近下午6点，天黑得较早，蒋介石与吴铁城、王世杰、雷震等人一起用餐。席间，蒋介石突然说："儆寰兄，今天晚上你就去上海，邀请民社党参加国民大会，你可以告诉张君劢说，政府一定提出政协宪草来讨论，并照政协宪草通过。"雷震应道：现在坐夜车去上海也要等到第二天才能办事，不如明天乘飞机去；还打算先拿到青年党的名单后并在报上发表，这样更有把握以促成民社党的参加。蒋介石表示同意。

雷震发现蒋介石有点坐立不安，"我看见蒋中正连筷子都没有拿过，连面前的一碗汤也没有喝过一口"[1]，雷震见状起身立即给青年党负责人曾琦[2]打了一个电话，让他带上会议名单速来黄埔路官邸一趟。曾琦、李璜、左舜生等人来到时，雷震他们还没有吃完，蒋介石把曾琦等人带到另一客厅。十五分钟后，众人回到原来的大客厅，蒋介石将手中一份名单交给雷震，说："青年党要一百四十名！慕韩先生（即曾琦）说，要增加四十名始分配下去。"雷震当即表示不同意，对曾琦说："现在只有河北、山东、哈尔滨、北平四个省市的代表还未最后选出，如青年党要求加四十名代表，只能从这四个区域里产生了。但若其代表的籍贯不在这四个区域之内，也就无法选出。而且，这四个区域大概也不会同意，青年党的朋友应该给予同情和谅解……"青年党组织部长李璜听雷震这样说，大为不悦，出言指责雷震是从中"杀横枪、故意捣蛋"。

---

[1]《雷震全集》第23册，页10。

[2] 曾琦（1892—1951），四川隆昌人，字慕韩。时为青年党主席，主张"国民党还政于民，共产党还军于国"，后被聘为"总统府"资政。

在这种情况下，雷震只有耐心反复解释，直至李璜不再说话为止。

青年党出席此次会议的名单，雷震是在第二天参加完开幕式后上午 11 时才拿到手的。青年党秘书长陈启天[1]的态度十分强硬，再三对雷震强调说：这份名单绝不能见报，一定要等见到民社党的名单再说；即使见了报，青年党也有可能不出席此次会议。陈启天甚至指责说：你们早干什么去了！[2]雷震不加理会，也未正面回答陈启天，而是驱车直赴丁家桥中央党部，准备将这份名单交给陈立夫，命中央社于第二天即刻发表。未料，陈立夫不在，回常府街公寓吃饭去了，雷震又折向陈府将事情交代清楚，并说"一切责难我去承受好了"，才急赴明故宫机场。已是中午 12 时许，雷夫人宋英在机场等候多时，为他送上出差用的小衣箱，还有一碗蛋炒饭。雷震饥肠辘辘，只吃了几口，就赶紧登机。班机奉命等候已误点半个多小时，机场主管人员焦急不安，乘客们见雷震上来个个面带怒气，雷震无法和这些人解释，也不可能解释。此次他重任在身，蒋介石对他寄予莫大信任，"制宪国大"对他抱以最后一线希望。

此次上海之行，对雷震个人来说，若能说服民社党领导人同意出席"制宪国大"，就算功德圆满，而制宪若能成功，训政结束，国家走向宪政体制，这是雷震本人最希望见到的。抗战后，中共以"和平、民主、团结"为口号，在宣传攻势上一直让蒋介石大伤脑筋，以至在这次"制宪国大"开幕式上说，现在共产党"最

---

[1] 陈启天（1893—1984），字修平，湖北黄陂人。东南大学毕业，曾任四川大学、中华大学教授。1938 年至 1948 年任第一届至第四届国民参政会参政员。1947 年任国民政府委员，行政院政务委员兼经济部长。

[2] 《雷震全集》第 9 册，页 235。

成功的一点便是向国际上宣传,说本党一党专政,实行独裁,说这次国民大会是一党的会议,必将制定法西斯宪法。这种错误的观念,以讹传讹,已经深入外人心里,使政府在外交上的运用,处于很不利的地位,而增加许多困难。我们现在召开国民大会制定宪法,就是要用事实来打破共产党的宣传,使共产党无法借口,使国际舆论明了本党实行民主的真诚"[1]。话虽如此,眼前的现实却是中共与民盟明确表示不参加会议,青年党仍持观望态度,只有等待雷震在上海说服民社党张君劢等人,或许才有转机。

这一天上午"制宪国大"开幕后,即宣布休会,以等待民、青两党代表的到来,蒋介石只给雷震三天时间。以雷震对张君劢的了解,相信自己能够说服他,当年张氏在重庆被软禁一事,最终是雷震帮他解脱。但此时民盟也正在做张君劢的工作,各方都在竭尽拉拢之能事,问题是"制宪"这样的国家头等大事居然也遭到了抵制。出于在野党的立场与考虑,张君劢的态度实际上并不明朗,对民盟拉拢也未有任何反应。张君劢始终担心民、青两党代表在会上为少数派,如何对抗得了百分之八十的国民党代表?如果蒋介石本性不改,不遵守其诺言——强行通过政协宪草,又该怎么办?

民社党其他领导人如徐傅霖[2],对国民党的态度一向强硬,加上前不久,徐氏在日军进攻香港时避难于新加坡友人家中,吃了不少苦头,迁怒于国民党与蒋介石。雷震一到上海,民社党负责人之一蒋匀田就提醒他,除要做通张君劢的工作之外,徐傅霖是

---

[1] 蒋介石《本党对国民大会和宪法应有的态度》,1946 年 11 月 25 日。转引自《中华民国政治制度史》,上海人民出版社 1992 年版,页 351—352。

[2] 徐傅霖(1879—1958),字梦岩,广东省和平县人。早年留学日本早稻田大学,同盟会会员。曾任临时参议院议员,国会众议院议员,广东高等审判厅长,广东军政府司法部长兼大理院院长。1938 年 6 月任第一届国民参政会参政员。1946 年参加"国大"。

其中一个关键人物。从南京飞到上海只需五十分钟，雷震在机上一分钟也未睡，他在考虑到沪后如何进行说服工作。下飞机后，直抵"金门饭店"，上电梯时居然头晕跌倒，"茶房把我扶到床上，一个冷水手巾往头上一擦，我就清醒了。吃了一杯含有兴奋作用的咖啡，和两片'土司'，精神又振作起来，连忙出门工作"[1]。

雷震与蒋匀田赶到海格路张君劢寓所已晚上 6 点，雷震也不客气，开门见山对这位老朋友说：这次来沪是代表蒋先生正式邀请民社党出席会议的，蒋先生让我转告你，请大家放心，这次大会将以政协宪草为讨论基础，国民党方面不会推翻政协宪草的基本原则，只是在文字上可能会作出某些修正，但采行"内阁制"，总统没有实际权力，行政院对立法院负责，监察院是立法院之外的另一民意机关，考试院不考核"公职候选人"，中央与地方权限之划分等，在原则上不会有改变……雷震一口气说了三个小时。

张君劢听完这一席话，对雷震说："一个政党，如果党内不能民主，不能尽量讨论，各部门负责人不敢发表意见，这种党去主政，政治上很不容易出现民主的。"[2] 张君劢没有明确表示民社党是否决定同意出席会议，只是说要等到第二天召开中常委会才能确定下来，"因为民社党不能像国民党总裁那样一人说了算"。

雷震辞别张君劢，正好遇上进门的徐傅霖，便与徐约定第二天上午 8 时即去拜访。此时雷震晚饭还未吃，在南京路上"日升楼"下的一家面馆吃了一碗"大肉面"，才回到下榻的"金门饭店"。上海《申报》社长潘公展已在他的房间坐等多时。雷震向他详细咨询上海方面对"制宪国大"的反应，同时征求他对"制宪国大"的看法。潘公展是陈布雷至友，与陈二人同年加入国民党，入党

---

[1] 《雷震全集》第 9 册，页 237。
[2] 《雷震全集》第 23 册，页 21。

介绍人是蒋介石、陈果夫。潘公展毫不掩饰地说：希望民、青两党能够参加这次会议，但国民党必须"委曲求全"，以尽早结束自己的"一党专政"。

雷震与徐傅霖不熟。以往民社党的事，都是与张君劢本人谈，张是民社党最高领导人。国民参政会期间，雷震与徐傅霖有过点头之交，却没有正式打过交道。徐傅霖有一阵居住在香港，就更少有什么接触。徐傅霖为人率直、刚烈的个性，雷震早有耳闻，而且，批评国民党政府不假辞色，一向不留什么余地，他在民社党中地位仅次于张君劢。

第二天一大早，雷震赶到徐傅霖家中。徐傅霖刚吃过早餐，正在看报纸上青年党出席会议的名单，雷震也不绕弯子，将昨晚与张君劢说过的话重复一遍，希望民社党能够迅速提交一份名单，以便共商国是，参与制定宪法，包括行宪后加入"联合政府"。谁知，未等雷震说完，徐傅霖就骂开了，从蒋介石一直骂到陈果夫、陈立夫和CC集团，又从"中统"骂到"军统"，说这是两个杀人不眨眼的反动集团，国民党从来不要民主与自由，民社党如何受到打压等等，足有四十分钟，雷震只有耐着性子洗耳恭听。

等徐傅霖说完，雷震再三强调此次制宪的重要性，只要国民党这次结束"训政"，保证以后不会再出现压迫其他党派的事情。徐傅霖在大骂之后心情舒畅多了，表示同意民社党出席这次会议，并说将在上午10时召开的中常委会上表明自己的态度，并说：希望国民党这次不要口是心非，仗着人多势众，强行通过某些违反政协宪草的有关条文；如果这样，民社党必以退席而处置，即令闹得不欢而散，也在所不惜。

这一天，民社党中常委会议并未能达成一致，其中有两个原因："一是部分中常委坚决反对，弄不好民社党有可能发生分裂，这不能不使包括张君劢在内的民社党领导人对此问题慎之又慎；二是张君劢、徐傅霖等人对于国民党是否履行诺言还有疑惧，尽管他们对蒋介石通过雷震向他们作出的保证比较满意，但他们知道，蒋介石这个人是从不讲信用的，他自己当面说的话都可反悔，更何况是通过雷震向他们作出的保证，谁能保证他不出尔反尔？"[1]

下午3时左右，雷震又去张君劢处。张告诉他说："参加与否，尚未有定案，明日上午还要举行常会，再作决定。"雷震知道这是民社党内部的事，无法介入。他又找到蒋匀田，请他在明天的会议上坚持自己的态度，说服中常委会通过参加"制宪国大"之决议。至于其他细节，可以等到代表团到达南京之后再行商议，哪怕代表团到南京游览一趟也行，费用全部由"国大"秘书处负责。

雷震甚至还表示，如果到了南京还是谈不妥，代表团可以不出席大会，立即返回上海。拜托过蒋匀田之后，雷震再访张君劢、徐傅霖二人，请他们出于对国家利益的整体考量，全力促成此事。第二天，民社党中常委会终于作出参加"制宪国大"的决议，雷震如释重负。已是第三天中午，雷震想到应当立即包一架飞机，以最快速度将在沪的民社党代表二十四人（总数为四十人）送往南京，以防夜长梦多。雷震找到老友上海市长吴国桢[2]，请他帮忙解决。吴国桢是一个爽快人，无多少官僚习气，办公室的电话总是亲自接听，从不假他人之手，雷震对他印象一直不错。吴国桢深知此事重大，速将包机之事办妥。

11月17日下午4时三刻，民社党代表团飞抵南京。张君劢本人没有参加这次会议，徐傅霖任代表团团长。雷震给蒋介石打电话，

---

[1] 郑大华著《张君劢传》，中华书局1997年12月第一版，页487。

[2] 吴国桢（1903—1984），湖北人。1913年入天津南开中学，后考入清华大学。1921年赴美国梅林尼尔学院留学，又转入普林斯顿大学深造。1926年获博士学位。曾出任国民党中央宣传部长。1946年5月调任上海市市长。1949年任台湾省主席兼保安司令和"行政院"政务委员。1953年3月辞职，同年5月赴美。1984年6月病逝。

希望他能接见一下民社党代表团成员，蒋介石表示同意。晚 8 时，在雷震的陪同下，蒋介石接见了民社党代表团成员。蒋的心情极好，说了许多话，徐傅霖的态度也缓和很多。结束时，蒋介石亲自将代表团成员送到寓所外的大门口。

第二天上午，蒋介石在大会秘书处召见雷震，表示让他担任大会副秘书长，雷震当场恳辞，称自己是国大代表，要出席会议，无暇顾及秘书处事务；蒋介石未允，直言相告："请你担任副秘书长，就是要你负责设法通过政协宪草，务使民、青两党不致因国民党人要恢复'五五宪草'而退席……"[1] 雷震只好接受。自"制宪国大"筹备以来，秘书处舞弊多端，无一事不贪污，无一物不拿回扣，其中以洪兰友[2]开销最大。原参政会秘书长邵力子是继叶楚伧死后兼任"制宪国大"筹委会秘书长，对此知之甚详，屡次与雷震谈起时"愤怒万分"。以雷震的性格，不愿扯入这些不明不白之中，或许也是雷震不愿接受大会副秘书长之职的原因之一。

民社党在最后时刻同意出席"制宪国大"，雷震功不可没。从他个人的良好愿望来讲，希望由此结束"训政"，在中国制定一部真正的宪法，以求长治久安的局面。在这一问题上，他与张君劢等人的想法一致，只有打破国民党的"一党专政"，中国的政治建设才有可能走上民主政治的常轨。张君劢不愿出席这次"制宪国大"，完全是因为对蒋介石的不信任。他在私下对雷震说："蒋中正是过河拆桥的人，有求于你的时候，可以满口应允，等到不

---

[1] 《雷震全集》第 23 册，页 31。

[2] 洪兰友（1900—1958），江苏江都人。上海震旦大学法学研究院毕业，历任中国公学、中央政治学校教授。曾任国民党中央执行委员、中央纪律委员会副主任委员、"内政部"部长等职。

需要你的时候，就一脚踢开，完全无视对方的人格。"[1] 会议期间，民社党代表团正式转交一封张君劢署名致蒋介石的公开信，张君劢在这封信中表达了对当前时局的忧虑：

> 自今岁一月参加政协以来，所系系不忘者，厥为和平统一，将国内各党融合于国大之中，制定全国共守之宪法，我公之所祈求者，谅不外乎此。孰料事与愿违，国共之始于政协者，终以国大召开日期未获协议而暌离。君劢曾力主延开十五日以宽商议之限，亦未能得各方之共谅，至今希求和平之人惴惴焉，群疑国共之和谈无日，停战令虽下，人民仍恐难逃战祸之苦。国大虽能召开，而所制定之宪法，恐将难邀共守，政协代表亦将剖而为二。此种疑窦如果演成事实，则国家万劫不复……[2]

张君劢的忧虑不无道理。政协会议之后的宪法之争，提出的是国方，同意让步的是共方；4月，东北战事愈演愈烈，民盟出面调停，陈诚又不愿意；等到4月中共攻下长春，双方的矛盾更加激化；苏北政权问题，提出的是国方，不肯让步的是共方，争执焦点在于国民党准备在中共军队撤出后由自己来掌管，中共认为应当依照政协原则而进行选举改组，周恩来甚至对梁漱溟这样说："我是淮安生的孩子，我若同意此要求，我无颜面见淮安父老！"[3] 综观前后，这一年7月至11月，是国民党要打；11月之后，是共产党要打。叶剑英当时对许多人说，我们现在必须要打，

[1] 《雷震全集》第23册，页37。
[2] 《雷震全集》第23册，页33。
[3] 梁漱溟著《忆往谈旧录》，页242。

要打到国民党好战分子不再好战为止。请大家朋友放心,我们必不超过这分际。超过这分际便是共产党的错误,便是一种不可恕的错误。[1]张君劢则对中共一直持保留态度,对国民党同样极端不信任,以致在筹备行宪过渡时期,未参与政治上的决策机关"国民政府委员会"的任何工作;雷震"原就担负着和平解决争端的重大责任,对于和谈终于失败,而国共两党又不得不用枪杆子争政权,当然感到无限失望"[2]。

中共与民盟始终拒绝参加"制宪国大",也不承认颁制的《中华民国宪法》。民社党进入联合政府,但分歧依然存在。青年党领袖李璜与张君劢采取一致行动,既未出席"制宪国大",也未参加联合政府。国民党政府原本内定宋子文仍为行政院长,由于张君劢坚决反对,声称"如由宋子文任行政院长,民社党绝不参加",只好改任张群为行政院长。国民党函邀李璜出任经济部长,李璜坚辞不就,改由青年党秘书长陈启天接替,"联合政府"延迟两周才得以组成。

---

[1] 梁漱溟著《忆往谈旧录》,页 245。
[2] 《雷震全集》第 1 册,页 68。

第十四章

# 渐进的民主宪政观

      雷震 1949 年前的民主宪政主张，是以"训政到宪政"这一思想为轴心的。就对"训政"[1] 而言，与胡适、张君劢等民主宪政人士的看法有所不同。雷震为国民党内部坚定的拥蒋者之一，较容易站在党派的立场上来考量这一问题，因而认为国民党实施"训政"有一定的必要性，"并认为国民党居于指导者的地位，以训政培养人民的政治能力，可让人民在宪政时期更顺利行使其政治权利"[2]。胡适等人一直认为无须以"一党训政"来引导人民行使自己的政治权利，他在 1934 年 12 月《答丁在君先生论民主与独裁》一文中指出："民主政治的好处正在它能使那大多数'看体育新闻、读侦探小说'的人每'逢时逢节'都得到选举场里想想一两分钟的国家大事。平常人的政治兴趣不过尔尔，平常人的政治能力也

---

[1]  所谓"训政"，是指孙文提出的建立"民国"的第二阶段，原本为期六年。即由政府派出经过训练考核合格的人员，到各县筹备地方自治，并对人民进行使用民权和承担义务的训练。孙文将建立"民国"分为三个阶段，即军政、训政、宪政。

[2]  任育德著《雷震与台湾民主宪政的发展》，页 44。

不过尔尔……英美国家知道绝大多数的阿斗是不配干预政治，也
不爱干预政治……只要他们'逢时逢节'来画个诺、投张票，做
个临时诸葛亮，就行了。这正是幼稚园的政治，这种'政治经验'
是不难学得的。"[1] 雷震与胡适等人在这一问题上的观点落差，反
映出雷震在这一时期政治理念的倾向性。

　　上世纪 30 年代，雷震在上海《晨报》撰写大量的政论文章，
宣传国民党的政纲。陶百川[2] 时任《晨报》主笔，负责社论与专栏，
经常向雷震约稿。在陶百川眼中，雷震是一个"多才多学而且多
产"的人，《晨报》上常刊用他的文章，陶百川与雷震，因此成为
终生的朋友。1935 年 4 月 1 日，雷震与留日好友罗鸿诏、徐逸樵、
马存坤等人创办《中国新论》[3]，徐逸樵为总编辑，雷震为发行人，
以南京为基地。《中国新论》是一本政论刊物，其宗旨是："吾人
极端高倡民族之复兴，高倡国家与政治组织之强化，并高倡此三
者相关健全的发展；举凡有俾于此旨之实现者，吾人将不惮求详
以研求之，不惮大声疾呼以提倡之。大胆主张，无所顾忌，大胆
批判，无所忌讳，始终如一，不曲不挠……"[4]
　　1936 年《中国新论》出版的"非常时期专号"与"非常时期

---

[1] 胡适《答丁在君先生论民主与独裁》，原载 1934 年 12 月 30 日《独立评论》133 号，页 8。
　　参见胡颂平编著《胡适之先生年谱长编初稿》，台北联经出版事业公司 1984 年版，页
　　1291。
[2] 陶百川（1903—2002），浙江绍兴人。早年留学哈佛大学。曾主持《香港时报》和重
　　庆的《中央日报》；曾任"监察委员"、"国策顾问"。一生淡泊自持，耿直敢言，曾对
　　孙立人、雷震等冤案提出纠正案及建言。著有《困勉强狷八十年》等。
[3] 雷震等人创办《中国新论》，其目的是为唤醒国人认识日寇的侵略。办刊经费由雷震
　　负责筹措，至 1937 年"七七事变"后，因战事吃紧，时为教育部总务司长的雷震
　　负责疏散工作无暇顾及办刊，《中国新论》不久即停办。
[4] 原载于《中国新论》，1935 年 4 月 1 日创刊号，收录于《雷震全集》第 17 册，页 106。

丛书",认为中国已进入非常时期,应当动员全国所有资源,全力以赴应对抗日一战。这份刊物发行量在当时仅次于《东方杂志》、《新中华》,上海《中国评论周报》1936 年 3 月 5 日介绍《东方杂志》、《国闻周报》、《申报月刊》、《中国新论》等刊物,并将《中国新论》列于第一,[1] 可见这份刊物在当时的广泛影响。

雷震在上世纪 30 年代所写的文章,多见于《中国新论》和《时代公论》。雷震曾经负责过国民党地方(南京)宣传工作,对国民党"一党训政"给予肯定,还为此进行辩解。1932 年 5 月,他在《时代公论》上发表文章,针对少数人的诘问,以欧美革命为例这样说:

> ……此种诘问未免太过于皮相观了!盖问者只见到表面所浮出的事情而未洞烛这些事情的内幕。欧美革命成功之后,固然即刻实行宪政,并未经过训政的中间阶段,然实行宪政而参加政治之民众,即为当时斩木为兵、揭竿为旗的革命民众本身,当时的革命是他们所发动的,反抗君权、解放民众是以他们心坎中发出、口中呼号出来的,残暴压迫的君主是他们送上断头台的,民主政治议会制度是他们热烈要求的……请看当时革命民众是何等人物呢?他们当时自称第三阶级而以别于第一阶级之僧侣及第二阶级之贵族,他们自从中央集权国家成立与产业革命发生以来,在社会之势力蒸蒸日上,富力天天增加而已凌乎贵族之上,他们的物质生活比贵族更舒服更奢侈,他们的知识、他们的学问足以与贵族对抗;因其如是,他们自然不愿屈居于贵族之下而要求革命,革命既告成,他们当然要求参加政治,何况其实力又足以参加政治呢![2]

---

[1] 吴成《中国新论社第二次聚会纪略》,《中国新论》,1936 年 12 月 1 日,第 2 卷 10 期。
[2] 《雷震全集》第 15 册,页 68—69。

言下之意，在中国不存在所谓"第三阶级而以别于第一阶级之僧侣及第二阶级之贵族"，由于人民普遍缺乏政治常识，直接实行宪政是不大可能的。雷震的这种观点，是否受孙文、梁启超等人思想的影响，不得而知。孙文将"训政"视为建国程序中一个最重要的阶段，也成为国民党变相推行党治制的一个理论依据，有论者认为"梁启超与孙文同样承认当时中国国民的程度不及格，因而梁有所谓的'新民'，有所谓的'开明专制论'，在孙有所谓的'约法之治'（日后称训政时期），都是设想作为民主政治之前的过渡"[1]。孙文本人对"训政"的解释是："须知共和国皇帝就是人民，以五千年来被压作奴隶的人民，一旦抬他作起皇帝，定然是不会作的。所以我们革命党人应该来教训他，如伊尹训太甲样。我这个训字，就是从伊训上'训'字用得来的。"[2]

从当时的历史进程看，宪法权威高于任何政治权利的这一形式特征，即使在袁世凯和袁世凯之后的军阀时代，仍被保留着。一直到了党权政治时代，这一特性才在以党治国及其宪政发展三阶段理论中被抹去了。"无论是从孙中山 1905 年提出的军法之治、约法之治和宪法之治，还是 1914 年 7 月孙中山在《中华革命党总章》中提出的军政时期、训政时期和宪政时期三阶段理论，其实质都是由开明专制导入宪政。这种开明专制的权力主体是军权和党权。"[3]如果简单回顾一下，便可以发现，在民国一系列的宪政危机中，几乎都有军阀政治的影子。[4]

然而，雷震又是一直反对军权的，若从当时国民党执政地位

---

[1] 陈仪深著《独立评论的民主思想》，台湾联经出版事业公司 1989 年 5 月初版，页 199。

[2] 孙文著《训政之解释》，《国父全集》第 2 册，页 398。

[3] 陈峰著《中国宪政史研究纲要》，贵州人民出版社 2003 年 1 月版，页 237。

[4] 参见陈希贤《军权政治的兴起及中国宪政的衰败》一文，原载 2000 年《战略与管理》第六期。

以及国内现实来加以分析，他之所以强调"训政"的必要性，在某种程度上，与蒋介石"一个政党，一个主义，一个领袖"的主张还是有所不同。在雷震看来，"训政"之目的，最终是为了在预定的时间内在中国实行民主宪政。台湾学者陈仪深将此称为"积极的训政论"；那些并不强调文化因素，仅从国家不统一或贫穷落后等理由来反对开放宪政的理论，则是一种"消极的训政论"。

　　上世纪 30 年代《独立评论》有关"民主与独裁"的论战，是当时中国一批具有英美留学背景的知识分子在国家制度建设上的一次激烈交锋。雷震本人没有介入这场论战，却公开表明了自己的观点，"我的意见是国民党还有二年的训政期间，应使其务于此期间内完成训政之必要工作，完成宪政之基础条件，第一，不要分散国民党训政的力量；第二，不要舍本逐末的弄到同归于尽……尚有重要一言，就是国民党要速行取消党禁……无论何党何派，须让其自由活动，公开主张，一则可助成健全之政党，以备宪政时期之用；二则可分任训练人民政治知识之工作。民权政治是以党为前提的，亦惟有健全之政党始能实行民权政治。党争——标明主张，以'口'与'笔'为斗争之工具——并不是坏的事情，最坏的是'以枪相抗'"[1]。

　　由此可见，雷震对"训政"的认同，完全是站在本党利益这一立场上生发出来的，此时还较少考虑反对党的立场，但他要求"开放党禁"的主张，却又是民主宪政原理中应有之义。1951 年，雷震在日记中有过一段令人回味的反思："我于民国十二、三年即抱此（按：开明专制）见解，但是经过二十五年之从政，再不敢如此主张，盖此种主张只助长其专制也。"[2]

---

[1] 《雷震全集》第 15 册，页 79。

[2] 雷震 1951 年 12 月 21 日日记，《雷震全集》第 33 册，页 212。

雷震早年就读京都帝国大学法学部，前后三年半时间，所修课目包括宪政民主、自由主义、马克思理论等，他是经过一番思考之后才服膺宪政民主理念的。雷震说自己年轻时一度倾向于社会主义，其中有五个原因：一，他所钦佩的英籍哲学家罗素曾于1921年到日本和中国演讲，给予苏俄建设正面评价，使他想研究社会主义；二，1923年三弟雷用国去世，雷震回家半年陪伴哀痛未已的母亲，因而羡慕俄共"儿童公育制度"，似可降低母子悲情、减少痛苦；三，曾修过京都帝大的经济学课程（资本主义）；四，俄国宣称放弃一切在华特权，雷震对此颇有好感，因此想进一步了解苏俄；五，身为国民党员的雷震，亦想知道孙中山为何称许俄国，也想趁此了解社会主义。[1] 只是当他选修了河上肇教授讲授的《资本论》，并了解其大要之后，便不再相信"唯物史观"和"社会主义"，对苏联的外交政策深不以为然，甚至到了后来"怀疑孙中山联俄容共的决定"。

1924年11月28日，孙文途经日本在神户高等女校发表演讲，谈"大亚洲主义"，雷震与京都帝大同学许世镛、金庸等人前往听讲。孙文在演讲中大谈苏俄是一个"新的国家"，却遭到欧洲的排斥，"欧洲人都视他为毒蛇猛兽，不是人类，不敢和他接近，我们亚洲也有许多人都是这一样的眼光……俄国现在要和欧洲的白人分家，他为什么要这样做呢？就是因为他主张王道，不主张霸道。他要讲仁义道德，不愿讲功利强权，他极力主持公道，不赞成用少数压迫多数。像这个情形，俄国最近的新文化便极合我们东方的旧文化，所以他便要来和东方携手，要和西方分家……"雷震等人听完孙文大赞"苏俄好"的演讲，内心多有矛盾和纠结，等孙文回到下榻的东方饭店，"我们三人去见他，就表示'联俄容共'

[1] 《雷震全集》，第9册，页246。

主义之不妥，日本留学生中的国民党员大都是反对的。孙文答复我们说：'说来话长，短时间内不是说得明白。'盖他知道留日学生中对他无好感，老留学生多叫他为'孙大炮'，不问是不是国民党员，最近又称他为'共产党的俘虏'"[1]。

中国自古未有宪法。民初有过宪法性质的《中华民国临时约法》（1912年），施行不久，即因袁世凯提出修改继而"帝制自为"，形同废纸；北洋政府时期有过"天坛宪草"（1913年），又因发生讨袁的"癸丑之役"（即二次革命）南北分裂以及军阀武力相争，根本无从在一个混乱的中国建立起良好的宪政秩序。1928年北伐成功，国民党执政，颁布《训政纲领》，1931年又颁布《训政时期约法》，推行"以党治国"、"一党训政"作为宪政预备期，遭到地方实力、中共、非国民党人士的反对和抨击，以民社党领袖张君劢的看法，所谓"训政"并未能真正训练人民行使四权（即选举、罢免、创制、复决），只是藉此压抑反对党。尽管这种批评带有党派色彩，但此间，仍有不少知识分子屡次提出"提前结束训政"、"如期结束训政"的政治诉求，国民党高层人士孙科也有过类似主张，当时置身香港的胡汉民表示应尽快实施宪政，并赞成党外可以有党。[2]然而，这并未能阻止"党国"的逐渐形成。南京国民政府自1928年以来，在国家建设与发展经济上取得一定成就，但政治上的"不作为"始终遭人诟病，尤其"九一八事变"之后，对日采取让步策略，以争取时间，储备军事，避免中日双方早日对决，致使"抗日救亡"呼声渐高，中共争得了舆论上的"主动权"。

雷震长期受到民族主义思想影响，加上母亲惨死在日军的炮

---

[1] 以上均 参见雷震著《雷震回忆录——〈我的母亲〉续篇》，页226—227。
[2] 参见1932年5月22日《独立评论》第80号，胡适《宪政问题》，页5—7。

火之中，从内心根本无法接受与日本人的任何接触，他在 1935
年就指出："日本所要求的亲善，是臣服式的亲善，简直是要中
国俯首投降；而中国之表示亲善，亦系具有不得已之苦衷，所谓
虚与委蛇是也。在这种状况之下，中日亲善固有可能，中日交战
难保不有，故在亲善之中检讨战争，准备战争，正为未雨绸缪之
计，应无无的放矢之议。"[1] 他认为当时的中国缺乏"应有的民族
精神"，若真要想救国，必须先觉醒才行。雷震所说的这种"民族
精神"具有四个特质："一，要有克服私欲、抑制小我的伟大精神。
二，要有牺牲个人、奉献祖国的高尚爱国心。三，要能杀身成仁、
舍弃个人生命，为确保大生命的永远的灵魂。四，铲除贪污自肥、
贪安好逸的堕落性格，以造成舍身赴难的精神。"[2] 就是说，要想
恢复"民族精神"，须从教育和法治入手，前者是注重人格的培养，
后者是对人的劣根性的控制，两者相辅相成，缺一不可。

　　抗战胜利后，雷震参与政治协商会议、"制宪国大"及进入政
府内阁，总是强调国民政府应以从事战后建设为优先，宪政则是
在这个框架下的一个渐进过程。1947 年，雷震出任行政院政务委
员，向行政院长张群提出"革新建议"，内容主要包括改善财政、
军事、地方行政、中央政治，主张由政府统制财经，肃清贪污，
整治吏治，以增加国库的税收等，[3] 后来甚至建议"征用豪门资本，
尤其孔宋之产"[4]。

---

[1] 雷震《中国果不能与日本一战乎？》，原载于 1935 年 8 月 1 日《中国新论》，收录于《雷震全集》第 18 册，页 1。

[2] 雷震《救国应先恢复民族精神》，原载于 1932 年 10 月 14 日《时代公报》，收录于《雷震全集》第 18 册，页 212—213。

[3] 1947 年 2 月雷震致张群函，《雷震秘藏书信选》，《雷震全集》第 30 册，页 4—5。

[4] 雷震 1948 年 11 月 8 日日记，《雷震全集》第 31 册，页 93。

雷震认为应以文人担任主要行政官员，减少"军人干政"的成分，这才符合民主国家的政治体制，也是民主宪政的又一试金石，"这一制度虽说是仿效欧美……英国的陆海军大臣及法国的国防部长都是由国会议员出任，绝无例外；美国的国防部长亦须文人充任，军人则须退役十年以后才行，前几年杜鲁门总统提出马歇尔为国防部长，因他退役尚不及十年，国会虽然勉强通过，仍声明下不为例，可见遵守制度之严格"[1]。雷震之所以强调这一点，乃因"文人当国，则事关用兵，自不能不顾及各方的意见"，军人"则有武力以强人之必从，尽可抹杀其它一切意见而贯彻其独自的主张，故其政见虽错误，依然不受阻力而错误到底，非至败亡不止"，这就是他日后提出"军队国家化"的重要原因之一。

雷震一直强调舆论监督的必要性，这是政府的天然防波堤，也是政治上的万里长城。他曾引用黄宗羲《明儒学案》中"子言之，君子之道，辟则坊与，清议者天下之坊也"这句话来佐证自己的观点，"这是何等精辟透彻的见解，可谓正中政治的要诀"[2]。在他看来，民主政治就是民意政治，民意政治就是舆论政治，一个民主政府的道德权威应建立在国民内心倾向之上，"即在对于政府的政策能否以自由讨论和公开批评这一点，而民主政治的要义，就在对于一切涉及公共政策的决议，任何人都可以讨论和批评，且可进一步加以抨击和责难……一个真正民主的局面，其中绝没有一人仅为他人意志的工具；而一个政府可以加诸人民身上的外力或压力，也绝不是那个政府之道德的权威之基础……民主政制的政府，其权威的基础是真理、是妥善、是建筑在公道上面；而独

---

[1] 《雷震全集》第 15 册，页 1。
[2] 《雷震全集》第 21 册，页 82。

裁政制的政府,其权威基础是暴力,是威势,是建筑在强权上面"[1]。

雷震还认为各方在沟通意见时要有一种自由讨论与容忍的精神,不能以"一致"为必要条件,"若强迫一致,则不合于人性"[2]。人民参与自由讨论、表达对政治事务的关心,既有利于国民学习民主政治,也有利于国家的团结。在这一认知上,他承袭业师森口繁治的观点,指出"民主政治的民有、民治、民享中,以民治——由人民行使政权或由其代表根据人民的意思行使政权——为最重要,也是分辨真民主与假民主之所在"[3],民主政治就是常识政治、繁琐政治,要解决的是与我们每一个人生活息息相关的事务及与之形成的社会问题。

雷震在本质上是"宪政论者",力主维护中华民国宪法,反对1948年国大集会所提出的修宪动议,认为国民大会若以修宪而扩权,并加入孙文"建国大纲"中对国民大会职权的规定,很可能导致行政院权力相对萎缩以及政局的不稳定。

孙文在"建国大纲"第二十四条明定,"宪法颁布之后,中央统治权归于国民大会行使之。即国民大会对中央政府官员有选举权、有罢免权,对于中央法律有创制权、复决权",即主张由国民大会代表人民,行使选举、罢免、创制、复决之直接民权。雷震对此分析道:诚然,直接民权之政治制度,若从民主政治的纯理论来看,当为一种最进步的政治制度,外国政治学者赞扬的也很多,瑞士和美国也有一些州在实行。惟有一点需要注意的,就是直接民权这个东西,要由人民"直接"来行使,再也不能由人民

---

[1]　《雷震全集》第 21 册,页 80。

[2]　参见《雷震全集》第 21 册,页 6—8。

[3]　任育德著《雷震与台湾民主宪政的发展》,页 134。

的代表来行使，否则，在理论上是讲不通的，也失去所谓"直接"的意义。因此，若由国民大会行使这些民权，就是间接民权，决不能称之为直接民权。雷震又指出：若宪法规定国民大会可以创制和复决法律，同时又规定立法院为国家最高立法机关，则在此宪法体制下，不但中央民意机关有上下两级之存在，而且所制定的法律也可能随之分上下两级，必然演至使行政和立法两院，无所适从。

雷震对孙文"宪法"的各种论述，基本上持不赞成态度，"中山先生对于宪法问题之讲演甚多，前后不无若干矛盾之处；如制宪者不能认清民主政治的基本原则，而徒知枝枝节节、七拼八凑地只求符合遗教之所示，则无法制成一部有系统的民主宪法……其实，中山先生对于政治制度是采用民主政治的。惟他所提示的方法，如权能分治、国民大会行使直接民权等等，是不甚高明，而且大大有问题的"。

孙文将国家统治权之行政、立法、司法、考试与监察等五权，同列为"治权"而由总统总揽其事；将选举与罢免总统、副总统及立法、司法、考试、监察院院长、副院长与立委、监委之权，以及创制法律、复决法律之创制权、复决权，同列为"政权"而赋予国民大会。由国民大会为"政权"机关，来监督总统及其所统率之五院等"治权"机关。在国民党长年执政、教育与宣传下，国人一向视"此论"为天经地义，而未有存疑。雷震从比较宪法学的立场指出：政权和治权的区分，在观念上或者可以为之，在实际政治运用上不仅行不通，也不适于民主政治的要求。

正如今天的学者所指出的那样，"1946年宪法实际上是保留了孙中山五权宪法的形式，而包含了责任政府之实质。其表现是'五五宪草'与1946年宪法（草）的一个基本不同是政府体制的不同。'五五宪草'规定的是总统制（实际上它不是总统制，而是类似于德日宪法的极端元首制），而 1946 年宪法规定的是总统内阁结合制（半总统制）。宪法基本建立了责任内阁制政府体制，当时称为'行政院是有条件向立法院负责'"[1]。

1946 年民国宪法较之 1936 年"五五宪草"，总统权力确实受到许多制约，以至于在选举总统时，蒋介石不想当总统，而只愿做行政院长。直至第一届国民大会第一次会议通过关于宪法的附属条款《动员戡乱时期临时条款》，蒋才同意参选。雷震当年在教育部时，是国民党内部审议"五五宪章"委员会成员之一，蒋廷黻在南京主持召开首届"中国宪政学会"，雷震是受邀参会的重要政府官员之一。关于政权与治权的划分，雷震与其他党派人士的看法基本一致，寄希望于行政院能够拥有较大的权力而有所作为，立法院在行使权力监督行政时当自律，不应滥用权力。他之所以对立法院要求甚高，"或许反映他期望以立法院的议事运作，带动议会政治的顺利运作，并能使国民党当局在这一套宪政秩序的运作中，落实民主政治"[2]。

雷震在强调民主政治的同时，没有放弃对"训政"的认同，反映出他在党内的特殊地位以及政治思想起点不同，这种局限性一直到了《自由中国》时期才有所突破。坚持"从训政到宪政"，不仅可视为雷震个人思想的渐进轨迹，也是当时许多中国知识分子在考量现实政治时的某种局限，而像胡适那样具有敏锐的判断力，反对"训政"以及国民党"一党专政"，往往需要游离于自身党派立场和对现实利益的扬弃方可实现，雷震在当时无法做到这一点。

---

[1]　陈峰著《中国宪政史研究纲要》，页 242。
[2]　任育德著《雷震与台湾民主宪政的发展》，页 131。

不过，也应当看到，雷震在拥蒋的同时，不断力劝蒋介石尽快实行政治上的改革。尤其在 1949 年初，当朝野纷纷要求蒋介石下野，更加坚定了雷震"国民党需要改革"这一信念。1949 年 4 月 14 日，他在日记中这样写道："总裁此二十年各方敷衍，结果仍不免遭怨，倒不如彻底用新人，也许二十年间，一切改革有一新的作法，不至于泄泄沓沓而误了大好光阴也。今后总裁如不能再脱离旧环境，其前途仍是黯淡的。"

十几天之后，雷震被汤恩伯聘为京沪杭警备总司令部顾问，与谷正纲[1]、方治[2]一道协助防守上海和厦门，具体负责金融与物资管制疏散等事宜，被时人称为"沪上三剑客"。

---

[1] 谷正纲(1902—1993)，贵州安顺人。时为国民党中央社会部部长，国民党中央执行委员。

[2] 方治（1897—1989），字希孔，安徽桐城人。曾任国民党中央宣传部代部长，时为上海市党部主任委员。

第十五章

# 沪上"三剑客"

1949 年 4 月 23 日深夜，中共军队横渡长江攻克首都南京，这一天，雷震正从杭州乘坐专车前往上海。在车上，雷震抱怨国民党军队守江不到三日即崩溃，实在令人抬不起头来。萧毅肃[1] 时为国防部参谋次长，声称"这是撤退，并非崩溃"，雷震觉得可笑之至，"这是自己欺骗自己"。

第二年 10 月，雷震奉命赴香港抚慰"第三势力"，在港的原农林部长左舜生告诉他：中共军队之所以这么快渡过长江天险，是因为用金条买通了顾祝同的老部下、时任江阴要塞少将司令戴戎光。一说周恩来有言：和国民党军队打仗不必光靠枪支，要有条子（指金条）就够了！中共军队渡江之后，不仅未付事先谈妥的二百根条子，戴戎光也被俘。[2]

---

[1] 萧毅肃（1899—1975），四川蓬安人。国民党陆军中将。1927 年后，历任国民党陆军第四十三军参谋长、副军长、远征军司令长官部参谋长、中国战区陆军总司令部参谋长、国防部参谋次长等。1949 年赴台湾后，任台湾"国家计划委员会"委员等职。1975 年 7 月在台北病逝。

[2] 雷震著《雷震回忆录——〈我的母亲〉续篇》，页 59—60。

1949 年 4 月 28 日,雷震、谷正纲、陈良等人前往复兴岛晋见蒋介石。蒋在海军的一艘兵舰上,此舰正停泊于复兴岛附近的黄浦江上。雷震对蒋说,当前上海金融界一片混乱,应当加以管制。蒋对此表示同意。4 月 29 日,雷震赴汤恩伯处开会。汤恩伯说今日见到了蒋介石,"总统询其是否准备在沪战至最后,恩伯肯定地答复,并谓假定工事全毁,亦当利用沪上之大建筑作巷战而予共党以打击。总统云:'我当陪你在上海,共党晓得我在上海,他必先攻上海,可解广州之危'"[1]。

从这一段记述中可以知道,此间战局已十分吃紧,雷震、谷正纲、方治(字希孔)等人协助汤恩伯防守大上海,由于形势急转直下,已无成功之可能,但雷震等人挺身而出之举,得到当时上海舆论界的一致赞许,称之为"沪上三剑客",陈诚甚至在一些公开场合表扬雷震。雷震负责金融和疏散方面的具体工作,他不懂军事,只能做些力所能及的事情。

4 月 30 日,天气骤冷,霏霏细雨。这天上午 11 时,雷震至央行讨论当月工人生活指数及工厂发放工资急需现钞等事宜;中午再召集工商界人士开会,讨论沪上的金融问题。几天之后,与方治等人赴复旦、同济及交大等校视察疏散情况。据工友反映,"有若干军人进来时,礼貌不佳,甚至将教师行李扔出,亦有将教师存留而拟迁之食物吃掉,如油盐等,亦有秩序绝对良好",雷震、方治出席上海各大学校长座谈会,方治代表国民党上海党部向各大学校长对军队执行任务时存在不善之举表示歉意。尽管雷震在上海忙得不可开交,先期抵台的王世杰打来一封电报,催他尽快回台筹办《自由中国》杂志,王世杰的这种态度多少传递出对上海守卫无望的悲观心情。

---

[1] 雷震 1949 年 4 月 29 日日记,《雷震全集》第 31 册,页 193。

5月6日，战事至嘉兴，雷震推想"大概已陷落"。

雷震名义上是汤恩伯的顾问，蒋介石却让他以警总政委名义召开有关上海中央机关物资疏散会议。这一天下午，雷震在市政府与众人商讨具体事项。汤恩伯不愿警总来过问此事，而是想交给市府单独处理，雷震只好表示，以后不再过问此事。未料，就在这时，谷正纲突然告诉雷震与方治，说汤恩伯汇了五十万美金到美国，此事虽未能最后确定，仍在调查之中，却一直让雷震内心怅然不已，他在5月8日日记中写道："我此次在沪协助恩伯守沪工作，未有公职，未接受分文公俸，完全以党员资格在此吃苦，食宿仰赖于人，心中万分难过。而恩伯果真有此事，不独他对不起国家，抑且对不起我与正纲二人。希孔（方治）他究竟是上海市党部主任，正纲亦为政务委员，我则仅一顾问，如此在沪辛苦工作，真是一个大愚人，愈想愈觉无聊……"[1]

上海警备司令陈大庆根据一份黑名单，在两周之前逮捕了四百多名学生，雷震知道后，大发雷霆，认为如果这些学生真是共产党，无话可说，若是无辜被捕，就太不应该了。在有关会议上，雷震板着脸对汤恩伯说，"尤以青年学生，我们要爱护他，孰无子女，我们要以父母之心待他，要凭良心办此事"，主张早日结案。

雷震"颜色甚重"（雷自语），未料，老友汤恩伯竟亦"辞色俱厉"，双方对峙一时颇为紧张。事后，汤恩伯坦承，雷震这个人"太老实了"，开始还以为雷震之对逮捕学生不满，是为了保什么人，如果是那样的话，尽可交给他去办好了，何必如此大发雷霆？雷震闻之，深感这位老友完全是误会了，"我没有非保不可之人，我以为此事应公平处理，且宜公开讨论，岂可鬼鬼祟祟以人命为儿戏也。其实，开名单者太不负责，恩伯事前并不知，仅代人受过，

[1] 雷震1949年5月8日日记，《雷震全集》第31册，页202。

惟事既已错误，而又不愿纠正，则军人作风，我殊不赞成，实难与之合作也。我在政府工作二十年，不与军人共事者以此，因军人目中既无文人，一切作风公私不分而任意作为，非有气节之文人能受也"[1]。

雷夫人宋英回忆，上海警备司令陈大庆主张将滞留上海的自由派人士罗隆基等人抓起来，套入麻袋，扔进黄浦江中去。此事遭到雷震的坚决反对，"才保住罗隆基等几个人的性命"[2]。

5月16日，在汤恩伯总司令部指挥所，雷震见到一封蒋介石给汤的亲笔信，嘱其"支持到底，战到最后一人"；5月20日上午，雷震与汤恩伯、周至柔[3]、谷正纲等人前赴十六铺视察战事，炮火正烈，汤恩伯见江中船只无一人守卫，便质问防守江边某营长。该营长称已向上级请示，可以不守。汤闻之大怒，说这本是你的职责，都到了这种生死关头，何来请示？站在一旁的雷震，深感国民党军队"无机动能力，事事仰赖长官的指示"，缺乏战斗力，岂有不败之理？周至柔说，这都是蒋公多年问政的结果。[4]

未几日，浦东战事已不妙，川沙失陷，中共军队步步逼近，一二日之内必会发生问题。周至柔请雷震赴穗"游说"以增加兵力，雷震开始没有同意，后迫于形势的十二分压力，方才同意前往，但同时表示"必须地方上有人去，始可有效"。周至柔等人决定请

[1] 雷震1949年5月11日日记，《雷震全集》第31册，页206。
[2] 《雷震全集》第1册，页69。
[3] 周至柔（1899—1986），浙江临海人。时为国民党中央执行委员、空军总司令。
[4] 雷震1949年5月20日日记，《雷震全集》第31册，页214。

上海商人王晓籁[1]、刘鸿生[2]一同前往，王、刘二人欣然应允，表示愿与国民党同命运，共进退。

5月23日上午11时许，雷震一行飞抵广州，入住事先安排好的东亚饭店。下午，雷震走访黄少谷[3]、何应钦等人，报告上海战况，请求从青岛调二军进沪，却未得明确答复。第二天清晨，雷震又去见李宗仁，李当场表示"政府已决定抵抗，对沪上援助尽量设法"。李宗仁问蒋介石何时离沪的，雷震对他说，早已离开，"确系如此，并无虚言"。

雷震等人去何应钦那里，由王晓籁、刘鸿生二人再次说明请调援军的用意，何答应可以全部调过去，但必须逐步实施才行。离开何应钦处，雷震即去立法院做汇报。从上午11点开始，雷震讲了一个多小时，"余将沪战十二日之经过逐一报告，并谓一，此次沪战无一人叛变，如军队来源有办法，上海可永久为我们所有。上海防御工事坚强，数目有六千之众……二，守沪可牵制许多兵力，守沪亦即守闽与守粤也；三，上海物资丰富，如以资敌，则我与敌之前途将不可想象；四，国际关系甚重，如上海守得住，则敌人在国际关系中，总不能将我们压下去也……"[4]汇报结束时，雷震吁请立法院诸公予以多多支持。正当雷震在立法院请求援兵时，汤恩伯突然发来一封电报，电文称上海战局已经恶化，"交警总队

---

[1] 王晓籁（1886—1967），浙江嵊县人。曾任国民党南京政府江苏兼上海财政委员会常务委员、财政部特税处副处长、全国卷烟税局局长等职，时为全国商会联合会理事长及中国银行、中央信托公司理事。

[2] 刘鸿生（1888—1956），浙江定海人。1905年考入上海圣约翰大学，后因不服从校长培养他当牧师的安排，而被开除；十年间成为实业家，被称为"煤炭大王"、"火柴大王"、"水泥大王"。1949年初，上海被攻占前夕，至广州后转往香港。不久，从香港回到上海。

[3] 黄少谷（1901—1996），湖南南县人。时为国民党中央宣传部部长、蒋介石办公室秘书主任。

[4] 雷震1949年5月24日日记，《雷震全集》第31册，页218。

及青年军节节败退，改守浦西岸和中山路"。

5月25日中午，来自上海方面的消息，中共军队从虹桥方向进入上海市区，国民党军队撤至苏州河一带，雷震惊愕不止，昨天还在立法院称"沪军作战经过甚好，且可支持下去"，"不料转变之速，有如此也"。是晚，雷震买了一瓶白兰地与友人相酌解愁，至深夜方睡。

第二天，雷震本应出席中改会及中常委联席会议，由他作沪战报告。此时战局出现大逆转，他一下子感到精神萎顿，"几乎不愿见人"，在5月26日日记中写道："原定今日上午出席中改会及中常会之联席会议，作沪战报告。今沪战突变，余实无报告之勇气，且自昨日以来，精神十分痛苦，几乎不愿见人。盖我过去所云上海打得很好，如有补给，则上海永远是我们所有的，不料言犹在耳，而上海'沦陷'，真令人内心苦痛万分。上海一失，则今后如何进行，可云方寸已乱。见到广州情形如此，仍是醉生梦死一样，尤令人灰心万分。上午十时许，至顾祝同处，问沪上情形，据说仍在上海抵抗，援军如需要，仍再来上海。闻此言，我内心又稍安也。"

这天晚上，雷震往访海南最高行政长官陈济棠，他告诉陈说，想去海南岛视察，此岛与台湾遥相呼应，今后将成为一个重要的军事重地。陈济棠劝雷震不要去，说那里食住无全，条件极差；而且，陈济棠对"中央"大为不满，牢骚尤甚，对雷震说："练兵无款，修码头无款，一切不能进行，中央太不注意。"

5月27日，上海失守。汤恩伯等退至浙江定海空军司令部。

5月28日，雷震从广州给汤恩伯一电，"弟数日来精神苦痛万分，进退失据，今后如何力图恢复，尤感彷徨。此间对于兄撤出军队多少，甚为悬念。今后须以练兵，尤其重新训练干部为第一，要彻底检讨过去之失败，重新确定今后训练方法，且须随时检讨补救，务使练成一兵即可作一兵之用，如能练成十万二十万之精兵，恢复失地，必不困难……"[1] 当然，这只是雷震的一个想法，局势至此，莫可奈何，他甚至建议汤恩伯往西南练兵为最好，"定海太小，兵源困难"。

5月30日，这一天特别热，雷震与陈立夫等人在广州市区内"三六九"餐厅吃早茶。席间，洪兰友出言批评雷震不该反对居正出任行政院长，却又不反对陈诚出任台湾省主席。因为在前一天，何应钦突然辞去行政院长一职，李宗仁正式提名由居正接任，雷震与许多人表示反对。雷震认为居正"以其年已七十余，多年念佛，今于危难之际，出任行政院长，真误国误人也"。雷震与陈立夫等人交谈时，陈氏竭力为CC辩护，雷震则大不谓然。雷震与陈立夫是湖州老乡，但一直觉得陈氏兄弟为人不够真诚，难以相处。

6月1日，立法院否决了李宗仁的提名，有一半以上的人不同意居正出任行政院长。这天中午，教育部长杭立武宴请雷震，席间有人为居正其人辩护，认为其中九票为废票不应计算在内，如此就可达到半数以上。雷震力驳之，"此次居正不通过，倒可表现立法院尚有几分正义也。当此危难之际，棺材里的人想出来做行政院长，可说荒天下之大唐，而李代总统之作风，真为国人鄙视也"[2]。雷震反对居正出任行政院长，并非出于个人原因，完全是因为居氏本人的身体无法胜任。果然，两年之后，居正就在台北病逝了。

就在立法院否决李宗仁提名当天下午，雷震从广州飞回台北。

[1] 1949年5月28日雷震致汤恩伯函，参见《雷震秘藏书信选》，《雷震全集》第30册，页40—41。
[2] 雷震1949年6月1日日记，《雷震全集》第31册，页225。

这一段时间里，雷震除参加各种会议之外，为创办《自由中国》半月刊多次与诸同仁进行商议。两个月后，雷震与方治从台北赶赴厦门，再次协助汤恩伯军事防守。到达厦门当天，雷震与方治视察了厦门的防御工事。以他个人的看法，厦门岛"四周筑有公路，年久失修，应予加筑，以防万一之用。此岛只守据点，配备相当机动部队，如某处发生问题，可用汽车动兵堵截，如此可节省兵力。本岛四周环海，最狭处仅五百公尺，故守此岛，须守对江之桥头堡，需要相当海军力量，控制海中活动之渔船"[1]。这不过是雷震的书生之见，军人汤恩伯大概不会这样想。此时中共军队已逼近金、厦，台北方面的援兵迟迟未到，"兵力单薄，无钱无兵，等于空城之计"，汤恩伯"夜眠不安"。

8月27日，汤恩伯亲自返台与陈诚面谈，请求台湾增兵，却又无兵可增，汤建议改调刘汝明[2]部前来厦门协防。刘部军纪一直有所不佳，所到之处，骚扰不堪，厦门人不独闻而畏之，且逃避一空。雷震再三提醒汤恩伯要考虑这一点，然出于无兵之困，汤不得不出此下策。9月1日，雷震因受寒而浑身无力，在寓所休息一天。警备司令部逮捕厦门大学一教授，还有学生六人、工友四人。该校校长汪德耀及训育长、总务长等人直接找上门来，请求雷震出面过问此事，"若无证据迅予释放"。雷震答应帮忙，第二天与毛森司令联系，请他按照法律程序办事，不可乱来。厦门大学校长之所以找到雷震，是因为时任教育部长杭立武曾电请雷震协助厦大疏散。

9月15日，平潭告急，汤恩伯率舰前往救援。谁知汤等到后，发现军队早已溃逃，至为恼火。陈诚答应的援救物资如粮、饷、

---

[1] 《雷震全集》第31册，页291。

[2] 刘汝明（1895—1975），河北人。时为闽粤边区"剿匪总司令"。

弹药迟迟未到，汤认为如此下去，于己固然是一个失败，于国家则更无利。汤恩伯委请雷震去见蒋介石，以求得蒋对自己的谅解。

9月19日，雷震一行到达广州，订下前往重庆的机票。有消息传来，蒋介石将不日抵穗。雷震向重庆方面求证，得到的答复是：9月21日若能抵渝则可去，之后就不必去了。9月21日晚，雷震在重庆"林园"见到了蒋介石，向他报告金厦军政现状及汤恩伯求去的想法，"大致谓如粮与饷有办法，两岛可久守，过去军纪不佳，现已逐渐变好。恩伯与辞修不易合作，约有三点：（一）过去宿怨；（二）二人作风不合；（三）彼此之间尚有误会。但予并未劝总裁让恩伯去，盖恐此时易统帅而有误军事也。并希总裁至厦门去视察。总裁谓恩伯不可辞职，渠即来，是否即来厦门亦未明言"（雷震1949年9月21日日记）。

9月24日，雷震回厦门。汤恩伯对他说：九十六军和六十八军均不能战而退至岛上，保安团溃退至小金门一带，目前只有五十五军在抵抗。汤恩伯想派人再次返台与陈诚商量援救方案，雷震与方治二人中去一人，究竟谁去由他们自己决定。方治未与雷震商量，自行决定前往台北，对汤则说是与雷震商量好的。此事让雷震颇有不悦，在日记中写道：方治"公然造假话，我见其如此作为，做人的条件还不够，遑论作事。我与恩伯友谊数十年，他愿去当然让他去，但应当明言，天下事都可以商量，尤其这类小事，我绝不会与之争也"[1]。

汤恩伯遭到了内讧，此间《中央日报》刊有"总统府"发言人的一个谈话，指责汤"在戡乱诸役，军纪废弛，失土丧师，应予惩罚，故对福州绥靖主任（一职）不能同意，请行政院另提"。汤恩伯阅之大怒，"李德公如此作法，似有与介公破裂亦所不惜之

[1] 雷震1949年9月24日日记，《雷震全集》第31册，页322。

意……大敌当前，内讧不已，前途之危险，殊难逆料也"。汤恩伯一气之下，拟离开厦门，嘱雷震、方治代其维持几天。雷震认为不妥，"先到台北与总裁说明，不可偷偷离去"。

10月17日，蒋介石一行乘商船"华联号"至厦门附近海面，汤恩伯、雷震、方治三人登船面见。下午4时，蒋众人复登岸，分别召见团以上干部及厦门市市长、商会会长、党部人员。上岸前，蒋单独召见雷震，雷震为汤恩伯说了不少好话。中华人民共和国已宣告成立，蒋介石谓"今后革命一切听命于党，党有主义与领导，由党指挥政治与军事"，似乎要回到行宪前的训政年代，雷震深感前景不妙。

1949年10月19日，厦门失守。

10月19日，雷震、方治离开金门经高雄至台北，汤恩伯亲自送行。汤写有两封信，一封交蒋介石，另一封给交陈诚，请雷、方二人代为转交。汤在给蒋介石的信中详述10月15日之战经过，以及刘汝明、曹福林[1]等人如何不肯反攻诸事实，建议二十九师保留其番号，其余均予撤销，送至火烧岛管训。至于他本人未能完成任务，请求加倍处罚，还有"雷震、方治二人任务已告一段落，现为军事休整，二人可返台休息"云云。雷震总算结束了协助汤恩伯的军事防卫工作，上海、厦门先后失守，雷震本人已尽全力，蒋介石并无责备之意。抵台当天，蒋介石单独召见雷震，让他转告汤恩伯不可在船上指挥，尤其不可住在船上。雷震出于对老友的保护，以人格担保汤恩伯在16日之前绝无住在船上之说。蒋不信，说"根本就不应当上船的，不可老是逃跑，名誉要紧，将部下丢下，太不成话"，说完，独自走进内屋，雷震见状只好退出。

---

[1] 曹福林（1891—1964），河北景县人。时为厦门防卫司令官。

雷震当即给汤恩伯一急信,此时汤正在守金门,雷震提醒他说,"总裁对金门主坚守到底,嘱告兄金门不可再失,必须与之共存亡,尤不能住在船上指挥。……弟意兄应昼夜布置大小金门防务,加强官澳(地名)完备,务将三十三团加入,盖二〇一师防地太阔,战意不坚。小金门靠厦门之一面,尤须昼夜严防,务使金门坚守,以挽回兄之厄运"[1]。厦门要塞失守,国民党内部对汤恩伯微词颇多,包括王世杰等人在内。直至 10 月 26 日,金门一战取得大胜(即古宁头战役),雷震在当天日记中写道:"……来犯敌人近二万,除俘获四千余外,全部就歼,人心振奋。俘获枪支可装两师之用。不独可使大家安心,恩伯及予等亦可稍为抬头也。"

四天之后,汤恩伯返台,雷震、方治、陈大庆、宋英等人去机场迎接。此时《自由中国》正在积极筹办之中,最初定在 11 月 15 日出版第一期;因排印不及,延至 11 月 20 日才出"创刊号",胡适任发行人,雷震为社长。

---

[1]　1949 年 10 月 23 日雷震致汤恩伯函,《雷震秘藏书信选》,《雷震全集》第 30 册,页 51—52。

第四部

# 骨鲠之士（1950—1960）

第十六章

# 《自由中国》半月刊

## 一、缘起与创办

上海、厦门之战后，雷震的心情十分低落。

1949 年 10 月 22 日，雷震回到台北第二天，即与时任"教育部长"的杭立武商谈筹办《自由中国》具体事宜。杭立武是最早在上海发起创办此刊的主要人物之一。由于资金尚未完全落实，杭立武允诺将分担其部分经费，每月支付二百美金。10 月 23 日，杭立武从台北前往香港，转机再往重庆，雷震等人到机场送行。雷震觉得办刊经费仍不够，要求再追加至三百美金，杭立武一口答应，嘱咐办公室人员胡秉正按月付给。直至这时，雷震才真正介入《自由中国》的创办工作。在此之前，这一年春天，雷震在上海与胡适、王世杰、杭立武等人商议此事之后，就一直忙于协防上海、厦门军务，以及应付党内各种大小会议和琐事，无暇推动创办的实际进程。这一时期，主要是由前华北大学教授王聿修负责此事。书生办刊往往意见不合，又因一时无法筹到应有的经费，这件事在雷震正式接手之前实际上已告搁浅。

筹办《自由中国》半月刊经历了三个阶段。

1949 年 3 月底，雷震与许孝炎[1]、傅斯年、俞大维、王世杰、杭立武等人在上海聚会，设想成立一个自由中国大同盟。之后，与胡适、王世杰、杭立武等人动议创办《自由中国》杂志或日报事项，这是《自由中国》创办的第一阶段，雷震回忆道：

> 　　胡适之先生看到南京住不下去，亦于一月二十二日晨到沪，住八仙桥上海银行里，他和上海银行董事长陈光甫是老朋友故也。我和王世杰住在上海贝当路十四号章剑慧先生家里，时杭立武先生亦在沪，不久由胡先生推荐就任教育部长了。我们经常见面，对于时局应该如何来尽国民一分子之力量来图挽救，因为中国还有半壁江山存在也。我们集谈结果，主张办个刊物，宣传自由与民主……以之挽救人心……以《自由中国》为报刊的名字，亦系胡适命名，盖仿照当年法国戴高乐之《自由法国》也。我主张办日报，因为在影响"沦陷区"人心上，定期刊物已经时间来不及了。胡适倒是主张办定期刊物，为周刊之类，他说："凡是宣传一种主张者，以定期刊物为佳，读者可以保存，不似报纸一看过就丢了。"结果，由我决定如何进行，我决定筹措十万美金在上海办日报。[2]

　　雷震与杭立武、胡适谈话之前，曾拟过刊物的八个名字，如《自由论坛》、《北辰》等，"胡适一概不予采用，谓这些名字，在

---

[1] 许孝炎（1900—1980），湖南沅陵人，国民党政要，北京大学毕业。1927 年后，历任国民党上海督导委员、河北省国民党党务训练所教务主任、国民参政会参政员、"国大代表"、"立法委员"等。
[2] 雷震著《雷震回忆录——〈我的母亲〉续篇》，页 59。

今天毫无影响北方人心的作用，为要表示办理刊物的目的，故用《自由中国》这个名字……"[1] 以雷震的当时的身份和地位，确实可以筹措到办刊的部分资金。一方面，他与银行界关系素来不错，兼任中央银行监事一职；另一方面，相信蒋介石会给予一定支持。自雷震从溪口回到上海之后，开始筹措创刊资金，第一位筹款对象就是老友汤恩伯。1949 年 4 月 11 日，宋英陪雷震去汤恩伯处，对汤说明来意，希望立即予以支持，"俾可即时工作"。未料，汤却一反常态，称警备司令总部根本没有什么钱，即使向外筹措也不是那么容易的事，并责怪雷震向他来筹款，是"以其有钱，似以军阀待之"。雷震"闻此语至为愤慨"。实际上，在这之前，他早已对汤恩伯说过此事，并非突然"袭击"。而根据当时众人拟定的筹款方案，由王世杰向陈诚筹款，由杭立武向胡宗南筹款，由雷震向汤恩伯筹款。雷震对汤说："我们认为你们是我们的至友，而此工作又为救中国，救中华民族之工作，故请你筹款，绝非认为你们有钱，不应有此误会。"雷震坚持让汤恩伯筹措五千美金，并于三日内交款。宋英很不客气地教训了汤恩伯一顿，"恩伯连连认错，当即下条拨吉普车一辆予《自由中国》社"[2]。

第二阶段从 1949 年 4 月至 8 月止。大陆局势吃紧之后，不少知识分子先后流亡港澳，也有不少人到了台湾。这些人莫不以"国家兴亡，匹夫有责"而自诩，接过了胡适等人在上海倡议办刊的号召。这一阶段《自由中国》筹办工作就由这些人在操作。主要

[1] 雷震著《雷震回忆录之新党运动黑皮书》，台北远流出版公司 2003 年 9 月第一版，页 82。
[2] 参见雷震 1949 年 4 月 11 日日记，《雷震全集》第 31 册，页 177。

人物大都与胡适有密切关系,如他的学生毛子水[1]、张佛泉[2]、崔书琴[3]等人,都是北京大学教授,王聿修是华北大学教授兼政治系主任,属于胡适民主理念中的"自由学人"。王聿修等人对这份刊物究竟在哪里办(原定于上海,后又想在香港)以及参与者资格问题意见不一,再加上经费毫无着落而陷入了僵局。

6月18日晚,台湾省政府教育厅长陈雪屏[4]约餐,参加者有雷震、毛子水、张佛泉、崔书琴、王聿修等人,再次讨论了《自由中国》半月刊"是否接受省府津贴"问题。崔书琴表示不赞成,"认为省府可自办,我们的刊物应在香港举办,张佛泉之意见亦大致相同;毛子水赞成,只要我们独立举办,不受省府之干涉,因筹款不易,接受省府辅助,可使刊物早日问世……"[5]雷震内心是赞成接受台湾省府资助的,以他此时的身份、办刊出发点以及个人周边关系,没有拒绝的理由。两个月后,雷震即赴厦门协助汤恩伯军事防卫,无力过问此事。第二阶段筹备工作无果而终,王聿修等人虽有一番民主事业的改革之心,却因没钱而"心余力绌",这是《自由中国》社发行部经理马之骕的一个评语。

---

[1] 毛子水(1893—1988),浙江江山人。曾留学德国。历任北大、西南联大教授。赴台后,任教于台湾大学中文系,著有《论语今注今译》等书。

[2] 张佛泉(1908—1994),河北宝坻人。曾留学美国,历任《大公报》编辑、北大教授、西南联大政治系主任等,赴台后任东海大学政治系主任兼文学院长一职。著有《自由与人权》等。1994年1月16日在加拿大去世。

[3] 崔书琴(1906—1957),河北故城人。美国哈佛大学政治学博士。历任中央政治学校、北大、西南联大教授。赴台后,为政治大学、台大教授,国民党中央改造委员会设计委员会主任委员、中央委员会设计考核委员会主任委员。著有《国际法》、《孙中山与共产主义》等书。

[4] 陈雪屏(1901—1999),江苏宜兴人。美国哥伦比亚大学心理学硕士。历任东北大学、北京大学、西南联大教授,教育部政务次长等;赴台后,任台湾省政府委员兼教育厅长、国民党中央改造委员会委员、"行政院"秘书长、"总统府"资政等职。

[5] 雷震1949年6月18日日记,《雷震全集》第31册,页243。

10月19日，雷震从厦门返回台北，再次接手这项工作，《自由中国》半月刊进入名副其实的第三筹办阶段。10月26日，雷震、傅斯年、陈雪屏、毛子水、王聿修、张佛泉等人聚餐时商议，预定先出两期，预算为五千新台币，"教育部"三千、"空军总司令部"一千，剩余一千由雷震负责筹措。[1]11月14日上午，雷震拜访陈纪滢、梁实秋二人，请他们为《自由中国》半月刊撰稿；11月20日，《自由中国》创刊号正式出版，从策划、组稿、清样、印刷乃至出版，前后只用了一个月时间，可见雷震的办事效率。"下午竟有人上门定购或购买，闻有一家书店，十本立刻销售，可见对外声誉之隆。其原因当归发行人（指胡适）之大名也。"[2]

"创刊号"上刊有胡适、傅斯年、雷震、殷海光等人的文章。对于出版"自由中国丛书"等事宜，《给读者的报告》这样说：

> 本刊已筹备有五六个月了，本打算出日报，但因种种困难，未能实现，后来改变计划，一方面刊行"自由中国丛书"，一方面在各地报纸同时刊登时论、专论。已出版的丛书有五种：（一）胡适先生的《我们应选择我们的方向》，（二）陈独秀先生的遗著《陈独秀的最后见解》，（三）崔书琴先生的《民主主义与共产主义》，（四）章丙炎先生的《共产党如何治理平津》，（五）王静远先生的《南奔记》，以后当续有出版，以馨读者；在各地报纸所刊出的专论亦已有《失望与鼓励——评美国国务院白皮书》，《美国如何准备击败苏联》，《苏联怎样统治铁幕后的国家》等若干篇。最近的计划是出版一种定期刊物——《自由中国》，现在已与读者见面了。

---

[1] 参见雷震1949年10月26日日记，《雷震全集》第31册，页349。
[2] 雷震1949年11月20日日记，《雷震全集》第31册，页366。

　　从这一天起，至 1960 年 9 月 1 日发行最后一期，《自由中国》共出刊二百六十期，前后存活了十年九个月又十天，横跨上世纪整整一个 50 年代，最后一期，由于雷震等人遭拘捕，未能发行。

　　《自由中国》半月刊创办初期，一切从简。分设编辑、发行两个部门，另有一个编辑委员会。按当时法律规定，发行人负责向有关主管部门申请登记，并作为法定代表人，负有相关法律责任。《自由中国》社第一任发行人为胡适，此时仍在美国，有关发行人责任问题，均由雷震一人代表。雷震身为社长，系杂志社的权力主体。编辑委员会有若干人，定期开会讨论内外时局问题，督促国民党政府进行全面改革，并确定其言论方针。编辑部设总编辑一人，第一任总编辑为毛子水，副总编辑为王聿修，李中直为执行编辑，聂华苓[1]任行政编辑（稍后任文艺编辑），发行部经理承社长之命办理总务、发行等业务，经理为马之骕。

　　不过，在毛子水、王聿修、张佛泉、崔书琴等人看来，"雷震是国民党里的强人，也是政治核心人物，所以对雷震存有戒心，惟恐受政治人物的利用，要划清界限，于是私下计议确定一原则，就是《自由中国》刊物，如果能办成功，一定请胡适先生做发行人。……否则就不参加"[2]。实际上，这也是雷震本人的意思。在这之前，王世杰、雷震等人去奉化找蒋介石，说好就是"请胡适先生出面领导"，不知为什么，这些人对雷震仍存有戒心。

---

[1]　聂华苓，1925 年生于湖北应山县。1949 年到台湾，后任《自由中国》半月刊编委，负责其文学作品栏目。1964 年赴美定居，后与丈夫安格尔共同创办爱荷华大学"国际写作计划"（IWP），出版短篇小说集《翡翠猫》、《台湾轶事》及长篇小说《失去的金铃子》、《桑青与桃红》、《千山外，水长流》等。1974 年春天，与其夫从美国赴台北看望已出狱四年的雷震。

[2]　马之骕著《雷震与蒋介石》，页 101。

　　《自由中国》创刊初期，编委会共有十六人，[1] 也是人数最多的一个时期。在大方向上基本一致，但还是呈现出多元的态势。编委许冠三回忆："事实上，我们的顾虑并非多余。不管大家如何争辩，若干批评政府的文稿，不是给改成温吞水，就是整篇见不了天。当争到无词以对时，他（指雷震）总是与毛子水劝我们年轻人莫动火气，须以大局为重。他从不大声说话，只是慢慢地跟大家磨，更不发脾气，几个月下来，我们终于明白，他那'各党各派之友'的绰号得来绝非偶然……"[2] 聂华苓也说："编辑委员会上，毛子水和殷海光总是对立的，毛子水主平和、克制；殷海光要批评，要抗议。我们'少壮派'是站在殷海光一边的。雷震起初是他们之间的协调人，有时殷海光讲到国民党某些腐败现象，雷震还有些忐忑不安的样子，仿佛是兄弟不争气，他是恨铁不成钢！"[3]

　　　以马之骕的观察，当时编委们大致可分成三种思想路线，"第一是由胡适为首的'自由主义'的思路；第二是以雷震为首的'三民主义'的思路；第三是所谓少壮派的'唯我主义'的思路"。其中以"少壮派"最为壮怀激烈，他们认定国民党之所以沦落到今天这个样子，完全是因为贪污、腐化、独裁的结果。夏道平[4]、戴杜衡冷静明智，常在"稳健派"与"少壮派"之间充当调和人，编委之间确实存在过一些矛盾，再加上雷震一度对编辑职权和制度考虑不周，也引起过一些不快。

---

[1]　《自由中国》社早期编委会人员名单：毛子水、王聿修、申思聪、李中直、杭立武、金承艺、胡适、夏道平、殷海光、许冠三、崔书琴、黄中、雷震、戴杜衡、瞿荆洲、罗鸿诏。此以繁体字笔划排序，与简体字姓氏笔划有区别，特此说明。

[2]　许冠三《儆寰先生辞世十一年祭》一文，收录于《雷震全集》第 2 册，页 252。

[3]　聂华苓《忆雷震——附雷震夫妇来信十封》，收录于《雷震全集》第 2 册，页 312。

[4]　夏道平（1907—1995），湖北大冶人。毕业于武汉大学经济系。抗战末期，曾在国民参政会附属机构工作。1949 年到台后，与殷海光一起被人称作《自由中国》两支健笔。著有《自由经济的思路》等。

　　杂志社借用雷震私宅的"外客厅"作为编务场所,有读者投稿,雷震顺手就拿到自己的书房里拆开看了。副总编王聿修对此不以为然,当面提出过异议。王聿修是编委中最先一位辞职的人,他在向雷震和编委会请辞时,再三说明完全是应香港方面朋友之邀前去主编《前途》杂志,盛情难却,才提出辞呈的。马之骕却认为"这看起来是因缘巧合,其实并非完全如此,也有一些情绪上的问题"。

　　在《自由中国》出刊近十一年中,编委的进出与离合,并没有影响刊物的正常出版。《自由中国》创刊一年后,编委张佛泉应台中东海大学之聘出任文学院院长,就任前请马之骕在他的泰顺街寓所便餐,他对马经理这样说:"在筹备期间,我们对雷先生都有戒心,现在证明他是一心一意地要把《自由中国》办好,我去台中后就不能来开会了,你外边儿的事,可否少兼一点儿,尽量把《自由中国》办好,这样发展下去,正好是推广咱们在北平所提倡的'自由民主'的理念,假如胡先生能回来,那就更好了……"

　　台湾学者钱永祥审视当年《自由中国》社编委会那一批人的政治倾向,认为他们是体制内的自由主义者,"如果说他们是由胡适思想的脉络下来的话,我觉得,他们与中国其他的自由主义者,比如张东荪、《观察》的储安平等,多少是有些距离的。他们不属于中国四十年代国民党和共产党之外的那批'民主人士'的那条路线,而是与国民党比较贴近、甚至是国民党党内的人。然后,他们又接受了一些胡适的影响和关系。在1950年代,是由他们奠定了台湾以后谈论自由主义的基础。他们当时的主要诉求,是宪政民主"[1]。

---

[1]　张文中《"我是谁":台湾自由主义的身份危机——钱永祥访谈》,香港"世纪中国"网站资料库。

　　《自由中国》在创办期间，确实得到过国民党高层鼓励和资助。尽管早期有关人士表示拒绝台湾省政府的资助，依靠"教育部"每月提供的三百美金，最终还是运转了起来。《自由中国》创刊不久，在赠送军队的同时，[1] 开始拥有军方的订户，孙立人时任台湾省防卫司令，在回复雷震的信中说："《自由中国》刊物内容丰富，立论精辟，在今日宣传斗争中，为有力之利器，重承雅嘱，自应力为推荐，刻正统筹通饬所属单位认订，以便官兵阅读……"[2] 此时正是雷震及《自由中国》与当局的"蜜月期"，1951 年，陶希圣[3]任国民党改造会第四组组长，每月拨出一千五百元新台币以作为邮寄费，后因《自由中国》与当局发生言论冲突，接任者自 1952年即停止了接济。而来自"教育部"的经费，自陈诚 1950 年担任"行政院长"，由程天放接替杭立武为"教育部长"，陈诚以"军事优先"为由决定停止了补助，经雷震多次交涉，仅一次性提供补助新台币一万元；而且，陈诚对杭立武还颇有意见，认为"不应以五万元之经费办几个刊物"[4]，主要指《自由中国》和《反攻》杂志的经费，雷震在给王世杰之子王纪五（时在美国）一封信中说"当道之小气，于此更可见了"[5]。从 1949 年 11 月至 1950 年底，"教育部"补助经费总共在新台币三万元左右。

---

[1]　1952 年 8 月 22 日黄杰致雷震函：承寄《自由中国》半月刊，已自第七卷第一期开始收到，海外孤军获此精神食粮逾于珍馐，不独慰其饥渴，抑将壮其身心，今后仍请续寄。黄杰为前国民党第一兵团司令，时率部在越南。返台后任台湾警备总司令部司令。参见《雷震秘藏书信选》，《雷震全集》第 30 册，页 213。

[2]　1949 年 12 月 14 日孙立人致雷震函，《雷震秘藏书信选》，《雷震全集》第 30 册，页 59。

[3]　陶希圣（1899—1988），湖北黄冈人。北京大学毕业。1937 年七七事变后从政，历任蒋介石侍从室第二处第五组少将组长、《中央日报》总主笔、国民党中央宣传部副部长。到台后，为国民党中央改造委员会设计委员会主任委员、国民党中央常务委员、《中央日报》社董事长等。

[4]　参见雷震 1950 年 3 月 1 日日记，《雷震全集》第 32 册，页 85—87。

[5]　1952 年 2 月 26 日雷震致王纪五函，收录于"中研院"近史所藏，雷震、傅正信函档，H.17。

1987 年 8 月 11 日，马之骕与杭立武有过一次录音谈话，杭立武回忆说：“那个时候由‘教育部’补助的有两个杂志，一个是《自由中国》，一个是《反攻》。按月由‘教育部’补助他们三百美金，为什么给美金呢？因为那个时候的币制常常波动，而且变动得太快，恰好‘教育部’当时存有相当数目的美金，所以我就指定每个杂志一个月，给三百美金的补助费。不少了！一年就是三千六百美金嘛。”[1]1949 年，美金与新台币兑换率为一比五，三百美金折合一千五百元。吴国桢作为雷震的好友，自接任台湾省政府主席之后，从 1951 年 3 月至 1953 年春，由省财政厅每年资助新台币二万元，这是无条件的支持，没有丝毫介入办杂志的意图。其时，王聿修已离开《自由中国》社去了香港，崔书琴自担任国民党改造委员会设计委员会主任委员也离开了杂志社，没有人对此再提出什么异议。

来自国民党各方资助至 1953 年春天已完全结束。自《自由中国》发表《政府不可诱民入罪》的社论，第一次与情治部门发生言论冲突，《自由中国》与执政当局的关系由“蜜月期”进入“磨擦期”，及至“破裂”，进而为彼此间的“对抗”，官方舆论大肆攻讦，军方也立即停止对《自由中国》的订阅，不再列入“劳军刊物”。至此，《自由中国》与官方已没有任何关系，完全成了一本自主经营的民间政论刊物。失去了官方的资助，主要依靠雷震利用私人关系四处寻求赞助，以维持杂志正常运转，其中以旅日华侨张子良开办的民营侨丰实业公司支持最多，每月赞助新台币三千元（从 1953 年 12 月起减为二千元）。其他热心者，如吴铁城、柯俊智等人负责向菲律宾华侨进行募捐；陆根泉、刘梧桐、吴开先等人负责向香港工商界进行募捐；杨管北等人负责向台湾工商界进行募

---

[1]　马之骕著《雷震与蒋介石》，页 110。

捐。这些人都是雷震的旧雨新知，"他们对于《自由中国》的成长，都是功德无量的"[1]。雷震本人则为《自由中国》，"卖掉了台北市区金山街的房子，卖掉原来用的吉普车，然后迁居木栅乡下每天从公车进出"[2]，这些只有他的老朋友才知道。

美国半官方性质的"自由亚洲协会"[3]于1952年底与《自由中国》签订长期订阅合同，每月一千本，1954年起增为一千五百本，至1959年6月合同期满止。这个组织总部在美国旧金山，分会遍设亚洲各国。开始时，王世杰、胡适等人听闻"亚洲协会"欲在香港培植"第三势力"，担心引起当局之不满，建议雷震不要轻易接触。后经王世杰之子王纪五在美国协助调查，加上雷震本人向左舜生直接咨询，证实并无此事，"所以才大胆的正面与之接触"，雷震为此事特致函胡适，"'自由亚洲协会'帮忙第三势力之说，雪艇先生（王世杰）以为尚有疑问。查《自由阵线》的经费，乃美国中央情报局所拨，每月在一万美金以上，其取得已在该会成立之前，《中国之声》并未领到什么经费，故谓该协会为援助第三势力，并没有什么根据。董时进[4]只是发表他个人的意见罢了。因此，'自由亚洲协会'方面仍可进行，雪艇先生亦同

---

[1] 马之骕著《雷震与蒋介石》，页115。

[2] 张忠栋著《胡适·雷震·殷海光——自由主义人物画像》，台北自由晚报社文化出版部1990年第一版，页97。

[3] "自由亚洲协会"是冷战时代的产物，是美国民间人士为协助亚洲各国反共活动而组成的团体，其中有一部分中央情报局提供的资金和影响。这个组织在台四十年，资助对象不止《自由中国》半月刊，还包括其他刊物、学校、学术机构等。因而有人指责雷震和《自由中国》半月刊接受美国中央情报局的补贴，但也有人不同意这种说法，指出国民党政府在上世纪50年代大量接受美援，又当作何解释？

[4] 董时进（1900—1984），著名农业经济学专家，曾获美国康奈尔大学博士学位，中国农民党主席，时在美国。

此意……"[1] "自由亚洲协会"赞助《自由中国》并非直接给钱，而是按期购买杂志，并以"自由中国社"名义寄赠亚洲各地华侨阅读，惟一附带条件是签约前必须提供赠送各地华侨杂志的名册，"以备随时查证"。[2]

马之骕作为《自由中国》发行部经理，对整个发行之况握有第一手资料，包括上述与"自由亚洲协会"签订的合同原件。据马之骕回忆：大约从 1952 年下半年起，《自由中国》就可以自给自足了，"这是因为经过《政府不可诱民入罪》这篇文章引起风波之后，接着又有胡适辞《自由中国》发行人风波、国民党中央党部公审雷震风波、雷震被开除党籍风波等等，各种有刺激性的文章越来越多，相对的杂志的销路就越来越好，约从 1954 年起，就开始赚钱了"，至 1960 年 9 月出版最后一期，此时的印数每期已达到一万二千本，[3] 这样一本以"政论"为主的刊物，在台湾来说，已是相当可观的发行量。

## 二、政治上的抉择

1949 年 12 月 7 日，"中华民国政府"播迁台北；11 日，国民党中央党部迁至台湾，标示在大陆执政时代的终结。国民党政权此时前途不甚乐观，失去大陆的阴影抹之不去，与美国的关系也跌入最低谷。12 月 29 日，美国总统杜鲁门在白宫召开国家安全会议，研讨台湾问题。会上分为两派：一派以参谋长联席会议主

---

[1] 1952 年 2 月 21 日雷震致胡适函，转引自马之骕著《雷震与蒋介石》，页 116。万丽娟编注的《胡适雷震来往书信选集》未收录此信。

[2] 马之骕著《雷震与蒋介石》，页 117。

[3] 参见马之骕著《雷震与蒋介石》，页 126—128。

席布莱德雷为代表，坚决主张派军事顾问团赴台，帮助蒋介石防守台湾，否则菲律宾、日本等国将受到威胁；国务卿艾奇逊表示反对，他认为共产党事实上已控制了全中国，完全是因为国民党自身的崩溃，美国必须正视这一现实。美国中央情报局甚至作出这样的估计，只要美国政府不给予台湾军事援助，台湾这个小岛不久将被中共军队所接管。杜鲁门最后采纳了艾奇逊的意见，决定放弃蒋介石政权和台湾。

1950 年 1 月 5 日，美国总统杜鲁门召开记者招待会，代表美国政府发表《关于台湾的声明》。再次确认《开罗宣言》、《波茨坦公告》中有关台湾归还中国的条款，由此宣告美国政府无条件地认为台湾是中国领土的一部分。及至 1 月 12 日，美国国务卿艾奇逊称美国远东防卫线为阿留申群岛、日本、琉球群岛等，台湾不在这条防卫线之内。[1] 蒋介石政府决定以低调回应，雷震参加了这次在台北草山由蒋本人亲自主持的有关会议。会上决议对美国的这份声明"蒋介石本人暂不说话，于十日内或两周内由政府发表一篇扼要之答辩，政府人员不可随便发言"等策略。

1949 年 10 月 3 日，美国政府声明暂不承认中华人民共和国，仍未给蒋介石政府亟需的军事援助。美国政府发表"不介入台湾的政策"[2]，反映出对国民党政权的某种失望，美国不愿浪费有限资源，预测中苏之间将会发生一场利益冲突。"从已解密的美方档案显示：美方曾谋划更换'国府'领导人，以建立亲美政府，唯因韩战爆发而停止进行。"[3] 在这种国际背景压力下，国民党政府

---

[1] 参见李永炽监修、薛化元主编《台湾历史年表：终战篇Ⅰ》，台北"国家政策研究资料中心"1990 年，页 123。

[2] 其大意为：美国此时无意在台湾获取特权或建立军事基地，美国也无意在此时使用武力介入中国内部冲突，同样美国也不会对台湾提供军援或顾问。

[3] 任育德著《雷震与台湾民主宪政的发展》，页 57。

190

为营造一个民主改革的形象，争取美国的好感，并以此获得军援而作出相应的姿态。

1949 年 12 月 5 日，台湾省政府改组，由前上海市长、美国普林斯顿大学博士吴国桢出任省主席兼保安司令官。据顾维钧[1]在回忆录中透露：当时系美方主动提出，任用吴国桢并授其充分权力，全力与美国顾问进行合作，这是美国恢复其军援的先决条件之一。[2] 雷震日记中也有这方面的内容，11 月 3 日，美国驻台总领事馆指出若台湾政府能改革政治、经济，美国可以考虑进行援助。[3] 在此之前，蒋介石任命在台养病的陈诚代替文人魏道明[4]出任台湾省主席。"蒋介石对吴国桢任命案，曾考虑良久始同意。同时国民党预备进行改造，进行土地革命、地方自治，以加深美方改革与民主印象。蒋介石于 1950 年复行视事后，孙立人（毕业于美国弗吉利亚军校）升为'陆军总司令'，国民党内部自由派人士王世杰、雷震等人也分获任命为'总统府'秘书长、'国策顾问'。"[5] 尽管如此，并不意味国民党政权在"阶段性开明"之后，自由派人士便拥有了更大的政治空间，也不表明台湾的政治体制开始朝着民主自由的方向发展。

---

[1] 顾维钧（1888—1985），浙江人。早年留美，获博士学位。出席巴黎和会的中国代表团成员，曾任北京政府外交总长、财政总长、代理国务总理。国民政府成立后，历任驻法、英、美公使和大使。1949 年后，历任海牙国际法庭法官、国际法院副院长、台湾"总统府"资政。退休后定居美国。1985 年 11 月 14 日在纽约病逝。

[2] 美国联邦储备委员会主席托马斯·麦凯布对吴国桢印象极好，对时任"驻美大使"顾维钧说：在上海见过吴，生气勃勃，颇有胆识，像他这样有能力、有气魄、诚实而正直的人最为美国人所欣赏。参见《顾维钧回忆录》，中华书局 1989 年 3 月第一版，第八分册，页 212。

[3] 雷震 1949 年 12 月 24 日日记，《雷震全集》第 31 册，页 391—392。

[4] 魏道明（1901—1978），江西九江人。早年留学法国，获博士学位。1947 年任国民党台湾省首任主席。后任"外交部长"、"总统府"资政、国民党中央评议委员等职。

[5] 任育德著《雷震与台湾民主宪政的发展》，页 59。

1950 年 6 月 25 日，朝鲜战争爆发，杜鲁门总统为避免战事扩大到台湾海峡，从而引起全面战争，下令美国第七舰队进入台湾海峡，以维持台海的稳定。然在"水阔浪高"之间，并未改变对台放弃政策。随着中共参战，形势发生根本变化，美国与中共走到互相对立的位置，中共成为被围堵的一员，台湾战略地位因此而提高，其政权与安全得以维持和纾解。对于这一历史性的意外转变，雷震在 6 月 28 日日记中称"大家闻之非常兴奋"，庆幸美国与台湾的合作将进入一个新的阶段。

国民党退守台湾后，为了站稳脚跟，以全盘建立强大的'党国体制'为迫切的政治任务，1950 年 7 月 22 日，国民党中常委通过"国民党改造方案"，决定停止六届中委职权，新组建"改造委员会"为最高指导机构，"以主义决定政策，以政策决定人事"。从 1950 年起至 1952 年止，全岛进行"党员归队"登记，对党、政、军组织进行大规模的改造。主持改造计划的不是别人，正是在斯大林时期留苏十二年、曾为苏共预备党员的蒋经国。蒋经国把整套苏联的组织方式引入台湾，采用纯粹的军事手段管理社会，将孙文的"三民主义"奉为拯救国民党和社会的宗教信条，蒋介石不仅作为政治领袖，也被加以高度个人崇拜。蒋经国的这一做法，就是试图肃清内部，凝聚人心，重建国民党的组织力量。

对国民党如何重整旗鼓，从一开始，就存在两种截然不同的路线和选择："其一是以胡适、雷震为首，认为国民党在大陆的失利就是因为没有贯彻民主政治，导致政府腐化，人心尽失，因此国民党必须彻底反省，在台湾实施充分的民主宪政，如此才能对大陆百姓产生号召力；其二则是以蒋经国、陈诚为首，他们认为国民党在大陆的失败正在于提供了过多的民主自由，给予共产党渗进内部和煽风点火的机会，国民党本身却绑手绑脚，无法施予有效的反击。为了记取教训，国民党在台湾应将内部不稳定因素彻底清除，广设政工制度，巩固领导中心，以确保政策的顺利推动。"[1]

以国民党的说法，此次改造的精神为：其一，明确本党属性为"革命民主政党"；其二，裁撤"中央监察委员会"，采用评议员制，领导更趋一元化；其三，注重基层组织与民众团体；其四，建立干部训练制度；其五，确立新的党政关系。创刊不久的《自由中国》针对此次"改造"表明了自己的态度，一方面承认"反共抗俄"是头等大事，另一方面提醒国民党此次改造以及政府图谋改革，不能选择错误的方案，第一卷第二期刊发署名圆照的一篇文章《自由人的难题》认为：

而我们今天的问题，便是如何抵住这一股野蛮的力量。但是我们用什么方法，能用什么方法呢？这是个难题。

譬如就政党的改造与政治改革而论，我们立即碰到难题。英美式的政治与政党是民主的。最近几年来，陈独秀，胡适之，还有许多学者，都曾指出民主的政党本身应是民主的，还应有势均力敌的反对党互相竞赛。但在今天，这类的方案，很明显的，是不适用的了。因为时间已不允许。在二年前，这类的方案，未始不可一试。但在今天，这个方案实不足以济燃眉之急。

近来我们得以读到《国民党改造案》，它已经是苦心孤诣之作。但是我们仍看不出改造后的国民党是否会成功为胡适之先生所说的"乙式"政党，是否要用"以毒攻毒"的方法，是否要"以其人之道，还治其人之身"。我觉得我们当前的

---

[1] 徐宗懋《胡适在台湾的日子》一文，原载《凤凰周刊》2002年第9期。

问题，不是善恶问题，因为时至今日，客观的情势已经不允许我们专从道德的立场去思考……我们所要顾虑的是，"以毒攻毒，以辟止辟"的方法在我们能行不能行，能贯彻不能贯彻，能生效不能生效的问题……东施效颦，画虎类犬，惹人讥笑事小，再一次失败的代价，却更是我们支付不起了。[1]

同一期《自由中国》半月刊还发表题为《二十世纪后半期开始时我们应有的决定》的社论，吁请当局保持清醒头脑，认清现实，洗心革面，此次改组"实为成败得失之枢纽"，不容停留在形式或表面，"设使在过去二十年间，我们的政治不太腐败，共产党在中国岂能就这样容易的得到优势？……到了现在，我们自由国土内操政权的人，若再不革面洗心，力改前非，在政治和军事上，都严格依着正大光明的道路而行，则非特进不能收复河山，退亦不能保持现状。我们希望从今天起，全国上下，都认清亡国的惨痛，合力协谋，为本身的自由而发愤，为世界的和平而拼命，以冀收到亡羊补牢的效果"；另刊有蒋君章[2]《中国政治改革的症结》一文，寄希望于国民党能够痛改前非，"推翻历史失败的陈案，创造成功的新页"，李石曾也主张党的改造应走自由主义的路线。[3]

1950 年 1 月 13 日上午，雷震在国民党改造方案讨论会议上，以政治改革为考量，出语惊人，坚决主张"军队必须国家化"，他这样指出：

---

[1] 圆照《自由人的难题》，原载《自由中国》第 1 卷 2 期，页 9。

[2] 蒋君章（1905—1986），上海崇明中兴镇人。毕业于中央大学地理系，曾任陈布雷秘书。1948 年任行政院新闻处秘书。赴台后，任《台湾新生报》总编，兼任总裁办公室第五组副组长，"总统府"秘书、改造委员会秘书，中央党部第四组副主任等职。

[3] 薛化元著《〈自由中国〉与民主宪政——1950 年代台湾思想史的一个考察》，页 31。

　　再也不能在军队有党部，军人不必入党，过去已入党者，应暂准其为党员，既讲民主，既认今后要行多党政治，国民党可参加军队，其他党派渗入军队又将如何，必须使军队脱离党部。今后军队政治教育应以政治机构主持，惟政工工作必须改善。过去方法既失败，尤其所派人选，必须彻底刷新，应请有资格、有能力、对国忠贞之文人担任政工工作，方可使军事首长不怀疑，而可合作，一矫今日之弊。[1]

　　赞成"军队国家化"的还有张其昀[2]、萧自诚等人。这次会议一连开了好几天，以雷震的政治敏锐，"有两种思想与见解在流露着，一者是自由与民主之思想，一者就是统制思想，前者为英美式，后者为苏俄式"。雷震选择的是前者，他主张采取英美式的民生政党型态，党只管组织和宣传，平日不应过问政府决策；有关党的名称问题，雷震同意维持其原名，但"六届中委"必须全体辞职，以示对大陆失败负全责；有关政策政纲等问题，雷震提出制订一个最低限度的政策，不要专喊"三民主义"，要做到政治民主与经济平等……[3] 这些主张，均与最高当局的政治设计背道而驰，成为日后与蒋介石及国民党关系破裂的一个前兆。

　　国民党准备公布改造委员会名单前夕，1950 年 7 月 23 日，雷震打电话给谷正纲，"建议总裁注意人选"，这次内部改造关乎国民党未来的前途，"不能以 CC 为基础，亦不可以青年团为基础，

---

[1] 雷震 1950 年 1 月 13 日日记，《雷震全集》第 32 册，页 15。

[2] 张其昀（1901—1985），浙江鄞县人。曾任南京中央大学教授、浙江大学史地系主任、文学院院长。时为国民党中央改造委员会委员兼秘书长。

[3] 1950 年 1 月，雷震日记中多有国民党内部改造会议上讨论情况的记录。

大部分要超越派系，而有号召新分子之能力者充任"[1]。后来公布的中央改造委员会委员名单却让雷震大失所望。从这十六人的背景加以分析，固然包括各派系人马，但十六人大都与蒋介石有师生或部属关系，[2]仍未摆脱一种亲疏之分。在当天日记中，雷震以一种复杂的心情写道：

> 国民党改造名单发表后，大家泄了气。像这样一批名单要人来重视，则是很困难的；即个别分析，亦不发现有苦干之人。用新人之难，难在于此。总裁何尝不想找好人，但进言之干部则仍凭个人之所好，真误了改造工作……而"不入于杨，则入于墨"的办法，不能解决派系问题，而促进本党团结。昨夜思想浮沉，竟一夜不能入眠……[3]

雷震担任改造委员会所属的设计委员会委员，仍表示支持这次内部改造，反映出他本人对"改造运动"寄予某种期待。此时国民党正处于"死里求生"的关键时刻，[4]在雷震看来，如国民党改造成功，"反攻大陆"才有望实现，"两者前途为一体两面，雷震存有改革之念，因此选择来台，投入改造，参与机务，与当局维系良好关系，是为台湾与国民党存续而尽力……在反思时局变化后，他主张国民党实行民主化路线。投入改造，除以上因素外，

---

[1]　雷震1950年7月23日日记，《雷震全集》第32册，页150。
[2]　国民党中央改造委员会委员名单为：陈诚、张其昀、张道藩、谷正纲、郑彦棻、陈雪屏、胡健中、袁守谦、崔书琴、谷凤翔、曾虚白、蒋经国、萧自诚、沈昌焕、郭澄、连震东。
[3]　雷震1950年7月27日日记，《雷震全集》第32册，页154。
[4]　1950年3月1日蒋介石在台湾宣布复职，3月6日，蒋在"中山堂"有过一次催人泪下的演讲，人称"中山堂之哭"。蒋在演讲中提醒党人，今日大家处于死里求生的状态，退此一地，即无死所，他也没有流亡国外的脸面。雷震当天日记中有"总裁演讲甚悲愤"之记载。

亦因雷震为资深党员，对党有感情；复因个人的使命感，期望经由其投入而挽救国民党"[1]。事实上，这次"改造"第一个步骤，就是组织改造，陈果夫、陈立夫等原先控制中央党部 CC 派人物被排除在改造委员会外，并对外宣称"大陆的失败"应由 CC 派主导的第六届中央委员会负责，[2] 而非蒋介石本人，正因为如此，强硬派人物蒋经国被任命为改造委员会干部训练委员会主任委员。

这种权力重新分配的设计，不难看出"改造运动"的方向和目的，不过是以党的新组织取代旧式派系的一个运作而已，不仅加强了蒋介石本人对国民党的实际控制，还进一步巩固其个人至高无上的地位。"这个新阵容是蒋委员长亲自精心策划的，以便使国民党成为更有效的工具，能够指导和监督政府的工作。在改组的过程中，他又修订了国民党党章，使总裁即党领袖的权力比以往大得多。实际上，有关党的人事和制定党的政策，由他一手包办。"[3] 这次"改造运动"最终结果，一方面越过向其效忠的各派系势力，蒋氏父子直接掌管党组织，改变长期以来"蒋天下，陈家党"[4] 的被动局面（雷震在日记中特别提及此事，1950 年 8 月 4 日，陈立夫以所谓出席世界道德重整会议名义赴瑞士，实际上为放逐；陈果夫在其弟离开台湾一年后即病逝，临死前，嘱咐陈家子弟千万不要加入国民党），另一方面，建立起一个"以党领政"、"以党领军"的政制模式：在政府各机关建立党团组织，重大政策和

---

[1] 任育德著《雷震与台湾民主宪政的发展》，页 73。
[2] 参见雷震 1950 年 1 月 10 日日记：上午九时至草山开会，讨论国民党改造办法，赞成停止六届中委，停止行使职权，并进一步赞成取消。国民党对国民既负失败之责任，则六届中委应对党负失败责任，方可昭告于天下。对总裁个人则认其无责任，庶可由重组新党。《雷震全集》第 32 册，页 13。
[3] 《顾维钧回忆录》，第八分册，页 83。
[4] 指 CC 派陈果夫、陈立夫等人长期所控制的国民党中央党部。

人事都经过党组织决定；在军队中建立"政工"制度，在地方上建立党部；在组织之外建立"青年救国团"。"在此情势下，国民党几乎垄断所有的政治资源与权力制高点，透过学校教育、大众媒体和成年人的兵役训练，进行大量的政治宣传，散布'反共复国'的意识形态。政治成为禁区，一般人只要跨进这个范围，就进入危险地带。"[1] 台湾本来就是一个面积不大的封闭型海岛，威权体制一旦形成，国民党得以将权力密布在台湾的各个角落。

国民党的这种强权政治，与自由派人士的民主理念必然产生不可避免的价值冲突，雷震等人原本期待的"改造运动"并未能朝着"民主宪政"方向发展，最终演变成一种"党国威权体制"。国民党公布改造委员会名单第二天，在台民主党领导人、"行政院"政务委员蒋匀田前来询问"此次改造委员会产生经过及政治倾向"，其今后的重心何在？雷震直言相告：今后的重心在蒋经国。雷震之出此愤言，身为国民党老人，对这种"转变"既痛且恨，《自由中国》社编委们原本期待的"改造委员"必须具备以下三个条件，即"（一）能吸收新的分子，在国民面前有负声誉者，（二）公正无私，有才能有学识而能苦干者，（三）超越现在系统者"，并没有一一实现，雷震对此十分失望。当晚，汤恩伯来到雷震家，同样对改造委员会人选感到莫名其妙，"好似杂凑班子"。在这种情况下，雷震在杭立武等人的建议下，意欲加大《自由中国》半月刊言论力度。

8 月 13 日，雷震与杭立武同往罗家伦[2]处，商谈《自由中国》

---

[1] 廖宜方著《图解台湾史》，台北易博士出版社 2004 年 12 月初版，页 204。

[2] 罗家伦（1897—1969），浙江江山人，字志希。曾留学美、英、德等国。历任清华大学、南京中央大学校长，驻印度大使。赴台后，历任"考试院"副院长、党史委员会主任委员、"国史馆"馆长等职。

拟改为周刊的计划。三人又同往王世杰处，讨论甚久。雷震在当天的日记中说："决定筹到一万元后改为周刊，设立一社论委员会，决定言论政策，由适之任主委。……设主编三人，有志希（即罗家伦）、实秋，由予主持其事。另设常务编纂十余人，为胡适之、蒋廷黻、傅斯年、罗志希、王云五[1]、凌鸿勋、毛子水、梁实秋、杭立武、陈纪滢及予。"

雷震等人之所以想改半月刊为周刊，在给胡适的一封信中有所说明："《自由中国》自发行以来，为时虽仅九月，因有先生之领导，以及时贤之赞助，为国内外人士所重视。目前内外基础已臻巩固，社内同人莫不兴奋。此间诸友认为次列两事如能办到，其力量当更大……"[2] 所谓两事，即改周刊和成立一个社论委员会。此信由《自由中国》社同仁共同草拟，经雷震修改后于 8 月 14 日交王世杰审定，次日寄出。王时为"总统府"秘书长，他本人另有一函由顾维钧带到美国面交胡适。从目前的史料看，在美国的胡适对此没有作出直接回应，默认此事亦未可知。

《自由中国》半月刊最终未能改成周刊。从这一时期的雷震日记中可以知道，他曾经四处奔走向各界朋友筹款，还找到了杜月笙[3]，募集款额不够理想，大概是《自由中国》半月刊未能改成周刊的主要原因之一。

---

[1] 王云五（1888—1979），广东香山人。民国建立前，曾任中国新公学英文教员，胡适即其学生。历任上海商务印书馆编译所所长、总经理等职；后从政任政治协商会议代表、经济部部长、行政院副院长、财政部部长等职。赴台后，历任"考试院"副院长、"行政院"副院长等职。1964 年出任台湾商务印书馆董事长一职。

[2] 万丽娟编注《胡适雷震来往书信选集》，台湾"中研院"近代史研究所 2001 年 12 月出版，页 18。

[3] 杜月笙（1888—1951），上海青帮头目。曾任国民党政府海陆空总司令部顾问、上海地方协会会长、上海市参议会副议长、中汇银行董事长、国民政府行政院参议等。1951 年病故于香港。

　　1950 年 12 月 16 日上午，雷震参加改造委员会设计委员会会议，讨论蒋介石交议的"三民主义理论体系"讨论稿。雷震想起 1939 年 5 月 7 日，蒋介石在重庆中央训练团党政班上也有过一次这样的讲话，题目为《三民主义之体系及其实行程序》。雷震从内心不赞成孙文的"三民主义"，蒋介石的这篇文字"完全是一篇如过去党八股式的文章"，其论调"不偏于极权，亦不偏于民主，批评现在社会，不左倾即右倾，不腐化即恶化，还是过去的滥调，令人阅之作呕"[1]。

　　雷震明确表示反对以"三民主义理论体系"统一党内思想，"凡不合于现代思潮之理论则应弃而不用"。在会上只有少数人支持雷震的意见，大多数人还是认为应当有一套"这样的"理论体系。下午再议时，雷震坚持己见，明知会得罪蒋介石，亦不为所动，可见在对待蒋的态度上已发生微妙变化，否则，不至于对这一"议题"特别反感。从后来雷震狱中手稿中可以知道，他一直认为"三民主义是杂乱无章的东西"，"孙先生思想不细密，又在忙于革命，只是为了给革命作号召，东抄一点西抄一点而已，那里谈得上是什么主义？"胡适对雷震也说过类似的话，"如果三民主义可以当得'主义'的话，当然包括在内。不过，三民主义算不上是什么主义，只是一个'大杂烩'罢了"[2]。由此可见，雷震之反对蒋介石所提的"三民主义理论体系"，并非一时冲动，而是完全基于他本人对孙文的一种认识和理解。

　　不过，此时雷震已十分清楚地意识到，一旦国民党在台湾的权力基础逐渐趋于稳固，与党内自由派的关系再也不会像先前那

---

[1]　雷震 1950 年 12 月 16 日日记，《雷震全集》第 32 册，页 234。
[2]　均参见《雷震案史料汇编——雷震狱中手稿》，台北"国史馆"2002 年印行，页 384。

般融洽，当局不再需要以"改革的象征"团结各方力量去向美国政府示好。后来的事实正是这样，当吴国桢、王世杰、孙立人等人相继与蒋介石、蒋经国发生矛盾和冲突，遭到当局惩治或打压，雷震与蒋介石的关系也开始出现恶化，他所主持的《自由中国》半月刊对国民党的各项施政提出犀利批评，并检讨各项制度的根本症结，引起执政者不满，注定要在一场风暴来袭时难免牺牲的命运。

1954 年 12 月，雷震被注销党籍，迫使他不得不远离权力中心，从此走上反对国民党威权政治的不归之路。应当说，这也是雷震本人在政治上的一个"自我抉择"。国民党所推行的政治路线与他的"民主宪政观"存在相当一段距离，他对这个政权就不再抱什么幻想，《自由中国》因此成为与威权体制相抗争的一个舆论重镇，"这些势单力孤的知识分子仍然勇于独立思考，坚持自由与人权的基本价值，他们的批评逐渐触及到国民党垄断政权的根本问题"[1]。雷震这样说过，我们"不为文置评，则失去办刊物之立场，如批评而拿不出良心主张，一味歌功颂德，不仅对国事无补，亦有失独立之人格"。从这个角度看，雷震被台湾社会视为"自由之道的指引者"，并非过誉之词。

---

[1] 廖宜方著《图解台湾史》，页 210。

第十七章

# "国策顾问"·香港归来后

1950 年 3 月 1 日，蒋介石在台湾宣布恢复其"总统"职位。

上午 10 时，在"介寿馆"举行宣读复职文告仪式，政府机关所有人员出席。雷震在当天日记中写道："虽云仪式，并未行礼，只由'总统'于十时进入会议后登坛宣读文告而毕其事，不过十分钟。"第二天，在美国养病的"代总统"李宗仁发表声明反对蒋介石复职，声称：蒋既已退休，即为一介平民，何能复职？

3 月 16 日下午 2 时，《自由中国》社举行座谈会，讨论"在维护人民自由与政治民主之原则下，对经济措施应采取何种途径，以实现经济社会化或经济平等"等一系列问题，其视野从最初的一味"反共"开始转向对国民党政治、经济等政策的反思与检讨。3 月 31 日，蒋介石下达"总统聘书"，聘任雷震等人为"总统府国策顾问"，这是雷震在国民党政权中最后一次被任职。

对于台湾来说，当时香港政治环境比较复杂。英国政府已正式承认中华人民共和国，中共向港方提出过一份"黑名单"，像左舜生这样的从政文人也包括在内。[1] 香港当局对中共表示一种友好姿态，大批流亡到香港具有明显政治倾向的人士，包括军人、政客、知识分子、各级民意代表、工商界领袖、资本家等，只要从事政治性的活动，"即遭港警取缔，甚至逮捕诘问，尤其'国府'要员赴港，入境之后多被警方暗中监视"[2]。

国民党流亡于香港的高级干部中，许崇智、张发奎、顾孟余[3]等人与美国已拉上了关系，正在积极筹组在国共两党之外的"第三势力"，国民党当局对这些人心存顾忌，表示"只能慰问，来台则不欢迎"。这股势力云集香江一隅，标榜"反共、反蒋"，坚持民主自由的第三势力主张，盛极一时，喧腾不已。

上世纪 50 年代香港第三势力运动，是美苏冷战结构下的一环，背后有美国援助，也有反蒋势力李宗仁等人的奥援，有错综复杂的国内外背景因素存在。此时"第三势力"约可分为四类：一，国民党军政人物，如张发奎、顾孟余、许崇智等；二，民、青两党领袖，如左舜生、李璜、张君劢、伍宪子等；三，民意代表或失意政客，如童冠贤、黄宇人、王孟邻、张国焘等；四，知识分子与桂系人物，如丁文渊（前上海同济大学校长）、黄今如（前东北大学校长）、张纯明（前清华大学教授）、王季高（前北平市教

---

[1] 1949 年 12 月 22 日左舜生致雷震函：听说中共向港方提出的黑名单也有我，万一实现，再向台湾逃吗？"陈长官"也许不许我入境吧？他开我的玩笑太大，我也不能不开他的玩笑。"陈长官"即指陈诚，时为台湾省主席。参见《雷震秘藏书信选》，《雷震全集》第 30 册，页 61。

[2] 马之骕著《雷震与蒋介石》，页 37。

[3] 顾孟余（1888—1972），河北宛平（今属北京）人。早年赴德国留学，先后入柏林大学和莱比锡大学。1922 年回国，任北京大学教授兼德文系主任。后加入国民党。1926年后，历任国民党中央执行委员、中央宣传部长等职；后因追随汪精卫，1929 年曾被开除出党；九一八事变后，复当选中央常委并任中央政治委员会秘书长、铁道部长等职。1941 年任中央大学校长，两年后辞职。1949 年去香港，后赴美国定居。1969 年移居台湾，1972 年在台北病故。

育局局长)、黄旭初、程思远(为桂系)等。[1]

这些人先后成立"自由民主大同盟"、"自由民主战斗同盟"等组织。顾孟余当选主席,童冠贤、程思远、黄宇人等七人为干事。第三势力藉办报刊宣扬自己的政治理念,成为表达诉求和推动运动的惟一方式。十余年间,先后创办杂志十多种,有谢澄平主导的《自由阵线》,顾孟余为总编辑的《大道》,丁家渊为社长的《前途》,甘家馨编辑的《独立论坛》,王厚生主编的《再生》,张发奎、张国焘等人的《中国之声》,张丕介、徐复观[2]等人的《民主评论》,黄宇人、左仲平(即左舜生)主持的《联合评论》等。

《联合评论》诞生之背景与国内政治形势有关,也是针对中共统战攻势所采取的一个应对之策。在这些人看来,当初一些高喊"反共"、"反蒋"的第三势力人士,如程思远、李微尘、罗梦册等人,纷纷响应号召而回归大陆,不过是"投机政客"而已。无论是巅峰时期的《自由阵线》,或走向调整时期的《联合评论》,都反映出第三势力运动,在不同时空环境下,倡导者的理念诉求。这一运动不久归于沉寂,原因当然很多,"海外所谓民主人士,散居各地,集议甚难……用意未尝不善,然而互信未立,内证频起,以致昙花一现,无补时艰,转增国人之厌恶耳"[3]。

民、青两党领袖人物公开表示支持蒋介石,以马之骕个人看法,

[1] 参见陈正茂编著《五○年代香港第三势力运动史蒐秘》,台湾秀威出版有限公司 2011 年 5 月初版,页 47。

[2] 徐复观(1903—1982),湖北浠水人。毕业于日本陆军士官学校。曾在蒋介石侍从室工作,跟随陈布雷。1949 年弃政从文,在香港创办《民主评论》,赴台后,任教于省立台中农学院、东海大学,后再去香港。著有《学术与政治之间》、《中国思想史论集》、《两汉思想史》等。

[3] 1956 年 11 月 26 日邵镜人致雷震函,《雷震秘藏书信选》,《雷震全集》第 30 册,页 330。

这些人"在政治上总是想分一杯羹，所以只能敷衍，不能对彼等有所承诺"，可见蒋介石在心理上极为矛盾，其中最大困惑之一，就是在政治上究竟应当是"独裁"还是"民主"？若以蒋的个性及一贯作风，当然是想"独裁"到底，最好能退回到北伐身任"总司令"大权独揽的那个时代。[1]然而，世界潮流自由、民主大势所趋，蒋介石若想得到美国的军援，首要条件就是要实行"民主政治"。在这种情况下，蒋介石指名让雷震出任自己的慰问使者前往香港，目的只是想"安抚人心"，做一点表面文章，并非真正要"团结"或建立什么"联合阵线"。

1951 年 1 月 11 日，这一天早晨雷震未吃早饭，去医院检查身体。这是一次例行的检查。雷震感到自己近来有点发胖，在验血时找不到静脉，左手连插三次也未见血。之后又去检查眼睛，并无多大问题。下午 2 点，王世杰让雷震赶到自己的寓所，告知蒋介石准备让他前往香港慰问。雷震问：这是你个人的建议，还是蒋本人的意思？若是你个人的建议，则不想去，因为此事难办；蒋身边说话的人又太多，若不能给予信任，恐一事无成。王世杰说，这件事蒋本人已提出过两次，是点名让你去的，当时也有人推荐端木恺[2]，蒋没有表态，洪兰友则是自告奋勇，但黄少谷（时为蒋介石办公室秘书主任）不赞成，恐陈诚也不愿意，对于民主人士，洪未必有办法。所以，蒋想让你去。[3]王世杰嘱咐雷震事先拟一计划，"俟召见时面呈，俾有所确定，今后可照此进行"。有关雷震赴香港慰问这件事，马之骕有如下评述：

[1] 马之骕著《雷震与蒋介石》，页 37。
[2] 端木恺（1903—1987），安徽当涂人。时为台湾"总统府国策顾问"。
[3] 雷震 1951 年 1 月 11 日日记，《雷震全集》第 33 册，页 7。

可见蒋对此事早已胸有成竹，非雷震莫属了。一方面对雷震信任有加，一方面也是"知人善用"，因蒋深知雷无论对民、青两党领袖人物及素倡自由民主的知识分子均有旧交，认为此行必能达成任务，至于端木恺办事能力有余，但其系属孙科，恐怕"靠不住"，所以不采纳。洪兰友系属"CC"，心思也很稠密，但其对党外人士关系不够，亦难成事，不过他既然自动请命，将好作个人情，所以嘱王世杰谓"去香港可多派一人，即洪兰友"，在蒋介石的心术来说，加派洪兰友也有监视雷震的作用，以防其"出轨"。[1]

1月16日上午10点半，蒋介石约见雷震。"予将所拟意见呈阅，逐条解释后，并谓必须政府将方针确定后始能进行，'总统'谓可先去慰问，对予之书面意见谓可交改造会第五、六两组讨论，观渠之意思不欲由'行政院'来主持。"[2] 雷震这次见蒋可说是乘兴而去，败兴而归。他本人的意见并不能受到蒋的重视。1月18日，在关于营救香港"反共人士"座谈会上，雷震发现此次赴港慰问的重点和方式，高层人士意见并不统一，"兰友与端木之意，似仅慰问在港极少与党有关系之人物，如许崇智等。不赞成在港设立一委员会办理所有反共人士之调查与组织工作，认为太繁、太危险"，雷震极力反对这种意见，认为仅仅慰问少数过去在政治上有地位的人士，或预备来台的一些人，"对目前反共工作无大作用"，争论的结果，决定以"行政院"办法为蓝本。"行政院"的意见，与雷震对蒋所提建议"大同小异"，即亦在筹设相关组织或机构，

---

[1]　马之骕原注：蒋之性格疑心太重，所谓"用必疑"，所以在党政军各机构多制造"小派系"，互相监视牵制，以防"出轨"。

[2]　雷震1951年1月16日日记，《雷震全集》第33册，页11。

只是在雷震看来，慰问人数仍少了一点。[1]

1月28日，王世杰来电话，称陈诚约见，雷震在日记中这样记载："……雪公（即王世杰）来电话，谓辞修（即陈诚）约定五时见面，到时少谷、雪公已在座，谈一小时许，对赴港任务交换意见。大意均以救护为目的，而不云团结，我真不知大家的用意所在。如仅云救护，则失去意义甚大，予因辞修意见不明，予亦不便强调团结之意义。"[2]

1月29日，雷震对王世杰说："因一再听到'总统'、'行政院长'对香港之行，只云救护，不云团结，予深不解。予主张目前即不倡导联合阵线，最少亦应先铺下向此方向进行之道路。……应召开联合阵线会议，犹如总理北上之善后会议，汪精卫上台之国难会议及庐山会议，但在目前应先预备，到反攻时即开会，发表共同宣言……惟此事在党内意见应先统一，以免蹈过去政协会议之失败。"[3]

王世杰个人能理解雷震的这番苦心，但作为"总统府秘书长"，只有按照蒋的旨意行事，无法对雷震再说什么，只嘱其此行"应绝对保密"。此间香港新闻界已有人传言，称国民党政府将派员来港组织大撤退，在舆论上对国民党十分不利。

1月31日，雷震与洪兰友动身前往香港。

出发前几天，"行政院"秘书长黄少谷交雷震一份需要慰问的各方人士名单，还特别嘱咐雷震，"在港尽量物色长于文书和缮写工作的人，盖政府各机关现正需要此项人才"，"由于本省人在这

[1] 雷震1951年1月18日日记，《雷震全集》第33册，页12—13。

[2] 雷震1951年1月28日日记，《雷震全集》第33册，页20。

[3] 雷震1951年1月29日日记，《雷震全集》第33册，页21。

方面的学养不够，而由大陆来台的人在这一方面的人才不多"。[1]
实际上，雷震早已先后保过二百多名由大陆逃港人士赴台，在当时，
需要承担很大的政治风险，其子雷德宁后来回忆父亲当年这一段
经历时说："我父亲这个人非常相信人，在撤退以后，很多人没有
到台湾，而是到香港去，结果'总统'派我父亲去游说这些人回
台湾。我父亲说，你们要来，我统统跟你们保。我父亲至少保了
几百人到台湾来，一个人出事，我父亲就完蛋了。"[2]

　　此次香港之行，前后三十天。雷、洪二人至 3 月 4 日返台，
雷震在香港东奔西走，可用"马不停蹄"来形容。至少完成了三
个主要任务：一，对流亡人士进行慰问。以"总统府"和"行政
院"所开列名单为主，另有雷震自己决定所需要拜访的人士，共
有三百人之多。二，调查"第三势力"具体情况。这是国民党高
层最为关切的一件事，其重点在于"第三势力"经费是否来自于
美国？究竟有哪些人参加？国民党原高级干部中又是哪些人？三，
营救一般的拥蒋人士，成立相应的组织机构。应当说，雷震基本
上按照既定计划在执行，当然也有一些题外之议。

　　在港期间，雷震给"行政院"秘书长黄少谷去函，询所开香
港慰问名单可否加列。黄少谷心里明白雷震一直嫌其慰问范围过
小，甚至可能认为此次香港之行以"行政院为蓝本"，慰问名单想
必由他本人所开，实在是一个误会，遂向雷震作出了解释："迭函
均奉悉，正分别研究处理中。惟兄本月十八日来函，以为名单系
弟所开，铃系弟所系，乃有解铃还需系铃人之语，弟必须郑重为

[1] 雷震《雷震回忆录——〈我的母亲〉续篇》，页 18。
[2] 参见《可贵者胆，所要者魂：雷震》一文，收录于《台湾百年人物志 2》，台北玉山社
　　出版事业股份有限公司，2005 年 3 月初版，页 7。

兄陈明，名单绝非弟所开。我们做幕僚的自须任怨任谤，乃至代人受过，对此类事弟从不置辩，惟吾兄亦作如是想，令弟惊异不已，不能不加以陈诉也……"黄少谷在信中同意"将必要之人士随时加列"。[1]

从香港归来后，改造委员会中人士请雷、洪二人吃饭，参加者有胡健中[2]、张其昀、崔书琴、萧自诚、唐纵[3]等人，详细询问了香港各方人士对国民党的意见。雷震直言相告，称在港人士最不满意的有几点，一是在军队中设立国民党分部，二是不思建设"民主政治"，三是"个人独裁"问题。也谈及其他一些"私人性质"问题，如"第三势力"某些人物个人品质与行为方式，似不足以信任之。许崇智在香港组织第三势力，曾组一俱乐部，以方便联络各方人士。但许的俱乐部"在妓女寓中，许请客一面大谈政见，一面怀抱女人"，因此"大家都看不起他的为人"。[4]这些人要雷震写一个书面报告，因《自由中国》社杂事太多，雷震让他们去看党部的速记，"不料改造委员坚持要我写，尤其是胡健中"。

在众人建议之下，雷震将香港之行写成一份详尽的工作报告，除上述几点外，还有青年党领袖左舜生等人所提意见，他们愿意到台湾来，前提是国民党必须革新图变，"废除学校三民主义课程和军队党部"，并建言军队应属"国家"。雷震将"在港工作报告"分呈"总统"及"行政院"，作为施政之参考。未料，蒋介石看到这份报告后，"当即震怒，认为雷震等不该接受党外人士的'滥言'，

[1] 1951年2月22日黄少谷致雷震函，参见《雷震秘藏书信选》，《雷震全集》第30册，页118。
[2] 胡健中，浙江杭州人，曾任《东南日报》社社长、"立法院立法委员"、国民党中央执行委员，时为改造委员会委员。
[3] 唐纵（1905—1981），湖南人，时为台湾"内政部"政务次长、"总统府国策顾问"。
[4] 参见雷震1951年2月6日、2月23日日记，《雷震全集》第33册，页31、48。

如此报告，认为这是一件大逆不道的事。于是怀疑雷震'已中党外之毒'，靠不住了！所以就在心坎儿里先把雷震从'忠榜'上除名，但仍留在门槛儿里以观后效。内心虽恨之入骨，但表面上仍若无其事，不为'外人'所知"[1]。

从马之骕这一段近乎小说描写手法的叙述中，可知此次香港之行，雷震与蒋介石的关系意外降温，党内的朋友，谁都没有想到，因为大家都知道，雷震一直是坚定的"拥蒋派"，蒋对他长期信任，每每委以重任，未料，这一次麻烦竟如此严重！在港时，雷震与左舜生交谈很深，两人对许多问题的看法不谋而合，包括对蒋氏和国民党的认识。3月15日，左舜生给雷震一信，对在台政府仍抱以良好愿望，"为台湾计，我觉得最好多听逆耳之言，'有则改之，无则加勉'，如果只愿听恭维的话，则今日国家情况如此，大家的心情都异常恶劣，要找出理由去恭维任何一个有责任的人，措辞实在是很不容易"[2]。左氏是一个党见不深的人，为人正派，书生意气，早在参政会时期，即与雷震熟识，后又同在张群内阁共事，左是农林部长，雷是政务委员。

雷震归后，将左舜生的意见列为重点之一，并不令人意外。在雷震看来，自己的这份报告十分重要，尤其是关于"联合阵线"问题，实为国民党日后"东山再起"的一个先决条件。更何况，这些内容明明是香港各党派和民主人士的意见，"我为使者应照实报告，总不能'报喜不报忧'吧？"[3]

蒋介石将雷震的报告交"改造委员会"讨论，之所以这样做，以马之骕的推测，"一方面表示重视党内干部的意见，另一方面要

---

[1] 马之骕著《雷震与蒋介石》，页51。
[2] 1951年3月15日左舜生致雷震函，《雷震秘藏书信选》，《雷震全集》第30册，页122。
[3] 雷震《雷震回忆录——〈我的母亲〉续篇》，页379。

210

查看尚有'谁'染有这种'反动毒素',以便随时整肃"[1]。当这个报告在改造委员会上讨论时,反对者之多,让雷震大惑不解,在日记中写道:

> 下午三时在改造会讨论港澳问题,系根据我们的报告进行讨论,主席为陈雪屏,予与兰友被邀参加,对我们的报告宣读一遍后,分项讨论。对靠拢而悔悟之分子予以自新之路一点,交小组研究及提出;对宣传事交有关机关办理;对联合阵线一事,先由唐纵说明,措词闪烁,莫得要领,道藩略发表意见,予遂将予对此问题之见解提出讨论,闻者甚感惊奇。可见一般改造委员,对外间要求简直未予考虑,终日闭门造车,情形殊为可怕。今日在台湾究有几人,如不能放手做去,登陆后之问题更多也。最后讨论本党改造路线,报告中提出废除学校之三民主义及军队党部二事,大家均不甚重视。予遂强调军队党部,姑无论外间所谓一党专政之言,不去管他,即内部一国三公之摩擦,将来随时有发生之可能,其前途一定可怕得很。[2]

其实,这些"改造委员"岂止是终日闭门造车,他们十分清楚在学校中开授三民主义课程以及军队中设立党部,均为蒋介石本人的意思,有谁敢反对呢?如"联合阵线"问题,唐纵私下十分赞成雷震的意见,在会上则"措词闪烁",莫衷一是。

3月29日上午10时,雷震赴忠烈祠公祭,遇到蒋经国。蒋经国当即邀请雷震出去谈话。雷震在这一天日记中详细记述了这

[1] 马之骕著《雷震与蒋介石》,页52。
[2] 《雷震全集》第33册,页66—67。

次谈话的主要内容，有十分重要的史料价值，特录于兹：

> 上午十时至忠烈祠公祭，为节省汽油，坐蒋匀田车去。到后不久，遇到蒋经国，彼即邀予出去谈话，彼即开口说："你们有个提案，要撤销军队党部是不是？"予答以不错，并云今日军队有政工人员，何必再来另一组织之党部。彼云："你们是受了共产党的唆使，这是最反动的思想。"予正拟申辩，彼又谓："这是最反动的思想，你们这批人，本党不知吃了多少亏，今日你们仍不觉悟，想来危害本党……"又在谈话中间对学校之三民主义亦曾提出，但未强调。予云，军队有政工，尽可将本党一切由其灌输，彼云，就是要党部，并未提出理由。其态度如此无礼，出言如此不择词句，令人非常难过。回思予在港时，不知替他们辩了多少，如有人谓总理传子、总裁传子；又谓政治部写信请张强谈话，用奉主任谕字眼，张强未去，而同时召唤二人，另一人去后，被蒋经国大骂；又谓陈辞公受尽蒋经国之气。予不辞舌劳，多方为之辩护。不料彼今日以同一方法来对付我了，岂应以怨报德钦？[1]

蒋经国在忠烈祠门外的"无礼之举"，让雷震十分震惊。若论地位，蒋经国当时是"国防部总政治部主任"，雷震在中央政府数度为特任官，"中央监察委员"，"国大代表"，"国策顾问"；若论年龄，雷震与蒋介石是同辈，"其态度如此无礼"，凭什么呢？难道就凭他是"蒋介石的儿子"？[2] 若干年后，雷夫人宋英对马之骕说："那

---

[1] 雷震 1951 年 3 月 29 日日记，《雷震全集》第 33 册，页 70。
[2] 参见马之骕著《雷震与蒋介石》，页 54。

年雷先生在圆山忠烈祠，被蒋经国辱骂的事，虽然过了这么多年了，但我还记得很清楚。他当时实在是非常难过。他在深夜和我讲经过时，已经是泪盈满眶！我记得他气呼呼地说：'蒋经国这个小子真可恶，去年他还叫我雷伯伯的，今天他居然敢用这种态度对我，他看了我们的报告，说我是受共产党的唆使，还说我要造反，你说气人不气人？'我当时安慰他说：算了吧！把他当成畜生好了。国家到了这个地步，他们还不觉悟，还在胡作非为，简直不是人嘛！俗话说：秀才遇到兵，有理讲不清，何况你今天遇到畜生呢？……"[1] 蒋经国之所以对雷震出言不逊，是因为此时蒋介石对雷震已有所不满。而此次"改造运动"的真正目的，就是想要走一条更为专权的政治路线，蒋氏父子对党内自由派人士的态度已有了一个根本转变。

4月16日，在改造委员会圆山就职会议上，蒋介石当众对雷震等人"痛切申斥"，雷震的这份"香港工作报告"[2] 确实刺激了当局脆弱的政治神经：

> 总裁致词时，对予及兰友转述港方人士之建议，请废止军队党部，而以政工人员代行军队政治教育及宣传三民主义之机构，予以痛切申斥，并责骂谓我等此等行动与匪谍及汉

---

[1] 马之骕著《雷震与蒋介石》，页55。

[2] 雷震的"香港工作报告"有六点，其中第六点"本党改造路线部分"明白建议："吾人既站在民主阵容中，政府且已实施宪政，本党为领导政府实施宪政之党，则党的改造应根据此项原则以领导政府推行各种政策，因此，凡是含一党专政意味之措施，务须避免，目前学校之三民主义课程及军队设党部两项应予废止。"雷先生的主张，显然是走民主路线，而蒋家父子想走的显然是反民主的路线，乃至由反民主路线转化为个人独裁与父死子继的家天下路线。两者背道而驰，难怪发生激烈冲突。——此为《雷震全集》第33册第81页中注释，为傅正所写。

奸无异，为一种寡廉鲜耻之行为。一再责骂，最严厉者有以上数语，内容大都系责骂之辞。军队设党部一事，在行民主政治之国家，实不应有，究竟应否设立，见解可有不同，但予等自港返台，自应将港方意见反映出来，党部可不采用，但不必如此咒骂。总裁过去昭示党员，有话要向党部讲，不能对外发表，今对党部提出意见，又遭责骂，以后有意见亦不敢讲了，且对许多人提出此事，实无异将此事公开了。[1]

第二天，雷震去洪兰友处，将蒋介石讲话内容大致面告。这一年6月，国民党在台北圆山"空军总司令部"正式成立了军中国民党党部，蒋介石亲临主持，时任"空军总司令"周至柔为军中党部主任委员。蒋介石发表谈话时，还大骂雷震、洪兰友不识大体。在这一段时间，雷震苦闷之情常见诸笔端，他在日记中这样写道："国家至此，个人又复何言？终日心绪不宁，所忧者今后如何回大陆，回大陆如何使政治走上轨道，而且施行民主政治？个人之荣辱事小，国家前途事大。"[2] 雷、蒋二人原先良好的关系，至此公开破裂，特别是蒋经国作为权力核心中的重要人物浮出水面，这位留学苏联十八年、深谙其斗争哲学的少公子"无论文斗、武斗、快斗、慢斗、轻斗、重斗，样样精通"[3]，与党内自由派人士在政治上不相谋，预示今后双方的分歧和矛盾将更加激烈。

---

[1] 雷震 1951 年 4 月 16 日日记，《雷震全集》第 33 册，页 81。
[2] 雷震 1951 年 4 月 17 日日记，《雷震全集》第 33 册，页 82。
[3] 马之骕著《雷震与蒋介石》，页 58。

第十八章

# 与威权体制渐行渐远

　　以台湾著名学者薛化元的专著研究，从 1949 年 11 月起至
1960 年 9 月止，近十一年时间，《自由中国》半月刊与执政的国
民党之间的关系，先后经历了"由密切交融而磨擦，进而形成彼
此关系的紧张，由紧张而破裂，最后导致彼此对抗"的五个时期，
以《自由中国》创刊宗旨来看，"建立自由民主的社会"，"抵抗
共产极权政治"，就是"反共"和"拥蒋"，从这一立场出发，与
当局的互动，本不应当出现如此大的反差和变化，但事实上，在
那个动荡不安的岁月里，由国民党内自由派人士主持的这份刊物，
最终因其现实环境变化和理念上的分歧，"不但频被围剿，甚至隐
隐成为台湾民间对抗国民党政府的精神象征"，历史的抉择，就是
这样无情和吊诡，反映出在那个特殊的时空之下，《自由中国》办
刊方向发生了根本变化，[1] 雷震作为《自由中国》半月刊的"火车头"

---

[1] 1960 年 9 月 4 日，雷震等人遭国民党当局逮捕，官方的《中华日报》当日即发表社论
指责雷震和《自由中国》半月刊，认为已违背当年的创刊宗旨，"十年以来，凡是经
常阅读该刊的人，不难感觉到，他们的论点和主张，显得与所标揭的宗旨，一年比一
年相差很远，他们的偏见和成见，显得一期比一期加深，而他们的用心，更显得一步
一步走上了'亲痛仇快'的道路"。

（夏道平语），无疑是最具影响力的一个关键人物。

　　《自由中国》创办初期，胡适只是形式上的发行人，从未实际参与《自由中国》半月刊的编务工作。根据当时法律条文规定"发行人不得离开当地六个月"，在美国的胡适，尚未有返台的打算。在"省政府新闻处的注册上"一直注明由雷震代行发行人职责。直至 1953 年 12 月 7 日，由于胡适力辞"发行人"之职，在台湾"内政部"审核杂志的登记中，以及"内警台志字第 381 号"批件，《自由中国》半月刊发行人才正式改为雷震，尽管如此，胡适与雷震及《自由中国》半月刊仍保持十分密切的关系。

## 一、《政府不可诱民入罪》

　　当雷震与威权体制的潜在矛盾初显之时，在主观上，他并没有想到要与当局发生言论冲突，只是在坚守"民主政治"这一大前提下，作为一个办刊之人，雷震一再强调"言论监督"的重要性，"予今日绝不管他人如何看法，只要对目前有利，而于国家于民族均有益之意见，无论遭何方忌讳，绝不顾一切也"，这是 1950 年 4 月 13 日他在日记中写下的一段话。[1] 正是基于这一坚定立场，"纵然是在与执政者互动关系良好的时期，统治者的利害或是其左右的意见都是次要的选择"[2]，抑或台湾社会进入"戒严"这一特殊时期，言论自由、民主政治、宪政秩序、国民党前途等，仍是最优先的一种考量；相对的，蒋介石在政治上选择强人体制以控制整个台湾社会，两者之间的距离，无不表明雷震和《自由中国》

[1] 《雷震全集》第 32 册，页 83。

[2] 薛化元著《〈自由中国〉与民主宪政——1950 年代台湾思想史的一个考察》，台北稻乡出版社 1996 年 7 月初版，页 80。

与执政当局的关系，充满诸多不确定的因素，随着日后冲突进一步加深，均造成雷震在政治上与威权体制渐行渐远的主要原因。

《自由中国》半月刊与台湾当局发生第一次严重冲突是在1951年6月，第四卷第十一期刊发由夏道平执笔撰写的一篇社论《政府不可诱民入罪》（6月1日出版），针对台湾保安司令部情治人员涉嫌贪污以及金融管制措施予以严厉抨击[1]：

> 我们对于这件事，固不必为被害人喊冤。被害人这一次虽属被诱入犯罪，但他们当中总有少数人曾经扰乱过金融市场的；其余的人也未免利令智昏，有点咎由自取之处。但我们不得不认为严重的，就是"以信立民"的政治原则，到今天，政府中人还有未能严格遵守者；相反地，他们竟利用其权势闹出以诈使民的花样来！这种事体的影响，其恶劣和深远，远非民间少数投机者扰乱金融所可比拟。现在，这件事已闹得无可掩饰了，我们为着爱护政府，为着政府今后的威信，特在这里呼吁政府有关当局勇于检讨，勇于认过，勇于把这件事的真相明白公告出来，并给这次案件的设计者以严重的行政处分。这样才可以表示这次诱民入罪的案件，只是某些不肖官吏做出的，而不是政府的策略。同时我们还要向中央的及省级的监察机关呼吁，请他们彻底调查这次事件的详细内幕和责任，并督促政府适当处理。"自古皆有死，民

---

[1]　系指有人先在土地银行开户，取得本票后用作抵押，而到处以高利率向人借款，等借贷成交时即由保安司令部出面逮捕，而控以金融罪，交由该部军法机关审判。由于《自由中国》首次公开情治单位无法无天的行为，与情治机关发生了一场冲突。参见《雷震全集》第33册，页109。

无信不立",为政者,监政者,以及我们论政者,都应该时时刻刻牢记斯言。[1]

国民党政府赴台后,采用严厉的经济管制法令试图稳定社会,严禁买卖金钞、套汇和地下钱庄,若有违反者,将没收其财物,严重者可援用《妨害国家总动员惩罚暂行条例》,进行军法审判。为了鼓励举报、侦办这一类案件,举报人和侦办单位可分获百分之三十和百分之三十五的高额奖金。如此大的利益诱惑,使得一些公职人员经常假冒买卖人向公众私下兜售金银外汇,使其上钩,再公开身份;更有甚者,政府某些机关如保安司令部竟有计划、有预谋地"诱民入罪",其手段十分恶劣,《自由中国》这篇社论就是因此而来。

应当说,这是一篇有勇气、有胆识、言之有物的社论,对于《自由中国》半月刊来说,出发点无疑是好的,正如该刊编者在《给读者的报告》中所说:从这个简明有力的标题,读者们就会知道这是一篇勇于建议的政论,我们作此社论时,便想到这篇文章或许会激起某些人士的不满与愤怒,但我们又觉得进忠言是舆论界的神圣使命,因此我们又无所惧的言其欲言。假使我们的意见不是无的放矢,或有失允正的话,我们希望政府当局能有不以忠言为逆耳的雅量。[2]

殷海光赴台之前曾在《中央日报》社任职,撰写社论,他对这篇社论击中当局经济管制政策之要害击节称叹。最初,他与夏道平交往并不多,仅在《自由中国》社例行聚会上见过面。夏道平写的这篇社论见刊后,他在社里见到夏道平的第一

---

[1] 社论《政府不可诱民入罪》,原载 1951 年 6 月 1 日《自由中国》半月刊第 4 卷第 11 期,页 4。
[2] 《给读者的报告》,原载 1951 年 6 月 1 日《自由中国》半月刊第 4 卷,第 11 期,页 32。

句话，"就是一本正经而语气凝重地说：'我向你致敬。'我呆住了。他停顿一下接着又一字一字钉钉地讲：'我为你写的这期社论致敬'……"[1] 殷、夏二人自始至终是《自由中国》半月刊撰稿人，殷负责写政论文章，夏负责写经济评论，他们之间的情感"很自然地一天一天缩短"。

《政府不可诱民入罪》这篇社论，在各方面立即引起强烈的反应，不仅是读者，也包括情治部门中的某些人。"雷震家人首先得到彭孟缉[2] 电话警告，表示《自由中国》的文章侮辱了保安司令部，他要与雷震算帐 [账]，决不放松，法律解决也可以"[3]。彭孟缉甚至准备采取行动，逮捕《自由中国》杂志社编辑。因公文被兼任台湾保安司令部司令的省主席吴国桢愤然退回，才未发生捉人事件。据雷震回忆，吴国桢当时对他说，"我是保安司令部司令，彭孟缉不过是副司令，他成天捉人杀人，从未问过我。这一次要逮捕《自由中国》编辑人员，他倒要我做刽子手了。我由家中去省政府时，看到保安司令部送公文的人，手中拿了一个红色公文簿，这不是要件，必是急件，我打开一看，是要逮捕《自由中国》社的编辑人员，我一看十分光火，上面彭孟缉已经亲笔签了字，我看过，用笔在公文上打个大叉子，叫送公文的人拿回去。我到省政府后就打了一个电话给三哥，说人是不捉了，其他我就不管了。"[4]

---

[1] 夏道平《纪念殷海光》，参见贺照田编选《殷海光学记》，上海三联书店 2004 年 7 月第一版，页 77—78。

[2] 彭孟缉（1908—1997），湖北武昌人。1946 年被调往台湾后，历任高雄要塞中将司令官、台湾警备总司令、"参谋总长"、"陆军总司令"等职。

[3] 张忠栋著《胡适·雷震·殷海光——自由主义人物画像》，页 79。

[4] 详见雷震著《雷震回忆录——〈我的母亲〉续篇》，页 82。

6月8日，雷震赴王世杰处，黄少谷已先在，黄时为"行政院"秘书长，王为"总统府"秘书长，可见党、政两方对此事的关切。黄少谷告诉王世杰说，《自由中国》这篇文章已与保安司令部开火了，该部决定要与雷震对抗到底。"王世杰也认为这篇文章虽是事实，今日为打倒共产党才用这些人，故有时不能不迁就。"雷震对他们说："《政府不能诱民入罪》的文章是十分审慎的，惟经济检查执行人员办法太坏，我如知而不言，又何必办此刊呢？"王世杰问雷震"如何了结此事"，雷震答：原定有二个办法，一为对方如果声明，则我方置之不理，二为他有声明，我有答辩，我打算采取第一途径的。王世杰认为《自由中国》应再作一篇文章，下期登出，并非违心之论，而是"并不反对经济管理与对办理人员之劳绩及操守廉洁"[1]。

王世杰做过武汉大学校长，是著名宪法学者，在从政多年之后，十分熟悉中国官场以及政治的"奥秘"，他之所以提出要"再作一篇文章"，主要是想缓和一下《自由中国》与情治部门的冲突，从策略上讲，是很现实的，也算是比较周全的一种考虑，毕竟此次冲突还牵涉政府的金融管制政策。雷震与王世杰有着深厚的公私之谊，他接受了这一建议。6月9日，这一天是端午节，雷震往访省教育厅长陈雪屏，陈告诉他说，"彭孟缉在外扬言，平定二二八之役，他得罪了不少台湾人，由于这篇文章，使他今后台湾不能居"；又说雷震是"总统府国策顾问"，他说的话，很容易使人相信，保安司令部的"威信"，这次全被雷震和《自由中国》给毁掉了，绝不会就此罢休！王世杰本人显然站在雷震这一边，当彭孟缉给他打电话，要求雷震及《自由中国》杂志社向保安司令部道歉，王

---

[1] 雷震著《雷震回忆录——〈我的母亲〉续篇》，页172。同时见雷震1951年6月8日日记，《雷震全集》第33册，页108—109。

当场表示"不可"。

同一天，国民党中央改造委员会第四组代电致雷震：《自由中国》社论"政府不可诱民入罪"，对于治安机关执行政府经济措施损害其信誉，并激动社会之反感，事态甚为严重，刻已尽力使其不至诉诸法律，务望特为注意，今后不再有同类事件发生，是为至要。[1] 中央改造委员会此次对雷震只是警告，并未要求《自由中国》道歉。中央改造委员会第四组主管宣传事务，其负责人是陶希圣，他对雷震表示"第二篇文章还是要做"，并称彭孟缉要召开记者招待会，说明金融管制之措施，希望能够避免正面冲突。

雷震嘱夏道平再写一篇社论，题为《再论经济管制的措施》，王世杰看过之后，不太满意，嘱其重写。未料，总编辑毛子水的态度却十分强硬，"毛子水平时最和平，总劝青年人不要动辄发火，此次却特别生气，前晚听到我的报告后，认为自尊心损失太重，军事机关还要这样胡来，竟一晚睡不着"。王世杰嘱雷震将此文送陶希圣一阅，"此时陶希圣住新生南路靠近中正路（现似改成八德路），陶希圣一看文章就说：'这篇文章用不得，这是在强辩，全无表示歉意的意思。如果这样登出来，岂不是火上浇油吗？'我说：'请陶先生修改吧！'他说：'今日有事，你明早来拿好了'"。[2]

6月11日，雷震发现金山街《自由中国》社门口有特务三人在盯梢，《公论报》总经理蒋伟之先生正好来访，"而该特务则立在墙外观看，毫不避人"。雷震愤怒至极，立即打电话给黄少谷、吴国桢二人，说"请转告彭孟缉不必如此"。雷震去找"行政院"内务部长余井塘，请他出面干预此事，余井塘不在；雷震又找来

---

[1] 1951 年 6 月 9 日国民党中央改造委员会致雷震电文，参见《雷震秘藏书信选》，《雷震全集》第 30 册，页 139。

[2] 以上均参见雷震著《雷震回忆录——〈我的母亲〉续篇》，页 84。

民社党在"行政院"任政务委员的蒋匀田当场予以确认，蒋匀田眼见为实，在"行政院"开会时说了此事。陶希圣知道后，认为雷震不该找党外人士，有点"家丑不可外扬"之意。对于这一次言论事件，美国驻台使馆人员也很关心，特意透过管道（杨浚明，民社党籍"国大代表"、"总统府"参事）嘱咐雷震"勿停刊"。

此事在国民党内部议论纷纷。6月16日上午9时，改造委员会设计委员会开会，主席萧自诚提及此事，强调"不准保安司令部自由抓人"；委员端木铸秋（端木恺，字铸秋）认为"保安司令部这次行动本违法，而《自由中国》予以批评，该部又不依法办理，如直接行动，又是违法；大家在民主制度下而不能依法工作，这个国家焉有进步？"[1] 雷震在发言时，希望改造会对于法律范围内之言论自由要切实主张，要造成健全之舆论，减少内幕新闻之作风，含沙射影的办法是不能形成健全舆论的，民主政治不是要大家天天献旗、发致敬电报，而是要人民监促政府、监督政府，且须鼓励人民向上，增加人民奋斗情绪，不要使人民走上消极悲观之路。

雷震在发言中，并没有提及此次《自由中国》与保安司令部的冲突，只是鉴于国民党高层对于"言论自由"的轻视态度，他的上述意见就显得十分必要。尽管改造委员会已正式发函警告雷震，本意是想息事宁人，不愿事态扩大，有损政府的形象，但彭孟缉把持下的保安司令部派出特务进行盯梢，让许多人反感，在吴国桢、黄少谷等人的干预下，才迫使这些"特务狼狈而去"[2]。出于旧谊之故，在当时，国民党内部为雷震说话的人不在少数，也是在朋友们善意的劝说之下，雷震与杂志社采取了一定的妥协

---

[1]　雷震 1951 年 6 月 19 日日记，《雷震全集》第 33 册，页 115。

[2]　马之骕著《雷震与蒋介石》，页 171。

和让步，才使此次冲突没有进一步升级。

从整个平息过程来看，多少反映出雷震及《自由中国》半月刊在推动台湾社会朝着健康方向发展过程中的两个基本事实：一，《自由中国》不会因其有一定官方背景而放弃对当局某些部门违反相关政策、进而侵犯人权的批评；二，国民党内部"改造运动"意见尚未整合完毕，党内自由派人士暂未受到打压或排挤，一些朋友敢于公开站出来讲话，对雷震施以援手，助其渡过难关，至少在当时还不存在更多的政治风险。

客观地讲，《政府不可诱民入罪》一文本身并未造成《自由中国》与最高当局的正面冲突，不过是与政府机关之下保安司令部的一次言论对抗而已，至于此事在之后与官方一系列的互动中是否带来其他不可预料的影响，并未显露出来，"无论是'中华民国政府'的行政部门，或是国民党的党机器都没有表现出压制雷震及《自由中国》的意图"[1]。只是接下来的一件事，大大出乎人们的预料，导致雷震和《自由中国》半月刊与官方的激烈冲突正式爆发。

《自由中国》半月刊每一期都要寄给远在美国的"发行人"胡适，通常要两三个月时间。当胡适读到《政府不可诱民入罪》这篇文章及后一期再写的社论时，已是两个多月之后。1951 年 8 月 15 日，胡适致函雷震，对军事机关干涉台湾言论自由表示不满，他在信中说："我今天正式提议你们取消'发行人胡适'的一行字。这是有感而发的一个很诚恳的提议，请各位老朋友千万原谅。何所'感'呢？……论《政府不可诱民入罪》，我看了此文，十分佩服，十分高兴。这篇文字有事实、有胆气，态度很严肃负责，用证据的方法也很细密，可以说是《自由中国》出版以来数一数二的好文字，

---

[1] 薛化元著《〈自由中国〉与民主宪政——1950 年代台湾思想史的一个考察》，页 93。

够得上《自由中国》招牌。我正高兴……忽然来了四卷十二期的《再论经济管制的措施》，这必是你们受了外界压迫之后被逼写出的赔罪道歉文字！……我因此细想，《自由中国》不能有言论自由，不能有用负责态度批评实际政治，这是台湾政治的最大耻辱！"[1] 胡适因此提出要辞去《自由中国》发行人之衔，以表示自己的抗议。在此函的空白之处，他又附言道："此信（除去最后括号内的小注）可以发表在《自由中国》上吗？《自由中国》若不能发表'发行人胡适'的抗议，还够得上称《自由中国》吗？"[2]

《自由中国》创刊宗旨出自胡适之手，共有四条，其中最重要的一条就是："我们要向国民宣传自由与民主的真实价值，并要督促政府（各级的政府），切实改革经济，努力建立自由民主的社会……"从"创刊号"第一天起，这四条宗旨都要登在每期的杂志上，以示《自由中国》办刊方针。

《政府不可诱民入罪》这篇社论致使与保安司令部发生冲突，以重写社论表示"道歉"而暂时得以平息。"彭孟缉感到面子十足，到处吹嘘"，雷震对此却一直耿耿于怀，他所忧虑的不仅是与"本党同志"的分歧或矛盾，而是在意"言论自由"受到了干涉和侵害，而此时胡适发出的"质问"，正好切中他的心思，于是决定公开发表胡适的这封"抗议信"，以表明自己的真实态度，经编辑委员会讨论表示同意。

未料到，此事引来一场更为复杂的矛盾和冲突，甚至是一片指责声。先是老上司王世杰"对此甚为伤心"，认为《自由中国》发表胡适的"抗议信"，实在有欠考虑，"台湾经不起这样的风波"，这样一来，等于"弄成胡适之与政府对立"了，王世杰让罗家伦

---

[1] 万丽娟编注《胡适雷震来往书信选集》，页 23—24。
[2] 万丽娟编注《胡适雷震来往书信选集》，页 23。

向雷震转达了自己的三点意见。雷震感到王世杰对此有很深的误会，两次写信作出申辩：

因为《自由中国》发表适之先生那封信，先生请志希（罗家伦）兄所转致尊意三点，敬悉。假定志希兄所转致者，与先生之原意无出入，我不得不再向先生有所陈述：

一、先生对此事甚为"伤心"——我听到"伤心"二字，深感惶恐不安。此信之发表，事先承先生同意，我之苦心，已于昨日函陈，原冀可得先生之谅解也。如先生之"伤心"系就此而言，则我之伤心更有甚于先生者。

二、把胡先生"弄成"与政府对立——如果"弄成"二字，志希兄转达无误的话，我不得不有所申辩：

第一、我们发表胡先生这封信，是基于胡先生的意旨，胡先生要本刊发表这封信，他未始不多方考虑他的立场。他的立场是不是与政府对立，有他过去的言论和今后的言论来证明。不是别人可以把他"弄成"与政府对立的。

第二、胡先生这封信，诚然是很显然地对"这种军事机关"抗议。但对一个"军事机关"抗议，并不等于与整个政府"对立"，这一点，我在先生之前申辩，似乎是多余的。

第三、今日台湾政府经不起这样的风波——我们的看法有异于此，我们认为：这封信的本身，不应构成什么风波。如果政府对于这封信的发表不能宽容，因而起了什么风波，则这种风波是由政府造成的。因而，经不经得起这种风波，政府应该自己考虑，而不是我们的责任了。

以上所陈，或不免于唐突。惟多年来感于先生谋国之忠，思辨之明，心所欲言者，不敢稍有阿曲。惶恐陈词，仍所以就教也。[1]

其次，国民党改造委员会中很多人对此事亦深感不满，陶希圣打电话给雷震，抱怨未与他和黄少谷商量一下"便迳发胡信"，认为"不够朋友"。在此前与彭孟缉的冲突中，陶希圣一直有偏于雷震，雷震和《自由中国》刊发胡适的"抗议信"，作为主管国民党宣传事务负责人，陶不能接受，下令第四组通知香港方面停止发行这一期的《自由中国》，以免造成更大的影响。在这种情况下，雷震一度想到《自由中国》停止此期的发行。

保安副司令彭孟缉伺机四处散布流言，称雷震两次赴港，套购外汇和大量走私，甚至发来一张传票，要雷震隔日下午 3 时去保安司令部军法处接受"质询"，澄清"套汇"嫌疑。9 月 4 日，改造委员会秘书长张其昀来雷震家，谈及黄少谷、王世杰以及他本人都不赞成《自由中国》停止发行，"党部也已决定放行，又说整个事件也不必报告蒋总裁"。至于保安司令部的"传票"，雷震对张其昀说，他一定去军法处，"然后给胡适写信，说胡的信已经刊出，结果是一张传票"，"张当即把传票要去，然后去找彭孟缉，并在唐纵家打电话请雷不必去军法处"[2]。

9 月 7 日，国民党中央纪律委员会发来一纸公文，"《自由中国》为本党党员雷震同志所主编，而胡适为其发行人。胡致雷之私函，

---

[1] 此信函，未注时间，仅在信前注有"致王世杰函底稿"字样。收录于《雷震秘藏书信选》，《雷震全集》第 30 册，页 162—163。9 月 4 日王世杰复信雷震，表示如果胡适因此事与政府发生裂痕，或使国际及一般中国社会发生误解，其责任不能由胡适来负。而论政，当见其大，军警当局在手段上及方法上有不当之处，言论界在执笔之时，应以善导为是，而不以盛气凌之。同上，页 164。

[2] 张忠栋著《胡适·雷震·殷海光——自由主义人物画像》，页 83；雷震著《雷震回忆录——〈我的母亲〉续篇》，页 98。

竟公开刊出，事先既未报告本组，亦未与原案调解人黄少谷、陶希圣同志等商酌，今贸然予以发表，其于我国在国际上宣传之影响殊巨"，根据党员违反党纪处分规程第二十条之规定，希于"文到十日内提出答辩书"[1]，可见事态严重。这一轮新的冲突表明，当时台湾社会"言论自由"是很有限度的。像彭孟缉这样的情治部门头目，在某些时候，其权力和影响，甚至超过保安司令部总司令吴国桢，完全是因其直接受命于蒋经国所主管的情治系统之缘故，至后来，连陈诚对保安司令部都有种"莫可奈何之感"，这是洪兰友对雷震说的。

胡适这封信在《自由中国》半月刊发表不久，雷震被召至改造委员会，党内大腕要角集中对他进行了一次"公审"，雷震回忆说：

> 我打算不出席公审大会，由萧自诚去搞吧。不料萧自诚因我不出席而大感气愤，认为抗命，接二连三的打电话至我家中，我请他"缺席判决"好了。此时我住在金山街，距离中央党部甚近，萧遂派员来传讯，我只有带病前往了。我一到"公审室"看到会场布置是匚形，主席坐在匚形的正中，其前面右侧摆有一张椅子，萧自诚命我坐下，显然把我视作被告了。匚形左边头两位，是彭孟缉和经济检查处长陈仙舟，似为原告的样子。接着为唐纵、蒋君章、李士英、谷凤翔、曾虚白、陶希圣、沈昌焕、胡健中、张其昀、周宏涛等……萧自诚任主席，谓胡适此信发表后，对自由中国（中国之意）损失甚大，责我不该发表，竟说我在捣乱。不料陶希圣竟说

---

[1] 国民党中央改造委员会纪律委员会 1951 年 9 月 7 日致雷震电函，参见《雷震秘藏书信选》，《雷震全集》第 30 册，页 165—166。

出：如胡适主编此刊物，则不会发表此信，并举出《独立评论》为证。我立告陶希圣说，此信系胡适亲笔所写，请陶不要搞错。陶又谓："为什么要弄到胡适之和政府对立。"周宏涛态度恶劣，责我不识大体。

此时彭孟缉拿出一张照片传观，独不给我看，我知道其中必有鬼。经我一再要求，始给我一看，系省政府建设厅副厅长宋（字海涵）的名片，介绍我曾在中央军校教过的学生许超（字达侯），至某贸易行带一百美金至港交给我转交香港调景岭他的同学某君作来台旅费，余款给他买点东西……这一年保安司令部藉实行金融管制之名，将全台所有贸易行搜查了一遍，宋这张片子，此时被搜去了，未作任何用途。现在彭孟缉要报复我，说我涉嫌"套汇"，就拿出来作证了。彭孟缉及部下也不想想，如果真正套汇，至少要一千或八百，谁人又去套汇一百美金呢？[1]

这些人不谈是否应当尊重"言论自由"，只是一味顾及本党的自身利益和名声。在他们看来，雷震公开胡适的"抗议信"，是一种"大逆不道"，在政治上给执政当局带来种种被动，因此，欲借所谓涉嫌"套汇"大做文章，藉此想来"压制"一下雷震。事实上，所谓"套汇"确属子虚乌有，雷震那年与洪兰友奉命赴港，中央党部唐纵、"总统府"第一局副局长曹圣芬，托雷震带一些美金接济逃到香港的亲人，[2]洪兰友受人之托，也带去不少，为何只"传讯"

---

[1] 雷震著《雷震回忆录——〈我的母亲〉续篇》，页97—98。
[2] 1951年1月雷震、洪兰友奉命赴港慰问，曹圣芬即致雷震函，"儆公赐鉴：一函，外美金九十元，请公于抵港后，即日专员送往辅仁书院周异斌清溢先生收，俾转交舍弟也。千万拜托，不另烦孝炎兄矣"。参见《雷震秘藏书信选》，《雷震全集》第30册，页112。

雷震，而不"传讯"洪兰友呢？况且，唐纵当时就在现场，深知实情，为什么不站出来说明一下？王世杰出来打圆场，"于是这来势汹汹的'严重情势'，又一变而为'不了了之'"（胡虚一语）。

此事虽然不了了之，却让雷震意识到《自由中国》在今后的处境将会变得更加被动和艰难，与第一次冲突有所不同，这次是"胡适之先生"被牵扯了进来，许多人不愿乐见，原先支持雷震的一些人之态度开始发生变化，包括老上司王世杰在内。王世杰站在政府的立场上，认为应当对胡适先生有一个交待，"不可置之不理"，建议"行政院长"陈诚亲自给胡适写一封信，以缓和一下彼此之间的关系。9月14日，陈诚在信中对胡适说："先生八月十一日致《自由中国》杂志社一函，关怀祖国之情，蔼然如见，深为感佩……至设阱诱民之举，遑论计不出此，亦为情理法之所不许，更非政府之所忍闻。惟经济生活，牵涉纷繁，任何法令，在执行时难免毫无疏失之处。先生远道铮言，心意何切，当本'有则改之无则加勉'之衷忱，欣然接受。至自由中国之言论自由，当可由先生此函在《自由中国》刊载而获得明证，无待赘言。"[1]

设若站在国民党政府的角度来看待此事，《自由中国》半月刊发表胡适的"抗议信"，确实会带来许多负面影响，不仅对于台湾社会，在国际上必然也会引来对蒋介石政权的某些看法，尤其是美国政府对蒋介石本人不予信任。9月6日，美国《世界日报》就此事刊出《胡适对蒋抗议》一文，认为"几年以来胡先生祖蒋，故信胡先生者多亦信蒋，而蒋竟得借重胡先生以讲民主，以欺天下。今蒋不自珍爱，居然管制胡先生的刊物，不许其有言论自由，则何怪胡先生毅然抗议，使天下皆知台湾之所谓民主究作何解

---

[1] 1951年9月14日陈诚致胡适函，原载1951年9月16日《自由中国》半月刊第5卷6期，页4。

也……蒋之为蒋，在执政初期利用汪精卫辈为之文过饰非，更收买无耻学者为之宣扬德意，故能造成其势。即在末期，亦出其大力以罗致胡先生辈为之点缀民主。然老马何能安习于新技，故始终‘露其马脚’也。呜呼，作伪者心劳日拙，美国朋友若问台湾是否民主，我今请其一问胡先生可矣"[1]。此系胡适在"抗议信"中所附的剪报，不难看出胡适本人的态度。

以后来的研究者分析，《自由中国》当时是否刊发胡适的信对雷震来说，是一个两难：这本是胡适自己提出来的，国民党中央纪律委员会却认为这是胡与雷之间的"私函"，不应当公之于众；而如果雷震不将此信发表，那么，胡适就会认为这是国民党政府对"言论自由"的迫害。可一旦发表，实质是引起了对《自由中国》的压制和批评，则又更加证明当时台湾言论自由的限度。所以当胡适来信询问《自由中国》第五卷第五期是否遭到查扣时，雷震觉得"真是一件难事"[2]。但还是有不少朋友（国民党前中央财政部副部长、交通银行董事周佩箴及友人张明等人）打电话给雷震，称"这封信很好，应该发表"；改造会秘书长张其昀前往雷府予以宽慰，表示理解。

9月7日，曾是陈布雷秘书的萧自诚来《自由中国》社拜访雷震，两人谈了两个小时。在场的《自由中国》编委罗鸿诏对萧说："胡先生函如不能发表，自由中国尚有言论自由乎？我们特为试验一下，现已试验完毕，即自由中国没有言论自由。"萧自诚一时无语。这天下午，雷震去拜访老友吴国桢。吴告诉他说，老蒋这次

[1] 李大明《胡适对蒋抗议》一文，原载1951年9月6日美国《世界日报》，参见《雷震秘藏书信选》，《雷震全集》第30册，页169—170。
[2] 雷震1951年9月21日日记，《雷震全集》第33册，页165。

真的生气了，认为刊发胡适的抗议信，是想"以停刊要挟"。吴国
桢希望雷震能"为自己辩解一次"。雷震当场表示，绝无停刊之意，
至于老蒋那里，"则不求谅解"。雷震又去沈昌焕[1]家，得遇胡健
中等人。胡健中将党内有关会议情况通报给雷震，让他哭笑不得。
雷震在当天日记中有记载，"老总认为我已卷入金融风潮，[2]前次
文章是报复。因调解后之文章怄了气，刊登胡先生来函，认为我
不配做党员，要开除党籍，经渠等（系指胡健中、陈诚等人）反对，
改为警告"[3]。

　　由于受到党内警告，雷震心情较为低落，不愿出席改造委员会
任何会议，党证也未去领，甚至在日记中失望地写道："今日局面
之下，言之无益，而且有害，还是为前途着想，少谈实际问题"。[4]
夏道平来劝，说还是应当去见一见王世杰，党部会议应当照常出席。
雷震不予理会，"党部方面既已决议我违反纪律，那我在改造会有
何权威可以发言，除非改造会撤消，我将不出席也。这是关系人格
问题，不可随便勉强……"[5]曾任《自由中国》编委的崔书琴此时
为中央改造委员会委员，特意来信请雷震出席设计委员会会议，"兄
未出席设委会，例会已数周，弟每次命人用电话催请，均因兄有事
未来，至以为念。本周六例会，务请拨冗参加为幸"[6]，雷震未应。

---

[1] 沈昌焕（1913—1998），江苏吴县人。先后留学美国、韩国，曾任蒋介石的英文秘书、
　　外交部礼宾司司长、行政院新闻局长。1949年到台后，任国民党中央宣传部副部长、
　　台湾"政府发言人"、"外交部部长"等职。
[2] 指彭孟缉散布流言，称雷震"套汇"，并传给雷震一张传票，要其到保安司令部军法
　　处出庭应讯。国民党内部斗争手段之恶劣由此可见一斑。
[3] 雷震1951年9月7日日记，《雷震全集》第33册，页155。
[4] 雷震1951年9月14日日记，《雷震全集》第33册，页159。
[5] 雷震1951年10月15日日记，《雷震全集》第33册，页177。
[6] 1951年10月崔书琴致雷震函，《雷震秘藏书信选》，《雷震全集》第30册，页184。

　　1952 年元旦，雷震没有参加改造会及"总统府"团拜，又一次主动疏远蒋介石。台湾学者张忠栋在《胡适·雷震·殷海光》一书中披露，蒋经国约见《自由中国》社发行部经理马之骕时，大骂雷震"不是反共而是反动"，《自由中国》是"骑墙、投机、违背国家、背叛民族"，"今日只有拥护'蒋总统'，拥护政府，别无其他路子可走了"，说这些话时，蒋经国"声音粗大，语气激昂"。[1] 蒋氏父子与雷震的关系出现如此紧张，从香港归来之后，就已彼此埋下很深的芥蒂，而以雷震的个性，在重大问题上绝不会妥协，尤其当"言论自由"与"本党利益"发生不可调和的冲突时，雷震只能选择前者，这是他的理念和认知所决定的。

　　尽管雷震低调应对此时对他的种种批评或指责，但在他内心深处，感到最不安的还是王世杰的态度。自从政以来，无论是早期的教育部，还是中期的国民参政会，以及大陆失守前彼此间的肝胆相照，王世杰一直都是雷震所敬佩的人。王世杰不仅为他的顶头上司，并对他一路关照和提携，可以说，在国民党高层中无出其右者。两家的私人关系亦非同寻常，从在美国的王世杰之子王纪五与雷震频繁通信，就可知道这一点。王世杰也是《自由中国》主要发起人之一，此次公开胡适"抗议信"后，王世杰在雷、蒋二人之间选择了相当谨慎的态度。对王世杰个人来讲，一边是老部下，一边是顶头上司，只能这样做了。有这样一件小事：1952 年 2 月前后，北婆罗洲一青年致函雷震要求订阅《自由中国》半月刊，并表示愿意帮助推销刊物，同时寄来蒋介石照片一张，托雷震让蒋氏给签个名。雷震此时不与蒋接触，无法办理此事，遂将照片送交王世杰，请其转呈。不日，接到王世杰复函，出乎雷震之所料，王世杰竟没给这个面子，雷震在当天日记中写道，"今

[1]　张忠栋著《胡适·雷震·殷海光——自由主义人物画像》，页 105。

日接王来函，内附有如下一句，即：'张君请题照片事，拟烦转告，迳函本府办理，原件附还'……"一副公事公办的态度，"真拒人于千里之外"。[1]

雷震接信后，"一日心中皆不舒服"。之后，数度登门拜访，王世杰均"以病避而不见"。无奈之下，雷震只好给这位老上司写了一信，以示心中的不安。王世杰这样回复："杰所不安者，《自由中国》期刊，实际上系兄及编辑诸公负责，胡先生久不愿负责（海外来人屡传此讯），远居海外，于当地情形，自亦不尽了然，倘使胡先生因此刊纠纷而与政府发生裂痕，或使国际及一般中国社会发生误解，其责任不能由胡先生负之也……"[2] 言下之意，既然远在美国的胡适不可能来负这个责任，此事只能由雷震一人来承担了。像王世杰这样的党内开明派对待这件事的态度亦复如此，在国民党内部，更遑论他人。

1951 年 10 月 1 日第二十五卷第七期《自由中国》社论鼓吹言论自由是天赋人权，并讨论舆论与民主政治的关系，提出"舆论政治"就是"民主政治"，再一次引起蒋介石的不满；王新衡告诉雷震，胡健中对他说，蒋打电话到台北，又要开除雷震的党籍。《自由中国》发起人之一杭立武来到雷震家中，不无担心地说，不能再这样刊登下去了，"以免再引起麻烦，而有严重后果"，他们不好帮忙，乃至声泪俱下。[3] 王世杰因有病，这一次未出面来协调此事，而是由王夫人来告，说陈诚认为这是雷震第三次向他们挑衅了，"王夫人劝雷看在多年老友的关系，接受劝告，立即把事

---

[1] 雷震 1952 年 2 月 1 日日记，《雷震全集》第 34 册，页 20。

[2] 《雷震秘藏书信选》，《雷震全集》第 30 册，页 164。

[3] 雷震 1951 年 10 月 6 日日记，《雷震全集》第 33 册，页 171。

情作一结束"[1]。从王世杰的态度，到杭立武的担心，雷震不得不开始面对"今后刊物将如何办"这一现实问题,而社里的每一个人,当时都十分紧张,"终日提心吊胆,认为'雷公'斗不过他们,后果不堪设想,但亦无可奈何"[2]。

雷震作出一些策略性的妥协与让步,毕竟国民党中这些人,大多数还是他的老朋友。"在忧谗畏忌之环境中",雷震一度"力持与外界隔离,以免麻烦"——这是 1952 年元旦这一天,在日记中写下的颇为伤感的字句。在这之前,1951 年 10 月 6 日,《自由中国》编辑会作出决议"今后多写国际文章"[3],对于这一个决定,夏道平当时一言不发。

## 二、被注销国民党党籍

1952 年 5 月,《自由中国》第六卷第九期发表徐复观《"计划教育"质疑》一文,针对计划教育提出了严厉批评,引来《自由中国》半月刊与教育主管部门之间的一次潜在摩擦。徐文说:

> 就教育来说,只要教育是合乎儿童、青年身心的正常发展,以养成他正常的选择力与担当力,则此一政府在教育上的责任便算尽到。至于下一代根据他的选择力与担当力去做些什么,这是应由下一代人的环境与意志去决定的。任何有能力的统治者,他不能完全掌握到下一代的环境,他不应彻底干涉到下一代的意志。因而仅仅根据这一代的眼前要求,

---

[1] 张忠栋著《胡适·雷震·殷海光——自由主义人物画像》,页 86。

[2] 马之骕著《雷震与蒋介石》,页 185。

[3] 雷震 1951 年 10 月 6 日日记,《雷震全集》第 33 册,页 171。

以规定下一代人们的任务，这在民主政治的立场来看，确是值得加以考虑的。所以言论自由、学术思想自由，是人类自由的最后堡垒。只有靠着此一堡垒，才可以为人类留下无限生机，才可以使人性保持无限的可能性。现代的政治家，多半根据教育原理去谈教育方针，而不轻于根据一时的政府要求去规定一种所谓"计划教育"。这其中，实有现代政治家的不敢和不忍的良心在发生作用。[1]

针对徐复观这篇文章，省政府教育厅秘书朱汇森投书《自由中国》社，称"计划教育系据'国父'遗训、'总统'训示及陈院长任主席时之训示"，官腔十足，唯上是从。是否刊发朱汇森的这份投书[2]，雷震先后与夏道平、毛子水、罗鸿诏等人商量过。夏道平的看法是"本文……多属官话，官话如由官方负责提出，本刊似有照登之义务，但此文系私人投稿，私人投寄的官样文章，似应退还"，罗鸿诏、黄中等人赞成夏的意见；毛子水则认为"朱汇森一文，有许多地方，很多徐先生文章的毛病，我以为如果我们自己能'民主'的话，这篇文章并不是绝对不能登的"。正当雷震在犹豫之中，朱汇森突然来函索回原稿，雷震认为应尊重作者的意见，在奉还时附上一函，说明该稿件的不足之处："第一，宣传口气太浓厚；第二，今日世界除极权国家外，没有一个国家不许私人办学校的，中国过去白鹿洞书院及岳麓书院都是私人办的。"[3]

实际上，朱汇森这篇文章是在台湾省教育厅长陈雪屏授意下发过来的，陈雪屏本人又是受命于"某巨公"的指示，据说"某

---

[1] 徐复观《"计划教育"质疑》，原载 1952 年 5 月 1 日《自由中国》半月刊第 6 卷 9 期，页 8。
[2] 投书即读者来信，为旧时用语。
[3] 雷震 1952 年 5 月 12 日日记，《雷震全集》第 34 册，页 67。

巨公看了之后大怒"。最初收到稿件时，雷震曾去过电话，表示拟不刊登此文。陈手下的人听后大为不悦，透露出此文不过是由朱汇森出面署名而已，其实是省教育厅的意思。不知为什么，陈雪屏后来改变了主意，朱汇森这才要求索还原稿。尽管此事未酿成大的矛盾，但陈雪屏与雷震的关系却颇有疏远，"不久之后，雷震接到徐复观的来信，告诉他大怒的'某巨公'就是陈诚"[1]。

1952 年 9 月 16 日，《自由中国》第七卷第六期发表《对于我们教育的展望》一文，对正在筹备中的"青年反共救国团"发出建言，指出办教育的人不能是"偏激的党员"，这一建议与"青年救国团"筹备宗旨相抵触。刊物出版之后，军中政治部下令禁止阅读《自由中国》半月刊，并派人将所有旧刊物撕去。"这是官方第一次以明显的行动查禁《自由中国》。虽然，采取行动的是军方，不过，这也标示了以往官方与《自由中国》的冲突都是在台面下的冲突，自此以后，官方才开始公开的限制《自由中国》流通，而官方与《自由中国》的磨擦自此正式浮上台面。"[2]雷震认为，军方政治部这种愚蠢的做法，"将会自毁军队的"。

国民党七大即将召开，雷震请毛子水写一篇社论，即《对国民党七全大会的期望》一文。9 月 26 日，毛先生将稿子送来，雷震、罗鸿诏、夏道平三人作了一些修改，对"党内民主"与"法治"这两点，作了特别补充。这篇社论的要点是：期望国民党能在政治上加强民主，而且能够守法，保护人民的基本人权，"我们的政府，近数年来，也常常强调'守法'，可是我们仔细观察，政府所强调的守法，责之于人民者多，责之于自己者少。我们并不是说，政府要守法，人民可以不守法，我们也不是说，我们的政

---

[1]　张忠栋著《胡适·雷震·殷海光——自由主义人物画像》，页 102—103。

[2]　薛化元著《〈自由中国〉与民主宪政——1950 年代台湾思想史的一个考察》，页 105。

府一定是一个完全不守法的政府。但是，我们从国家行政的程序
看，从基本人权保护看，如绳以法治国的标准，尚有很大的距离"[1]。
雷震在当天日记中写道，"所论或厉害一点，但是为了党前途着想，
辞严而义正，我们觉得到了今天，应该不避斧钺了"[2]，雷震甚至
知道"老头子看了必不高兴"[3]，"老头子"指蒋介石。

《政府不能诱民入罪》事件发生后，雷震有过一段时间的"自
我克制"，此时渐渐"故态复萌"。

这一年"双十节"，蒋介石在一份文告中宣称"中正以待罪之
身……任何责难都是箴规"[4]，雷震认为蒋氏既出此言，就应当遵
守这一承诺，于是抓住这一机会，针对"青年反共救国团"合法
性问题，决定再刊发一篇徐复观撰写的《青年反共救国团的健全
发展的商榷》一文，这篇文章说：

> 一个机构应该只在一个主管领导之下，才可以有秩序的
> 进行工作。学校有校长，其下有教务、训导、总务以及级任
> 专任各教职员，有其完备的一套，任何"反共抗俄"的教育，
> 都可以在这一套之下去实施。现在学校之内，另外有一领导
> 系统，其领导的范围，从担任教育以至国家的整个工作，无
> 不包括在内；其领导依靠的不是国家的教育的法令，而是国
> 家教育系统以外的组织；在一学校之内，有在团与不在团的
> 两种青年，有教育规章以内与教育规章以外的两种训练，有
> 校内校外两种工作，有在组织与不在组织的两种教员……现

---

[1] 《自由中国》半月刊社论《对国民党七全大会的期望》，原载 1952 年 10 月 1 日第 7 卷 7 期，
页 3—4。
[2] 雷震 1952 年 9 月 26 日日记，《雷震全集》第 34 册，页 129。
[3] 雷震 1952 年 10 月 2 日日记，《雷震全集》第 34 册，页 132。
[4] 1952 年 10 月 10 日《中央日报》。

在由"青年反共救国团"的团章看，它与各方都发生交叉，
然则今后将只听一个纵队前进，而令其他纵队停止不前呢，
抑使各纵队都挤在交叉路口上，彼此都进退维谷呢？[1]

这篇文章措词平实温和，虽然并未主张撤销"青年救国团"，
但建议要厘清它的法律地位，"不可以又像政府机关，又像人民团
体，好像可以'天马行空，百无禁忌'，实际将来会像'驾驶失灵
的汽车'，闯坏了道旁的汽车，结果也闯坏了自己的机器"；"救国团"
主任"不妨由教育部长兼任"，"救国团"可以进学校，但不能妨
害正常教育为度。"青年救国团"是在这一年 10 月成立的，这是
一个"在三民主义的最高原则指导之下"以"拥护元首"为宗旨、
以具体实施"党化教育"为使命的政治组织。此文发表后，"青年
救国团"主任蒋经国勃然大怒，当着"立委"王新衡的面说：这
是雷震、徐复观有意与他过不去，为何在此之前不批评，而是待
公布他本人担任团主任之后才发表，何以说程天放（接替杭立武
为"教育部长"）可做团主任，他就不配做么？[2]

王新衡打电话告诉雷震，"文章所言是对的，但此时不宜讲"，
劝雷震今后少刊登这类文章。蒋经国对此一直耿耿于怀，在政治
部会议上，公开指责徐复观与雷震"有帮助共产党之嫌"[3]。数日
后，蒋介石跟着放言，称《自由中国》社内部有共产党"[4]。这些

---

[1]　徐复观《青年反共救国团的健全发展的商榷》，原载 1952 年 10 月 16 日《自由中国》
　　第 7 卷 8 期，页 11。

[2]　参见张忠栋著《胡适·雷震·殷海光——自由主义人物画像》，页 105；雷震 1952 年
　　10 月 27 日日记，《雷震全集》第 34 册，页 146。

[3]　雷震 1952 年 11 月 5 日日记，《雷震全集》第 34 册，页 151。

[4]　雷震 1952 年 11 月 9 日日记，《雷震全集》第 34 册，页 153。

迹象都表明蒋氏父子对雷震已有相当大的戒心。有人出于好意[1]，建议雷震将《自由中国》自动停刊，雷震没有接受，在日记中说："如果《自由中国》之言论，有人认为不利于政府，或迳认为反动，则此政府真不知往何处去"，"我于良心甚安，我行我素，只有不顾这些谰言了。"[2]

1952 年年底，胡适回台湾讲学，在"《自由中国》创刊三周年纪念并欢迎胡适先生"茶会上发表演讲，他对《自由中国》半月刊表示赞许和支持，认为这几年来《自由中国》各位同仁尽了很大的努力，他本人多有感佩；接着，又说"自由民主的国家，最重要的就是言论自由。我个人的看法，言论自由，只在宪法上有那一条提到是不够的，言论自由同别的自由一样，还是要靠我们自己去争取的，法律的赋予与宪法的保障是不够的，人人应该把言论自由看作最宝贵的东西，随时随地的努力争取，随时随地的努力维持，用个人的言论去维持它，争取自由是一种习惯，要大家去努力争取。"[3] 有人据此认为：由于胡适的到来，对于当时压力日趋加重的《自由中国》将产生一种保护作用，雷公由此可以轻松一下了。雷震却说："听到适之先生之言，当然愉快，不过我个人是会独立奋斗的，不必有什么靠山，过去之用适之先生为发行人，并非以他为招牌。"[4]

1954 年上半年，国民党内传出有人正在运作让胡适回台竞选

[1] 此人为黄觉，黄觉的先生冯斌丞与蒋经国过从甚密。此时向雷震进言，应当出于一种善意。参见薛化元著《〈自由中国〉与民主宪政——1950 年代台湾思想史的一个考察》，页 99。

[2] 雷震 1952 年 3 月 7 日日记，《雷震全集》第 34 册，页 36。

[3] 雷震著《雷震回忆录——〈我的母亲〉续篇》，页 62—63。

[4] 雷震 1952 年 11 月 29 日日记，《雷震全集》第 34 册，页 164。

"副总统"的消息，[1] 雷震颇感失望。在美国的董时进给雷震来信，他是支持胡适竞选"副总统"的，认为胡适是一个正派人，没有什么污点，"这样一块响亮的招牌，为什么不扛出来？在平时我也不爱管这些闲事，这是什么时候！所以我们顾不得别人误会，我也明知道这对于胡本人并不一定是福，也许是牺牲了他，但是现在也顾不得了，为几万万人而牺牲一个人也应该"。[2] 这一年 11 月 12 日，雷震在社里与友人聊起此事，他对好友罗鸿诏说，"如果胡任了'副总统'，则渠历史地位一定减低，因为他无斗争性格，非政治人物，而政治则是一种斗争性的东西"。在场的民社党负责人蒋匀田同意雷震的看法，"我们对适之估价太高……他的妥协性最大"；雷震又说"对读书人讲民主，我也悲观，他们太无自信"。罗鸿诏究其原因，认为"这些东西不是中国固有的道德，他们信之不坚，所以不会殉道的"。以上对话见诸雷震当天（1954 年 11 月 12 日）日记，这一番对话，将中国知识分子在现实政治中的"知与行"关系，剖析得较为透彻，应当说，就推进台湾民主宪政而言，雷震日后在台湾社会的广泛影响力远远超过了他所尊敬的胡适先生。

这一时期，《自由中国》半月刊麻烦总是不断。1953 年 3 月 13 日，国民党中央委员会第四组[3] 致函雷震，对《自由中国》半月刊第七卷第九期上《再期望于国民党者》、《监察院之将来（一）》

---

[1] 1954 年推举胡适一事，除是自由派人士的运作之外，也有希望藉此来保护陈诚的意味。陈诚曾对同仁表示感受到了强人威权体制建立的压力，实际上，透露出他本人与蒋氏父子的某些矛盾。参见蒋匀田《中国近代史转折点》，香港友联出版社 1976 年版，页 260。又：尽管党内有部分人支持胡适竞选，但事实上，蒋介石相对于 1948 年前后对自由派和在野党人士之拉拢，早已不可同日而语，蒋表示若提名胡适任"副总统"，他会觉得"芒刺在背"。参见雷震 1954 年 3 月 21 日日记，《雷震全集》第 35 册，页 247。

[2] 1954 年 2 月 9 日董时进致雷震函，《雷震秘藏书信选》，《雷震全集》第 30 册，页 278。

[3] 第四组系当时国民党中央改造委员会专门分管新闻舆论的机构，负责人为陶希圣。

两文提出严重警告。对于前文,第四组认为有"故意歪曲题解,武断本党无意实行七全大会宣言"之嫌。而后文,"'监察院'之职权,不过欧美上议院职权之扩大而已……未发现如作者所说'利则两争,害则互诿'或'有时无人问,有时都来问'的现象。至于"'国歌'中'吾党所宗'一语,其中'党'字本应作'人'字……而作者偏说明明国民党,偏偏要他党他人在唱'国歌'的时候换党籍……以此挑拨性的词句,来破坏本党与民、青两友党的感情,其用意何在,实难揣测。"[1]《监察院之将来》是雷震写的一篇长文,准备分为六部分用三个时间在《自由中国》刊出,其中第一部分谈及民主社会要尊重少数人的意见,举例提到了"国歌",在雷震看来,所谓"国歌"实际上就是"党歌","吾党吾宗"的"吾党"指的就是国民党,为何要非国民党的人也跟着唱,这就是不尊重少数人的"不智之举"。

以研究者的看法:对雷震和《自由中国》来说,"这两篇文章可以被理解为希望执政党能够放弃自我本位,结合其他在野人士,并落实政治上的主张。但情治单位及执政者却未必认为这是善意的建议,甚至还认定它多少已逾越了可以接受的程度"[2]。3月19日一大早,雷震接到友人(熊鲁声)打来的电话,称老蒋看到党部送交的审查意见后"至为震怒",下令免去雷震的"国策顾问"。此事雷震早已知道。3月初,洪兰友得知国民党可能要处分雷震,劝他接受警告了事,雷坚决不肯,表示至少应有一个答辩的机会。[3]王世杰知道后,提出让雷震主动辞职,"以免外面不好看"。雷还

---

[1]  万丽娟编注《胡适雷震来往书信选集》,页46—47。

[2]  薛化元著《〈自由中国〉与民主宪政——1950年代台湾思想史的一个考察》,页109。

[3]  雷震1953年3月4日日记,《雷震全集》第35册,页37。

是没有答应，"认为两文无错误，由他免职可也"。[1]3 月 24 日，
雷震接到"总统府"人事室公函，"奉'总统'谕：解除先生所任
之本府'国策顾问'职务……"[2] 对于被免去"国策顾问"，雷震
本人并不特别在意，《自由中国》编委会开会时，不少人主张对党
部的这一决定作公开答辩，雷震没有接受。在当天的日记中，只
说了一句"蒋无容人之量"[3]。就在前一天，雷震就第四组的警告
公函给沈昌焕（时为中央党部第四组组长）一信，表明办刊立场
绝不动摇：

> 《自由中国》年来刊载文章，极其小心谨慎，凡于国事
> 无补或事实不正确者，从不登载。我们的批评也是可怜得很，
> 我们不办刊物则已，如办刊物，对自由中国政治上一件重要
> 大事，如七全大会之召集，而不为文置评，则失去办刊物之
> 立场，如批评而拿不出良心主张，一味歌功颂德，不仅对国
> 事无补，亦有失独立之人格。[4]

3 月 25 日，雷震给胡适一信，称当局打压党内自由派人士早
有迹象，"可见过去大家之所顾虑者，自非杞人忧天之举"；"此事
只报告，先生知道就算了，不希先生有任何表示，惟本刊发行已
有八十一期，先生迄未给本刊专写过一篇文章，我特向先生提出
控诉的"[5]。从当时的政治环境来看，应当说，并非仅仅这两篇文

[1] 雷震 1953 年 3 月 19 日日记，《雷震全集》第 35 册，页 46。
[2] 参见万丽娟编注《胡适雷震来往书信选集》，附录三："总统府"人事室函，页 51。
[3] 雷震 1953 年 3 月 24 日日记，《雷震全集》第 35 册，页 50。
[4] 1953 年 3 月 23 日雷震致沈昌焕函，《雷震秘藏书信选》，《雷震全集》第 30 册，页 252。
[5] 万丽娟编注《胡适雷震来往书信选集》，页 45。

章触怒了蒋介石，而是可以理解为执政当局在政治上与自由派分子之间的分歧越来越大，乃至发生一系列的冲突。

这一年4月，一直酝酿要辞职的台湾省主席吴国桢，因与"行政院长"陈诚不和，与蒋经国一再发生冲突，称病赴美不归；同月，台湾《自立晚报》因刊载有关孔祥熙的报道被处罚停刊七天，言论与新闻自由遭到严重打击。国民党中央甚至决定，"立法院"之"立委"提案须先经过党部通过，"'立法院'已由国民党的组织来主导"；时任台湾省主席的俞鸿钧"将民社党谢汉儒顾问等等一律免职"[1]；蒋经国在阳明山一次演讲中公开指责"大陆是自由丢掉的，现在又来台湾自由"[2]。在一片自由紧缩声中，老友王世杰还是想到了性格倔强的雷震，托洪兰友带信劝其"小心谨慎"。未料，到了11月17日，王世杰本人因"陈纳德民航队欠款事件"被蒋介石免去"总统府"秘书长一职。王特别嘱咐友人勿探望他，"以免惹上麻烦"。当时传出"王世杰贪污"之流言，王面对不实之词，提出由自己主动"辞职"，蒋介石"不欲在辞呈上签字，而必欲免职"，而且将王世杰软禁在北投"外交部"的"佳山招待所"里，雷震觉得蒋介石处理王世杰一事"令人灰心"。[3]王世杰一直被视为国民党自由派中的重要人物，由于他的去职，党内自由派人士与高层的互动失去最直接的管道，雷震与蒋介石的关系，也就更加难以愈合了。

1954年初，设计委员端木恺遭到开除党籍的处分；在美国的

---

[1] 雷震1953年10月26日日记，《雷震全集》第35册，页158。

[2] 雷震1953年4月14日日记，《雷震全集》第35册，页61。

[3] 雷震1953年11月21日日记，《雷震全集》第35册，页175。

吴国桢公开发表谈话，严词抨击蒋介石政府；[1] 这一年年底，雷震被注销了党籍，同时被免去"中央银行"监事、"国民大会"筹备委员等职；1955 年 8 月，孙立人因所谓郭廷亮"匪谍案"愤然辞职，从此遭到长期软禁。在这种高压气氛之下，党内不少人担惊受怕，程沧波就表示过"近来不敢写日记"，也不敢到《自由中国》社吃饭，[2] 雷震在日记中叹道"飞鸟尽，良弓藏，自古已然，不过，于今尤烈耳"[3]。短短两年内，一系列内部冲突与整肃并非孤立事件，"而是两种思维模式与治台路线的冲突"，从中也可看出国民党以威权政治控制其局面的态势明显加强，并以逐渐放弃重用党内自由派人物这一策略为代价，从而将台湾社会带入"白色恐怖"时期。

　　"白色恐怖"一词之由来，一般认为源于法国大革命。学者指出：由于反抗雅各宾恐怖统治也包括支持波旁（Bourbons）王室的保皇党，波旁王室又以白色为代表色，故将当时对雅各宾采取报复的恐怖活动，称之为"白色恐怖"。而对于台湾社会，是指由执政当局的宪警和情治单位对异见分子的政治迫害，逮捕、讯问和监禁，往往不遵守法律和法规，即便有也是按严厉的军法处置，"人民不能享受自由空气，徒有实施宪政法治之名，却是在政治干预、威权统治之下，国民党长期一党独大，掌控全台湾的实况，被称为戒严体制或威权体制"[4]。

　　上世纪 50 年代，台湾至少有两千人被处决，八千人遭到逮

---

[1] 吴国桢在美国提及当时台湾的政治现状：一，一党专政；二，军政之内有党组织及政治部；三，特务横行；四，人权之无保障；五，言论之不自由；六，思想控制。并建议："国民大会"调查国民党经费来源，撤销军中之党组织及政治部，调查言论何以不自由等。

[2] 雷震 1953 年 10 月 18 日日记，《雷震全集》第 35 册，页 163。

[3] 雷震 1954 年 1 月 27 日日记，《雷震全集》第 35 册，页 215。

[4] 薛月顺、曾品沧、许瑞浩编注《从戒严到解严——战后台湾民主运动史料汇编（一）》，台北"国史馆"2002 年 7 月，页 4。

捕判刑。"白色恐怖"不但危害了基本人权，更使整个社会陷入自我压抑的状态，造成心理上的扭曲。[1]台湾民众对"岛上无所不在的恐慌（bugaboo）都有一种近乎非本能的反应"[2]，"这种恐怖感统治了所有正常生活，已达到食不知味，睡不知觉的地步"[3]。或许除了蒋介石父子之外，没有一个人可以保证自己的生命安全，前台湾"总统"严家淦一度竟也被怀疑有"匪谍"之嫌，[4]更遑论他人。

雷震被注销党籍的具体原因，与《自由中国》刊发一封有关台湾教育问题的"读者来信"有关。国民党大陆失败后，在台湾进一步加强了对教育的全面控制。不仅在校园内散发"反共"宣传读物，还要求每一位学生都背诵"三民主义读本"、"总理遗训"、"总统训词"，这种强制性的违悖教育真义的做法，激起了强烈的反弹，学生、家长们无不怨声载道，这是继上世纪二三十年代以来"党化教育"在台湾社会的一种延续。

1954 年 5 月底，余燕人、黄松风、广长白三位家长联署投书《自由中国》半月刊，对"党化教育"严重干扰校内正常教育，提出了言辞激烈的批评：

夙仰贵刊立论公正，故愿借一角之地，以表达我们这几

---

[1] 参见廖宜方著《图解台湾史》，台北易博士出版社 2004 年 12 月初版，页 205。

[2] 殷海光《剖析国民党》一文，收录于林弘正主编《殷海光全集（12）——政治与社会》，台湾桂冠图书出版公司 1990 版，页 1153。

[3] 叶石涛著《一个台湾老朽作家的五〇年代》，台北前卫出版社 1991 年版，页 64。

[4] 前台湾调查局副局长高明辉自述：1977 年时任"总统"的严家淦，其政治侦防档案的"类别栏"竟是"匪谍"。参见高明辉口述、范立达整理《情治档案：一个老调查员的自述》，台北商周文化事业公司 1995 年版，页 291—222。

个做家长的人眼看自己的子女所受教育感到沉痛与忧虑……
今天的中学生负担的繁重则又确是事实，这种繁重不是课业
的繁重，而是规定学生来念的课外东西太多了，三民主义、
总理遗教、"总统"训辞、"青年救国团"发下来的必读小册
子……等等，连篇累牍，念之不尽，读之不竭。教育当局、"救
国团"并经常举行考试，以察看学生们是否念得如家谱一样
的烂熟。所以很多的时间都被这些"政治大学"占去了。每
到政治测验的前两天，我们眼看着我们的子女"戴月披星"、
"三更眠、五更起"的愁眉苦脸的抱着这些书来啃，真正的
课业，反而不得不丢在一旁……更令人奇怪的是国民党六十
周年纪念，竟也发动学生去郊区做宣传，要恭读党部发下来
的国民党六十周年专刊，要作"我对国民党的认识"等类的
论文。试问国民党党庆和学生有什么关系？……我们的教育
应该是自由的教育，而不是任何一党包办的党化教育……全
省的公立学校，都是用纳税人的钱来办的。教育当局和救国
团不可借教育之名而行党化之实。[1]

家长之一余燕人当年系北大毕业，此时在台北某中学教书，
深知学校"党化教育"之严重。对于是否刊发这封读者来信，《自
由中国》社内部有过不小的争执。鉴于当时刊物与当局的关系已
然恶化，社中有不少人反对刊发此信。雷震、殷海光[2]、夏道平等
人却认为：这封来信不仅反映了台湾教育界的真实现状，还指出

[1] 原载 1954 年 12 月 16 日《自由中国》半月刊第 11 卷 12 期。
[2] 殷海光（1919—1969），湖北黄冈人。本名福生。西南联大哲学系毕业。抗战胜利后，曾任国民党中央宣传部编辑、金陵大学副教授、《中央日报》主笔。赴台后，执教台湾大学哲学系，为《自由中国》杂志社编委及政论主笔。后有《殷海光全集》问世。

了诸如"青年救国团"这类组织属"非法"的这一事实，由此可以深入检讨一下国民党的"党纪问题"。

《自由中国》是站在这一角度和立场来刊发此信的，关键点在于"青年救国团"的正当性，将矛头直指向蒋经国。当局对此十分震怒。1954年12月，"宣传会报"主席蒋介石以"不守党纪，影响国民党名誉"为由，下令开除雷震的党籍。雷震说，"唐纵则代表党部出席，说我没有归队，等于没有党籍。不料蒋介石一向胡说八道搞惯了，就说'没有党籍也要开除'，结果则用'注销党籍'了事。党部并没有通知我，系时任'总统府'秘书长张群告诉王世杰的"[1]。

中央党部在《中央日报》刊发一则消息，殷海光从报上看到后，1955年1月4日给雷震写了一封很短的信："欣闻老前辈断尾（指被注销党籍），诚新春之一喜讯也，可祝可贺。从此先生更可本平民立场，为民主事业奋进不休也。"[2]洪兰友也上门拜访，向雷震道贺，称"今日之局势太危险了"，对雷震及《自由中国》的勇敢作为表示"十分钦佩"。雷震还收到作者刘书传写来的信，"从做官言之，先生或许失败了，从政治言之，却在成功的途中。当年先生大名日日见于报纸时，社会并不以为重，今日办杂志写文章既穷且恼，社会并不以为轻。社会自有公论，绝不因权势关系而有所变更，当局对先生之误解，随形势之推移，终有刮目相看之一日。凡此事实，区区如弟，曾获见不少，《自由中国》一刊的贡

[1] 雷震《雷震回忆录——〈我的母亲〉续篇》，页360。
[2] 1955年1月4日殷海光致雷震函，《雷震秘藏书信选》，《雷震全集》第30册，页287。

献，隔一时期，自然全明白"[1]。

　　关于"青年救国团"合法性问题，到了 1958 年当局还在为之辩护，《中央日报》以社论《反共救国，团结奋斗》予以声援，声称"青年救国团"工作主要在于"加强爱国教育"，指责"有些心存歪曲的分子，往往会用'泛政治'的眼光去分析事物，将一件极其纯洁的举措，硬要挖空心思，另做砌造，以达其破坏的目的"。第十八卷第十一期《自由中国》再刊社论，以《再论青年反共救国团撤销问题》为题，针对"青年救国团"称其成立之依据是根据《军训实施法令》有关条文，社论指出："青年救国团"于 1952 年 10 月成立，《军训实施法令》颁布是在 1953 年 7 月，"青年救国团"怎能在此法规颁布之前就成立呢？除了在蒋介石文告中可找到某些说法外，"救国团"的成立并无任何法律上的依据，进而问道：

　　　　"青年救国团"成立以来，经费究竟如何列入预算？又如何送交审核？是否都经过了合法的手续？所说由"内政部"及教育行政当局拨款，又究竟是以什么做根据？是根据有效的法律抑或是政治上的特殊关系？现在账据是否全部存在？是否经得住"监察院"的彻底调查？

　　　　……如果像"青年救国团"这样一个机构还不撤销，而且还要听任其在各个学校加强控制，以完成其特殊使命，则我们还有什么青年前途可说！又有什么学术前途可说！更有

---

[1] 转引自张忠栋著《胡适・雷震・殷海光——自由主义人物画像》，页 115。刘书传《大陆上中学教育的恶变》一长文，分别刊于 1953 年 7 月 1 日《自由中国》半月刊第 9 卷 1 期、7 月 16 日第 9 卷 2 期，作者情况不详。

什么法治前途可说！[1]

《自由中国》这篇社论见刊后，有许多读者投书，其中路狄君《"青年团"破坏法制与浪费国帑》一文说：总之在国家正常教育系统之外，另设于法无据的、黑市的、私人控制的（成立以来始终由一个人主持）"青年救国团"组织，浪费青年的时间精力，做无聊的事，开无聊的会，是千不该万不该的。"青年救国团"的权力基础非常坚固，实力非常雄厚，虽在一片撤销声中，但绝不会被撤销的，真为那些受训青年的前途一哭！[2]

尽管受到舆论纷纷指责，"青年救国团"仍向"行政院"建议，将"军训"划归教育主管部门，"行政院"在 1960 年 7 月作出有关规定：高中以上学校军训工作，划归"教育部"军训处办理，原在"救国团"工作的有关军训人员，全部并入"教育部"。虽然某些归属有所改变，实质上是换汤不换药。郭衣洞（柏杨）曾就职于"青年救国团"，他这样评说："很多人认为这是一个特务组织，其实，当然不是，它只不过是蒋经国培植私人势力的迷你王国。总团部设有若干组，最初以数字为顺序，以后取消数字，直接标出工作的内容，像青年活动组、青年服务组、文教组、妇女组……具有政党组织的雏形。蒋经国是主任，胡轨是副主任，李焕是主任秘书。这是一个单调的团体，被外人称为太子门下，但绝对不是特务，因为特务是一种专业，他们不够资格当特务，况且蒋经国另有特务系统，不需要他们介入。"[3]

蒋经国晚年对推动台湾社会政治转型作出不可磨灭的贡献，

[1] 原载 1958 年 6 月 1 日《自由中国》半月刊第 18 卷 11 期，页 4—6。

[2] 原载 1958 年 1 月 16 日《自由中国》半月刊第 18 卷 2 期，页 31。

[3] 柏杨（口述）、周碧瑟（执笔）《柏杨回忆录》，台北远流出版公司 1996 年第一版，页 216。

但在上世纪五六十年代，他所扮演的政治角色，对当时许多自由派人士来说，则多有不堪。台湾前"监察院长"王作荣在"自传"中说："在 1950 年至 1960 年代，可说是政府的高压威权时代，而主控这一段时期权力的便是经国先生，这可说是人尽皆知的事……迁台早期，简直是恐怖统治，以后虽稍有放松，仍是绝对威权统治，毫无民主气息。而且为求将来能继承大位，不着痕迹地、但无情地、不择手段地整肃对自己有妨碍者，甚至一再用冤狱罗织入罪，所以我对他的印象不佳。"[1]

傅正曾经是蒋经国的追随者，对他相当钦佩，并寄予莫大的希望，"希望他能好好地为这个国家做一番事"，可到台湾后不到一年，"当我在去年秋天在淡水亲自听到他的高论后，我惊奇他的思想之落伍，同时在这一年多来，我更是痛恨而又惋惜他被一些肖小包围而远贤人而亲小人，渐渐地走上自我毁灭的道路。如今我对他已由热望而变成绝望，以目前的情形看来，他是再也不会重新唤起我对他那已经毁灭的希望。相反地，他只有一天天的加深我对他的恶感"。[2] 傅正后来脱离"蒋经国之路"，转而走上了"雷震之路"，《自由中国》"今日的问题"系列社论之十二《青年反共救国团》一文，即为他所撰，在社论中指出："救国团"这个无法无天的组织，解决的办法，只有一个，"就是撤销青年救国团"。

1954 年 3 月 14 日，《自由中国》社编委聂华苓告诉雷震，美国政府新闻处推荐他赴美考察三个月，如果一切顺利，大约可在

---

[1] 王作荣著《壮志未酬——王作荣自传》，台湾天下远见出版公司 1999 年第一版，页 362—363。

[2] 傅正 1952 年 5 月 26 日日记，参见苏瑞锵著《超越党籍、省籍与国籍——傅正与战后台湾民主运动》，页 101。

半年后动身。雷震并未想到当局会禁止他出岛，做了许多赴美前的准备。可几个月过去，护照迟迟批不下来。8月31日，雷震去王世杰处，王对他说赴美之事"蒋先生可能不批准"。雷震问其理由，王世杰说，他们怕你（指雷震）与美国有实质往来。时任"总统府"秘书长的张群对雷震应邀访美"未事先请准"表示不满。9月10日，雷震去"青年救国团"总部去找蒋经国，"将美国邀请之事"作详细说明，"盼他报告'总统'准我去"，蒋经国未作任何允诺，只说了一个"好"字。[1]

9月28日，雷震去张群处，先谈"中日文化经济协会"事，继谈赴美之事。张群劝雷震暂时不必作赴美访问的打算，而是续任"中日文化经济协会"总干事长一职，过些时候再说。雷震说赴美考察一事本属正当，外界早已传开，硬拦着不让去对"政府"不利，张群未语。

据雷震之女雷德全回忆："大学毕业那一年的春天，接获父亲的来信，他应美国国务院邀请，会来美国作为期三个月的考察。他若暑期能抵达美国，我可以陪他三个月。我十分兴奋地等待父亲来美，但是在父亲还来不及通知我他拿不到护照时，我已间接从友人处得知父亲访美之行已成泡影。我朋友的父亲（雷德全所说的这位朋友，是王世杰之子王纪五，时在美国）是蒋介石的亲信，他们早已知道蒋介石绝对不会准许父亲出国，但是张群却一直瞒着父亲，要父亲耐心慢慢地等待。"[2]

雷震闷闷不乐，在当天的日记中这样写道："党部对我不好，认为我比胡先生（指胡适）对政府更坏……谓胡先生原与党不相干，

---

[1] 雷震1954年9月10日日记，《雷震全集》第35册，页330。

[2] 雷德全著《我的母亲——宋英》，台北桂冠图书股份有限公司1996年11月初版，页168—169。

他可以批评，如果他说两句好话，他们很高兴。我是自己人，批评他们，他们就不高兴……今日听说这一段话，我心中非常气闷。胡先生所说台湾年来有自由，《自由中国》之言论自由是我争得来的，可是我今日被人邀而不能出国，自由之谓何？真令人欲哭无泪也。"[1]

　　雷震当时还与张群争辩了几句，表示："沈昌焕（当时的'外长'）云，凡属中国人依照护照条例，无不准之理，何以不批准我？"张群手一摊："今日不合理太多，我何能纠正？"雷震深感这位老友"完全离开是非"，感叹"生为今日中国之人，诚不幸之至"。雷震的许多朋友问其何时赴美时，雷震"竟无法回答"，甚至感到了厌烦，"只好敷衍答复"。

　　胡适在美国多次写信给蒋介石、张群等人，从中说项并愿出面予以作保，仍无济于事。当局之所以不批准雷震赴美考察，显然是担心他到美国后出言批评"政府"。在此之前，前台湾省主席吴国桢在美国严词抨击台湾政府，使当局十分被动，而雷震的性格，较之吴国桢更加率直，难免不会出什么问题。几个月后，雷震就被注销了党籍。

　　1955年2月16日，雷震去机场送王世宪（民社党籍"立委"）赴美考察，遇到美驻台使馆新闻处文化专员Whipple小姐，她问雷震何时动身，并说要到机场送行。雷震觉得美国人并未放弃邀请，回到家即给张群写信，请他再次说服蒋介石批准赴美，"我在国民党有三十多年之历史，无功可言，但亦没有对党不起的事情。过去在派系斗争激烈之际，我未参加任何小组织，今日亦复如此。大陆在危急的时候，我也东奔西走，为国效劳。我当时没有任何名义，完全出于爱国热诚。我恳求吾公在日内请'总统'批准，

---

[1]　雷震1954年9月28日记，《雷震全集》第35册，页338。

我去时只用普通护照，尚要检查身体、签证、预备讲稿，本年 3 月 10 日以前必须动身，在本月底必须答复美国，将计划书送去"[1]。话都说到了这个份上，最终还是未能得批准，雷震愤激不已，当着张群的面不客气地说："总统"无权拒我应邀访美，他之信任与否，毫无关系，我是一个老百姓，我有权出国！[2]

## 三、孙元锦自杀事件

雷震被注销了党籍，蒋介石没有因此而息怒。

1955 年 1 月 3 日晚，雷震等人在王新衡家中聚餐。席间，王告诉雷震，说老蒋在最近"宣传会报"会上公开骂他是"混账王八蛋"，称雷震是美国武官处的间谍、是汉奸。不特如此，陈诚在 1 月 11 日"司法节十周年纪念会"上指称雷震等人为"文化流氓，文化败类，制造矛盾，为匪张目，假借民主自由之名，投机政客，恶意攻击政府"[3]。据陶百川回忆，会议开始之前，陈诚向人（谢冠生、王亮畴）询问"在法律上有什么方法可对付文化败类"，众人"笑而未答"。陈诚这一问话，显见国民党高层对雷震及《自由中国》已有采取法律行动的意向。

这一年 6 月，《自由中国》社收到一封教师来信，称台南农业职校校长滕咏延以台湾省教育厅命令审查书籍为由，将《自由中国》半月刊列为"言论不正确"的杂志，并要求交教务处保管，不准放在阅览室中。《自由中国》社针对此事发表社论，以《抗议与申诉》为题，表明自己的态度与立场。社论指出：所谓言论不正确，

---

[1] 1955 年 2 月 16 日雷震致张群函，《雷震秘藏书信选》，《雷震全集》第 30 册，页 290。

[2] 雷震 1955 年 3 月 18 日日记，《雷震全集》第 38 册，页 54—55。

[3] 雷震 1955 年 1 月 12 日日记，《雷震全集》第 38 册，页 12。

应该衡量一个正确标准，这标准是谁制定的？它如何取得"标准"的地位？《自由中国》"言论不正确"之处在哪里？《自由中国》作为合法发行的刊物，不知滕校长何以如此认定？[1]

此事因省教育厅长刘先云道歉而有所缓和，但仍发现其他一些学校也有类似做法。这些事件或可表明当局对《自由中国》的压制，已开始从军方漫延至校园内，雷震为避免事态扩大，有限度地进行过一些交涉。未料，就在此时，"孙元锦自杀事件"再一次引起《自由中国》社与保安司令部的直接冲突，保安司令部下令警察机关通知台北市所有书摊不准发售即将出刊的第十三卷第六期《自由中国》，这是多年来情治机关第一次公开查处《自由中国》半月刊，发行部经理马之骕对此事有一段回忆：

> 1955 年 9 月 16 日，也就是《自由中国》例行出版的日子，早晨笔者刚上班，就接到台北市警察局的电话说："你们《自由中国》这期内容有问题。希望暂缓发行，如已发出时，请尽快收回来，再商补救办法。"我们当然知道，一定是《关于孙元锦之死》这篇文章惹来的麻烦……稍后，警察局长刘国宪来社里拜访雷社长。当时雷社长尚未上班，由笔者招待他入座，并递上名片说："雷社长今天上午不一定来，因为这期杂志刚出版，事情较少，他可能在家里休息一下，您若有什么事情交代，我也可以为您转为报告。"他顺手拿起一本杂志，一边翻一边说："没关系、没关系！我是奉命来的，听说贵刊这一期的内容有些不妥，上级指示我一定要亲自来看看，千万不要发出去卖，有什么问题，都会解决的嘛！"我说："我们接到贵局的电话之后，就决定外县市的先不发了，

---

[1] 参见 1955 年 6 月 16 日《自由中国》半月刊第 12 卷 12 期，页 6。

但台北市的是在昨天已经发到各书摊上去卖了，我们刚才已派人去收，不过多少总会卖出一些，不可能收回全数的，尚请刘局长见谅。"他说："不客气、不客气！你们已经很合作了！"[1]

《自由中国》社得知孙元锦自杀内幕来自王新衡。王新衡在蒋经国手下负责情报工作（蒋当年留苏同学），与雷震私交一直很好。孙元锦是台北毛绒厂经理，自杀时只有四十三岁。台北毛绒厂是当年上海章华毛绒纺织厂大股东程年彭意图迁厂未果而转换成的私人财产，交由孙元锦代管。1949 年，章华毛绒纺织厂董事长刘鸿生滞留大陆未来台湾，被当局视为"投靠中共"，保安司令部保安处经济组组长李基光据此迫使孙元锦承认这份投资为章华"逆产"，以便执行没收，领取巨额奖金。孙元锦不堪忍受李基光的淫威相逼，于 1955 年 6 月 22 日在台北济南路三段一〇三巷五十四号宅内自杀，以其"生命之毁"来表达对保安司令部无法无天的抗议，死后留有四封遗书，一对社会，二对母亲，三对妻子，四对儿子：

> 想不到我一生正直，于国于家两无愧怍，然今日所得报应，竟如是之惨，岂皇天眼瞎耶！刘鸿生附匪与我何尤？为了财产问题强将无故之人纳入犯罪行为，以达到充公分配奖金的目的。自本月五日将同事张、严二人传去，至今扣押不放。在上星期李基光竟嘱张仲良出来迫我承认将程华之财产作为章华之财产并唆使两位太太每日每时迫我要人，我久病之躯如何忍受此种威胁，不得不放弃生命，听凭如何鱼肉

---

[1] 马之骕著《雷震与蒋介石》，页 195—196。

我亦不见了。[1]

从实际情况看，此事"最多只牵涉到本为章华大股东程年彭处理公司在台资产的争议而已，而竟演变成孙元锦案，且保安司令部压制案情的传播又如此坚持，正反映出当年台湾政治、经济的部分不合理现象"[2]。王新衡握有孙元锦遗书及照片，但并不希望《自由中国》刊发这些原始材料，此时《自由中国》半月刊处境已十分险恶，他不想让雷震卷入此事，以免引起更多麻烦。

此事在《自由中国》社编委中引起愤愤不平，一致主张以社论加以抨击。夏道平执笔写出的社论《从孙元锦之死想到的几个问题》，严厉批评当局没收"逆产"政策有伤台湾经济发展，治安机关的职权已超越法定范围，治安机关的不良奖金制度正是导致孙元锦自杀的主要原因之一，建议当局"凡是大陆或海外来台的私人基金，只要现在不为'附逆者'所有，不为'附逆者'所运用，过去的关系，一律不予追究"[3]。

同期还刊出署名王大钧的通讯《关于孙元锦之死》及孙氏的亲笔遗书（包括图片三张），这篇通讯从《华报》一则消息标题《不堪敲诈苦，一死求解脱——孙元锦服毒自杀》说起：该报刊有孙妻孙朱秀芳的一个讣告，但孙氏究竟被何人敲诈致死，致死原因未作说明。而且，台北更多的报纸对此事只字不登，工商界大都知晓内情，却敢怒不敢言。保安司令部李基光不仅串通台北毛绒厂职工王德员对孙氏进行恐吓敲诈，还对台湾申一纺织公司负责人有过同类性质的敲诈行为，蒋介石听到此事后，都颇为震惊……

---

[1]　转引自马之骕著《雷震与蒋介石》，页 203。

[2]　薛化元著《〈自由中国〉与民主宪政——1950 年代台湾思想史的一个考察》，页 132。

[3]　夏道平撰写的这篇社论后因被迫抽换之故，未收入《自由中国》半月刊合订本中。

这篇长达两千多字的通讯，将"孙元锦之死"前因后果叙述得十分翔实，很显然，倘若没有王新衡提供的第一手材料，一般人根本不可能了解到情治部门的黑幕，这篇通讯的分量自然不会太轻了。

保安司令部事先得知《自由中国》刊发有关"孙元锦之死"的文章，下令台北所有书摊不准发售这一期《自由中国》，已发出的刊物大部分被追回，这件事在雷震等人看来，是妨碍舆论监督的严重事件，决定进行抗争。其间，有关人士纷纷出面说项，既因此事牵涉到某些个朋友，同时也为雷震与杂志着想。洪兰友派车将雷震接到家中，雷震到后，见"立法委员"周兆棠、杨管北二人也在场。一见面，洪兰友就说："三哥[1]，你好大胆啊，你想坐牢了吗？居然敢在太岁头上动土，真是胆大包天，你们的文章写得真好，有事实，有证据，正是胡适之先生所说的作法，不过，老兄也太胆大了一点，今天保安司令部的事情，连'副总统'（陈诚）和'行政院长'（俞鸿钧）都不敢来过问，也不愿去指挥，你老兄倒要出来打抱不平，这不是不自量力、自找麻烦吗？老百姓受冤遭屈的事情太多了，你们能管得了吗？国民党宣传的自由民主和言论自由，仅只是一块对外的招牌，你们也不察明其真相，我看你们实在是太糊涂了。你们如果这样搞下去，终有一天他们会来收拾你的，会把你关起来的。我们都是老朋友了，请老兄看在我们三个人的面子，把这一期改版，将有关孙元锦的文章去掉了，再来发行吧！"[2]

雷震当场表示不同意，称此类事情"都是由编委会会议来决定的，从不独断专行，何况改版这样大事，又不是我一个人能办

---

[1] "三哥"为雷震的绰号，因头发稀少"三毛"之变称。

[2] 雷震著《雷震回忆录——〈我的母亲〉续篇》，页280—281。

得通的。因为改版必须换几篇文章，由于时间关系，自非我一人之力所可及"。洪兰友有点不悦，一边说不要"打官腔"来敷衍他们，一边又认为"雷震是老板"，又是大家的好朋友，一定会"卖这个人情"的。

雷震返回社里，召集编委会紧急会议，以商讨改版换稿之事。保安司令部政治部主任王超凡来到和平东路二段十八巷一号《自由中国》社，恳求雷震不要再发行这一期刊物，称事关保安司令部之名声，批评李基光其人糊涂，保安司令部一定会严办的。若再发行，请在改版之后，并抽去有关孙元锦自杀文章。

王超凡之请求，与洪兰友等人有所不同，洪等乃是受人之托，也是为《自由中国》社的长远利益着想，王超凡则完全代表保安司令部的意见，雷震应当会反感，他对王超凡说：绝不能改版，"有关言论自由的问题，《自由中国》的宗旨是，'要向全国国民宣传自由与民主的真实价值，并要督促政府（各级的政府），切实改革政治经济，努力建立自由民主的社会……'今因揭发政府压迫人民的事，如不能直言无讳，那不仅违反了我们的宗旨，也就违反了我们的良心"。王超凡表示愿承担改版所有费用，还是遭到了拒绝。雷震甚至说，即便改版，也不会接受他们的钱。王见雷震态度如此坚决，屈膝下跪求情，"盖恐《自由中国》社不能改版，他可能要受处分，而且饭碗砸破。我看到他那副可怜相，心中实在有些不忍，始允予考虑。于此亦可见国民党特务之能屈能伸也"[1]。

王超凡走后，情报局科长刘瑞符又前来请求改版发行。情治部门虽一向有恃无恐，但毕竟做了伤天害理之事，惟恐千夫所指，又担心因此会影响到某些人的丢职或升迁，才派人跑到雷震这里低三下四地求情。为改版换稿一事，雷震打电话给黄少谷，想征

---

[1]　参见马之骕著《雷震与蒋介石》，页209。

求他的意见，黄时为改造委员会宣传指导小组召集人、中央常委、"行政院"副院长，可未能找到。雷震又去张群那里，想听听他的看法。张群对雷震说，孙元锦之妻将此事告到了"总统府"秘书处，有关部门已下令将保安司令部保安处经济组组长李基光拘捕法办，此事可以暂缓报道。

鉴于以上种种因素，政治的与人情的交织在一起，雷震及编委会才决定改版换稿。而事实上，已印好的杂志也发不出去了，惟有改版换稿一途。"孙元锦自杀事件"没有后续动作，当局对此采取了一种较为审慎的低调态度，"一方面消极的用法（戒严法、出版法），不准发行；一方面积极的用情，由高阶层政治人物出面游说"[1]，雷震作出让步，是不得已而为之。"综观此事件的发生，仍然标示着一个国民党当局与《自由中国》互动关系的转折。在此之前，政府不曾干预《自由中国》的出刊，虽有停刊、法办等威胁，但毕竟对刊物的编辑内容尚无实际干涉的行动，在此之后对《自由中国》的干预已呈现为台面上的实际行动"[2]。

此事传到"行政院"副院长王云五耳中。9月17日下午2时，雷震去王云五家时，这位前上海商务印书馆老板"对《自由中国》遭遇亦愤慨"[3]；与此同时，也引起青年党"立法委员"李公权的关注，撰文质问当局："这是不是损害言论自由？"9月18日，《自由中国》在报上发布广告，"兹因故延期两日，改于今日（十八日）发行，敬请读者鉴谅"，读者自然不会知道这两天里《自由中国》社发生了什么事情，但就此案来说，可见当时台湾的经济环境较为恶劣，政府的某些法令规章，如奖励制度，一体两面，在客观

---

[1] 马之骕著《雷震与蒋介石》，页209。

[2] 薛化元著《〈自由中国〉与民主宪政——1950年代台湾思想史的一个考察》，页130。

[3] 雷震1955年9月17日日记，《雷震全集》第38册，页150。

上容易造成执法人员操守和道德品质出现问题，从而频发"法外干扰"之现象，孙元锦的悲剧也就不可避免了。

## 四、"祝寿专号"

1956 年 10 月 31 日，蒋介石七十大寿。台湾各界拟举办各种"祝寿活动"，蒋本人婉谢祝寿，认为寿人不如寿国，10 月 17 日发出公告，以六事咨询于国人，均盼海内外同胞"直率抒陈所见，俾政府洞察舆情，集纳众议，虚心研讨，分别缓急，采择实施"。所谓六事：一，建立台湾为实现三民主义模范省的各种应兴应革的要政急务；二，增进台湾四大建设（经济、政治、社会、文化）；三，推行战时生活，革除奢侈浪费等不良风习；四，团结海内外"反共救国"意志，增强"反攻复国"战力，不尚空谈，务求实效的具体办法；五，贯彻"反共抗俄"之具体实施计划与行动的准则；六，对中正个人平日言行与生活，以及个性等各种缺点，作具体的指点与规正。[1]

这份"婉辞"透过"行政院"新闻局转告台湾各报刊杂志，新闻界随之而动，以应蒋氏"直率抒陈所见"之号召。雷震与主张自由民主的人士共同策划了一组系列文章，对"国是"提出自己的看法，就是轰动一时的《自由中国》半月刊第十五卷第九期"祝寿专号"。

这一期刊物共发表十六篇文章，除一篇社论外，其余十五篇均出自于专家、学者或在野党领袖之手，包括胡适、徐复观、毛子水、夏道平、陈启天、陶百川、王世杰、雷震等人。《自由中国》

---

[1]　此公告 1956 年 10 月 17 日刊于台湾各大日报，转引自马之骕著《雷震与蒋介石》，页211。

社论系雷震所写，审视了"总统"的任期问题，根据"宪法"第四十七条之规定，"'总统'、'副总统'之任期为六年，连选得连任一次"[1]，其时，蒋介石做第二任"总统"已近三年，第二个任期即将届满，之后该怎么办？人们揣测纷纷，亦不无忧虑，雷震这样写道：

> 我们于此，不单单想到第三任"总统"之谁属，同时还想到第四任、第五任，以至无穷。我们诚知，"宪法"已规定得有"总统"选举的程序，当然无需另立制度。但"宪法"所规定者，只是民主宪政的格架，而非为其实质。我们一直到现在，对"总统"候选人之选拔，似乎谁都不知道究竟应遵照怎么样的一种方式。第一，政党政治没有确立；第二，今日之执政党及其它党派的内部民主，也都没有确立。这样，我们可说根本上就缺乏一个新的"国家领袖"得以产生的机体……行宪垂十年，责任内阁，事实上还是徒有其名。其所以致此，一方面可能是由于一党执政，为时过久，民主政治各方面的制衡作用，无从发挥；另一方面也可能是由于历届的行政首长，类都为蒋公一手提拔的后辈，就难免要多受一点蒋公个人的影响，以致对施政的得失成败，都未能负起积极的责任来，国家成了一个由蒋公独柱擎天的局面。这种情形，也是不能行诸永久的……[2]

---

[1] "中华民国宪法"，1946 年 12 月 25 日国民大会制定，1947 年元旦国民政府公布，同年 12 月 25 日正式实施，参见缪全吉编著《中国制宪史资料汇编——宪法篇》，台北"国史馆" 1989 年 6 月初版，页 622。

[2] 社论《寿总统蒋公》，原载 1956 年 10 月 31 日《自由中国》半月刊第 15 卷 9 期，页 3—4。

　　这篇社论再次提及军队国家化问题。自民国成立以后，"几乎从来就是把长官个人视为军队效忠的对象，士卒知有长官而不知有国家，这已成了不容易打破的传统"。雷震在文中问道："除了蒋公以外，是否还有人能够仅凭个人的威望来统率三军？即令能得其人，这种办法又是否能与我们所希望建立的民主政治相符合？"

　　胡适写了一篇题为《述艾森豪总统的两个故事给蒋总统祝寿》的短文。以故事而时论，曲径通幽，巧发奇中，第一个故事是讲艾森豪将军就任哥伦比亚大学校长时，副校长来对他说，学校各部门首长都想见校长，谈谈他们的工作，可否让我替你安排一个日程，约他们分日来见你？艾氏同意了，接见了十来位之后，他问副校长照这个日程，还要见多少位？副校长算了一下，说一共有六十三位，艾氏把双手举向头顶，喊道：

　　　　天啊，太多了，太多了！副校长先生，你知道，我过去做同盟各国联军的统帅，那是人类有历史以来空前最大的军队，在那个时期，我只须接见三位受我直接指示的将领——我完全信任这三个人。他们手下的将领，我从来不用过问，也从来不须我自己接见。想不到，我做一个大学校长，竟要接见六十三位主要首长！他们谈的，我大部分不很懂得，又不能不细心听他们说下去。我问的话，大概也不是中肯的话，他们对我客气，也不好意思不答我。我看这是糟蹋了他们的宝贵时间，于学校实在没有多大好处！副校长先生，你定的那张日程，可不可以完全豁免了呢？

　　第二个故事是胡适的朋友蒲立德先生对他说的，是讲艾森豪当选总统后，有一天，他正在高尔夫球场上打球，白宫送来一份急件，有一个问题需要总统批示，助手亚丹士替他拟好两个稿子，一个稿子是备总统批示同意的，另一个稿子是供他否决的：

> 艾森豪总统在球场上拆开公函，看了两件拟稿，他一时不能决断，就在两个拟批上都签了名，另加一句话，说："请狄克替我挑一个罢。"他封好了，交来人带回白宫，他仍继续打他的高尔夫球。（狄克，Dick 是副总统尼克森）蒲立德先生说，这是华盛顿传出来的一个讥笑总统的故事。

胡适在"故事的后记"中，回忆最初与蒋介石的交往，"我在二十五年前第一次写信给他，我劝他不可多管细事，不可躬亲庶务。民国二十二年，我在武汉第一次见到他时，就留下我的一册《淮南王书》，托人送给他，做一个国家元首最好参考参考淮南王的思想"，"二十多年的光阴轻轻地飞过去了。蒋先生今年七十岁了，我也六十六岁了。我在今天要贡献给蒋先生的话，还只是淮南王书里说的'积力之所举，则无不胜也。众智之所为，则无不成也'。要救今日的国家，必须要努力做到'乘众势以为车，御众智以为马'"，"我们'宪法'里的总统制本来是一种没有行政实权的总统制，蒋先生还有近四年的任期，何不从现在起，试试古代哲人说的'无智、无能、无为'的六字诀，努力做一个无智而能'御众智'，无能无为而能'乘众势'的元首呢"。[1]

徐复观的文章《我所了解的蒋总统的一面》，从心理学的视角切入，剖析了蒋介石的"坚强意志"，成于此，败亦于此，"蒋公

---

[1] 胡适《述艾森豪总统的两个故事给蒋总统祝寿》，原载 1956 年 10 月 31 日《自由中国》第 15 卷 9 期，页 8。

的机会和才能，本可以当中国的华盛顿或林肯，但他到现在为止，还不能说是成功的华盛顿或林肯，这是什么原故？因为华盛顿和林肯，心里不满意国会，但非常忠实于国会；心里不满意宪法，但非常忠实于宪法；心里非常讨厌那些异己的人，尤其是华盛顿，但对于异己的人在公务的接触上，是非常诚恳而亲切有礼；遇到两方有争执的时候，总是克制自己的情感，抛弃自己的成见，站在超然的立场，作诚恳底（不是伪装底）折衷调处"：

> 今日国家的根基便是一部"宪法"；我恳切希望蒋公自今以后把毕生克服各种困难的毅力，一贯彻于"宪法"之中，把学校中教授三民主义的时间，分一半出来教授"宪法"。根据"宪法"来重新训诫自己的干部，重新安排政治的设施，使每一人都在这一常轨上运行，相扶相安而不相悖，使国家在风雨飘摇之中，奠定精神和法理的基础，这将是蒋公的旋乾转坤的一大转机，也是我们国家旋乾转坤的一大起点。[1]

夏道平的文章《请从今天起有效地保障言论自由》，"在今天以前，台湾有没有言论自由呢？我们想，最公允的说法应该是这样：就常识讲，台湾并不是绝对没有言论自由。但就现代民主政治的理论来讲，我们不得不说，台湾没有言论自由。……言论自由是诸项基本人权中之一项，人权而冠以'基本'二字，是表示这几项人权是人之所以为人的要件。基本人权不是邦国或政府所赋予的，而是先于邦国或政府而存在。人们为保障这些权利，才让出点其他权利（例如在美国宪法中财产权就不是绝对的），以便形成

---

[1] 徐复观《我所了解的蒋总统的一面》，原载 1956 年 10 月 31 日《自由中国》第 15 卷 9 期，页 10。

邦国，组织政府，将那些可让出的权利信托政府去运用，以保障不可让出的基本人权"。

陈启天作为青年党领袖之一，站在民主党派的立场上，在《改革政治，团结人心》一文中强调："一党在朝执政，他党在朝监督"的重要作用，"据我看来，依据民主政治原则，讲求改革政治的具体方法，当以培养和平的健全的有力的反对党为第一要务，没有这样的一个反对党，便很难促进实际政治的不断改革。因为任何政府党，如果缺少反对党在野的监督，便必然酿成专权专利的流弊，并养成不负责任的官僚习气"。

陶百川在《贯彻法治寿世慰亲》一文中，针对此次蒋介石"求言"，对台湾社会法纪废弛之严重提出批评，他呼吁"第一要司法独立，法官要有独立审判权；第二要缩小军权范围……第三要守法，老百姓守法，执政的人更要守法。因为'法之不行，自上犯之'，一定要做到'法律之前，人人平等'，'法律之内，人人自由'，不可有'例外'的事和'特殊'的人"。

蒋匀田系民社党常委之一，其观点代表本党意见，他在《忠诚的反应》一文中强调两点：第一，自由与权力，属于个人者为"自由"，属于政府者为"权力"，并以英国为例，"政府自身羁勒权力，使不侵犯人民的自由，不如以人民的自由，限制政府的权力，永闭权力侵犯自由之门"；第二，军队国家化问题，又以美国为例，"美国现在处两党争夺政权剧战之际，而能全国宴然无事者，即由于美国的军队、警察、特务皆能严格地超然于党争之外，拒受任何政党的影响。……今日国民党党化军队的设计，还是黄埔练兵时，受苏俄顾问的影响，所生的观念的回顾，也可以说是历史的惰性，没有什么新的内涵，发生不了新的奇迹。打破历史的惰性，如同断绝嗜好一样，需要痛下决心"。[1]

这一期"祝寿专号"在台湾社会引起巨大反响，很快被抢购一空，前后再版十三次。虽是应蒋介石本人"求言"而有所发，雷震坦言"名为响应，实际上都是诤言"（1956 年 10 月 29 日致王纪五函）。"祝寿专号"次期，即第十五卷第十期，《自由中国》刊发社论，吁请政府当局重视各方人士的进言：

> "蒋总统"现在既已诚恳地表示要听取各方人士对国事的意见，则政府对于各方人士所已经提供出来的意见，决不能只停顿在"听取"的阶段，只让大家能够说出来便算完事，而必须就这些意见，作周详的考虑，于审慎抉择后付诸实行。这许多的意见，固然我们不能说都是非为政府采纳不可，但是其中有不少的是针对时弊，且为大众一致的要求，政府决不应予以忽视，必须真实不虚，毫不折扣的做几件出来给大家看看。如果大家说了很多，而只是变成汇积的档案，束之高阁，则不特有违"蒋总统""求言"的原意，我们深恐从此会再没有人愿意说话了。[2]

事实上，对各方人士的积极主张和建言，最高当局并未能"察纳雅言"或"有过改之"，反而引起更加强烈的不满，甚至将某些"建言"视为对政府当局的一次严重挑战。官方控制的《中央日报》从此不再刊登《自由中国》广告；军方的《军友报》、《青年战士

---

[1] 以上均参见《自由中国》半月刊，1956 年 10 月 31 日第 15 卷 9 期。

[2] 社论《政府和舆论都应重视这一次的反映》，原载 1956 年 11 月 16 日《自由中国》第 15 卷 10 期。

报》、"救国团"的《幼狮》、党方的《中华日报》先后对《自由中国》发起了围剿，声称批评《自由中国》，就是"要揭穿为统战工作铺路的个人自由的阴谋"。[1]《国魂》以全册篇幅继续围剿《自由中国》半月刊，甚至扬言"毒素思想的渊源"就是"五四运动"所提倡的"科学与民主"。[2]

1956 年 11 月 16 日，雷震撰写《我们的态度》一文，表明《自由中国》半月刊一向持"对人无成见，对事有是非"的立场，强调应以社会利益为最终评估标准，不应作人身攻击。如此公正的态度，并未能阻止以上刊物对《自由中国》的大肆围剿和讨伐，相反不断给《自由中国》扣大帽子，"开始进入诬蔑的阶段"，指责《自由中国》"扛着自由民主的招牌"，"经常发表反动言论，散布毒素思想"，台湾社会要"防止思想走私"。[3]雷震的反应开始变得强烈起来，"这不仅是加帽子，而有谋害之意"，"以言论对言论，本是可喜的现象，不过他们的方式错了"。[4]

1957 年 1 月 16 日，《自由中国》发表《我们的答辩》一文，再次说明《自由中国》从未认为自己的主张与言论"是惟一的、终极的真理"，"欢迎批评与讨论，但刊物发现其面临陷构与诬蔑，却无法沉默"，答辩指出：

> 一个半月以来，我们在《国魂》、《幼狮》、《革命思想》、《军友报》、《政论周刊》这些刊物与报纸上面，看到许多文章，对我们作恶意攻击，说我们是"思想走私"，说我们是为"'共

---

[1] 雷震 1957 年 1 月 3 日日记，《雷震全集》第 39 册，页 5。

[2] 国民党内刊《工作通讯》中的一段话，雷震作为剪报贴于 1957 年 4 月 14 日日记中，参见《雷震全集》第 39 册，页 69。

[3] 薛化元著《〈自由中国〉与民主宪政——1950 年代台湾思想史的一个考察》，页 138。

[4] 雷震 1957 年 1 月 3 日日记，《雷震全集》第 39 册，页 5。

匪'的统战工作铺路",其立论与态度,都超越了自由讨论应守的范围,而成为一种诬蔑与构陷。最近期间,执政党的机关报《中央日报》已开始拒绝刊登本刊的广告(另一个被拒绝刊登广告的杂志为《民主潮》)。另一家党报《中华日报》,则甚至鼓吹暴动,要拿棒头来给本刊以"教训"。[1]

同期还刊发成舍我[2]先生以笔名范度才(谐音反奴才)撰写的《〈中华日报〉鼓吹暴动》,回应前一年12月24日《中华日报》所刊的短评《蛇口里的玫瑰》。这篇短评系《中华日报》曹圣芬所写,对"立法委员"刘博昆所写《清议与干戈》一文大肆歪曲和攻讦,认定这是"祝寿专号"有问题的文章中用意最为恶毒的一篇,"以慈禧太后来影射我们'总统',以满清即将亡国的政权来影射我们'自由中国政府',从诅咒'总统'到诅咒我们的国家,这真是毒蛇口里流出来的东西,无比的腥臭,也无比的恶毒"[3]。刘博昆没有办法,只好又写一篇《文债与文责》来说明《清议与干戈》一文之原委,"我只是就庚子事变这件大事,对历史上已有定评的慈禧作了一篇炒冷饭的文章,而其原始目的,仍不过是对贵刊(指《自由中国》)编者交卷,以清文债,一切的一切,不过如此而已……'诗书无达诂',若在文字背面横作推敲,则一切评述史实的文字,恐怕没有人肯再落笔了"[4]。尽管如此,刘博昆还是被开除了党籍。

---

[1] 原载1957年1月16日《自由中国》半月刊,第16卷4期,页4。

[2] 成舍我(1898—1991),祖籍湖南湘乡,出生于南京祖父家。著名报业家。十五岁起开始当记者,后毕业于北京大学。1924年起先后创办《世界晚报》、《世界日报》、《民生报》、《立报》等。1952年从香港至台湾,担任大学教授,创办世界新闻专科学校及《台湾立报》,时为"立法委员"。

[3] 《蛇口里的玫瑰》,原载1956年12月24日《中华日报》,转引自雷震著《雷震回忆录之新党运动黑皮书》,页114。

[4] 刘博昆《文债与文责》,收录于《雷震秘藏书信选》,《雷震全集》第30册,页336—337。

　　1 月 18 日，成舍我在"立法院"见到陶希圣。谈话时，陶对成舍我说：《自由中国》言论太过激烈了。成舍我坦言：雷震过去与"老先生"（指蒋介石）有相当的关系，且为政府做过许多事情，你们现在逼人太甚，开除其党籍、"国策顾问"，最后连吃力不讨好的"中日文化经济协会"总干事长也不让做了，何怪乎人家要反对你们。[1]

　　雷震知道后，并不赞同老友的这个说法，认为未免太私人化了。他在日记中记述自己曾给黄宇人去信，劝其"不可消极，自由是争取来的"，"吾人立于社会，只问良心安不安，不能畏惧权威，不然民主自由真无前途了"。[2]2 月 5 日，《自由中国》社召开编辑会议，决定再写一篇社论《个人自由与国家自由》以作出回应。王世杰则提醒雷震，"谨慎，在不失掉自己立场之下要谨慎，以免自己被毁，目前是我们最困难时期"[3]，甚至担心有人谋害雷震。

　　"祝寿专号"之后，国民党当局一直在私下与雷震保持某些接触，他们希望雷震能放弃这样的言论立场，或可做一定程度上的"另外"安排，有一种说法是，雷震若能放弃这份杂志，则安排出任"驻日大使"，因为雷震对日本的历史和现状也很了解。然而，此时的雷震对仕途早已淡然，"《自由中国》杂志对于雷震来讲，可能是人生一个很重要的志业，所以他没有选择放弃，当他最后不放弃的时候，那国民党跟他当然就没有复合的可能性"，聂华苓说雷震"他还是这个《自由中国》社论的表现，就表示说他还是没有让步"。[4]

---

[1]　参见雷震 1957 年 1 月 18 日日记，《雷震全集》第 39 册，页 15。
[2]　雷震 1957 年 1 月 28 日日记，《雷震全集》第 39 册，页 21。
[3]　雷震 1957 年 3 月 7 日日记，《雷震全集》第 39 册，页 45。
[4]　参见《可贵者胆，所要者魂》一文，收录于蔡明云主编《台湾百年人物志 2》，页 11—12。

2 月 18 日，雷震应约赴许孝炎处，许作为老朋友，对他提出三点意见：一，不批评蒋介石个人；二，不批评国民党；三，态度温和。雷震当场表示，第一、第三两点均可同意，惟第二点不能接受。雷震说，"国民党必须取消优越感，国民党员再不能有做皇帝观念"。许孝炎又提出不"随便批评"，雷震认为"《自由中国》从未随便批评"，"对方可以批评，但不能加帽子，如对方说我们是匪，我则一齐取销"，许孝炎表示同意这个说法。[1]

军中政治部门对《自由中国》的围剿一直没有停止，蒋经国一手主持的"国防部总政治部"以"周国光"[2]之名发出"极机密"特字第九十九号"特种指示"——《向毒素思想总攻击》；未隔几天，又印行长达六十一页更为详尽的同名小册子，"对'祝寿专号'的文字则痛加驳斥，特别是对胡适《述艾森豪总统的两个故事给蒋总统祝寿》，驳斥得特别厉害"（雷震语）。其中，第三章标题为"对毒素思想的批判"，内分"对所谓'言论自由'的批判"、"对所谓'军队国家化'的批判"、"对所谓'自由教育'的批判"、"对批评总裁个人的批判"等四节，从这四个方面对《自由中国》和胡适等人的言论进行猛烈抨击，特别指出"有一知名学者发表所谓'向政府争取自由'的言论"，"目的在于制造人民与政府对立，破坏团结，减损力量，执行分化政策，为'共匪'特务打前锋"，要"总裁"做一个"'无智、无能、无为'的元首"，更是一种"荒谬绝伦的言论"。第四章标题为"向毒素思想总攻击"，有"我们的认识"、"我们的防御"、"我们的进攻"；其结论部分，"总之，最近某两个刊物，打着民主自由的招牌，到处散播毒素思想，我们认

---

[1] 雷震 1957 年 2 月 18 日日记，《雷震全集》第 39 册，页 32。
[2] 雷震著《雷震回忆录——〈我的母亲〉续篇》：有人说"周国光"系蒋经国做"总政治部"主任时所用代名。

为这是他们的一种阴谋，直接间接受了匪谍的嗾使，他们的目的，想以所散播的毒素思想，来瓦解我们的民心士气，以及组织和纪律……我们要用种种方法予以思想进攻，不论何时何地都要战斗，特别是党内同志，更要进行大规模地彻底地思想动员，共同来扑灭这种毒素思想"[1]。

"有一知名学者"指的就是胡适。实际上，在早些时候，军方就对胡适有所不满。1952年底，胡适从美国返台，11月30日，假台北"三军球场"作过一次题为《国际形势与中国前途》的演讲，其中说："我们中国国家的前途，当然是连系在自由世界前途上，整个自由世界有前途，我们有前途，整个自由世界有力量，我们也有力量"。这一次演讲，引来军方的回击，"总政治部"所办《青年战士报》刊发文章，对胡适大加驳斥，"胡适的话完全说错了，应该颠倒过来说，中国有前途，世界才有前途，现在'蒋总统'复职了，那就表明中国已有了前途，那么，世界就会有前途的"。

胡适当时寄居福州街二十号台湾大学校长钱思亮家中，《青年战士报》一般人是不看的，胡适也不可能看到。报社特将驳斥胡适演讲的这一期报纸，"用信封好派人送到钱公馆，上写'胡适先生亲启'，盖恐胡适不能看到也"。这一天，雷震正好去看望胡适，"他正和在客厅的友人谈到报纸上的胡说八道，顺手就将那张报纸递给我，并说：'这张报纸是蒋经国特给青年和军人看的，我看编辑人员太无常识，完全自夸自大，不知世界大势，让这班人搞下去，其前途则不堪设想，大陆搞丢了，还不晓得时时反省'，胡适说此话时很生气……"[2]

"祝寿专号"胡适等人的文章，不仅引起军中政治部门的强烈

---

[1] 雷震著《雷震回忆录——〈我的母亲〉续篇》，页144—145。
[2] 雷震著《雷震回忆录——〈我的母亲〉续篇》，页146—147。

反弹，国民党内部出版的《工作通讯》，也先后刊出《从毒素思想谈到党的思想教育》等文章。1957 年 2 月 7 日，党报《中央日报》发声攻击《自由中国》，诬其类为当年之"七君子"，"在我们中国社会之内，也有同样七日七夜变成名流者之活动。'民主'与'不民主'，'自由'与'不自由'，'独裁'与'反独裁'，这一套陈旧的东西，又贴上自由主义的商标而出现于市场之上。我们中国'反共'斗争的历史不为不长。我们今日国破家亡的惨痛不为不深。我们总不该再让共产主义于其本身破产之后，又利用'民主斗争'来复活……"[1] 从军中到党内，"二者均以自由主义者为假想敌，后者认为《自由中国》系危害'反共复国'与国家民族的思想敌人。诸现象反映党方、军方已有以权威心态对抗自由主义的态势，而公开对胡适、雷震与《自由中国》抨击，则显示当局预备对自由主义进行思想压制"[2]。

　　《自由中国》社同仁认为，这些官方报刊对《自由中国》的指责和攻击，不过是国民党"垂死的哀鸣"而已，"国民党一发动围剿《自由中国》言论，一些靠津贴生存的报刊，莫不摇旗呐喊，不分青红皂白，乱箭齐发，假想造成一种'强势舆论'，误导民众错觉'民主就是少数服从多数，各报刊都说《自由中国》的言论错误，他们就应该俯首认罪'，其实不然，恰好弄巧成拙，因为'民众的眼睛是雪亮的'，尤其是台湾民众"。[3] 第十六卷第四期《自由中国》社论以《对构陷与诬蔑的抗议》为题作出回应：

　　　　本刊创刊至今，曾经表现了相当一贯的立场与态度；本

[1]　社论《共产主义破产以后》，原载 1957 年 2 月 7 日《中央日报》。
[2]　任育德著《雷震与台湾民主宪政的发展》，页 163。
[3]　马之骕著《雷震与蒋介石》，页 236。

刊同人在思想形式方面，也大致相同，其要点表现于随时在本刊发表的创刊宗旨，早为世人所共见。但本刊从未标揭，说这一种立场与态度，是属于什么主义的，本刊同人也未尝以什么主义者自居。现在一般论者，都说本刊代表自由主义。我们并不感觉自由主义是一个恶劣的名词。如果人们判断我们那些立场与态度，就是自由主义，我们感觉也没有否认的必要。现在我们所要辩明的是这样子的自由主义的思想，是否足以导致共产主义的思想，如一般恶意攻击者所说的，在为"共党匪徒"的统战工作铺路。[1]

自出版"祝寿专号"后，《自由中国》"在编辑作业方面，只要一发稿，就有特务们到印刷厂要求看稿，必要时还要拿出去照相，再将原稿送回；出版后，只要有一篇文章是批评政府或是批评国民党的，就要受到数家国民党办的报刊的'围攻'，不过久而久之，大家自然的就养成接受检查的习惯了，否则又将奈何呢"？《自由中国》因此也豁出去了，"俗话说'武大郎服毒，吃也是死，不吃也是死'，我和你拼了"[2]，即埋下不久的将来雷震等人遭到政治构陷锒铛入狱的严重后果。1957年4月4日，蒋介石在国民党七届八中全会上公开说，"最近有个刊物，不断散布毒素思想，对'反共抗俄'及国家民族有着严重的危害。党为了消灭这股思想的流毒，曾严正指示各级党组织要正视思想上的敌人，勿上其当"[3]。

若干年后，时任台北市文化局长的龙应台女士在评价这一期"祝寿专号"时说，"这正是雷震十年牢狱之灾的关键点"，"今日

---

[1] 社论《对构陷与诬蔑的抗议》，原载1957年2月16日《自由中国》第16卷4期，页3。

[2] 马之骕著《雷震与蒋介石》，页238。

[3] 国民党中央党部《工作通讯》，1957年第98期。

知识界仍然尊敬雷震，就是因为知道当年发出良知之声是一件多么不容易的事"。[1]

## 五、《自由中国》印刷受阻

《自由中国》半月刊在受到当局公开压制后，印刷问题显得更加突出。

从 1949 年 11 月 20 日创刊起，至 1960 年 9 月 4 日被迫停刊，近十一年的时间里，《自由中国》半月刊先后换过七家印刷厂，此事一直让雷震"大伤脑筋"，"《自由中国》为了印刷所问题，我是吃尽了苦头；因而换了几个印刷所，不晓得国民党为何豢养这些特务。《自由中国》半月刊的稿子一旦送到印刷所时，各方面的特务就川流不息的跑到印刷所索取已经排好的稿子，拿回去查审后而来找麻烦，他们就可以大邀其功。这些特务本是不学无术，而又带着有色眼镜——成见——来看稿子，据说有警备总部的特务，有宪兵司令部和台北警察局的特务，印刷所不胜其烦……"[2]

《自由中国》最初印刷是在"上海印刷厂"和"台北印刷厂"，这只是对外的名称，实际上，前者系"情报局"所经营，后者为"国防部"所开设。这两家印刷厂原则上以机关业务为主，常常耽误《自由中国》半月刊的出版。后来改换到"新生印刷厂"去印刷，这是《台湾新生报》自己开办的一所印刷机构。当时，雷震在政治上仍属有影响的人物，且朋友很多，《台湾新生报》副社长赵君豪是江苏

<hr />

[1] 2002 年 5 月 23 日台湾《中国时报》记者陈盈珊《"雷震故居难保"，改以公共艺术留事迹》的报道。

[2] 雷震著《雷震回忆录——〈我的母亲〉续篇》，页 101。

兴化人，为雷震之旧识，表示愿意承印《自由中国》半月刊。

《自由中国》与当局发生言论冲突之后，该厂受到了巨大压力，便以"业务繁忙"为由不再继续承印。真正的原因，是因为情治人员常去印刷厂检查，他们不愿惹来什么不必要的麻烦，只好找了个借口推掉了。之后，雷震将《自由中国》印刷业务转向台湾某些民营企业，第一家是"精华印书馆"。就设备和排版技术而言，"精华印书馆"并不亚于以上公营印刷厂，只是有一点，印刷费相对要贵许多。"老板的名字叫陈太山，中等身材，胖胖的，方面大耳，看上去颇有福像 [ 相 ]，忠厚老实, 处事稳重"[1]，雷震是经"立法委员"陈纪滢介绍与之相识的。

从 1952 年 12 月至 1957 年 3 月止，前后近五年时间,《自由中国》一直是在这里印刷，在第三年时，陈老板突然提出不能印了，因为特务来得过于频繁，随时要检查《自由中国》的稿件，并对稿件进行拍照，"情治机构同时对精华印书馆展开调查"[2]，"真是不胜其扰"。雷震特意去了一趟"精华"拜访陈太山，给他打气，再三拜托继续印下去，这才又坚持了两年。马之骕作为发行部经理，与陈老板打交道最多，后来两人成了好朋友，因有一个共同的嗜好——喜欢京剧。每当马之骕去印刷厂，陈老板就会对他大发牢骚，一次说：

> ……马先生，我实在不能给你们印了，前天有一个特务来，一来就是坐半天，他还给我看相，说我好好做生意会发财，千万不要跟着雷先生搞政治，搞政治会倒霉的哟！又有一次他说："马先生你来了很好，我要和你讲，昨天有一个

[1]　马之骕著《雷震与蒋介石》，页 242。
[2]　参见雷震 1957 年 2 月 15 日日记,《雷震全集》第 39 册，页 30。

警备总部的特务来，硬要看稿子，我不给他看不行，他拿出警备总部的服务证给我看，就闯进排字房，还把一篇稿子拿走了，他说照个相马上送回来，不准我告诉你们……"我说，"不要紧，稿子送回来没有？""有送来！""那就好，雷先生已给'行政院'黄少谷秘书长打了电话，他们以后就不会再来找麻烦了。"他将信将疑地说："我的血压太高，他们一来我就紧张！心跳！这样下去实在受不了。我知道，我不印别人家也不敢印，我看惟一的办法，就是你们自己办一个印刷厂。"[1]

对陈老板这个建议，雷震仔细研究过，最终还是不敢下决心开办一所印刷厂，资金固然是一个问题，在印刷管理上更是一窍不通，又惟恐特务买通工人，弄不好带来的麻烦会更大。尤其"祝寿专号"之后，当局打压《自由中国》无所不用其极，刊物的处境更加艰难。连介绍人陈纪滢也感到有点害怕，托人带信给陈太山，说"精华"不能再印《自由中国》了，以免被情治部门盯上。陈老板果然表示，说这次宁可关门，也不能再印了。雷震十分生气："这件事陈纪滢不够朋友，不仅不出来帮忙，反来扯腿。"陈纪滢是一文人，于政治无更多理想，只能如此。

雷震又联系"尚德印刷厂"，只印了一期，"尚德"老板李文显同样以书面形式通知《自由中国》社，声明今后绝不敢再印了。无奈之下，雷震只好打破情面，给"行政院"新闻局局长沈锜写信，"精华印书馆因受外界压迫，拒绝继续承印，业将经过详情，肃函奉闻。嗣本社即于二月二十一日与长安西路八十号之尚德印刷厂商订承印合约，该厂并已接受本社之订金三千元，但该厂在订约

---

[1]　马之骕著《雷震与蒋介石》，页243。

数日后，忽提出'如厂方受到外力干扰，即不便代印'之口头声明，随复通知本社，竟欲即时取消合同，当经本社再三与其交涉，始允只代印一期，以后不再承印，并以书面送达本社"[1]，所谓"外力干扰"显然是指情治部门的不断干扰。沈锜派该局龚弘前往"精华"和"尚德"调查此事，陈太山不敢讲实情，只说《自由中国》印数从原来七千份增至一万余份，时间急迫，毫无宽缓余地，而以合同规定，迟半日出版，罚印刷费百分之二十，长此以往，难于配合，只好向该刊提出书面解除合同之要求，并无受到外力之压迫；李文显也不敢说实话，称从未提出过"如厂方受到外力干扰，即不便代印"之口头声明，该刊发行数超过合同基本数甚巨，本厂不能继续承印，完全是印刷上难以配合之故，全无受外力干扰之事项。[2]沈锜当然知道调查会是这个结果，又不能不派人去，否则无法给雷震一个交代。

雷震又致函"行政院"秘书长黄少谷，"因黄亦办过报纸（1942年曾任《扫荡报》总社长），懂得言论自由之可贵，而且他亦同情《自由中国》，所以请他出面设法解决印刷问题，应当不成问题"[3]。从黄少谷给雷震的回信看，是愿意帮助协调解决《自由中国》印刷问题的，[4]只是情治部门受命于蒋经国，黄少谷能做的大概也有限。印刷问题一直困扰着雷震，兹事体大，若不能解决，将直接影响刊物的出版发行，乃至最后的生存。

[1] 1957年3月14日雷震致沈锜函，《雷震秘藏书信选》，《雷震全集》第30册，页341。

[2] 1957年3月19日《精华印书馆对拒印〈自由中国〉之所谓书面"答复记录"》、1957年3月18日《尚德印刷厂对拒印〈自由中国〉之所谓书面"答复记录"》，收录于《雷震秘藏书信选》，《雷震全集》第30册，页343—345。

[3] 马之骕著《雷震与蒋介石》，页245。

[4] 1957年10月3日，黄少谷致函雷震，"请莅临寓所指教"，并约好了时间。参见《雷震秘藏书信选》，《雷震全集》第30册，页365。

由于心情不好，雷震的失眠症越来越严重。过去吃的是一种叫做 Seunul 的安眠药，一两颗就行，后来吃三颗也不见收效。他在给王世杰之子王纪五[1]的一封信中说："他们如再这样，我只有公开其事，一面决心停办，不然天天为印刷苦恼也不是办法……依照目前看法，他们表面上松懈下去，刊物上不再骂我们是'共匪'同路人，但是暗地里并未放松，因此有许多地方不卖本刊。"

雷震托人又与"荣泰印刷厂"签约。未料"荣泰"在印了三期之后，同样以书面通知予以解约。在这种情况下，雷震又想到"精华印书馆"的陈老板，认为只有这一条路可走了。马之骕回忆：

"荣泰"既然不续印了，当然就要再找其它印刷厂。惟在此期间雷先生一直都在透过私人管道与官方、党方高层人士谈判、抗争，尽管被从四面八方来的围攻压得喘不过气来，但他仍然拼着老命也要把《自由中国》办下去。谈来谈去，结果经由"行政院"新闻局出面协助，加之《自由中国》同仁与"精华"陈太山老板的感情关系，认为还是由"精华"承印较为妥当。因为大家都知道"尚德"、"荣泰"两家厂不愿意继续承印的原因，主要是特务们每次来厂检查稿子时，全厂员工都很紧张，惟恐稍一不慎就被"抓起来"，再找一家新厂，恐怕仍有这种心态；而"精华"因承印《自由中国》久了，特务们时常来厂查稿已成习惯，在排字工人的心理上认为："你要看，就给你看，你要拿走，就给你拿走，反正有老板负责嘛！"因此他们看到特务来时，并没有什么"恐

---

[1]　王纪五（1927—1991），为王世杰之长公子，时留学美国，系哥伦比亚大学国际法硕士。从雷震日记中可知当时雷震在美国的女儿似与他关系密切。此信写于1957年4月28日，刊登在《新新闻周刊》第100、101 期合刊。

惧感"，只是耽误一些排版时间而已。基于这个前提，各方面均希望由"精华"继续承印。[1]

在黄少谷的协调下，陈老板终于同意再次承印《自由中国》半月刊（1957年5月16日第十六卷第十期），直至《自由中国》停刊（1960年9月1日第二十三卷第五期），他当时提出两个条件：一，情治单位来查稿时均可随便，将原稿拿去照相也行，若因此而耽误出版时间，"精华"概不负全责，更不能因此而罚款；二，印刷费按一般较高的标准计算，以现金结算，印一次付一次。为了能够确保《自由中国》的印刷，雷震只有接受这两个苛刻的条件，别无选择。《自由中国》从创刊到停刊，前后十年又十个月，"精华印书馆"前后承印七年又七个月。应当说，这是一段相当不短的时间，"而且正在政治敏感度的尖端时刻，若从促进民主政治发展的过程看，'精华'老板陈太山也扮演了一个重要角色，可惜他活了六十多岁就过世了"[2]。

1958年，胡适从美返台出任"中研院"院长一职，为《自由中国》半月刊印刷问题，多次给黄少谷写信和打电话，"一再请他出来帮忙"。黄少谷时已调任"外交部长"，胡适在一封信中说："《自由中国》半月刊为了印刷所问题，曾屡次承吾兄帮忙，我们关心此事的人都很感激。倘得吾兄大力成全此事，实为大幸。自从所谓'陈怀琪事件'发生以来，至今数月，我始终没向政府中任何人说过一句话。我几次写信给雷儆寰兄，总是对社中朋友自己检讨。但印刷所的麻烦，似是很不幸的事，也是不应该有的事，所以我很盼望吾兄能替这个刊物帮忙，解决此种不幸的麻烦，似乎也是

---

[1]　马之骕著《雷震与蒋介石》，页247。
[2]　马之骕著《雷震与蒋介石》，页248。

一个自由国家里的一件大好事罢？"[1]

当事人马之骕说："所述事实，证明'印刷问题'，实在是一个严重问题，当然若单从商业行为来看，就不成为'问题'，因为买卖成交与否，是两相情愿的事；若从政治的角度来看——从独裁政治走向民主政治的过程看——印刷问题就是一个最严重的问题。"[2]

## 六、"今日的问题"前后

1957 年 3 月 20 日，台湾发生"刘自然案"，引发大规模的群众反美浪潮。

3 月 20 日晚上 11 时，"革命实践研究院"职员刘自然在驻台美军上士雷诺住宅门前遭雷诺开枪致死。据雷诺供称，刘自然躲在浴室外偷窥其妻洗澡，雷诺持枪出门巡视，发现刘手持铁棍向他走近，雷诺为了"自卫"才向刘开的枪。可是据当时报刊揭露，刘与雷诺原本有交情，刘曾为雷诺卖过毒品并黑过雷诺，雷诺对此一直怀恨在心。当晚台湾警方以雷诺是现行犯欲以扣押，遭到美方宪兵的阻止，其理由是驻台美军按 1951 年"台美双方协议"享有外交豁免权。

5 月 23 日，美国军事法庭陪审团作出表决，以杀人"证据不足"，宣告无罪，雷诺当日被遣送回美国。5 月 24 日，台湾媒体纷纷指责这一项判决不公，刘妻奥特华在报上发表《我向社会哭诉》一文；台北地方法院也认为雷诺并不具备所谓"正当防卫"条件。当日上午，悲伤的刘妻手持抗议牌在美国使馆门前抗议，围观的民众越来越多，

---

[1] 1959 年 5 月 29 日胡适致黄少谷函，《雷震秘藏书信选》，《雷震全集》第 30 册，页 406。
[2] 马之骕著《雷震与蒋介石》，页 250。

至下午 2 时半左右,已有近六千人。人群中有人高喊"杀人偿命"、"美国人滚出台湾"等口号,并向使馆投掷石块、木棍;有人翻墙进入使馆院内,捣毁汽车、门窗、家具;更有年轻人把美国星条旗扯了下来。在场警员无法控制场面,拟用消防车驱散群众,民众激愤,殴打消防员,破坏消防车,并向警车纵火。最后台北市卫戍部队开入镇压,卫戍司令部下达了戒严令。当时台北政坛盛传,幕后发动者是蒋经国,他试图以此来打击政府内部亲美的自由派人士。[1]

"刘自然案件"演变的结果,令人意想不到。"外交部长"叶公超出面向美方公开道歉,"行政院长"俞鸿钧辞职,蒋介石本人也发表文告,"斥捣毁使馆为义和团行为,国民党政府的领导地位,至此全面动摇"。雷震去看望王世杰和余井塘,"两人都表示对大局的悲观,认为'蒋总统'已经老了,没有办法改"[2]。雷震撰写的社论《怎样挽救当前的危局》,评述蒋介石的文告,批评国民党历来反民主自由之所为,斥责"青年救国团"不合法,要求改组政府,起用蒋廷黻这样的人做有实权的"行政院长",要求国民党退居普通政党地位,党务和政务,要截然分开。[3] 在《自由中国》社某次聚会上,成舍我、齐世英[4]、蒋匀田、王世宪、夏涛声、黄中等人与雷震商量,准备结合海内外反对人士就台湾政局上书或

---

[1] 雷震 1955 年 2 月 11 日日记中述:1955 年 2 月 5 日由军友社总干事江海东率领"青年救国团"学生及"反共义士"约一千五百人,曾前往华美协进会主办之服装展览会捣乱。《雷震全集》第 38 册,页 32。

[2] 参见张忠栋著《胡适·雷震·殷海光——自由主义人物画像》,页 131。

[3] 社论《怎样挽救当前的危局》,原载 1957 年 6 月 16 日《自由中国》半月刊第 16 卷 12 期。

[4] 齐世英(1899—1987),山西太原人,生于辽宁铁岭。曾就读于日本京都帝国大学哲学系,并游学德国。1926 年加入国民党,曾任国民党中央委员、国民参政会参政员,《时与潮》杂志创办人,行宪后为立法委员。1954 年因反对"电力加价"案,被开除国民党党籍。后为"立法院"革新俱乐部领导人。

发表集体意见，"政府应开放胸襟"，希望召开一次"救国会议"，雷震也谈到"今日局势有成立反对党的必要"。[1]

这个事件同样令《自由中国》社诸同仁深感不安，编委殷海光建议写一社论，以表明《自由中国》对此事件的态度。雷震表示同意，却又十分谨慎，一面向有关部门搜集材料，一面给老友、著名律师端木恺（孙科组阁时行政院秘书长）打电话，咨询美国方面的法律问题。端木恺则提醒说，若写社论"要一部分责备自己，即军警当时太不得力"，"平时军警走私漏税案子非常起劲，因可得好处，对这些事情太无勇气，太怕牺牲，因为阻止民众捣乱可能要牺牲性命的"。[2]

5月27日，雷震约殷海光、戴杜衡等人来社里，商讨这篇社论如何写，未料，意见分歧很大。殷海光认为"美国太傲慢，美国军事法庭之判决，完全看不起中国人"，责任全在美国人方面；雷震、毛子水不赞成这样写，强调台湾当局也有可检讨之处。未定之时，台大学生傅正恰好送来一份有关此案的稿件，雷震觉得内容不太理想，编委戴杜衡说写得不错。傅正后来回忆："有关'五二四'自然案或雷诺案引发的捣毁美国使馆事件，雷先生的看法，与社内大多数人的看法不同，因而引发激烈争辩。我当时还在台大读书，尚未担任《自由中国》半月刊的编辑，而我的那篇《刘自然案带来的血的教训》，雷先生虽不以为然，但大多数人都支持，尤其戴杜衡先生赞许，所以依旧发表。"[3]

傅正是到《自由中国》社领取稿费时（1956年10月1日）

---

[1]　参见1957年7月28日雷震致许冠三函，《雷震秘藏书信选》，《雷震全集》第30册，页352—353。

[2]　雷震1957年5月25日日记，《雷震全集》第39册，页100。

[3]　雷震1957年5月29日日记傅正注释，《雷震全集》第39册，页103。

第一次见到雷震的，"没想到，竟然一见如故，注定我正式开始走雷先生的路"[1]。1957 年 6 月，傅正台大毕业，赴新竹短暂任教即进入《自由中国》社充任编辑，直至几年后与雷震一起遭到逮捕。

《自由中国》社论题为《雷诺判决无罪与台北骚动事件之检讨》，其立意和论点，与傅正那篇热血文章有所不同，从"美国"和"当局"两个方面折中地对这一事件进行评述，深得读者好评。在这个事件之后，《自由中国》更加积极面对当下现实问题作进一步审视，全面揭露和抨击国民党各方面的施政之弊，推出轰动一时的以"今日的问题"为总题的系列社论，包括对这些问题的全民大讨论，"范围遍及'反攻大陆'、政府施政、反对党等，代表社内编委共同之意见，也反映信仰自由主义知识分子对于现实政治的批评与民主政治的期望"[2]。

这场大讨论由《自由中国》编委戴杜衡率先提出。若根据有关资料，《自由中国》应全面审视台湾社会各种现实问题，最早应当是胡秋原[3]对雷震提出的，时间是在 1956 年 5 月。当时胡秋原给雷震写信，认为"民主信心与勇气应予鼓励，自由种子与空气应予培养"，建议雷震在《自由中国》拟一个总题目——"如何促进中国民治"，子题目列有六个：一，如何树立"宪法"尊严；二，

---

[1] 傅正《从蒋经国到雷震之路——叫我如何不想他》一文，收录于《雷震全集》第 2 册，页 356—357。

[2] 任育德著《雷震与台湾民主宪政的发展》，页 165。

[3] 胡秋原（1910—2004），湖北黄陂人。曾就读于日本早稻田大学，曾任《文化批判》、《思索月刊》总编辑。1933 年参加"闽变"，失败后亡命海外。1937 年返国，1948 年当选立法委员。赴台后，创办《中华杂志》。1988 年 9 月，前往大陆探亲，宣传其"国民会议"理论，遭限制出台两年，并被国民党开除党籍。著有《古代中国文化与中国知识分子》等书。

如何增强"立监二院";三,今日司法问题;四,国民党以及在野党问题;五,教育上的自由问题;六,言论界责任问题。[1] 雷震在当时是否接受了这一建议,从《自由中国》半月刊并未能直接反映出来,但胡秋原的这一建议在形式上与"今日的问题"系列社论十分接近,议题庶几相同。很显然,雷震受到一定启发,次年就写出《今日的司法》一文,这篇文章引起当时"司法行政部"部长谷凤翔对雷震的抗议,[2]《今日的司法》一文刊出后,"《自由中国》编委便决定撰写一系列社论,定总题为'今日的问题'来对当前大问题作更进一步的检讨"[3]。

根据当时《自由中国》对台湾社会的全面了解和看法,发现国民党执政当局所推行的各种政策与措施,无论对内还是对外,都存在许多严重问题。这些问题中,有的应该立刻解决,有的则应设法防范发生。从这一点可以知道,此时"《自由中国》的重点已开始转往更为实际的问题,对于国家自由与个人自由之论战,已无暇顾及"[4]。从 1957 年 8 月至 1958 年 2 月,《自由中国》先后推出十五篇系列社论,全面反思上世纪 50 年代台湾政治、经济、教育、社会风气诸多问题,"如此一系列对既有政治体制及实际政治的讨论与批评,并且以社论的形式来表达,是《自由中国》前

---

[1] 1956 年 5 月 12 日胡秋原致雷震函,《雷震秘藏书信选》,《雷震全集》第 30 册,页 325—326。
[2] 参见雷震 1957 年 7 月 4 日日记,《雷震全集》第 39 册,页 124。
[3] 薛化元著《〈自由中国〉与民主宪政——1950 年代台湾思想史的一个考察》,页 143—144。
[4] 在这之前,面对国民党所宣扬的"国家自由"优于"个人自由"这一论点时,《自由中国》社中也有人主张类似的观点,惟有不同的是,在强调"国家自由"同时,不得侵犯言论自由。随着其后不断认识,《自由中国》自由主义气息越来越浓,尤其当局对个人自由的尺度收缩得更加紧迫时,对于"国家自由"的批评,一度成为《自由中国》的主要内容。参见薛化元著《〈自由中国〉与民主宪政——1950 年代台湾思想史的一个考察》,页 215。

所未见的"<sup>[1]</sup>。

这十五篇社论主题依次为：一，《是什么，就说什么》（殷海光执笔），表示今日大多数人都在说假话，尤其国民党当局，以"反攻大陆、国家利益、非常时期……"为政治之口实，掩盖其专制的实质；二，《反攻大问题》，提出必须从公算和透过现实来加以考虑，不能借此来推延台湾政治和经济的改革；三，军队国家化、军队中的党务等问题；四，财政问题；五，经济问题；六，美国经济援助的运用和浪费问题；七，小地盘大机构，呼吁压缩并裁剪政府机构；八，建立"中央政治制度"，发挥政治责任；九，地方政制问题，主张实行地方自治；十，立法问题；十一，要求废除出版法，保障新闻自由；十二，"青年反共救国团"系非法体制，破坏教育正常运作；十三，党化教育应立即停止；十四，《近年的政治心理与作风》，对台湾岛的政风败坏提出严肃批评；十五，《反对党问题》，以此制衡国民党在台湾的"一党统治"。

"今日的问题"系列社论，清晰表达了《自由中国》的政论视野与立场。"代序论"《是什么，就说什么》阐述了系列社论之出发点：

> 我们所处的时代，正是需要说真话的时代，然而今日我们偏偏最不能说真话。今日中国人之不能说真话，至少是"中华民国"开国以来所仅见的。我们目前所处的情势，正是亟需中国知识分子积极发挥创导能力的关头，然而，目前刚好是知识分子情智最低落的时期。目前中国知识分子情智之低落，是五四运动以来所未有的。
>
> 自从大陆"沦陷"，撤退台湾以来，台湾在一个大的藉

---

[1]  薛化元著《〈自由中国〉与民主宪政——1950 年代台湾思想史的一个考察》，页 145。

口之下，有计划地置于一个单一的意志和单一的势力严格支配之下……凡属合于这个标准的思想言论，便被看作是"正确的"，否则是"歪曲的"，或"有问题的"。这类思想言论就会受到封锁、打击……我们中国由于传统的爱面子的心理，错用了"隐恶扬善"的观念，政治上的坏事不让大家说穿。大家在积威之下，也不敢说穿。社会的病症也不去揭露，让它蒙在被褥里腐溃。一味的歌功颂德，粉饰太平。等到腐溃至极，被褥蒙不住了，便肿毒迸发，不可收拾。历代的治乱循环都是循着这一个方式发展下去的。

这几年来，台湾的新闻，官方的言论，在这一传统上可说达到新的高峰。然而稍有眼光的人都可知道，隐蔽在这些自我恭维和自我陶醉言论背后的病症，确实不小哩！然而现在，我们所有的本钱太少了，那里再能这样浪费下去？有病总是要治的。我们与其讳疾忌医，让病这样拖下去，到头来不可收拾，不如趁早诊断明白，及时医治。任何人总不能说：谈病、治病，是有罪的吧！[1]

在当时一片噤声中，《自由中国》敢于直面台湾社会现实，言他人之未敢言，本着"是什么，就说什么"的原则，绝不"讳疾忌医"或"隐恶而扬善"，再次显现《自由中国》社同仁的胆识和责任心，十五篇社论中有四篇出自殷海光手笔。尽管某些内容或提法，与雷震倡导的"渐进改革"思路有一定落差，但《自由中国》从来就是"百分百的言论自由"（李敖语）。"'今日的问题'系列，说实在，是在1950年代台湾在野派力量，无论是政治人物，或者

---

[1]　系列社论（一）《是什么，就说什么》，原载 1956 年 11 月 16 日《自由中国》半月刊，第 17 卷 3 期，页 4。

是刊物，或是报纸，对整个'国家'整体发展提出最具体的蓝图，从政府的体制，包括我们现在常常讨论的台湾省跟'中央政府'重叠问题要怎么处理，包括言论自由，包括新闻自由，包括蒋的'救国团'问题，在里面统统是属于讨论的主题，当然这中间一定会包括反对党的问题，每一个问题都直接指向当时国民党统治台湾体制的核心。"[1] 雷震将"今日的问题"系列文章汇编成册，胡适读到后问雷震：这是新党的政纲吧？雷震认为确有此意，但只是"政纲的原则"。

8月12日，在党部宣传会议上，国民党中央党部秘书长张厉生[2] 提出"今日的问题"系列社论这一问题，认为对于台湾社会及民众影响颇大，应予以"停刊处分，必要时还可捉人"。与会者中也有不少人反应强烈，同意张的这一建议。经黄少谷耐心疏解，说《自由中国》言论，是以反对党姿态出现的，自然不会说政府的好话，如果现在就对《自由中国》采取行动，轻则增加他们的销路，重则增加他们的地位，将得不偿失，因此会议对这个问题未加讨论。

雷震得知此事，大骂"张厉生这些人，不学无术，成天只想着讨好，可耻之至"[3]。1958年11月15日，许孝炎再次约谈雷震，称这些文章"对国民党及蒋先生不利，尤其第三文伤害了蒋先生，使蒋先生不能混，全盘揭穿……"关于这次谈话，国民党高层下达了四点指示，并让转达给雷震，即"不评蒋介石，不评既定'国策'，不评'宪法'，不评国民党"。许孝炎深知雷震个性，他是不

---

[1] 《可贵者胆，所要者魂》一文，收录于蔡明云主编《台湾百年人物志2》，页12。
[2] 张厉生（1901—1971），河北乐亭人。早年留学法国，1924年后历任国民党中央组织部长、国民党军委会政治部秘书长、行政院秘书长、行政院副院长等职。赴台后，任国民党中央党部秘书长、"行政院"副院长等职。
[3] 雷震1957年8月13日日记，《雷震全集》第39册，页146。

可能接受的,就未当面提出,只是希望《自由中国》在今后能否"缓和些"? 雷震回答说:"国民党如不改革,纵把《自由中国》停刊和枪毙雷震,于国事无补。他们要能改革,我们可缓和,否则无法缓和。我们一切批评是为国家……"[1]

11 月 17 日,雷震赴南港胡适寓所,将此次谈话内容通报给胡适,再次强调在"政治上如无反对力量,政治不易进步"这个观点。胡适听完之后,坦言自己的想法与此"有一点距离",他本人只是"想改善",说许多人是"反对他参加政治的"。[2] 胡适的这一态度,不免使雷震有点失望,令他想起香港方面为什么有不少人不赞成胡适的原因。在那些人眼中,张君劢才是"真正的领袖"。傅正对雷震说过,"张君劢与胡适,两人性格不同,作法也不同,所以张先生敢于跳火坑,而胡先生'不肯下水'。张先生在老蒋无行动证明改革诚意时,绝不来台湾……而胡总是寄希望于老蒋改革,不惜由美来台就任'中央研究院'院长"[3]。

傅正甚至在 11 月 18 日日记中这样写道:今天雷公和我说,胡先生仍旧对政治无兴趣。其实,这完全在意料之内……在我看来,今天一切有志于以反对党救国的朋友,应该不必老是把希望寄托在胡先生身上了……假使每一个有志于以反对党救国的自由"反共"人士,真有决心和信心的话,便该离开胡先生而另做新的打算。否则,恐怕将永无希望。[4]《自由中国》社殷海光、傅正、聂华苓等人一直对胡适持保留态度,认为胡先生在某些重大问题(主要指后来组建反对党)的处理上,未免过于爱惜羽毛、瞻前顾后,

---

[1] 雷震 1958 年 11 月 15 日日记,《雷震全集》第 39 册,页 398。
[2] 雷震 1958 年 11 月 17 日日记,《雷震全集》第 39 册,页 401。
[3] 参见雷震 1958 年 11 月 18 日日记傅正注释,《雷震全集》第 39 册,页 402。
[4] 傅正 1958 年 11 月 18 日日记,转引自苏瑞锵著《超越党籍、省籍与国籍——傅正与战后台湾民主运动》,台北前卫出版社 2008 年 1 月初版,页 111。

288

或过于优柔寡断。[1]

　　台湾社会在所谓"反共"借口之下，各方面都受到严密控制。尤其在言论自由方面，当局利用《出版法》制定母法之下的所谓"施行细则"，以禁止民间办报或钳制言论自由。[2] 及至 1958 年前后，国民党对台湾岛内的控制几乎更加完整、严密而成熟，在政、军、文教及地方上，威权式一元控制体系正在逐渐成形，严密程度为大陆时期所未见。主张自由、民主的《自由中国》与官方无论在言论尺度上或实际互动中，都面临一种更为直接紧张的理念冲突。"近代中国的自由主义，文化运动的成分犹重于政治运动。胡适固然是很好的例子，即使在《自由中国》编委之间，张佛泉、殷海光等人也不脱此。他们虽然关心政治，不过对他们来说，自由主义主要是一桩在理知、道德与文化层面上进行的事业。他们的关怀所在，是培育具有自由心灵的个人，作为自由社会的基础。因此他们皆以思想上的启蒙作为志业。雷震却在无意中突破了中国自由主义的这个旧辙，他出身政界，有本能的政治倾向。在他而言，自由主义主要是制度和权力的问题。"[3]

　　雷震以曾经在党内的身份对高层进行诤言的方式宣告失败之

[1] 台湾学者陈仪深教授也认为：殷海光、雷震他们对政治改革的思维方式，就是太仰赖一二人的权威影响力。或许由于时代的限制，他们都还没有建立"民间社会"的自觉，也还没有想到去动员群众的压力，宜乎一旦国民党逮捕二三人之后，这一波改革的浪潮就烟消云散。参见陈仪深《自由主义的两种类型——〈独立评论〉与〈自由中国〉的比较》，原载 1990 年 10 月 10 日《中国论坛》第 31 卷 1 期，页 17。
[2] 1958 年 4 月，台湾"行政院"秘密提请"立法院"修改出版法，当时"内政部"研拟的《出版法修正案》共修正了十八条条文，除 1954 年抛出而被反对掉了的九项新闻禁例的内容以外，新增两条，其中赋予行政机关不经司法程序，即可予报刊警告、罚款、停刊及撤销登记等处分的权力，对台湾言论空间与新闻自由造成严重的威胁。
[3] 钱永祥《我和我的时代：雷震日记》一文，原载 1989 年 3 月 1 日台湾《联合报》。

后，"诤谏角色已至极限"，他越来越清楚地意识到，台湾社会如果想走上民主政治的道路，"必须有一个强有力的反对党"。1957年8月2日，雷震赴东海大学去看望正在患胃病的前《自由中国》编委张佛泉，将这一想法告诉了他。雷震说，组建反对党"为今之计，最好在国民党以外，联合在野人士（无党派人士、民青两党人士）及国民党一部分开明分子组成，目前绝对不能执政，只要有监督力量，批评政治，使其实行民主政治，实行法治"[1]。

《自由中国》社内部对如何组建一个反对党，存在相当大的分歧意见。尤其是当雷震与民、青两党走得比较近时，编委中有人认为这样做对《自由中国》十分不利，"如果组成反对党，也不能以两党为基础，因两党声誉太坏，过去参加政府，只想分一杯羹"[2]。雷震极力向他们说明"不会为他们所利用"。东海大学教授杜蘅之也认为，在今日台湾无法成立一个反对党，尽管人们对当局早有不满，但"为着饭碗和安全，无人敢动"[3]。不过，雷震始终心存谋求改革、刷新政治之念，在《自由中国》对台湾社会各种问题进行反思之后，对成立反对党一事越发显得积极。不久发生"陈怀琪事件"，雷震被告上法庭，分散了他的不少精力。

## 七、陈怀琪事件

由于限制言论自由、违反新闻自由原则的《出版法》修正案在"立法院"秘密会议通过后，台湾当局对于岛内的言论控制更加严密。人们噤若寒蝉，有时也会有人冷不丁地跳出来慷慨陈词

[1]　雷震1957年8月2日日记，《雷震全集》第39册，页141。
[2]　雷震1957年8月20日日记，《雷震全集》第39册，页151。
[3]　雷震1958年8月5日日记，《雷震全集》第39册，页349。

一番。1959 年 1 月 16 日《自由中国》半月刊第二十卷第二期刊登由陈怀琪具名的读者来信《革命军人为何要以"狗"自居？》，内容是叙述自己在"三民主义讲习班"受训时课堂亲身感受：

编辑先生：

我是一名干了二十几年"革命"的军人，但是，我自承愚昧，一直到现在还不大了解"革命"的意义以及革命军人的身份究竟是什么！今年十一月初，我以优秀干部的资格奉令参加"国军"三民主义讲习班第××分班受训。这个每年照例都要在军国"劳民伤财"的国民党军队党部举办的讲习班，究竟能否收到他们预期的效果，这里且不管它；现在，我且把我这次在班上受训所发生的几个问题写出，以就教于先生及所有的亲爱的读者……

今年"国军"三民主义讲习班的主要宗旨是："坚定'反攻复国'信念，巩固革命领导中心"。一个是"反攻大陆"问题，一个是革命领导问题，要弄清这两个问题，于是贵刊去年八月一日所发"反攻无望"（这当然是他们给贵刊戴的帽子）的论调以及贵刊"破坏领袖"的"荒谬言论"就一一痛加驳斥，好像今年三民主义讲习班就是专门为了要驳斥《自由中国》的"毒素思想"而才开办的。第一位教官不管上什么课程，总要先把《自由中国》痛骂一顿，才好像尽了责任，而且腔调一致，骂来骂去都脱不了上级原来给他们写好的那些根本自相矛盾、无法自圆其说的口号和教条，使我们这些受训的同学下课后，都摇头叹息这些教官们的可怜和幼稚。

贵刊那篇《反攻大陆问题》的社论，我曾拜读过，在我的记忆中，那篇社论的内容与现在政府"对反攻大陆不以武力为主要途径"的政策没有什么不同的地方，然而不料此论

一出，各方大加攻击；尤其是政府机关报竟将"反攻无望论"的帽子加在你们的头上，并且断章取义的乱加解释，有意的想使一般人民由于他们所造成的错觉而对贵刊发生不好的印象，其用意之可恶，其手段之狡诈，真为识者所不齿。更可怪者，现在政府竟又实行与所谓"反攻无望论"者同一的政策，那它不也成了"反攻无望论"者了吗？

　　……更使我莫名其妙的，有一天我们班里训导主任给我们讲话，他说以前有人骂戴笠是领袖的走狗，戴笠不但不怒，反而很荣幸的以狗自居；现在我们革命军人也要以领袖的"走狗"自居。如果有人攻击我们的领袖，我们就毫不客气的咬他一口。天呀！"革命的圣人"（原文如此，疑"军人"之笔误）居然变成了咬人的"狗"！无怪乎当贵刊前年"祝寿专号"出来以后，各方面向你们乱咬一气，原来他们自认是"狗"啊！[1]

　　但凡读过这篇"读者来信"的人，"觉得很有一种真实感，非亲自参与者，写不出这种'报导翔实'的好文章。但没想到竟因刊登这篇'投书'的短文，而招来一场大灾祸"[2]。1959 年 1 月 30 日，《自由中国》社收到"陈怀琪"的来信，声称《自由中国》刊登的"读者来信"并非他本人所写，而是有人假冒他的名义所为，要求《自由中国》予以更正，并附上一份"更正函"，要求下一期予以刊发。"更正函"只有六七百字，却充满火药味，根本不像受了"委屈"的一封"更正函"："……假设该投书，确有同姓同名之陈怀

[1]　陈怀琪《革命军人为何要以"狗"自居？》，原载 1959 年 1 月 16 日《自由中国》半月刊第 20 卷 2 期，页 30。
[2]　马之骕著《雷震与蒋介石》，页 287。

292

琪其人，即请同时将原稿之真实姓名、详细地址示知，以明是非，否则本人为人格名誉计，追究文责，势必诉诸法院，以为嫁祸刁玩者戒。谅想贵刊一向标榜民主自由，至于冒用姓名，捏造投书之自由，决不致为贵刊所争取，但愿以诚挚之态度，不要袒护此种嫁祸刁玩之不法分子"[1]。雷震等人仔细"对过笔迹"，发现两者几乎一样，因此判断作者"可能受到迫害"而出于无奈，才写来这样的"更正函"。杂志社决定邀约陈怀琪在一二日之内到社里来谈一次，十多天过去，陈怀琪始终未来。

2月16日，《自由中国》第二十卷第四期刊发一则《自由中国》社"更正声明"，没有采用"陈怀琪"附来的"更正函"。"更正声明"原文为："现职陆军工兵基地勤务处制造厂中校行政课长陈怀琪来函，以本刊第二十卷第二期所刊《革命军人为何要以"狗"自居？》之陈怀琪，虽与其同姓同名，但并非一人，特此声明"。

出刊当天，一直不露面的陈怀琪就来到了《自由中国》社，表示对"更正声明"不满，要求继续刊发他的那份"更正函"。编辑傅正对他解释说，杂志社只能做到这种程度，并将理由告诉了他。据傅正回忆：陈怀琪听了之后有点失望，但彼此之间的态度还比较客气，送他出门时，还问他府上在哪里，陈怀琪说是"义乌"，我们还说义乌过去属于金华府。分手的时候，陈怀琪并没有表示想"警告"我们。[2]

没想到，两天之后，陈怀琪在《中央日报》、《台湾新生报》、《联合报》及《青年战士报》上大登广告，题为《陈怀琪警告〈自由中国〉杂志启事》，指责《自由中国》半月刊捏造事实、伪造文书，损害其名誉。2月19日复登一次，以傅正等人的计算，刊登费用算起

[1] 马之骕著《雷震与蒋介石》，页288。
[2] 傅正《雷案回忆》补注，《雷震全集》第11册，页207。

来至少在新台币三千元以上。官方报刊、电台对此大肆渲染，国民党《中央日报》以"本报讯"方式，变相地刊发陈怀琪"更正函"原文，其意不言自明。

2月下旬，陈怀琪向台北地方法院正式提出诉讼，控告《自由中国》法人代表雷震涉嫌"伪造文书罪"。成舍我来雷震处，劝赶快发表一"声明"，恐其背后有人支持。《自由中国》社这才感到事态有所严重，随即在各报刊出一"启事"，说明此事经过，并聘请律师准备应诉。雷震怀疑此事乃警备总司令部（原保安司令部）所为，"陈君于十八日、十九日两日登了《中央》等四个大报，十九日又有长篇记载，以一个中校之收入可以做到么？这显然有人背后操纵"[1]。

3月1日，《自由中国》半月刊针对此事专发一社论《关于陈怀琪投书事件的简报》，向读者报告此事经过，并提出质疑：

> ……当我们看到陈君这封来信以后，想到个中情形或不简单，于是当天晚上，我们写了一封信。请他在次日（三十一日，星期六）或隔日（二月二日）星期一来本社一谈。我们的信是照他来函所写的地址——陆军服务社三〇一号房间，着人在三十一日上午九时左右送去的。信送去的时候，他不在。送信人照服务社人员的吩咐，把信放在陈君的床上。奇怪的是这封信送去以后，一直到本刊第二十卷第四期付排清稿的时候，其间有十多天，陈君始终没有来。他的来信曾说到"本人为贵刊无端诬赖，特别请假来台北，现投宿陆军服务社三〇一号房间，希于三日内赐予函复"。陈君既把这件事看得这么严重，特别请假来台北，而我们又在他所指定的时限

---

[1]　雷震1959年2月21日日记，《雷震全集》第40册，页32。

以内函请他来本社一谈，他为什么久久不来呢？[1]

3月2日上午，雷震接到法院传票，要他第二天下午1点半到台北地方法院检察处应讯。陈怀琪控雷震案，成为台湾媒体报道的一个热点，社会各方人士都十分关注此事，某些人甚至以为这"可能是抓住'整垮雷震'的机会"。检察法庭秘密进行，不准任何人旁听，许多人主动聚集在法院门口，等待消息。雷震这样回忆：

> 三月三日下午一时二十五分，我到台北地方法院检察庭应讯，殊不料有一百多位学生已在法院检察庭门口等候。因为检察庭不能旁听，他们等我出来后始散去。还有一位青年人，一定要送我一百元台币，帮助讼费，青年人之有正义感，由此可见一斑。此外，除《自由中国》社的职员外，还有《自立晚报》社长李玉阶和青年党领袖夏涛声，诗人周弃子诸先生；李、夏两人还携带机关图章来，必要时给我作保之用，但检察庭未要交保……胡适先生很焦急，曾打几个电话来。是日下午六时模样，我去南港"中央研究院"，胡适倒杯酒给我，说给我压惊。他盛称我之出席法庭受讯，是最文明的。[2]

胡适、王世杰、成舍我、胡秋原等人觉得这场官司打下去实在没有意义，认为有人在背后操纵此事，当局无论如何"都要适可而止，尽管雷震可以败诉，甚至坐牢，都不重要，但政府一定

---

[1] 社论《关于陈怀琪投书事件的简报》，原载1959年3月1日《自由中国》半月刊第20卷5期。

[2] 《雷震全集》第11册，页68。

因此而名声扫地，为世界民主国家所不齿"[1]。胡适等人甚至透过私人管道，谋求解决办法。蒋介石对胡适等人有心化解此事，多有不悦，在一次宣传会议上说：王世杰和胡适叫人家不要干涉司法，他们也不要干涉司法才好。话传到雷震那里，他的第一个反应就是：果真都不干涉司法的话，陈怀琪事件就不会发生了。[2]

在 2 月 27 日，日本《读卖新闻》驻台北特派记者若莱正义曾采访陈怀琪，发现"陈怀琪一切讲话，完全是依照写好的稿子照念，不敢多讲一字，由于要控告《自由中国》半月刊，故暂迁来台北居住"[3]。若以一般推理，一个普通军官为此事纠缠不清，不惜时间与成本，甚至对簿公堂，背后如没有特殊原因，应该不会这样。

3 月 5 日，胡适给雷震写来一封"致《自由中国》编辑委员会"的信，其中认为《自由中国》不应发表未具真实姓名和真实地址的"读者来信"，说"这是我们的大错误"，并对今后编辑方针提出了几点意见："一，本刊以后最好能不发表不署真姓名的文字；二，以后最好能不用不记名的'社论'……三，以后停止'短评'。因为'短评'最容易作俏皮的讽刺语，又不署名，最容易使人看作尖刻或轻薄……"[4] 胡适的这一态度，令雷震等人大为不解，《自由中国》社编委会讨论决定暂不发表胡适的这封信，对于信中某些建议，雷震并不能完全接受，他坚持认为"社论"代表编委会意见，以不署具体作者名字为好。

雷震后来才知道，胡适之所以写这样一封信，是想用某种"政治的方法"来加以解决。[5] 胡适担心雷震不能理解其"苦心"，以

---

[1]　马之骕著《雷震与蒋介石》，页 296。

[2]　雷震 1959 年 3 月 16 日日记，《雷震全集》40 册，页 50。

[3]　《雷震全集》第 11 册，页 67。

[4]　万丽娟编注《胡适雷震来往书信选集》，页 165—166。

[5]　马之骕著《雷震与蒋介石》，页 299。

至于《自由中国》不公开发表此信，特意把雷震、夏道平请到南港家中，反复对他们说明自己的真实想法：个人荣辱事小，国家前途事大，要多多忍耐，不要把在联合国的席次搞垮了。回到社里，雷震即抽出一篇文章，换上胡适的这封信，发表在《自由中国》半月刊第二十卷第七期上，马之骕回忆说："胡适为了替雷震解决诉讼问题，一方面设计写信批评《自由中国》的编辑，刊登'陈怀琪投书'之不当；一方面又请他早年'安徽公学'[1]的老师王云五向蒋介石求情，这虽然等于俯首认罪，但也不失为惟一解决问题之方法，而且很有效，从此法院即不传讯雷震了。"[2]

雷震稍后掌握到一些有利证据，这封"读者来信"确系陈怀琪本人所写，只是在军中政治部的压力之下，出于无奈，才出面否认此事，并以此控告雷震。[3]1959 年 3 月 14 日，雷震在"陈怀琪案"之刑事辩诉状中说："告诉人于伪造文书外提出诽谤，于法已有不合。乃又提叛乱条例第七条为有利于叛徒之宣传一点，其以根据台湾省戒严时期军法机关自行审判及交法院审判案件划分办法惩治叛乱条例所定之罪得由军法机关审判，图假法院之手，置辩诉人于军法机关控制之下，而后以不公开之审判罗致之于罪乎？果如是，用心不可谓不深。但惩治叛乱条例第七条之义理明显，

---

[1] 马之骕在这里有误，应为上海"中国公学"，而不是"安徽公学"。胡适自 1904 年至 1910 年在上海住了六年，换过四所学校，即梅溪学堂、澄衷学堂、中国公学、中国新公学。胡适在《四十自述》说，"我在中国公学两年，受姚康侯和王云五两先生影响最大……"参见曹伯言选编《胡适自传》，黄山书社出版社 1986 年 11 月第一版，页 70。

[2] 马之骕著《雷震与蒋介石》，页 300。

[3] 雷震 1959 年 4 月 14 日日记中有记载：陈怀琪的朋友吴福分问过陈氏最早的那封读者来信是否为他本人所写，陈怀琪予以承认，并说是政治部要他告雷震的。参见《雷震全集》40 册，页 68。

司法机关当不会容人曲解。"[1]

由于胡适、王云五等人私下缓颊和努力，也是在最高当局的旨意下，[2] 军方总算再也没有什么新的动作。《自由中国》社发行部经理马之骕认为，"所谓'陈怀琪事件'，本来很单纯。也许是陈怀琪本人，在受训期间听到教官讲，把革命军人比作'狗'的故事，觉得很有刺激性，也很有趣味性，于是就写了这篇文章，投到《自由中国》，后来发现事态严重，就不敢承认了。也许是和陈怀琪一块儿受训的人，故意冒用陈怀琪之名写的。总之，这件事是陈怀琪周围的人做的，绝对没有错，但如《自由中国》的编辑，对此类文稿，事前、事后处理得当，就不会发生问题了"[3]。

此事惊动了在港的各方民主人士，3 月 18 日，旅港作家李岳华给雷震发来一信，表示关切：我公提倡民主、争取自由，功勋卓著，万人同钦。此次发生"陈怀琪事件"，港方各民主人士对我公均极关心，谨此奉告，敬祈珍重。[4] 雷震在日记中说："我心中尽管有若干不痛快，但一切听天由命，绝不找人说话，因我们这几年的工作问心无愧。"[5]

## 八、《大江东流挡不住》

依据"宪法"第四十七条规定"'总统'、'副总统'之任期为

---

[1] 万丽娟编注《胡适雷震来往书信选集》，页 266。

[2] 史学家沈云龙告诉雷震，蒋介石已决定对陈怀琪案罢手。参见雷震 1959 年 11 月 6 日日记，《雷震全集》40 册，页 188。

[3] 马之骕著《雷震与蒋介石》，页 301。

[4] 1959 年 3 月 18 日李岳华致雷震函，《雷震秘藏书信选》，《雷震全集》第 30 册，页 401。

[5] 雷震 1959 年 3 月 16 日日记，《雷震全集》40 册，页 51。

六年，连选得连任一次"，此时正临近蒋介石第二任"总统"任期之末，公开或私下议论蒋是否"三连任"成为一个敏感话题。胡适、雷震等人主张蒋介石不要连任，这是一种最明智的做法，否则将有违宪之嫌。蒋被选为第一任总统，1948 年 5 月 20 日就职；1954 年 5 月，做满第一任，第二次又当选。以六年一任为期，应在 1960 年 5 月 20 日第二任届满，按"宪法"规定，已不能再连任，除非修改"宪法"有关条文。

1958 年 12 月 23 日，蒋介石在"国大代表"组成的"光复大陆设计委员会"第五次全体会议上表示：自去年以来，"国民大会"有好些代表曾提出"修宪"的问题，自然，这是各位代表的职权，个人不便有所干预，但我可以代表中国国民党、代表政府来说，我们不仅是没有"修宪"的意思，并且反对"修宪"。[1] 然时隔不久，1959 年 5 月 18 日，蒋介石在国民党八届二中全会"总理纪念周"上发表谈话，虽然再次承认"宪法"是国家的根本大法，不宜轻言修改，"但目前有三项顾虑，即：一，不要使敌人感到称心；二，不要使大陆亿万同胞感到失望；三，不要使海内外军民感到惶惑"，只要这三个顾虑不发生，他绝不为个人的出处考虑。[2] 此言不无深意，甚至有点暧昧，就是说，他本人虽然表示反对"修宪"，但不排除"三连任"的可能性。

自此前一年蒋介石表示"不修宪"，《自由中国》就发表社论，"对'蒋总统'维护'宪法'的热忱，表示最高的敬意"，但对部分"国大代表""仍然积极主张修宪"不无忧虑，极力主张"修宪"的"国

---

[1] 参见左舜生《我们有两点为台湾担心》，收录于陈正茂主编《左舜生先生晚期言论集》，"中研院"近史所史料丛刊（28），1996 年 5 月初版，上集，页 286。

[2] 参见《自由中国》半月刊社论《蒋总统不会做错了决定吧？》，1959 年 6 月 16 日《自由中国》第 20 卷 12 期，页 3；同时参见 1959 年 5 月 26 日《工商时报》台北通讯。

大代表"都是国民党员,"由此种种,显得连任问题,并没有因'蒋总统'的'不修宪'声明而完全成为过去","如果国民党的'修宪'论者仍然要转弯抹角地在进行其'修宪'运动,人们就会怀疑到'蒋总统''不修宪'的表示只是一种姿态,一种做作……再则,如果不经由'修宪'也居然可以达到连任,那更是成了明明白白的违宪"。[1] 事实上,国民党内部"劝进者"大有人在。1959 年 7 月初,"中常委"陶希圣在高雄《台湾新生报》社茶话会上发表谈话,认为"修改临时条款并不是修改'宪法'本身,明年的'国民大会'第三次大会有权这样办",此言既出,被视为是"劝进者"正在尝试在"不修宪"的前提下为蒋寻求"三连任"法律依据。[2] 陈布雷死后,陶希圣即为蒋介石身边重要文胆之一,他是著名"从政学人",社会经济学、法律学者。他所提到的"临时条款",全称"动员戡乱时期临时条款",专用于国共内战时期,其效力等同于"宪法",于 1948 年 4 月 18 日国民大会一次会议通过,赴台之后,国民党继续沿用,并以此为法律依据对台湾实施长达三十八年的"戒严"。

《自由中国》7 月 16 日发表社论《好一个舞文弄法的谬论——所谓"修改临时条款不是修改宪法本身"》,以驳斥陶希圣的这一说法,指出"临时条款的制定,就是'宪法'的修改","临时条款实构成'宪法'的一部分","增加临时条款,或修改临时条款,

[1] 社论《欣幸中的疑虑——关于蒋总统反对修宪的声明》,原载 1959 年 1 月 1 日《自由中国》第 20 卷 1 期,页 7。

[2] 陶希圣讲话刊于 1959 年 7 月 4 日《中央日报》,他的这种提法,被认为是国民党高层的意见,不过是由他这位法学专家说出来而已。陶希圣之三公子陶恒生先生对笔者说,父亲当时之所以这样说,作为《中央日报》董事长实属无奈。这一期间,父亲返回家中总是闷闷不乐。

也即是修改'宪法'";[1] 同一期还刊发学者宋功仁《论临时条款与修宪》一文，该文透过推理辨析，得出四点结论：其一，"国民大会"无权于"宪法"条文之外，另设"宪法"单行条文；其二，临时条款之设亦为"修宪"；其三，台湾处此环境之下不宜"修宪"；其四，临时条款之设对"宪法"的庄严有严重的伤害。[2]

这篇社论和宋功仁一文立即产生很大的影响，从法律的严肃性来看，"临时条款"实已构成"中华民国宪法"的一部分，修改"临时条款"就等于是修改"宪法"，这一点，再清楚不过。这样一来，致使舆情喧腾，迫使"劝进者"不得不考虑从其他方面来为"三连任"寻找合法依据。随着蒋介石可能"三连任"消息频出，《自由中国》半月刊没有停止对三连任行动的批评，8月1日出版的第二十一卷第三期，刊发署名"看云楼主"《曹丕怎样在群臣劝进下称帝的？》一文，该文引述历史上的经验教训，直指当下，曹丕虽然声称不愿做皇帝，但弄臣们"洞悉了'主上'的意愿，于是纷纷上表劝进"，曹丕才装腔作势"勉为其难"当上了皇帝；到了共和以后，袁世凯称帝，亦曾运用此种手段，袁氏曾表示不主张"变更国体"，"一向惟袁氏马首是瞻的一群奴臣鼠辈们，这时却一反常态，竟置袁氏已发表的意见于不顾，仍然建议'召集国民会议解决国体问题'，复议决'国民代表大会组织法'，成立什么'筹安会'，什么'宪政协进会'，什么'变更国体请愿团'等等，遂行上表劝进，宁非怪事也哉……最后是袁世凯只好'应天心而顺民意'了"。[3]

---

[1] 社论《好一个舞文弄法的谬论——所谓"修改临时条款不是修改宪法本身"》，原载1959年7月16日《自由中国》半月刊，第21卷2期，页5。

[2] 宋功仁《论临时条款与修宪》，原载1959年7月16日《自由中国》第21卷2期，页12。

[3] 看云楼主《曹丕怎样在群臣劝进下称帝的？》，原载1959年8月1日《自由中国》半月刊，第21卷3期，页20。

这篇文章曲笔藏锋，对蒋介石意欲谋求"三连任"并未作出直接批评，而是对一班以蒋氏马首是瞻的人置"不修宪"于不顾，不断发起"劝进"这一事实，"用以古讽今的方式提出相当大的讽刺，这是用历史上声名狼藉的曹丕与袁世凯来暗喻蒋介石'总统'，而对于这样子的暗喻，拥蒋的国民党人又不能公开还手，这是他们所难以忍受的"[1]。在这一段时间内，《自由中国》发表评说"三连任"的文章有二十多篇，其火力之猛，使与当局对峙的局势更为严峻。夏道平跑来劝雷震"不必再登此类文章，恐他们要暗杀"，并称"这话是雪公（王世杰）传来的，他知他们的作法，故有此劝告，且以杨杏佛为戒"。[2] 王新衡也提醒雷震，惟恐蒋经国不择手段。

1959 年 10 月 26 日，有人告诉雷震"警备总司令部某高级人员讲过，台湾要不把雷某去掉——他们——指当局——不能抬头"；雷震之女雷美琳的同学也听到某海军中尉说过，"他们过去想用吉普车把雷震撞死"。雷震在日记中写道："他们拟叫已经决定处决而执行的犯人咬我一口，又恐搞得不好，又想设法把我搞掉。不管怎样，搞了再说，横直我的敌人太多。"[3] 又说："下午六时见到王世宪（张君劢内弟），他听说 5 月 20 日'总统'就职后就要杀人，第一个杀雷震，最少把雷震送到火烧岛[4]。我听之坦然，我没做错事，生死早已置之度外。"[5]

[1] 薛化元著《〈自由中国〉与民主宪政——1950 年代台湾思想史的一个考察》，页 163。

[2] 雷震 1959 年 8 月 12 日日记，《雷震全集》第 40 册，页 143。

[3] 雷震 1959 年 10 月 26 日日记，《雷震全集》第 40 册，页 181。

[4] 火烧岛，即绿岛，国民党政府赴台后羁押政治犯的地方。位于台湾东部海面，距离台东九公里。

[5] 参见《可贵者胆，所要者魂：雷震》一文，蔡明云主编《台湾百年人物志 2》，页 14。

302

这一年年底，蒋介石欲谋求"三连任"的态势越发明显，连胡适也感到"看样子，蒋先生是准备做定了"。王厚生从香港给雷震写信，说胡健中已到香港为蒋介石三连任游说"国大代表"赴台，"蒋先生个人对外虽无表示，对党内似已公开表示愿意连任。舜生、向华等先生决定不来，但舜生私下对健中表示，万一蒋先生非干不可，则应于当选后一月内召开'反共救国'会议，此为健中之惟一收获，且可能办得到"[1]。英文《中国日报》发行人杜蘅之不但反对"修宪连任"，甚至根本反对国民党把持政权，他对雷震说，"最近蒋先生公开表示愿竞选连任，此时说此话，甚不当，因为'宪法'（或临时条款）均未修改，而'总统'任期仍以二次为限，则身居其位似无表示连任之根据。此点盼贵刊于社论中一述，当能引起人注意"[2]。

黄宇人是被台湾当局限制入境的在港"立法委员"，他对蒋氏父子的批评从不留情面，当年在南京时，雷震为蒋辩护还批评过他"不够恕道"，这次也为"三连任"从香港写信给雷震，"一，蒋既反对'修宪'于先，至今仍认为应维护'宪法'之完整尊严，即不应违宪连任。否则不但吾辈誓不承认，且将在宪政史上开一恶例而自居于袁世凯第二。但如蒋不任'总统'，而执政党领袖之身份号召民主改革与团结反共，则吾人仍将竭诚拥护。二，经国为违宪连任之首要人物，年来他的权力日益扩大，除党务外，举凡内政、司法、教育、外交以及军警无所不管，而其政治立场则始终不明。他当年在俄国受训十年，习染既深，而在台湾的种种

[1] 1960 年 1 月 30 日王厚生致雷震函，《雷震秘藏书信选》，《雷震全集》第 30 册，页 419—420。
[2] 1960 年 3 月 4 日杜蘅之致雷震函，《雷震秘藏书信选》，《雷震全集》第 30 册，页 426。

表现，又复向共党亦步亦趋……"[1]

随着各方批评"三连任"的言论越发密急，当局的态度开始变得强硬起来，对反对"三连任"的重要人士不断施加压力，指控他们"不是和共产党有勾结，就是他们的同路人"。不过，当局试图以修订"临时条款"使蒋介石获得"三连任"，同样面临许多难以克服的法律障碍。根据"宪法"规定，"修宪"权属于"国民大会"，"修宪"代表人数必须有"三分之二出席，及出席代表四分之三之决议"方可进行，亦即须有两千零三十人出席、一千五百二十三人决议通过方可"修宪"。"临时条款"作为"宪法"附属条款，其修订也必须遵循"修宪"程序来进行。

早在 1954 年 2 月 19 日召开第一届"国民大会"第二次会议时，经过所谓"递补"以及东拖西拉的拼凑，出席会议者不过一千五百七十八人。当局若想以足够人数来进行"修宪"，或修改临时条款几乎是不可能的事情。在这种情况下，陶希圣于 1959 年 12 月又提出民法上所谓"死亡宣告"的办法，认为或可适用于修订临时条款，即以此降低"国大代表"人数总额。作为法学专家的雷震，对这一问题有相当了解。《自由中国》即以《"死亡宣告"可以适用于国大代表吗？》为题，认为陶希圣这一主张，无论从法律范畴加以分析，还是从法定要件上推论，都是不能成立的。社论指出："国民党如果硬想利用那种似是而非、强词夺理的说法，来打破'国民大会'修改'宪法'或临时条款人数的困难，自当首先负起'毁宪'和'破坏法统'的责任。"[2]

对于"死亡宣告"这一方式，国民党决策机构也感到有诸多"缺

---

[1] 1960 年 5 月 2 日黄宇人致雷震函，《雷震秘藏书信选》，《雷震全集》第 30 册，页 429。

[2] 社论《"死亡宣告"可以适用于国大代表吗？》，1960 年 1 月 1 日《自由中国》半月刊，第 22 卷第 1 期，页 7—8。

陷"，复改以"行政院"及"国民大会"秘书处向大法官会议提出对"国民大会代表总额"作出解释申请。大法官会议于 1960 年 2 月 12 日通过第 85 号解释："'宪法'所称'国民代表大会'代表总额，在当前情形，应以依法选出，而能应召集会之'国民大会'代表人数，为计算标准"[1]，竟以此办法解决了所谓"国大代表"人数不足以"修宪"的问题，从而为蒋介石"三连任"扫清法律上的障碍。

对此，《自由中国》再次发表社论，对大法官会议沦为国民党"御用工具"表示不满，"对于一项没有'疑义'的'宪法'条文，大法官会议依法是没有权力加以解释的"，"'行政院'和'国民大会'秘书处既均无权提出此项声请，大法官会议依法自应不予受理"，"解释法令，应根据法理，不应根据事实。……大法官会议的解释，非但没有根据法理，而且所根据的事实，也不成为其理由"，"大法官已放弃自己的超然立场，做了'御用'的工具，实行所谓'司法配合国策'！……大法官原来是仰承'党'的'御旨'，以党的'理由'为'理由'了"。[2] "立法委员"、台湾大学法学院院长萨孟武也指出：此号释宪文只是解释了事实，并未说明法理。

1960 年 2 月 20 日，台湾召开"国民代表大会"，雷震发表《敬向国大同仁说几句话》一文，"我们大家想想，所谓临时条款不等于'宪法'，修改临时条款不等于'修宪'，这是何等欺骗世人的说法！修改临时条款既不等于'修宪'，为何要经由修订临时条款的途径，使'宪法'第四十七条'总统'只得连任'一次'

---

[1] 参见陶百川等编纂《最新综合六法全书》，台北三民书局 1994 年版，页 1889。

[2] 社论《岂容"御用"大法官滥用解释权？》，原载 1960 年 3 月 1 日《自由中国》半月刊，第 22 卷 5 期，页 4—6。以上亦可参见薛化元著《〈自由中国〉与民主宪政——1950 年代台湾思想史的一个考察》，页 166—167。

之限制失效？又为何在三十七年（1948）制定临时条款时，要根据'宪法'第一百七十四条规定的'修宪'程序？又临时条款既不等于'宪法'，则依'宪法'第二十七条规定，'国民大会'就无权制定或修改了"[1]。事实上，自大法官会议为"三连任"扫清障碍后，任何舆论和批评已无法阻挡国民党的肆意所为。莫德惠[2]领衔联署提出关于修改临时条款之提案，雷震愤激不已，在当天日记中写道，"莫之为人连狗彘之不如也"。莫氏因领衔联署，为同乡"国大代表"所鄙视，主席团主席落选，"因而大哭一场"（雷震语），却又"因祸得福"，当局让他连任一届"考试院"院长。3月3日，蒋介石召集"国大代表"允诺其待遇调至与"立法委员"、"监察委员"一个水准，雷震作为"国大代表"，对这种"拉拢"嗤之以鼻，"有钱能使鬼推磨，信不诬也"[3]。

《自由中国》以社论《怎样才使国大的纷争平息了的！》发出质问："'国大代表'的待遇，即令可比照'立法委员'的待遇来调整，但是为什么要在这个时候给以诺言呢？……国民党领导权的维持，究竟靠的是什么？主义吗、政策吗、威望吗，还是国库里面的金钱？"[4]3月11日，"国民大会"完成修改临时条款，确认戡乱时期"总统"任期不受"宪法"约束；3月12日，国民党正式提名蒋介石为"总统候选人"；十天之后，蒋介石再次当选"总统"，《自由中国》反"修宪"、反连任至此宣告失败。《自由中国》刊发夏道平撰写的社论《蒋总统如何向历史交待？》，再次表明立场与态度，

---

[1] 雷震《敬向国大同仁说句话》，原载1960年3月1日《自由中国》半月刊，第22卷5期。

[2] 莫德惠（1883—1968），原籍吉林，生于新疆，满族。时为台湾"考试院"院长、"总统府"资政。

[3] 雷震1960年3月4日日记，《雷震全集》第40册，页263。

[4] 社论《怎样才使国大的纷争平息了的！》，原载1960年3月16日《自由中国》半月刊，第22卷6期，页3—4。

"'蒋总统'这一次的当选连任，大家都知道，是付了很大代价的，包括有形的和无形的，精神的和物质的。这一份重大的代价，究竟可以换来一些什么，历史家的天秤将会丝毫不爽地秤出来。秤出的结果，是双方平衡，还是一个差额，如果有差额的话，差额是个正数，还是一个更大的负数，这都要看'蒋总统'在今后这一任期当中的作为了。"[1]

雷震作为"国大代表"，仅出席大会二次，未参与修改临时条款及"正副总统"投票，以实际行动表达了反"修宪"的坚定立场；王世杰亦未参加上述投票，他原本希望是蒋介石以党的主席来领导政治，而不是以连任来领导，[2] 胡适说，这是无记名制度，我要出席，但不投蒋介石为"总统"一票[3]。有学者认为：雷震等人与《自由中国》虽然关切蒋介石三连任的"形式"与"法律"问题，但在这些问题之外，则未能将"在实质方面三连任对宪政体制可能造成的影响与冲击"纳入应有之议，未免有点遗憾。就宪政体制而言，这是一个攸关台湾政权在今后如何转换的根本性问题，比照当年美国罗斯福总统打破惯例四连任后、美国国会即修宪明文禁止三连任这一历史事实，从中便可看出某些差异来。[4]

有读者对《自由中国》表示有点失望："你们怎么说，不过是像搔痒而已，能发生什么作用？"《自由中国》社这样回答：政治局面弄到今天这种地步，我们非但深知说了未必有用，而且还可能惹来麻烦，甚至闯下言祸；但我们身为言论界的一分子，却有根据事实、真理、良知而坦坦白白说话的责任，故不忍不说，也

---

[1] 社论《蒋总统如何向历史交待？》，原载 1960 年 4 月 1 日《自由中国》半月刊，第 22 卷 7 期，页 4。
[2] 参见王世杰 1960 年 2 月 5 日日记，《王世杰日记》（手稿本）第 6 册，页 357。
[3] 参见雷震著《雷震回忆录——〈我的母亲〉续篇》，页 76。
[4] 薛化元著《〈自由中国〉与民主宪政——1950 年代台湾思想史的一个考察》，页 318。

不得不说。<sup></sup>[1] 言下的无奈，跃然纸上，"自此，《自由中国》将希
望寄托在地方选举上，而当地方选举亦被国民党当局百般操纵舞
弊时，雷震也愈来愈往寻求实质的政治实力——建构反对党——
的方向走"[2]。

　　国民党初到台湾时，为缓和政治上的各种矛盾，以争取人心，
在地方选举制度上推出"辅选提名制"、"预选提名制"、"候选人
登记、中央核准确定制"等形式，对地方公职人员包括省议员、
县议员、县市长、乡镇县辖村里长，实行"人民直接选举产生"。
然而，在事实上，这些选举均假借"人民"之名义，由其一党从
中操纵，当选者大都为国民党人士。1960 年 4 月 24 日，台湾举
行第二届省议员及第四届县、市长选举，雷震与《自由中国》将
目光转向这一政治焦点。对于这一次新选举，《自由中国》所抱持
的态度是："国民党如有诚意把选举做到公平合法，首先便该同
意由各党及无党派候选人共派管理员"，"在共同办理管理工作之
外，进而同意由各党及无党派候选人共同聘请监察员"。这两点
最起码的要求，在实际选举中一直未能够落实。
　　4 月 24 日选举甫毕，国民党在两项选举中获得"绝大多数胜
利"，台湾省党部主任委员上官业佑当天发表谈话，宣称此次地方
选举"完全在公平的基础上作公开合法的竞争"，引起民众的冷嘲。
5 月 1 日，《自由中国》以社论《这样的地方选举能算"公平合法"
吗？》作出评价：国民党在完全把持管理和监察工作前提之下，
很容易将投票时的违法舞弊做得没有漏洞，加上国民党在此次地
方选举中采用违法的助选方式，控制了投开票的全过程，无论怎

[1] 《给读者的报告》，原载 1969 年 4 月 1 日《自由中国》半月刊第 22 卷 7 期，页 32。
[2] 薛化元著《〈自由中国〉与民主宪政——1950 年代台湾思想史的一个考察》，页 317。

么说,国民党"哪有不获得'绝大多数胜利'的道理"。《自由中国》社论又说:"民主自由是要靠大家努力争取来的,今后惟一有效的补救方法,就是要靠这些笃信民主政治的人士,大家联合起来组织一个强有力的反对党,以与国民党抗争。"[1]

此间密拟的《中国民主党创立宣言草案(稿)》指出:"每一次选举结果,国民党当权派无不高奏凯歌,自鸣得意,但依我们的观察,每经一次选举,国民党即丧失一次人心,以致人民与政府的距离日益加大,这是我们不得不引为深忧的。"[2] 无党无派及在野党派本地候选人在此次选举中,面对国民党不公违法而多有失利,"终与批评国民党不顾海内外反对意见而违法"修宪"的自由派人士结合了起来"[3],在此之前,自由派人士一直酝酿的反对党,因此进入一个实质性筹备阶段。

5月18日,雷震参加由在野党及无党无派人士发起的本届选举检讨会,有六十二位台湾籍与大陆籍人士到场,雷震、高玉树[4]、李万居、杨金虎等七人被推选为主席团主席,这是雷震首次参加本省籍政治人物召集的选后会议。在会上"大家一致抨击国民党选举舞弊违法,如唱票张冠李戴,党外人士废票增多,管理员替未到之选民代捺指纹投票"等乱相。本来是讨论选举不公问题,在杨金虎提议下,则转到对"组织新党"这一

---

[1] 社论《这样的地方选举能算"公平合法"吗?》,原载 1960 年 5 月 1 日《自由中国》半月刊,第 22 卷 9 期,页 7—8。

[2] 《中国民主党创立宣言草案(稿)》,雷震、李万居、吴三连等人于 1960 年秘密拟稿,转引自曾逸昌编著《悲情岛国四百年》,1997 年 11 月 11 日初版,页 430。

[3] 参见薛化元著《〈自由中国〉与民主宪政——1950 年代台湾思想史的一个考察》,页 170。

[4] 高玉树(1913—2005),台北市人,日本早稻田大学毕业,曾任台北市市长、"交通部长"等职。

问题的讨论。当时出现三种意见，一种意见主张解散民、青两党，结合其他无党派人士共同组党；另一种意见应以民、青两党为主体，容纳其他民主人士共同组党；还有一种意见以新党为主体，再使民、青两党人士参加。最后达成四项协议，前三项有关选举改革问题，第四项与组党有关，并由主席团推出三十人担任促进选举的改进工作。

雷震发表《我们为什么迫切需要一个强有力的反对党》一文，指出："台湾地方选举，今后省议员和县市议员是三年一次，县市首长是四年一次。下一次地方选举，当在一九六三年和一九六四年四五月之间。光阴如箭，三、四年的时间，转眼即至，我们要想把台湾的地方自治办好，办成名副其实的地方自治，则我们今日必须为下一届地方选举而着手准备。因此，我们在第四届选举之后，应该赶快的组织一个强有力的反对党，负起推动民主政治的艰巨责任。……这个党的组成分子，除了包括无党无派的人士之外，也可以包括国民党籍及民青两党笃信民主自由之人士。"[1]

雷震等人欲筹建新党，美国人表示出极大的兴趣。美国驻台"大使"庄莱德称赞新党使"台湾可以步入民主社会的轨道，不使美国再受到扶持国民党的一党独裁的讽刺"。对于这次组党，雷震本人一直感到有所不安，在日记中这样写道，"关于组党问题，戴先生（指戴杜衡）意见认为把台湾人搞起来了，大陆人将来要受其欺压的，大陆来的人，百分之九十不赞成这种作法。我说明这次会议，我非主动者，但是赞成人，我们不参加，他们也要自动的

---

[1]　雷震《我们为什么迫切需要一个强有力的反对党》，原载 1960 年 5 月 16 日《自由中国》第 22 卷 10 期，页 9。

出来组织，因选举舞弊太甚，而'南韩事件'[1]又鼓励了他们，我们参加之后，还可以防止恶化。大家（夏、殷）不赞成我去领导"[2]。这篇日记显示，此次组党以台湾本土政治精英为主体，大陆籍人士非积极参与者，只是赞同或支持，雷震虽然对此持谨慎态度，不过，他又强调"不可有地方主义"，"必须由内地人和台湾人合起来搞，以免有误差"，"今后工作，第一，要力避台湾人与大陆人分开，要做到大陆来的人不生恐惧"。[3] 很显然，此时雷震已成为新党运动中的核心人物。

6月11日，"检讨会"第二次主席团会议在高玉树宅召开；6月15日发表会议声明；选改会宣告成立，以县市议员选举为目标，将督促政府办好选举；决定团结海内外民主人士，并与民、青两党协商，立即筹组一个新的政党，结束一党专政之局面；6月25日选改会第一次委员会议召开，推举雷震等十六人为召集委员。[4] 次日召集人会议，推雷震、李万居、高玉树为发言人，此即为将成立的新党高层班底。7月12日，雷震、夏涛声、傅正等人赴彰化进行演讲，同一天，又在台中召开中部四县市座谈会，出席者近百人，雷震发表演讲，正式宣布新党将于10月前成立。[5] 关于新党名称，雷震等人主张仍用"中国自由党"（当年蒋廷黻在美国组党时所用），胡适却说"那个倒了霉的名字不必再用，我们今日

---

[1] 1960年3月15日前后，当时韩国主要城市不断发生反政府的示威游行，4月26日，韩国发生政变，总统李承晚被迫下台。

[2] 雷震1960年5月19日日记，《雷震全集》第40册，页310—311。

[3] 参见苏瑞锵著《战后台湾组党的滥觞——"中国民主党"组党运动》，台北稻乡出版社2005年初版，页126。

[4] 此次选举改进会召集人，其中台湾籍十一人，外省籍五人，均非国民党员。其中九人曾留学日本。

[5] 任育德《雷震与台湾民主宪政的发展》，页358。

组党是为改善选举，是争民主，就叫'中国民主党'好了"[1]。

值得注意的是，此次雷震等人筹组新党的第一个目标，并非想"取而代之"，只是为下一届地方选举作准备。在密拟的新党创立宣言草案中，雷震等人强调"公平选举是我们目前急于争取的两大目标之一"，"历年来台湾地方选举，在国民党当权派一手包办之下，违法舞弊，花样繁多，舆论早有指责……"他们将本诸"救国不敢后人，成功不必在我"之义，合法竞争，使台湾政治获得新机。针对此间反对党运动逐渐走高，当局加紧对自由派人士的监视。蒋介石素来坚持"党外无党"的一党专政理论，更鉴于大陆失败的惨痛教训，对追随来台的两个"友党"——青年党、民社党大施手腕，使其内部分裂，实际陷于瘫痪。如今，面对一个新的反对党平地而起，当局绝对是不允许的，一开始就要将其扼杀在摇篮之中。

7月29日，国民党《中央日报》发表社论《论政党的承认问题》，其意"不承认新党"；此时，雷震接到过一个神秘电话，被告知"国民党已决定打击反对党的策略：一为软化吴三连[2]，二为困扰高玉树，三为打击雷震"。电话还提醒雷震"尽量不要步行，以防止制造假车祸，到公共场所饮食应特别小心，以防下毒"[3]。

《台湾新生报》南部版刊出新党之背后有所谓共产党支持的"大字新闻"，无疑成为国民党当局对筹组中的新党"抹黑与戴帽子"以便打击的一个信号。在这种情况下，8月底，选改会发表紧急声明，

---

[1]　雷震著《雷震回忆录——〈我的母亲〉续篇》，页329。

[2]　吴三连（1899—1988），台湾台南人，第一届国大代表、台北市首任市长、《自立晚报》发行人。

[3]　参见雷震1960年8月9日日记傅正注释，《雷震全集》第40册，页366。

宣布"由于组织新党的运动已经是海内外'民主反共人士'一致的愿望，而在国内是由下起来的潮流。我们现在对于新党的政纲、政策、党名及党章等都已有了初步的定案，预定在九月底以前即可宣告成立，我们敢断定这不是任何干扰所能阻止的……"[1]

与此同时，《自由中国》没有停止发声，仍在不断刊发支持组织新党的文字，雷震以耳顺之龄全力投入到这次组党工作中，"关于新党，我当尽毕生余力以助成之，这是我们时代的使命"，"责任艰巨，不可失著"。[2] 这种勇往直前、为民主政治献身的精神与毅力，显示出雷震的人格力量，而作为一个独立的"知识分子对理想之坚持与使命感，是无法以'失意政客'或'寻求个人政治复出'等个人利害思考方式概括认定的"[3]。

殷海光执笔的那篇著名社论《大江东流挡不住》，表示此时民主潮流就像大江东流一样，谁也阻挡不住：

> ……近十几年来，国民党权势核心人物，使出浑身的力量，实行"加紧控制"，他们是否收到什么效果呢？从一方面看，他们的确收到了一时的效果。在这个小岛上，他们确曾收买了一些无思想、无原则、唯利是图之徒。他们正同在大陆掌握政权时代一样，在台湾把有人格、有节气、有抱负的人很有效的消灭殆尽了。他们控制了一群以说谎造谣为专业者。他们控制着一群藉着帮同作恶以自肥的人。他们控制着藉唱万岁而飞黄腾达的"聪明人"。他们制造了成千成万

---

[1] 雷震、李万居、高玉树《选举改进座谈会紧急声明》，原载 1960 年 9 月 1 日《自由中国》第 23 卷 5 期，页 16。

[2] 雷震 1960 年 7 月 12 日日记，《雷震全集》第 40 册，页 348。

[3] 任育德著《雷震与台湾民主宪政的发展》，页 273。

当面喊拥护叫口号的政治演员。他们控制着台湾一千万人的身体。然而，除此而外，他们还控制着什么呢？

……大江总是向海奔流的。我们深信，凡属于大多数人合理的共同愿望迟早总有实现的一天。自由、民主、人权保障这些要求，决不是霸占国家权力的少数私人所能永远阻遏的。在不久的将来……同样的，少数人拿种种藉口来阻挠和打击这一愿望的行动，也将在公意之前停止。自由、民主、人权一定会在大家的觉醒和努力之中真正实现。[1]

这篇社论竟成为《自由中国》近十一年生命中的绝响。几天后，雷震、傅正、马之骕、刘子英等人以"涉嫌叛乱"遭到当局逮捕，从而爆发1960年9月4日震惊海内外的"雷震案"，《自由中国》在万人痛惜中与自己的历史使命戛然永诀，成为"台湾民主运动史中的一座灯塔"（柏杨语）。十个月之前，就在《自由中国》创刊十周年纪念大会上，台湾《民主潮》杂志发行人夏涛声一进门就对胡适说：恭喜恭喜，这个年头能活到十年，是不容易的。胡适听了之后大发感慨，"觉得夏先生这话，很值得作为《自由中国》半月刊创刊十周年的颂词"[2]。在对抗国民党威权体制整整十年中，《自由中国》半月刊不期然地扮演了一个传播民主思想无可替代的重要角色，与上世纪20年代的《努力周报》、《新月》杂志，30年代的《独立评论》，以及40年代的《观察》等政论刊物，在推进中国民主政治过程中，构成一代自由主义知识分子的价值谱系，并为台湾社会在日后实现政治转型提供强大的精神资源，雷

---

[1]　社论《大江东流挡不住》，原载1960年9月1日《自由中国》半月刊第23卷5期。

[2]　胡适《容忍与自由——在〈自由中国〉十周年纪念会上讲词》，收入《胡适日记全编》，安徽教育出版社2001年10月第一版，第8册，页599—600。

震是其中最为关键的人物。

1960年9月4日上午9点20分，台湾警备总司令部上校军事检察官桑振业、保安大队中校副大队长施建良、上尉副中队长郭振斌率大批军警，将雷震之宅及《自由中国》杂志编务场所突然围住，强行将雷震带走，并对其寓所进行大搜索。在同一时间被捕的还有《自由中国》编辑傅正、发行部经理马之骕、前会计刘子英（时在"国史馆"任职）。警备总司令部发言人王超凡（当年向雷震下跪的那个人）在记者招待会上声称："《自由中国》半月刊发行人雷震等涉嫌叛乱，已由本部根据惩治叛乱条例第十条的规定于9月4日依法拘捕，现正在侦讯中。"[1]

国民党中常委陶希圣、中央党部第四组主任曹圣芬、"行政院"新闻局长沈锜宴请台湾各媒体负责人，通报雷震被捕的原委及经过，并散发了一份所谓《〈自由中国〉半月刊违法言论摘要》白皮书。在这份白皮书中，当局给雷震等人罗织的罪名有六大项："(1) 倡导反攻无望；(2) 主张美国干涉内政；(3) 煽动军人愤恨政府；(4) 为共产党作统战宣传；(5) 挑拨本省人与大陆来台同胞间感情；(6) 鼓动人民反抗政府流血革命。"[2]

两天后，王超凡再次召开新闻发布会，称刘子英已供认是"匪谍"，有"坦白书"为证。9月7日，台湾《联合报》以《王超凡宣称刘子英为"匪谍"》为题，对此事作了报道："刘子英为'匪谍'，警总已获有具体证据，彼系于1950年奉'匪方'使命来台，其入境时之保人为雷震。刘在雷震任国民党参政会副秘书长时担任秘书之职，雷氏甚多私人函件均由其处理……治安人员曾在其寓所

[1]　1960年9月5日台湾《征信新闻报》。
[2]　1960年9月5日台湾《联合报》。

搜获'匪'文件及雷震寄存之文件甚多……"

9 月 13 日下午，蒋介石在阳明山接见美国西海岸报界记者十四人时，第一次对"雷震案"公开发话："相信已有'匪谍'在该刊（指《自由中国》半月刊）的幕后作活动，逮捕雷震当然有法律的依据……这件事与雷震筹组反对党的事无关。任何人可以自由地在台湾从事政治活动，但是绝对不许参与颠覆的活动。"[1]蒋介石又说："知道雷震的逮捕，已在美国和自由亚洲引起反应，但是每个国家都有他自己的实际情况，而且雷震的逮捕是根据'中华民国'的法律而办理的，我不愿作进一步评论，因为这件案子尚在侦查中……"[2]

9 月 24 日，台湾警备总司令部军事检察官殷敬文就"雷震案"正式向军事法庭提出公诉，起诉书认定雷震的主要罪状有两条：一，明知为"匪谍"（刘子英）而不告密检举；二，连续以文字为有利于叛徒之宣传，散布悲观无望论调，以图鼓动暴动，以达颠覆政府之目的。[3] 10 月 3 日"雷震案"开庭，"只开了八个半钟头的庭，就宣告终结了"（胡适语）。10 月 8 日，军事法庭以"知匪不报"、"涉嫌叛乱"等罪名判处雷震有期徒刑十年，剥夺政治权利七年；11月 23 日复判，维持原判。服刑地点在台湾军人监狱（今新店监狱）。

这一年，雷震六十三岁。

---

[1]　1960 年 9 月 15 日台湾《中央日报》。

[2]　参见雷震《雷震回忆录——〈我的母亲〉续篇》，页 9—10。

[3]　1960 年 9 月 24 日台湾《联合报》。

第十九章

# 超越“清议”

　　雷震被捕，《自由中国》停刊，以及新党胎死腹中，意味着自大陆赴台自由主义知识分子在那个非常年代，鼓吹民主、自由、人权的同时，以自我牺牲的精神投身于社会改造时所遭遇的一场大悲剧，这种敢为民主宪政理想而献身的人格特质，以及“飞蛾扑火”的勇气，虽不能见容于执政当局，“但由于雷震对选举与反对党所提出之主张，深深地启发与影响日后台湾民主运动的发展，所以雷震与《自由中国》被称为反对党论述启蒙者之一，乃是实至名归的”[1]。

　　《自由中国》发行近十一年之久，为苦闷的台湾社会开启了一扇透光的窗子，“这份刊物是大陆籍知识分子的自由主义堡垒，已殆无疑义”[2]；而以思想史角度，这是五四时代培育出来的自由主

---

[1] 周琇环、陈世宏编注《组党运动——战后台湾民主运动史料汇编（二）》，台北“国史馆”2002 年 7 月版，页 7。

[2] 陈芳明著《殖民地摩登：现代性与台湾史观》，台北麦田出版社 2004 年 6 月 1 日初版，页 349—350。

义者，流散到台湾的最后一个据点。[1] 大陆学者何卓恩认为：20
世纪下半叶台湾自由主义的起点，既非来自台湾本土，又非完全
来自当时的西方世界，更不是若干书生白手起家，它的基本源头
来自 20 世纪上半叶的中国大陆的自由主义思潮。[2] 台湾学者钱永
祥也认为，"台湾第一批的自由主义者，就是《自由中国》半月刊
这批人，开始跟国民党发生冲突……如果说台湾有所谓自由主义
的论述、自由主义的思潮、自由主义的言论的话，那么，那是从
《自由中国》半月刊开始的。《自由中国》半月刊基本上是受到胡
适思想影响的，胡适是《自由中国》半月刊的创办人、名誉发行人，
又是他们的精神导师，《自由中国》继承了胡适思想的脉络"。

当雷震等人将理念付诸实践，从原本的"清议"转而要求"权
力重新分配"，逾越了执政当局所能容忍的极限，"雷震对国民党
的批评将近十年时间，国民党很不满，发动了很多次的舆论的攻
击，但是没有动手抓人。这里有很多原因，包括美国人的因素，
都有一定的关系。还有胡适之是《自由中国》的支柱，国民党对
胡适之总要留一点面子。可是到最后，雷震跟台籍的政治人物结合，
要组党，国民党马上就动手了……"[3]

---

[1]　魏诚著《〈自由中国〉半月刊内容演变及其政治主张》，台湾政治大学新闻研究所硕士
　　　论文，1984 年，页 1—2。

[2]　参见何卓恩《自由理念的转变与传承：〈自由中国〉政治哲学研究》，此书在台湾出版。
　　　2011 年 1 月笔者在武汉参加共识网举办的"辛亥百年：变与不变"研讨会时，与友人
　　　一同前往华中师范大学拜访何卓恩教授，何教授给了我该书的电子文本。特此说明。

[3]　以上均参见张文中《"我是谁"：台湾自由主义的身份危机——钱永祥访谈，香港"世
　　　纪中国"网站资料库。

# 一、"自由中国运动"

1949 年前后，中国大陆局势发生根本逆转，国民党政权不断受挫，其命如丝，危如累卵，处于风雨飘摇之中。而此时，人心之向背，较为集中地体现在这一时期知识分子在政治上作出的选择。以台湾学者任育德的分析，大致可分成四种，"一，对国民党、中共均不支持，如张君劢等。二，不支持国民党，并不反对中共，如梁漱溟、罗隆基、储安平、陈寅恪、沈从文等（动机不同但行动相近）。三，不支持国民党，支持中共，如'救国会'诸人。四，支持国民党，反对中共，如胡适、傅斯年、殷海光、雷震等"[1]。其中，第二、第三种人士在中华人民共和国宣告成立后，投身于毛泽东新民主主义革命中，一度成为中共的同路人及亲密盟友；而第一种人士，如张君劢、左舜生等，在政治上与胡适、傅斯年、雷震等人有一定距离，但所持反极权的态度则颇为相近，主要分歧反映在对待蒋介石的态度上。

张君劢、黄宇人等人在"淮海战役"后力主蒋介石下野，并对由蒋介石来领导政府改造中国现状不抱任何希望。这一派人士在上世纪 50 年代初选择非蒋控制的港澳地区，先后成立"自由民主大同盟"、"中国自由民主战斗同盟"等组织，即所谓"第三势力"，在美国和李宗仁的支持下，首揭"反蒋"和"反共"大旗，试图在国共两党之外在政治上寻求一种新的解决之道，也希望在资本主义和社会主义之间另辟他途（陈正茂语）。这些人包括张发奎、顾孟余、左舜生、李璜、张君劢、张国焘、许崇智、谢澄平、董时进、许冠三、司马璐、孙宝刚、孙宝毅等，分属民、青两党，部分为国民党及桂系政治人物，他们"倾向与落实民主宪政的'中

---

[1] 任育德著《雷震与台湾民主宪政的发展》，页 76。

华民国政府'合作,以召开救国会议,落实民主宪政,为合作对抗中共的前提"[1]。

这一股政治势力在香港盛极一时,只是在现实政治舞台上并非再有当年的优势,又偏于香港一隅,"第三势力"的政治期待最终落空,其中不少人被国民党当局列入"不得入台"黑名单。蒋介石对于这一批旅居港澳的异议分子及党外民主人士,并无合作的兴趣,"而是希望藉着慰问、沟通的行动,使他们能支持、拥护在台湾的'中华民国'政府"[2];相对于这一派人士,以胡适、王世杰、雷震为代表的一批自由派知识分子,尽管不少人身在体制之内,但对于民主宪政的理念,抱持肯定的态度,"当时选择了与日后主张第三势力的另一派知识分子不同的路径"(薛化元语),两者之间的差别,主要在于是否"拥蒋"。

对于胡适个人来说,"一方面,他同样不满国民党;另一方面,站在自由主义立场,他也不希望通过武装手段颠覆既有制度,何况他坚信暴力革命必然引起来'暴力专制政治'。当时流行在自由派学人中的一句话是:'国民党可恨,共产党可怕';另一句话是,'在国民党下面自由是多少的问题,在共产党下面自由是有无的问题'。胡适选择了'可恨'但'多少'有点自由的国民党"(何卓恩语)。

国共和谈破裂之后,胡适奉命出国,雷震协助汤恩伯防守上海、厦门,均可视为他们在以具体的行动支持蒋介石。胡适、雷震等人在政治上支持蒋介石并非毫无条件,"胡适对蒋介石'总统'的亲近除了是胡适对他'知遇之恩'的回报之外,还包含着期待蒋介石统治下的'中华民国'能成为自由中国"[3]。

---

[1] 任育德著《雷震与台湾民主宪政的发展》,页 77。

[2] 参见马之骕著《雷震与蒋介石》,页 40。

[3] 薛化元著《〈自由中国〉与民主宪政——1950 年代台湾思想史的一个考察》,页 57。

1949 年春天，胡适赴美途中，颠簸在太平洋上，写下两篇影响深远的文章，一篇是《自由中国的宗旨》，一篇是《〈陈独秀的最后见解〉序言》，彰显他本人对自由主义的笃信不移，以及宣扬民主思想的真正内涵，即在反对极权的斗争中，一定要站在民主自由这一边，而言论自由的实行，可以让我们站在民主自由世界毫无愧色。[1]《自由中国的宗旨》包括四点，其中最重要的一点，即"向全国国民宣传自由与民主的真实价值，并且要督促政府（各级的政府）切实改革政治经济，努力建立自由与民主的社会"。[2]

而雷震，在 1949 年 1 月蒋介石宣布引退之时，不断劝说友人拥蒋，称即使蒋下野，李宗仁也无能力改造；[3] 但同时也明确表示，这种立场以蒋能否尊重自由派人士意见为前提，若不能实现这一点，"否则各行其事"[4]，并抱怨"吾党执政二十年，从未实行民生主义，此今日之所以遭遇失败"[5]。雷震在 1947 年 7 月 25 日日记中有这样的记述：午间有罗贡华、邓子航、范予遂、陈克文、宋宜山、程希孟诸兄午餐，讨论选举问题，及今后对付政治办法，以为民主势力不扩张，中国今后必无出路。"扩张民主"这一主张，成为此时雷震对全局考量的一个基点。

这一年 1 月，雷震离开了和谈气氛弥漫的南京，与许孝炎、

[1] 张忠栋著《胡适·雷震·殷海光——自由主义人物画像》，页 115。

[2] 《自由中国》创刊宗旨：第一，我们要向全国国民宣传自由与民主的真实价值，并且要督促政府（各级的政府）切实改革政治经济，努力建立自由与民主的社会；第二，我们要支持并督促政府用种种力量抵抗共产党铁幕之下剥夺一切自由的极权政治，不让它扩张它的势力范围；第三，我们要尽我们的努力，援助"沦陷区域"的同胞，帮助他们早日恢复自由；第四，我们的最后目标是要使整个"中华民国"要成为自由的中国。

[3] 雷震 1949 年 1 月 21 日日记，《雷震全集》第 31 册，页 125。

[4] 雷震 1949 年 2 月 20 日日记，《雷震全集》第 31 册，页 140。

[5] 《雷震全集》第 30 册，页 21。

傅斯年、俞大维、王世杰、杭立武等在沪上聚会，草拟方案，号召信仰民主、自由的人士团结起来，成立自由中国大同盟（即自由中国运动）。这显然"是包括胡适在内的一些人，面对当时共党排山倒海的势力，要想办一份报纸或刊物，作为'自由中国运动'的起点，以图挽救中国"[1]。然而，当时局势对国民党极为不利，无论在军事还是经济上，都不断遭受失败和挫折，胡适、雷震等人最初在上海办刊或办报的设想遂成泡影，"但这种在政治、军事力量之外，以思想言论结合人心，以对'共产极权'进行长期斗争的信念，广泛存在于1950年代初期的知识分子心中"[2]，除《自由中国》半月刊以外，其他在台创刊者如青年党的《民主潮》（朱文伯等人）、民社党的《民主中国》，在香港发行的《民主评论》（徐复观、钱穆、唐君毅等人）以及第三势力先后创办的《自由阵线》（谢澄平）、《联合评论》（左舜生），都是在此态度之下开办的。《联合评论》发刊词称：将不逾越"宪法"的范围，所追求的目标第一是民主，第二是民主，第三还是民主！

　　大陆知识分子在政治上的分野反映出对时局认知的多元心态。1947年春夏之交以来，无论是国际形势，还是国内政局都发生了重大变化。在国际方面，由于二战后中、东欧一时间所形成的权力真空，形成"苏联之所以能在战后迅速地在这些地区伸展其势力的重要因素"[3]。3月12日，美国总统杜鲁门在国会众、参两院发表咨文，把世界政治分为自由民主和极权主义两个对立的营垒，不指名地将苏联称为"极权政体"，并以援助希腊和土耳其为名，

[1]　张忠栋著《胡适五论》，台北允晨文化实业股份公司出版1990年三版，页254。
[2]　任育德著《雷震与台湾民主宪政的发展》，页80。
[3]　薛化元著《〈自由中国〉与民主宪政——1950年代台湾思想史的一个考察》，页21。

宣布美国将支持和帮助世界上所有抵抗"共产主义威胁"的力量。

1947 年 4 月莫斯科外长会议宣告失败；6 月 5 日，美国国务卿马歇尔在哈佛大学毕业典礼发表演讲，提出一项大规模帮助欧洲恢复战争创伤的"欧洲复兴计划"，即所谓的"马歇尔计划"。这项计划原本包括所有欧洲国家，但以苏联为首的东欧共产党国家拒绝接受，"这就是胡适所谓'两个世界'的形成，也是后来历史学者所谓'冷战的开始'，实为战后国际关系最暗淡的时期"[1]。在国内方面，"急剧恶化的现象也很明显。黄金美钞飞涨，外汇存底空虚，物价管制政策失败，显示财政经济发生严重困难，行政院长宋子文因而在各方责难批评声中下台……到了民国三十六年五、六月间，因为物价飞涨，维生困难……全国学生更是展开'反饥饿'的全面罢课示威。同时政治军事的发展，也是阴霾四合，出现大风暴即将来临的征兆……"[2]

1947 年 3 月，国民党三中全会即将召开，《观察》第二卷第三期刊发署名杨人楩（北大教授）的文章《国民党往何处去？》，对执政当局提出三点意见：第一，先须重整党纪，健全自身组织，使之成为真能与民众福利配合的党；第二，今后一阶段中的统治，应以获得人民的信仰为第一；第三，国民党既已决定还政于民而实施宪政，便该调整今后的党政关系，以表示具有领导民主运动的诚意和决心。这篇文章认为此时的中国正处于一个"问题演变得最厉害的时代"，"在这演变中国民党究竟往何处去"，尽管途径很多，但目标却只有一个，"不能离开中国民众。一个政党离开了民众，必将失却其存在之理由；国民党如欲施展其解决中国问题的抱负，只有针对着这个目标"，因此，文章呼吁"国民党的三中

---

[1] 张忠栋著《胡适五论》，页 240。

[2] 张忠栋著《胡适五论》，页 240—241。

全会勿专注目于枝节的议案而忽略了根本"[1]，这个"根本"指的就是各界人士要求国民党尽早落实宪政，同时也对不可避免的内战深感忧虑。杨人楩在给《观察》主编储安平一封信中表示："自由主义者是无法赞同内战的，假使他无法阻止内战，至少不应助长内战"[2]。这封《关于"中共往何处去"》的公开信刊于 1947 年 11 月《观察》第三卷第十期，由于附带谈及自由主义者在当时对于中共所应采取的态度问题，引起过一些讨论。

　　1948 年 1 月《观察》第三卷第十九期上一篇署名李孝友的文章，承认"十九世纪以前的历史可以说是人类追求自由的历史……但到十九世纪的末期及二十世纪以来，共产主义的思想奔腾澎湃，人们除了要求选票以外，又有要求足够的面包的呼声，使自由主义者开始处于最尴尬的局面"；因此"目前中国的自由主义者遭遇双重的苦恼。一方面受全世界的两大潮流'自由''平等'的激荡，一方面中国又有着特殊的国情。历史所交与中国自由主义者的课题有二，一是摧毁封建社会，二是使每个人的个性得到完美的发展。就自由主义者与共产党的政治路线来看，这两个课题中的前一个工作自由主义者与共产党并非格格不入，但后一个工作则二者见解悬殊，互异其趣。这便是自由主义者苦恼的渊源。杨先生所谓自由主义始终不能接受共产主义是事实，但谓二者无法妥协则似乎未免言之过早"。[3]

――――――――――

[1] 杨人楩《国民党往何处去？》，原载 1947 年 3 月《观察》第 2 卷 3 期，参见张忠栋、李永炽、林正弘主编《现代中国自由主义资料选编》，台北唐山出版社 1999 年第一版，第一册，页 155—157。

[2] 1947 年 9 月 28 日杨人楩致储安平函，参见张忠栋、李永炽、林正弘主编《现代中国自由主义资料选编》第一册，页 142。

[3] 李孝友《读〈关于"中共往何处去？"〉——兼论自由主义的道路》，原载 1948 年 1 月《观察》第 3 卷第 19 期，参见张忠栋、李永炽、林正弘主编《现代中国自由主义资料选编》第一册，页 146—149。

324

胡适是一个具有世界眼光的人，非常了解世界大趋势，1947年5月，他发表文章认为"'两个世界'壁垒的形成有助于增加彼此认识，减少彼此误会，是'世界和平的新起点'"[1]。在这一时期，胡适有过几次重要的广播讲话，认为民主自由的趋向是近三四百年来的一个"最大目标"、"一个明白的方向"，他坦承：我并不否认我"偏袒"那个自由民主的潮流，这是我的基本立场，我从来不讳饰，更不否认……第一，我深信思想信仰的自由与言论出版的自由是社会改革与文化进步的基本条件；第二，我深信这几百年中逐渐发展的民主政治制度是最有包含性，可以推行到社会的一切阶层，最可以表达全民利益的，民主政治的意义，千言万语，只是政府统治须得到人民的同意；第三，我深信这几百年来（特别是这一百年）演变出来的民主政治，虽然还不能说是完美无缺陷，确曾养成一种爱自由、容忍异己的文明社会。[2]

在胡适看来，以上三点是他之所以"偏袒"自由民主这一大潮流的根本理由，并认定"反自由不容忍的专制运动只是这三十年历史上的一个小小的逆流，一个小小的反动"，同时希望"我们中国人在今日必须认清世界文化的大趋势，我们必须选定我们自己应该走的方向。只有自由可以解放我们民族的精神，只有民主政治可以团结全民的力量来解决全民族的困难，只有自由民主可以给我们培养成一个有人味的文明社会"。[3]

胡适对于苏俄式专制极权采取势不两立的态度，"因而要求大家选择民主自由的大方向"[4]。1948年8月，胡适在《自由主义是

[1] 张忠栋著《胡适五论》，页241。
[2] 参见《胡适选集·政论》，台北文星书店1966年版，页181。
[3] 胡适《我们必须选择我们的方向》一文，参见张忠栋、李永炽、林正弘主编《现代中国自由主义资料选编》第一册，页220—223。
[4] 张忠栋著《胡适五论》，页250。

什么？》一文中强调，"自由主义就是人类历史上那个提倡自由，崇拜自由，争取自由，充实并推广自由的大运动。世间的民族，在这个大运动里，努力有早有晚，成功有多有少。在这个大运动里，凡是爱自由的，凡是承认自由是个人发展与社会进步的基本条件的，凡是承认自由难得而易失故必须随时随地勤谨护视培养的，都是自由主义者"[1]。

胡适的这一看法与国民党内部自由派人士不谋而合。1949 年 1 月，当蒋介石宣布下野时，胡适、王世杰、雷震、杭立武等人从南京相继到了上海，"他们深感时局紧迫，商谈'如何挽救国家的危机'，因为当时中国尚有半壁江山存在，若以长江为界，或尚有可为之处"[2]，因此主张办个刊物，宣传自由与民主，用以对抗极权政治，以之挽救人心。此时殷海光正任职于《中央日报》，对胡适南下欲发起"自由中国运动"充满了期待，他在一篇专文中写道，"我们南方的知识分子当着北方战事爆发的前夜听到胡适之先生南来的消息，在沉重的心情中泛出某种希望。胡先生这次南来，应该是国家民族存亡之秋以及历史与文化绝续之交，自由主义者起而正视事态并且亟谋有以挽救国运的象征"[3]。

从胡适认定自由主义是人类的一个大运动，到发动一场"自由中国运动"，是当时一批知识分子置身于动乱时局中，在政治上的一次自我抉择。中共领导人毛泽东 1949 年 8 月 14 日为新华社所写的《丢掉幻想，准备斗争》评论中，点名唾骂胡适、傅斯年等人，"为了侵略的必要，帝国主义给中国造成了数百万区别于旧式文人或士大夫的新式的大小知识分子。对于这些人，帝国主义及其走

[1]　张忠栋、李永炽、林正弘主编《现代中国自由主义资料选编》第一册，页 215。

[2]　马之骕著《雷震与蒋介石》，页 76。

[3]　殷海光《论胡适南来》，原载 1948 年 12 月 19 日《中央日报》第 2 版。

狗中国的反动政府只能控制其中的一部分人，到了后来，只能控制其中的极少数人，例如胡适、傅斯年、钱穆之类……"[1]

当胡适等人决定在上海办一份报纸，一方面是为了对抗中共，另一方面是大力拥蒋，宣传自由主义之真谛，还未来得及实施既定方针，国民党政权很快失去了对整个大陆的控制权。聚集在港澳的一些著名人士左舜生、成舍我、阮毅成、金侯城、徐复观、陈伯庄、程沧波、张国焘、许孝炎、卜少夫等人，则不计前嫌，相约每周六聚会一次，这就是当时有名的"星期六座谈会"。"参加这个座谈会的人，都是高级知识分子，而且不分党派，无所不谈，各抒己见。但亦有一原则，就是所谈内容，都必须是……如何救国，如何争取自由民主，此为'星期六座谈会'的基本原则"[2]。他们由此想成立一个"自由中国协会"，与胡适、王世杰等人呼吁发起的"自由中国运动"相呼应，并委托雷震向蒋介石及国民党中央改造委员会汇报此事。

依雷震个人的设想，"自由中国运动"原则上是一个超越任何党派势力、以宣扬民主自由为理念的政治文化行动，由胡适出面来领导是最为恰当不过的人选。雷震在给王世杰之子王纪五的一封信中说："我等意见（包括杭先生及雪公暨傅校长）以为中国自由党不好组织，就是不易找到有号召力量之党员，因社会上才智之士多入了国民党，倒不如由适之先生领导自由中国运动，或名曰自由中国同盟，不论有无党籍，凡属志同道合者均可参加，但有信条（即政纲）、有组织，凡过去官声不好或见解为极权主义者均不允许参加，以此……可汇成一巨大力量，而以适之先生为领袖，

---

[1] 《毛泽东选集》，人民出版社 1968 年版，第四卷，页 1374。
[2] 马之骕著《雷震与蒋介石》，页 81。

在政治上则支持蒋先生……"[1]

雷震多次致函在美的胡适，认为"先生不愿组党，犹有理由可说。而先生不愿做这个运动的领导人，实在是说不出道理。前次求征，先生组阁，我是反对的。因如此必然牺牲了先生个人而于国事毫无补益。请先生领导这个运动，我是极端赞成的，因为只有先生才配领导这个运动"[2]。这封信后来只见残页，似未写完，是否发出亦不得而知。但至少透露出这样一个信息：1949 年抵达美国的胡适，并没有介入蒋廷黻的组党之事，也不情愿出面来领导这场由自己呼吁发起的"自由中国运动"。这一时期的胡适日记，相对比较简单，大都是些与美国及在美的国内一些朋友见面、会餐之类的记录，有时只一句话，如 1949 年 12 月 22 日："5:30 T. F. Comes [ 蒋廷黻来 ]"。

1950 年 2 月 16 日，《自由中国》第二卷第四期刊发一篇题为《我们需要一个自由中国大运动》的专栏文章，作者朱启葆（夏道平笔名），显然在响应胡适、雷震等人的号召，同时又致函《自由中国》社编辑部：

> 目前中国正迫切地需要一个大规模的自由运动。就国家言，要自由；就个人言，也要自由。所以我想这个运动的名称，就以贵刊的名称——《自由中国》为最好。在香港居留的人士，精神上觉得自己是一个游魂，东张西望找不到一个寄托之所。他们有的是体力、脑力，甚至资力，但目前既存的政治集团，都没有吸引力来吸引他们。如果长期如此的话，

---

[1]　转引自马之骕著《雷震与蒋介石》，页 352—353。
[2]　万丽娟编注《万山不许一溪奔——胡适雷震来往书信选集》，页 8。

他们是悲哀的，国家的前途也是悲哀的。所以我想藉贵刊篇幅刊登一篇呼吁性（为国家呼吁，为人类自由呼吁）的拙作。如果能藉此引起大家的共鸣，由舆论见诸事实，则幸甚幸甚。[1]

朱启葆一文见刊之后，在台湾社会引起不小的反响，一位署名"宁远"的读者，以"读者来信"表示支持这一场运动。雷震再次透过王世杰之子王纪五劝说胡适可在近期回台一次，以筹划和领导"自由中国运动"具体事宜。实际上，这也是王世杰本人的意见，在这之前，他给尚在大陆的雷震、杭立武写信说："杰意两兄及适之兄最好趁此时来台北住四五日，因辞修（陈诚）、孟真（傅斯年）均在此，晤商较便也。如为避免外间注意，则分别由海空来台似亦甚便，如何？"[2] 不过，最终由于时局瞬息万变，再加台湾政权本身自顾不暇等实际因素，胡适、王世杰、傅斯年、杭立武、雷震等人意欲发起的这场"自由中国运动"，并未能真正形成大规模的声势，惟以《自由中国》在台北创办而成为一个象征性的落实。

关于民主党派人士配合"自由中国运动"拟成立"自由中国协会"一事，著名法学家阮毅成在《自由人参加记》中这样回忆："雷儆寰（震）曾报告'总统'，奉批交中央改造委员会研究。在改造委员会中，有人顾虑统一战线，是否将会蹈过去政协之覆辙。亦有人以为国民党改造工作，尚未完成，本身力量不充，宜暂缓谈统一战线"[3]。很显然，这场广泛的政治文化运动若不能得到国民党高层的默许和支持，其影响和范围还是有限的。

---

[1] 转引自马之骕著《雷震与蒋介石》，页353—354。
[2] 1949年3月14日王世杰致雷震、杭立武函，《雷震秘藏书信选》，《雷震全集》第30册，页29。
[3] 转引自马之骕著《雷震与蒋介石》，页82。

其时胡适正在美国，杭立武就任"教育部长"，傅斯年出任台湾大学校长，傅斯年"一向以学术第一，对政治不感兴趣"，王世杰不久即为"总统府秘书长"，"这些人已各安其位，再谈什么运动，岂非'心余力绌'？现在只剩下雷震一人是无官一身轻，但若谈发起一个'政治运动'，他就再有本领，也未免是'自不量力'了"。[1]

关于反对党理念，在上世纪四五十年代就为中国自由主义知识分子所关注。

晚年陈独秀在 1940 年前后发表的《给西流的信》、《我的根本意见》，较为集中地表达了这位政治人物对"大众民主"与"反对党派的自由"的反思和认知。[2] 1949 年 4 月，胡适在赴美途中为《陈独秀最后对于民主政治的见解》一书作序，特别强调了陈独秀"近代民主政治的基本内容是反对党派的自由"[3] 这一观点，"近代民主政制与独裁政制的基本区别就在这里。承认反对党派之自由，才有近代民主政治。独裁制度就是不容许反对党派的自由"。而 1949 年前后的雷震，还不可能参与到任何组党活动中去。1950 年 1 月，《自由中国》第二卷第一、第二期，连续刊载轰动一时的《中

---

[1] 马之骕著《雷震与蒋介石》，页 356。

[2] 关于大众民主，陈独秀观点："我认为非大众政权固然不能实现大众民主；如果不实现大众民主，则所谓大众政权或无级独裁，必然流为史大林式的极少数人的格柏乌政制，这是事势所必然。"关于反对党派的自由，陈认为："民主主义是自从人类发生政治组织，以及政治消灭之间，各时代（希腊、罗马，近以至将来）多数阶级的人民，反抗少数特权之旗帜。'无产阶级民主'不是一个空洞的名词，其具体内容也和资产阶级民主同样要求一切公民都有集会、结社、言论、出版、罢工之自由。特别重要的是反对党派之自由，没有这些，议会和苏维埃同样一文不值"。参见《陈独秀最后对于民主政治的见解》一书，香港自由中国社出版部 1949 年，页 19、26。

[3] 胡适在序中指出："因为他（陈独秀）是一个'终身反对派'，所以他不能不反对独裁政治，所以他从痛苦的经验中悟得近代民主政治的基本内容，'特别重要的是反对党派之自由'。"同上，页 8。

国自由党组织纲要草案》，背后的真实原因，是由于副总编辑王聿修的坚持，雷震才同意刊发这份由美国寄来的"组党纲领"。

这件事的背景是：1949 年底，台湾"驻联合国代表"蒋廷黻在美国举行了一个记者招待会，宣布自己要组织一个"中国自由党"。消息一经传出，不少自由派知识分子兴奋不已，他们认为"蒋廷黻博士，宁愿放弃高官而组新党，实在了不起"[1]。雷震对此并不知情，只在王世杰那里见过一份同样的组党纲领复件，是王世杰之子王纪五从美国寄回来的。雷震还专门写信问过王纪五"中国自由党近来情形如何？是否已经组织？适之先生热心否？如何打算组党，是否拟返国组织"，王纪五回信说"蒋廷黻先生在美筹组自由党，主要的目的是制造一个机构支援中国合法的联大代表团，如果组党有成，则由胡适之先生出来领导"[2]，雷震信以为真。

1949 年 12 月 8 日，雷震给胡适写了一封信，对蒋廷黻宣布组党一事与《自由中国》在台北创刊于同一时间大发慨言，"谁说天下没有这样凑巧的事情"，同时又提醒胡适"既名为党，则不能不讲组织，广纳自由人士于一组织中，这是万分万分困难的事，希先生特别注意。又负此责者，不但要有组织能力，并须公正、和平与任劳任怨，国民党失败之前车可鉴……"[3]

实际上，胡适并没有介入此事。从有关资料中可以知道，蒋廷黻最终放弃组党一事，除国民党当局仍要继续加强"党领导"这一事实外，其中还有一个原因：胡适"决定不这样做"（蒋廷黻语）。蒋廷黻组党一事，在"美国嚷嚷一阵，就好像一个'影子'

---

[1] 马之骕著《雷震与蒋介石》，页 349。

[2] 1949 年 12 月 4 日王纪五致雷震函，《雷震秘藏书信选》，《雷震全集》第 30 册，页 58。

[3] 雷震 1949 年 12 月 8 日致胡适函，万丽娟编注《胡适雷震来往书信选集》，页 5。

一刹那就消失了"[1]。马之骕大感不解,跑去问雷震究竟是怎么回事,雷震不耐烦地说:"这都是你的老师王聿修[2]给我惹的麻烦,《中国自由党组织纲要草案》是他主张登的,现在你看,很多人问我,我也答不出来!"[3]

1950 年 1 月,雷震给蒋廷黻、陈之迈二人写信,认为"今日中国应先结合志同道合之人士,先来一个反共超党派的自由中国运动,以文字或其他方式征求同志,俟此团体有相当力量后,再参加实际政治……中国自由党章程发表后,有人询问在台湾是否有负责机关,以及进行到怎样程度,足见社会对其注意。总之,今日中国一般人,不信任国民党,很希望有一新的政治团体出现,则是千真万确的事实。弟意自由中国运动较组党易于号召而能形成力量,但也有人相信可以并行而不悖。国民党在改造进行中,弟仍恐其不能吸收新分子,则改组等于白费了"[4]。

3 月 3 日,蒋廷黻从纽约联合国总部回复雷震,谈及之前组党之事,在信中这样说:"先办运动,暂不组党,这也是个法子。组党的意思,我在三十五年(1946 年)的冬天提过,并且草了一个简略大纲,如果当时成立,那局势就好对付多了。现在你们既然只能运动,弟何敢独异?不过将来仍要感觉又失良机,良心上

---

[1] 马之骕著《雷震与蒋介石》,页 350。

[2] 1949 年马之骕搭船先去广州,船再过基隆卸货时,趁机下船赴台北去见了自己的老师王聿修,王愿意为其作保入境,并解决食宿问题,就这样马之骕留在了台湾。后来为写一本小册子,被保安司令部抓起来,王聿修保释无效,最后是雷震出面将其保释出狱,马之骕一直对雷震感激在心,雷震对他也很信任,让他在《自由中国》社任发行部经理一职。

[3] 马之骕著《雷震与蒋介石》,页 351。

[4] 1950 年 1 月 24 日雷震致蒋廷黻、陈之迈函,《雷震秘藏书信选》,《雷震全集》第 30 册,页 66—67。

难过。我们总是避难就易。"[1] 从这一封信中，可见蒋廷黻对组党流产的遗憾和失望。

## 二、敦请胡适出面未果

"反对党问题"进入雷震的政治视野，是在 1956 年 10 月出版"祝寿专号"遭到当局全面打压之后。这时的雷震一改往日消极态度，希望能促进在野党之间的团结，并在这个基础上组建一个反对党。1957 年 1 月 4 日，他在给王纪五的一封信中说："台湾政治如要有进步，只有成立反对党一条路。这不是第三势力。是在台湾成立反对党，如胡先生愿出来领导，可合民社、青年二党及一部分国民党人和无党派人士，于国民党外，成立一个大党，现在可能性甚大。因民社、青年二党已感到没有前途，民青过去谈过合并问题，之所以不成功者，因领导人问题。若主席为民社，则青年党认为是被并吞，反之亦然，故谈来谈去谈不妥。今胡先生若出来，一定可以来个大团结……"[2]

以雷震从政多年以及与各党各派打交道的经验，他十分清楚，此时只有胡适一人可以来团结各方人士、协调各团体之间错综复杂的关系。1956 年 11 月至 1957 年 8 月近十个月中，雷震多次致函胡适，大都是一个主题——敦请胡适出面来领导一个反对党，认为只有这样才能挽救台湾不断下沉的局面。雷震在一封信中说："先生是不愿谈政治，但是今日局面，势非逼先生走上这一条路不

---

[1] 1950 年 3 月 3 日蒋廷黻致雷震函，《雷震秘藏书信选》，《雷震全集》第 30 册，页 72。
[2] 雷震 1957 年 1 月 4 日致王纪五函。收录于台湾"中研院"近代史研究所所藏，雷傅信档案，H.19 与王纪五相关信函（3），转引自任育德著《雷震与台湾民主宪政的发展》，页 249—250。

可。我说这些话，决不是我一个人的意思。"[1]雷震的理由是"仅仅开放舆论而无反对党，其监督作用真是微乎其微……必须要有反对党从旁监督，不然国民党必腐败而至崩溃。因此，请先生再考虑一下，能不能担任反对党之领袖。且盼你同廷黻商量一下。您二人决定了，再与君劢先生交换意见，反对党可以组织起来，这不是第三势力，我们是在台湾组织，影响台湾政府的政治。我们不是打倒蒋先生，而是帮助他。先生如可担任，在救国会议时可提出此意见，请蒋先生允许"[2]。

从这封信中还可以知道，雷震心目中的"反对党"仅限于原有在野党和一些国民党籍、无党派开明人士所构成，与后来与台湾本土政治精英相结合还是两回事。由于胡适一直未回应雷震，雷震这次说得就更加直率了，"先生这样爱国，还只谈学术而不真实负起救国责任嘛？中国之能否渡过难关，在此一举。希先生仔细考虑，我今年已六十，从政连教书已有三十余年，自信对政治上看得不错，我的学识不如先生，我的政治见解并不比先生差。今日中国之出路，只有一条路，成立反对党，逼国民党为普通政党。今日军队有国民党，学校有国民党，工矿、铁路、公路均有国民党，党治比任何时期都强，而腐败亦随之来了"[3]。

1957年8月29日，胡适终于给雷震回了一信。在此信中，他坦率地表明了自己的态度："我平生绝不敢妄想我有政治能力可以领导一个政党。我从来没有能够教自己相信我有在政治上拯救中国的魄力与精力。胡适之没有成为一个'妄人'，就是因为他没有这种自信吧。"在这封信中，胡适旧事重提，说当年"你和其他

[1]　1956年11月5日雷震致胡适函，万丽娟编注《胡适雷震来往书信选集》，页103。
[2]　1956年11月13日雷震致胡适函，万丽娟编注《胡适雷震来往书信选集》，页107。
[3]　1956年11月13日雷震致胡适函，万丽娟编注《胡适雷震来往书信选集》，页108。

334

朋友听到的种种关于胡适之、蒋廷黻'在美国决定组党，名字叫做自由党'一类的传说，完全没有一丝一毫的事实做根据。此种传说，无论如何'传说得像煞有介事的'，都不可相信……应该用现有的可靠的材料与人才做现实的本钱，在那个现实的基层上，自己把这个新政党组织起来。胡适之、张君劢、顾孟余……一班人都太老了，这些老招牌都不中用了"[1]。

雷震是在 9 月 12 日收到胡适这封来信的。这一天，台北正刮台风，他一天都在《自由中国》社里看稿子，其中一篇是朱一鸣写的《三论反对党》。朱一鸣，即朱养民，字伴耘。原"驻丹麦大使馆"秘书，此时已移居美国。《自由中国》自 1957 年 4 月 1 日起，至 1960 年 9 月 4 日被迫停刊，在短短几年中，先后刊发时论以及倡言组建"反对党"的文章共计三十篇，第一篇《反对党! 反对党! 反对党! 》(第十六卷第七期)就出自朱养民之手。此后，一连又写了六篇论述"反对党"的文章，成为这一时期《自由中国》最重要的一位作者，他与雷震一样，对国民党抱有"恨铁不成钢"的复杂心情，两人因此惺惺相惜，互为鼓励，后来已到"交心的程度"。

早在 1952 年，朱一鸣在一封信中就曾阐述对"民主政治"的看法，深得雷震的认同，"要使民主实现，即应给人民以选择之机会。人民不仅对于某一人有自由之选择权，对某一党也应有自由之选择权，政府果决心领导中国走上民主道路，即应容忍并鼓励一强大之反对党存在，一在朝党随时遭受在野党之督促批评，负责人即不敢腐化，无能者也不敢窃居高位。同时人民有选择另一党之机会，也不致走入极端也。此为政治之根本问题，此问题能

[1] 1957 年 8 月 29 日胡适致雷震函，万丽娟编注《胡适雷震来往书信选集》，页 118。

逐步解决，中国方有走向民主之一日，否则苏俄亦可谓民主矣"[1]。
朱一鸣做过外交官，看问题具有国际视野，对政治有着高度的关
怀和深刻见解，关于"反对党"问题，"比雷震最早谈如何确保反
对党的自由，已有很多超越突破的地方"[2]。他比雷震小二十二岁，
两人通信数年，却一直未有谋面的机会，成为彼此的遗憾。

　　雷震对胡适有关组党的真实态度，即"支持但不领导"，尽可
能予以同情与理解，在当天日记中只记下了胡适"说他不能领导
反对党"这一句，没有任何怨气，显得十分平静。长期以来，雷
震之所以认为只有胡适一人可以出面来领导一个反对党，有自己
的八条理由："一，他赞成中国要有反对党；二，他为四十年来民
主自由思想的领导人；三，民青两党之合不拢来，因领导人问题；四，
国民党自由分子与无党派之自由分子需他出来领导；五，新反对
党要以台湾为重心，台湾人认他为乡亲；六，对外关系上，尤其
对美关系上；七，影响大陆人心；八，当权者怕出来"。[3] 这八点，
几乎贯穿于雷震当时对台湾现实政治的体认之中，以至于对胡适
寄予莫大希望。

　　早在 1951 年 5 月 31 日，胡适给蒋介石写过一封信，在信中
建议"老实承认党内的各派系的存在，并劝告各派系各就历史与
人事的倾向或分或合，成立独立的政党"，"但我没有精力与勇气，

[1] 1952 年朱一鸣致雷震函，具体日期不详，《雷震秘藏书信选》，《雷震全集》第 30 册，
　　页 237。
[2] 张忠栋著《胡适·雷震·殷海光——自由主义人物画像》，页 129。
[3] 雷震 1957 年 9 月 19 日日记，《雷震全集》第 39 册，页 164。

出来自己组党"。[1] 正是由于胡适的这种拒绝态度，一时又无更为合适的人选，成为导致台湾反对党迟迟未能组成的一个重要原因，[2] 一直拖到 1960 年 3 月蒋介石三连任和台湾地方省议员暨县、市长选举之后，雷震才挺身而出，与台湾本土政治精英共谋组建新党，已是近四年时间过去。傅正后来在校正雷震日记时，回忆起当年这种情形，不无感慨地说："雷先生所犯的最大错误，也是当时民主运动人物的最大错误，便是将筹组反对党领导人的希望，完全放在胡适身上，直到 1960 年正式组党救国运动时，大家仍寄望于胡先生出面领导……中国民主党之胎死腹中，这实在也是重要原因之一。"[3]

雷震敦请胡适出面领导反对党未果，《自由中国》则开始了鼓吹成立反对党的政治主张。1957 年 4 月 1 日，《自由中国》半月刊发表朱一鸣的《反对党！反对党！反对党！》一文，成为推动反对党成立的一个强有力理论支点。这篇文章强调：民主政治就是政党政治，若想实行民主政治，就必须有一个强有力的反对党，以制衡执政党，而且随时都有可能以合法的手段取得政权。反对党问题之所以成为这一时期《自由中国》关注的主题，反映出当时雷震的一种态度与立场，同时也与国民党对待反对党的强硬态度有关。

---

[1] 《胡适之先生上蒋介石总统万言书全文》，原载台北 1997 年台北《中国人物》，页 6；1997 年 2 月 27 日《联合报》也有刊载。转引自苏瑞锵著《超越党籍、省籍与国籍——傅正与战后台湾民主运动》，页 109。

[2] 对待胡适先生的"取向"，傅正曾对雷震说过：在我看来，今天一切有志于以反对党救国的朋友，应该不必老是把希望寄托在胡先生身上了……真有决心和信心的话，便该离开胡先生而另做打算。否则，恐怕将永无希望。参见苏瑞锵著《超越党籍、省籍与国籍——傅正与战后台湾民主运动》，页 111。

[3] 傅正校注《雷震日记：1957—1958》，《雷震全集》第 39 册，傅正注，页 165。

国民党中央委员会秘书长张厉生明确对前编委王聿修说，"中华民国"与国民党是二而为一的，只许有"友党"，不允许有"反对党"。[1]"国民党的威权心态与《自由中国》诸人反对党主张间的差距，在现实政治发展下，日益扩大；《自由中国》诸人愈难以避免与威权心态冲突，也无法避免对国民党'党治'现象提出批评，祝寿专号即为此种情境下的产物，其中数篇关于反对党问题的文章，蕴含着以反对党解决国民党党治现象的方法。"[2]

1957 年年底，"今日的问题"系列之《今日的立法院》一文，提出"立法院"全面改选的政治诉求，"反对党"问题随之为雷震所认定。在《反对党问题》一文中，雷震指出：成立强大的反对党已不再为人所怀疑，过去的两个在野党，并无法担负反对党的任务。反对党运动必须以知识分子为领导核心，反对党的存在，不能出于任何方面的恩赐，必须经由独立知识人士与在野党派，有决心与勇气从事奋斗而成。[3]

这一时期的雷震，在"反对党"问题上已完全摆脱了最初的期待心理，转向重视与各方政治精英合组一个能够制衡执政党的政党，"这种思想上的转变乃相应于其政治选择与政治处境的变化，而雷震所坚持的'责任政治'在与'反对党'概念配套之后，才有更一步的意义，与落实的机会"[4]。不过，雷震又强调"反对党"应是一个忠诚的反对政党，绝非革命的政党，不标榜什么主义。他指出："反对党在今日所要努力争取的是中央民意机关之改选，以及各级选举事务之大公无私。我们相信，只有强大反对党之存在，

---

[1] 雷震 1955 年 1 月 10 日日记，《雷震全集》第 38 册，页 11。

[2] 任育德著《雷震与台湾民主宪政的发展》，页 220。

[3] 社论《反对党问题》，原载 1958 年 2 月 16 日《自由中国》半月刊，第 18 卷 4 期，页 3。

[4] 任育德著《雷震与台湾民主宪政的发展》，页 223。

同时只要选举能办理认真，则即使这个反对党始终处于少数党地位，它也还能对实际政治发生积极的有利影响。"[1]而后（1958 年5 月 1 日）《自由中国》半月刊第十八卷第九期《四论反对党》一文又提出，所组建的新党应有"五不"，即：不标榜主义，不采用领袖制，不设立特务组织，不以革命口号号召党员，不以殊遇为饵和不设党阶。这些观点与青年党领袖左舜生理想中的新政党形象已十分接近：

> 我理想中的新政党，应当是平淡无奇而富有自由平等的气象的；应当是人群的一种自由结合，约束不能不有，总以愈少愈好；党员有关心一切重大政治问题而加以研究的必要；党内对政策及世界一般情况的研究组合，愈多愈好，须让他们自由发展，不要以党的力量去干涉，尤其不要去指导，凡自命能指导别人的人，都是世间第一等不安分的人；党员的行为，只受国家法律的限制，别无所谓党纪，党员的进退，一以对政策的异同为准，不得夹杂其他的作用；党不能课党员以无限的义务，党员亦不能对党存无限的依赖；要让党内的人才，有充分自由表现的机会，党内也可能有派，但分派系由对一个或若干个重大问题有了不同的看法，决不是彼此结合一群人来排斥异己，抢饭碗；凡党员均以参加政治而不抛弃本业为原则。[2]

[1] 社论《反对党问题》，原载 1958 年 2 月 16 日《自由中国》半月刊，第 18 卷 4 期，页 3。
[2] 左舜生《中国未来的政党》（下），原载 1952 年 5 月 31 日《自由人》，收录于陈正茂主编《左舜生先生晚期言论集》，"中研院"近史所史料丛刊（28），1996 年 5 月初版，上集，页 83。

　　雷震构想中的"反对党"是一个较为松散的组织形式，以开明的政策来争取更多选民的支持，最终达到反对"一党统治"之目的。《自由中国》半月刊从 1957 年 4 月至 1960 年 5 月，连续刊发这方面文章二十余篇，从不同角度来证明台湾必须组建一个新党的必要性。虽然"祝寿专号"中对这一问题已有论述，但仍是把建立"反对党"之期望放在执政党身上，即"由执政党来扶持反对党或由执政党内扶持反对派"[1]，"政府拿出最大的魄力和最大的容忍来扶植一个有力的反对党"[2]，"须要国民党有容忍他党活动的雅量"[3]，对执政者的这种期待，实际上，在某种意义下背离了现实的条件，有人因此提出质疑，认为反对党问题仅系于一个人或某一党的雅量，那么，反对党是"俯仰随人"，身不由己，这样的"反对党本身并无力量，也不产生力量"，"如果真像这样来认识反对党问题，那么实在令人不敢乐观；起码使人感到呼吁成立反对党的要求，含有很多的'求助'成分——求助于执政党底'施舍'"。[4]

　　自第十六卷第七期（1957 年 4 月）刊载《反对党！反对党！反对党！》及其后的《再论反对党》、《三论反对党》等七篇文章，雷震心目中的"新党"已有了一个雏形，并由此转入实质性的筹备阶段，其中有两点提法，与以往的组党主张有所不同，"第一点，这个反对党是为下届地方选举而产生的，故地方选举为这个反对党的核心；第二点，这个反对党之组成分子已不再像早先所主张，

[1]　社论《寿总统蒋公》，1956 年 10 月 31 日《自由中国》半月刊第 15 卷 9 期，页 3。

[2]　魏正明《民主政治的基本精神——合法的反对》，1956 年 10 月 31 日《自由中国》半月刊第 15 卷 9 期，页 32。

[3]　王师曾《政治建设的根本问题》，1956 年 10 月 31 日《自由中国》半月刊第 15 卷 9 期，页 6—7。

[4]　牟力非《略论反对党问题的症结》，1957 年 2 月 1 日《自由中国》半月刊第 16 卷 3 期，页 11。

以民、青两党人士，加上国民党内自由派为主，而是以无党无派之台籍人士为核心，而民、青两党及国民党内人士则只是'可能'包括在内。这里所显示出的，便是至少在此时雷震心目中的反对党已跳出原来的框架，而在要求选举公平的这一个方向，雷震寻求到了反对党主张的施力点"[1]。

在 1960 年 5 月 18 日针对地方选举结果所召开的检讨会上，强烈主张组建"新党"的呼声成为与会者的一种共识。有人甚至提出民、青两党自动解散，另外组织新党。这次会议决定"另组新的强大反对党问题，由座谈会与民青两党团协商进行"，[2] 由此拉开了台湾中国民主党筹备工作的政治序幕。

## 三、自己去做那个"妄人"

1960 年 5 月 25 日下午 4 时，雷震、夏涛声去南港胡适寓所，将组党计划详细报告。胡适听了至为兴奋，对雷震说："不和台湾人在一起，在新党不会有力量。"[3] 胡适的这一态度，给当时积极参与组建新党的人士极大鼓舞，雷震更是信心大增。胡适与此次组党的关系，长期以来说法不一。以《胡适之先生晚年谈话录》为例，胡颂平说这一年 6 月 3 日上午雷震与夏涛声二人去胡适那里，表示"他们仍要组织一个反对党。先生劝他们不必组织反对党，而且一定没有结果的。他们不很接受先生的劝告，只好由他们去了"[4]。

---

[1] 薛化元著《〈自由中国〉与民主宪政——1950 年代台湾思想史的一个考察》，页 368。

[2] 《在野党及无党无派人士举行本届地方选举检讨会纪录摘要》，原载 1960 年 6 月 1 日《自由中国》第 22 卷 11 期，页 42。

[3] 雷震 1960 年 5 月 25 日日记，《雷震全集》第 40 册，页 315。

[4] 胡颂平著《胡适之先生晚年谈话录》，中国友谊出版公司 1993 年 9 月第一版，页 72。

这一说法，与同一天的雷震日记出入较大。雷震在日记中这样写道，"上午十一时到南港'中央研究院'看胡先生，对新党要在艾森豪未到前发表一事，征询胡先生意见，他不赞成。他误解了此事与美国总统连在一起之事。……涛声请他做顾问委员，他未拒绝"[1]。1960 年 4 月 20 日傅正日记中也有过一段胡适与雷震关于组党的对话，证实胡适"支持而不领导"的态度：

> 据雷公今天跟我说起：前些时有一次单独探望胡适先生时，胡先生曾经向他慨叹地表示，中国这局面没有希望，除非有一个反对党出来。但是，当雷公希望胡先生出面领导时，胡先生却又拒绝，但表示如果一旦组成，就在组成的当时，正式发表声明，要求全世界支持这个组织。据说，胡先生还特别提醒雷公，要组织反对党，必须联络台湾的地方人士。
>
> 雷公由于胡先生的态度转变，感到兴奋，甚至很乐观地认为，一年内一定组成……但因为我深知胡先生的性格，不是一个可以断然决然从事政治运动的人，所以并不如雷公那样乐观。不过，我一直认为，今天在台湾从事政治运动，必须抓住两种对象：一是台湾地方人士，一是各大专校学生。[2]

上述所谓"在艾森豪未到前发表一事"，指的是"选举改进座谈会的声明"，这是傅正根据此次会议内容而写，"几乎都当做创党宣言，因而胡适一再认为太消极，乃至社长 [ 发行人 ] 夏涛声

[1] 雷震 1960 年 6 月 3 日日记，《雷震全集》第 40 册，页 321。
[2] 傅正 1960 年 4 月 20 日日记，参见苏瑞锵著《超越党籍、省籍与国籍——傅正与战后台湾民主运动》，页 112。

辩解时引起胡适不快……"[1] 当时美国总统艾森豪威尔将于 6 月 18 日访台，胡适在给雷震的一封信中说，"你们要组党，本来同美国人无干，更同艾[森豪]总统的来台无关，所以我劝你们不要赶在艾克到台之前几天发表。把两件不相干的事，故意连系在一起，叫人看上去好像有点相干——那是不诚实"[2]。查胡适日记，1960年 5 月 30 至 6 月 30 日整整一个月均为空白，雷震日记一天不缺，留下了一点线索。6 月 15 日"选举改进座谈会的声明"发表后，胡适便再没有多说什么；7 月 2 日，选举改进委员会所有成员为胡适赴美饯行，请他到雷震家吃饭，蒋匀田、王世宪、夏道平、殷海光等人以非组党的选举改进委员会成员身份参加。席间，雷震请胡适对新党讲几句话，胡适没有拒绝。

雷震在当天日记中记述：先生在讲话时提及李万居文章上有容忍二字，因此他"希望新党要有容忍精神。他感到我们的第一次声明书在骂人。美国人说我们消极，其实是指我们骂人，因我们力量太小，不要多得罪人，骂人做号召不是上策，要脚踏实地的自己工作下去，他一定支持"。几个月之前（3 月 16 日），胡适对雷震也说过类似的话："你说的话，我自己说的话，都会记在我的账上。你不知道吗？'杀君马者道旁儿'：人家都称赞这头马跑得快，你更得意，你更拼命的加鞭，拼命的跑，结果，这头马一定要跑死了。现在你以为《自由中国》出了七版、八版，你很高兴，这都是你的灾害！"[3]

应当说，胡适本人并没有认为此次"不必组党"。否则，以

---

[1] 雷震 1960 年 6 月 14 日日记傅正注释，《雷震全集》第 40 册，页 328。

[2] 1960 年 8 月 4 日胡适致雷震函，万丽娟注《胡适雷震来往书信选集》，页 236。

[3] 胡颂平编著《胡适之先生年谱长编初稿》，台北联经出版事业公司 1984 年版，第 9 册，页 3217。

他的个性，就不会去雷震家吃这顿饭。根据有关史料表明，多年以来，胡适对于组建在野党一直持鼓励的积极态度，但有一个前提，那就是"和和平平的筹组新党，并且从从容容地去获得政府谅解。……筹组新党，不必存有任何的敌对心理，在称呼方面，最好能用在野党，不用反对党，因为反对两字听起来比较刺激"[1]。胡适曾对高玉树（前台北市长）恳切地表示过，"今后组党是艰巨万分，历史上政治理想的实践，都带艰苦耐劳，无可避免。各位必须有信心苦干到底，才能实践我们中华民族历史的创举"[2]。

　　而早在 1954 年，胡适赴台参加"第二届国民大会"，曾当面向蒋介石建议，分国民党为两个对立的大党，以奠定两党政治的基础。蒋介石对这一建议，未免顾虑，却又认为可以将民、青两党合为一个较有力的在野党。胡适当时住在福州街台大校长钱思亮寓中，某日晚 10 点许，突约民社党副主席蒋匀田面谈，提出让他陪选"副总统"，蒋匀田以"德望不孚为理由，婉辞谢绝了"。胡适又说，蒋介石正在考虑将民、青两党合为一个在野党，此次可能会向你们提出这个建议。3 月 26 日午宴后，蒋介石果然向蒋匀田、左舜生提出上述建议，左舜生猝闻此言，笑而未答。蒋匀田对此早有心理准备，对蒋介石说：这是一个有价值的建议，能否实现，将看事实的发展，我们愿努力为之，也希望"总统"继续支持这个酝酿。未料，"国大"闭幕之后，"好像神差鬼使一般，民社党又继青年党之后，一分为二，更谈不到两党合并了"。可见在这一问题上，蒋介石几乎被胡适所说服，"假使这个建议当时能够实现，便不会有新党运动的发生，当亦不致引起雷案"[3]。

---

[1]　胡颂平编著《胡适之先生年谱长编初稿》，第 9 册，页 3346。

[2]　高玉树《敬念雷震先生》（上），原载 1989 年 9 月 10 日台北《民众日报》。

[3]　蒋匀田《泪如泉涌悼念胡适之先生》，原载 1962 年 2 月 26 日台北《自立晚报》。

　　1960 年 10 月 23 日，胡适在接受《联合报》记者常胜君采访时再次提及对反对党人士的态度。这篇题为《雷震、自由中国、反对党——夜访胡适谈三事》的专访这样写道：

　　　　对于现在正在形成中的"反对党"，胡先生说："这个问题不必多谈了。"他只重述多年来一贯的，也是不只一次公开谈到的主张，他希望一个有力量、像样子的反对党。但他又郑重声明："我从来没有说过由我来领导。"……他又扼要说明他对"反对党"人士们表示过的态度，他是这样说的："你们可以先组成党，至于我的态度，要看新党的情形而定，如果组成的确是像样子的党，我可以公开支持；如果不好，那么，我可以保留说话的自由，甚至批评的权利。"[1]

　　对待组党这一问题，以胡适一以贯之的态度，是希望自己保持一个诤友的立场，而不愿意参加。不参加，并不意味不支持，胡适要支持的是一个"像样子的在野党"，这反映出他对多党政治的一种理性态度，与他温和、稳健的性格有关。蒋介石三连任前夕，雷震曾问过胡适"今后该怎么办"？胡适不假思索地说：只有民青两党和国民党民主派和台湾人合组反对党，如果组成了，他首先表示赞成，自己不参加，留几个无党无派分子比较好……[2] 张佛泉也给雷震写信，认为"政党主要为竞选，现在中央的代表（指"国大代表"）均不改选，组党亦无大用。故不

---

[1] 常胜君《雷震、自由中国、反对党——夜访胡适谈三事》一文，收录于《雷震全集》第 11 册，页 173。
[2] 雷震 1960 年 3 月 16 日日记，《雷震全集》第 40 册，页 270。

如组地方性政党"[1]。

雷震对台湾本土政治精英参与组党一直存有戒心。1960 年 5 月 18 日宣布组党会议之次日，他在日记中写道：我说明这次会议，我非主动者，但是赞成人，我们不参加，他们也要自动地出来组织，因选举舞弊太甚。[2] 赴台初期，雷震接触较多的本土政治人物大都因工作上的关系，如台湾省议会议长黄朝琴、副议长李万居（属青年党）、台北市市长高玉树（无党籍人士）等人，这些台籍政治人物对国民党政权一直抱有看法，尤其对"威权主义党国体制"在台湾逐渐确立感到不满，试图组党的态势越发明显。

在两年前，胡秋原就对雷震说过，"胡（适）先生不搞，雷某一定要搞，雷某不搞，台湾人一定要搞"[3]，雷震本人也担忧台籍人士组党"地方色彩太重"，"将来可能流血"[4]，因此强调"不可有地方主义"，"必须内地人和台湾人合起来搞，以免有偏差"[5]，这些种种因素，最终促成雷震考虑和台湾人一起组建"反对党"。他在日记中这样写道，"下午周弃子来，我和他谈及此事，我说我过去提倡反对党，今天大家要组织，我又不出来参加，做人的道理，也是不应该的"[6]。当然，"除了现实政治的考量以外，胡适的态度似乎颇有影响力"[7]。胡适对儿时在台湾居住的那一段时光始终未能忘怀，1952 年下半年返台短期讲学时，为探访故居，12 月

---

[1] 1960 年 5 月 20 日张佛泉致雷震函，《雷震秘藏书信选》，《雷震全集》第 30 册，页 432。

[2] 雷震 1960 年 5 月 19 日日记，《雷震全集》第 40 册，页 310—311。

[3] 雷震 1958 年 7 月 4 日日记，《雷震全集》第 39 册，页 324。

[4] 雷震 1958 年 8 月 2 日日记，《雷震全集》第 39 册，页 346。

[5] 雷震 1958 年 5 月 30 日日记，《雷震全集》第 39 册，页 299。

[6] 雷震 1960 年 8 月 10 日日记，《雷震全集》第 40 册，页 367。

[7] 薛化元著《〈自由中国〉与民主宪政——1950 年代台湾思想史的一个考察》，页 374。

25 日在友人杨亮功（纽约大学哲学博士，时为"监察院"秘书长）陪同下搭车连夜南下，可见彼时的心情。[1] 胡适为台南市永福国小林校长题字，引用《诗经》中"维桑与梓，必恭敬止"这句话，充分流露出一种特殊情感，所以，他对台湾本土政治人物参与组党，始终抱持关心的立场，甚至说过"不和台湾人在一起，在新党不会有力量"[2] 这样的话。

正因为如此，雷震还是恳求胡适出来领导，"不料胡适先生却说：'你是读过《四书》的，孟老夫子说过，待文王而后兴者，凡民也；若夫豪杰之士，虽无文王犹兴'。这当然是鼓励我们自己出来组党，不必等他出来领导而始为之，但是我还在犹豫之中……国民党当局的性格我知道得很清楚，连国民党孙总理左右手胡汉民先生都敢关起来，还不会关我吗？"[3] 台湾学者认为：对胡适而言，或许是因为"自由主义者为维护本身的自由发言位置，常与实际政治保持若即若离的关系"，或许是因为晚年批评国民党当局的强度已不及早年，或许也是因为"没有精力与勇气"（胡适自语），决定了他对新党运动的态度一直是"支持但不领导"。[4]

1960 年 7 月 9 日上午 11 时，胡适赴美出席"中美学术合作会议"，雷震、成舍我、夏道平等人到机场为先生送行，从这以后，雷震就再没有机会见到胡适了。胡适走后，雷震积极投身于组党工作中，他甚至想把"中国民主党筹备委员会办公室"的牌子挂在杂志社门口，遭到夏道平、金承艺、马之骕等人坚决反对，才没有挂上去，后改挂在李万居的《公论报》社门口。[5] 说起来，《自

---

[1] 参见蒋永敬、李云汉等编著《杨亮功先生年谱》，台北联经出版公司 1988 年版，页 463。

[2] 雷震 1960 年 5 月 25 日日记，《雷震全集》第 40 册，页 315。

[3] 雷震《雷震回忆录——〈我的母亲〉续篇》，页 329。

[4] 参见苏瑞锵著《超越党籍、省籍与国籍——傅正与战后台湾民主运动》，页 109—110。

[5] 参见李敖、胡虚一等著《雷震研究》，页 169。

由中国》社同仁虽然乐见"反对党"成立,"但仍和实际的组党活动保持一定的距离,部分原因是对实际政治没有兴趣",[1]《自由中国》编委中甚至有人担心因此毁掉了这本刊物,殷海光就说"雷先生应把'组党'之事和《自由中国》之事分开,最好是让傅正专心去助雷办'组党'的事,《自由中国》的编务工作,交由金承艺去办"[2]。

　　雷震一时感到左右为难,找来年轻的傅正征求意见。傅正对他说:"现在参加的人多数没有用很严肃的态度思考,尤其没有牺牲的决心,本来不十分理想。但是,《自由中国》半月刊鼓吹反对党十多年,而我们自己也一向坚决主张台湾必须有一个强大的反对党,现在既有这样一个机会,我们为什么不尽力一试? 中国知识分子的最大毛病,就是只能坐而言,不能起而行,难道我们也应该这样?"[3]傅正还认为把组织反对党的希望放在胡适身上,一定会落空;傅正在自己的日记中写道:"雷公对胡先生的崇拜,似乎有几分近乎狂热,总是替他辩护。"[4]

　　各报均刊载雷震等人筹组新党消息,引起香港各方人士关注。香港文学批评家胡欣平(笔名司马长风)对此事"望眼欲穿",同时亦不无担忧,在给雷震的回信中说,"报载成立反对党消息,正望眼欲穿,欲稍知真相,忽奉大札,喜出望外……过去连自治研究会都不准成立,现在能准予成立反对党乎? 此间友人咸望乘机

---

[1] 宋文明《可歌可泣的民主运动者》一文说:当年雷震组党时,他和另外几位编委夏道平、殷海光曾表示对实际政治并不热心。此文收录于宋英等编《傅正先生纪念集》,台北桂冠图书公司1991年第一版,页51。

[2] 李敖、胡虚一等著《雷震研究》,页170。

[3] 傅正注雷震1960年5月20日日记,参见《雷震全集》第40册,页312。

[4] 傅正1958年1月30日日记。转引自苏瑞锵著《超越党籍、省籍与国籍——傅正与战后台湾民主运动》,页111。

快速进行，民主宪政废立在此一举"[1]。黄宇人则表示应由台、港、美三处人士共同促进组党工作，"台籍朋友在新组织自应占相当的分量，然后此一组织才能在台湾生根；但同时亦须具有全国性，始能发挥力量。在目前形势下，弟以为最好以台湾、香港及美国三处为重点，齐头并行，互为呼应。台湾方面以应付当局及竞争选举为中心任务，香港方面侧重对中共之研究及一般联络工作，美国方面则负责外交活动及争取留学生。三处虽各有所司，但总部仍设于台湾"[2]。

但在台湾，仍有不少人对此次组党心有顾虑，青年党核心分子陈咸森对雷震说："关于参加新党工作，请容弟作相当时间之考虑。盖弟自在中学时代参加青年党工作起，迄今度过三十余年党人生活矣。此一生最可贵之时间内，几尽耗于青年党之办党工作中。自大陆'沦陷'来台后，对党人生活已深感厌倦。今新党虽为国家当前情势之所需，亦为推进民主与反共之惟一大道，但弟个人之意兴、志趣以及生活之打算等等，是否能即刻参加，均须有所考虑。如一经正式参加工作，势必誓此生余年以之，故弟不能不有深切之考虑和打算。"[3]

从 1960 年 7 月起，雷震对于"新党"的态度不断透过《自由中国》半月刊折射出来，这一期间，不仅刊登了殷海光《我对于在野党的基本建议》（1960 年 7 月 16 日第二十三卷二期）、杨金虎《我们衷心期待的反对党》（1960 年 8 月 1 日第二十三卷三期）等

[1] 1960 年 5 月 23 日胡欣平致雷震函，《雷震秘藏书信选》，《雷震全集》第 30 册，页 433。
[2] 1960 年 5 月 26 日黄宇人致雷震函，《雷震秘藏书信选》，《雷震全集》第 30 册，页 434。
[3] 1960 年 8 月 22 日陈咸森致雷震函，《雷震秘藏书信选》，《雷震全集》第 30 册，页 438—439。

多篇文章，雷震本人还针对国民党所属报刊对筹组新党大肆诬蔑攻击予以反驳，他在《驳斥党报官报的谬论与诬蔑——所谓"政党的承认"和"共匪支持新党"》一文中指出："民主政治的建立，在于政权的'有效制衡'与'和平交替'；而政权的'制衡'与'交替'，则有赖于强有力反对党之存在"[1]。

　　一时间，《自由中国》已俨然成为新党运动的机关刊物，[2] 而"彼时反对党论述，已脱离先前的反对党是既有政治权力结构的重组的想法，而是倚赖参与反对党人士的努力而成。故此论点亦为日后的反对党，预示其发展方向。在此，雷震看出台湾的政治现实与'宪法'法理之间的落差，并力图寻求政治现实与'宪法'法理相符合，以落实民主制度，是有其先见之明。故雷震作为反对党论述的启蒙者之一，乃实至名归"[3]。

　　雷震《我们为什么迫切需要一个强有力的反对党》一文，较为集中地反映出他本人在对待反对党这一问题上有了一个根本的转变。在文中一反过去有关反对党如何有助于民主、改革等形而上述说，从现实层面强调了反对党、选举、政权交替、民主四个概念之间的彼此关系，"政党组织的目的，不论革命政党也罢，民主政党也罢，在于'推翻'现有的而已经丧失人心的政府而夺取政权。但民主政党之夺取政权，绝不靠着枪杆子的力量，惟有依赖民众的意见，透过选举方式而获得之。这个新党的'功用'，就是要用选举的方式以求获取政权为目的"，尽管"新党要与独霸局面至三十年之久而今天仍以武力为靠山的国民党从事竞争，其间

---

[1]　1960 年 8 月 16 日《自由中国》半月刊第 23 卷 4 期，页 7—9。
[2]　薛化元著《〈自由中国〉与民主宪政——1950 年代台湾思想史的一个考察》，页 370。
[3]　任育德著《雷震与台湾民主宪政的发展》，页 226。

困难殊多"。[1]

台湾学者钱永祥认为，"这段话并不代表雷震突然发现了权力的重要性，或认为时机条件已允许新党展开夺权的准备。雷震从来不是这么天真的人。在他的反对党与夺取政权这两个概念之间，有一个高一层次的中介概念：民主。但这里所谓的民主，所指已不是宪法、人权或某些制度上的设计。相反的，末期《自由中国》的民主概念，主要内容是政权交替"[2]。

从反对派的自由理念（陈独秀、胡适）到推动政权交替的实践（雷震），表明十年来雷震在思想乃至行动上有了一个重大突破，并转换成落实"民主宪政"最为具体的行动指标。"在政权交替的过程中，蕴含着反对党参与政治秩序的建构与维持，唯有执政党与反对党经由选举之竞争，形成政权交替的结果，政治秩序方能被建构与维持，也能防止执政党的腐败。同时，政党在选举中之竞争与监督政府具有密切关系，而形成监督政府的体制，更是民主政治能得以维持的重要因素。在这套政治秩序中，没有一个政党能垄断支配的权力，欲行使支配的权力，必须经由冲突、协商、调和才行。因此，反对党是政治秩序中不可或缺者。"[3]

雷震之所以有这样的转变，固然是出于对民主政治的一种期盼，"与国民党作政治竞赛"，同时也因为时局紧迫。1957年4月28日，他在给王纪五的一封信中说："如不能成立反对党，

[1] 雷震《我们为什么迫切需要一个强有力的反对党》，原载1960年5月16日《自由中国》半月刊，第22卷10期，页9。

[2] 钱永祥著《纵欲与虚无之上》，生活·读书·新知三联书店2002年10月第一版，页203。

[3] 任育德著《雷震与台湾民主宪政的发展》，页269。

不仅民主政治没有前途，连目前之局面亦不易维持也。"[1] 正是基于这种立场，加之民、青两党内部不断分裂，在事实上，难有作为，雷震才逐渐脱离大中国的政治架构，转而立足台湾本土的发展，积极投入到以台籍菁英为主导的反对党筹组之中，此时雷震在"反对党与夺取政权这两个概念之间，有一个高一层次的中介概念：民主。但这里所谓的民主，所指已不是宪法、人权或某些制度上的设计。相反的，末期《自由中国》的民主概念，主要内容是政权交替"[2]。此时，《自由中国》对于民主的界定，见诸夏道平撰写的社论《敬向蒋总统作一最后的忠告》，"要防止权力的绝对化，横的方面为权力的制衡，纵的方面为权力的交替，权力的制衡与交替，构成了现代民主政治的两大间架"[3]，这一观点，成为雷震在《自由中国》时代最后的见解（钱永祥语）。

在国民党一党独大、权势凌驾一切的时空下，执政当局"不愿意见到结合台湾民意的反对党出现……强行阻断反对党的成立"[4]。在一片严厉打压声中，随着雷震不幸被捕，标示着当局开始实行比 50 年代还要严酷的高压统治，台湾社会由此进入"政治冰封期"的 60 年代。[5] 此次组党运动在 1961 年 1 月第五届县市议员选举之后，实际上已完全销声匿迹，台湾民主政治发展遭

---

[1]　收录于《新新闻》编辑部所编《雷震书信首度公开——第一部分：1956 年 2 月至 1957 年 12 月》，页 27。转引自任育德著《雷震与台湾民主宪政的发展》，页 251。

[2]　钱永祥《自由主义与政治秩序：对〈自由中国〉经验的反省》一文，收录于《纵欲与虚无之上》，页 203。

[3]　社论《敬向蒋总统作一最后的忠告》，原载 1960 年 2 月 1 日《自由中国》半月刊第 22 卷 3 期，页 3。

[4]　周琇环、陈世宏编注《组党运动——战后台湾民主运动史料汇编（二）》。台北"国史馆"2002 年 7 月，页 5。

[5]　参见黄嘉树著《国民党在台湾（1945—1988）》，台北大秦出版社 1994 年版，页 405。

到重创，跌进低谷。"在《自由中国》停刊后的十余年间，台湾没有再出现正面挑战当权者的政治刊物，政治评论逐渐沉寂"，整整二十五年后，直至 1986 年才有所真正突破，雷震本人却未能等到这一天。[1]

---

[1] 台湾学者苏瑞锵认为：从战后台湾政治发展脉络来看，"中国民主党"组党运动的失败，代表着统治当局自 50 年代初期开始建构的"台湾型威权主义党国体制"之确立。此后反对运动的空间较之 50 年代更为狭窄，一直到 70 年代后期才明显出现新一波的反对运动，而且要到 80 年代中后期才逐渐开花结果。参见苏瑞锵著《超越党籍、省籍与国籍——傅正与战后台湾民主运动》，页 101。

第五部

# 政治构陷（1960—1970）

第二十章

# 震惊海内外的雷震案

## 一、"莫须有"罪名

雷震被捕，在台湾岛内掀起轩然大波。

从披露出来的史料看，在这之前，雷震已知将遭此厄运，一方面，这是他从政多年带来的直接经验，对这个体制有深度了解；另一方面，雷震所主持的《自由中国》半月刊十年来为争取言论自由，与威权统治进行一系列抗争，在众多知识分子，乃至一般民众中，产生了很大的影响，在事实上，动摇了当局对台湾岛统治的信心；而此时，雷震与台湾本地政治精英共筹反对党，更是将国民党当局推向如坐针毡的窘境。雷震等人的被捕，成为台湾自"二二八"事件以来，最为壮怀激烈的一个政治大事件。

王世杰在日记中直言："雷之言论及举措往往超出法律范围；联合台湾地方人组党，尤为政府所忌恶。"[1] 从这一点看，雷震被

---

[1] 王世杰1960年9月8日日记，参见《王世杰日记》，"中研院"近史所1990年初版，第六册，页407。

捕，事有必至。与雷震始终保持良好关系的美国使馆事先已得到一份绝密情报，"情治单位打算制造匪谍案，先将马之骕打成匪谍，再将雷震以'知匪不报'而入罪……"[1] 并透过前台北市长高玉树，将此事通知了雷震。

雷震深知这场"牢狱之灾"不可避免，事先与马之骕谈了一次话，以防不谙政治的马之骕被当局所利用。马之骕当场表示："无论他们怎么整我，我都不会承认是'匪谍'的，即使是屈打成招，我也不会'咬您'的。"[2] 事实证明，美国使馆传来的这份情报非常可靠。十几天后，台湾警备总司令部在证据不足的情况下，比原计划将近提前了一个月，以"涉嫌叛乱"为由将雷震、傅正、马之骕、刘子英四人逮捕。

在侦讯过程中，马之骕一直未与情治部门合作，意想不到的是《自由中国》杂志社前会计刘子英"利诱成招"，不仅承认自己是邵力子之妻傅学文派来台湾的"匪谍"，更称于 1950 年 5 月 17 日晚，在台北金山街一巷二号雷震寓所的书房里，"将'傅匪'在京情况及所交为匪工作任务，密告雷震，并夸张大陆'匪情'，劝雷震为人民立功……"[3] 既有时间，又有地点，而且，任务明确，遂成当局制裁雷震的"证据"，军法审判决定绕开所谓"涉嫌叛乱"而就"知匪不报"秘密进行，"监察院"派出的雷震案调查小组，始终未能见到雷震一面。

案发当日，国民党内部有人提出异议。"立法委员"成舍我、

---

[1] 薛化元《平反白色恐怖案还有长路要走》，原载台湾《Taiwan News 总合周刊》2002 年第 46 期。

[2] 马之骕《我和雷公结缘的前因后果》一文，《雷震全集》第 2 册，页 231。

[3] 雷震《军法声请复判理由书状》，收录于万丽娟编注《万山不许一溪奔——胡适雷震来往书信选集》，附录二，页 270。

胡秋原等人质疑警备总司令部，认为雷震纵使涉嫌违反了普通刑法，但并未触犯所谓"惩治叛乱条例"，有何理由认为是"叛乱"而要受到军事法庭的审判？并称"此例一开，今后对于并非叛徒所为之言论文字问题，皆可不依出版法或普通刑法处理，而得径以军法从事，则每一报纸每一杂志之发行人编辑人，均有随时随地遭遇同样情事之可能，言论自由出版自由讲学自由及新闻自由，自必遭受严重之损害，其流弊有不可胜言者"[1]。此项书面声明原本由三人具名，另一位是"监察委员"陶百川，由于此时陶百川已要求面见蒋介石，"以便当面建议将该案移送法院审理"，也接到了"总统府"的通知，便未再列名，最后以成、胡二人名义披露于台湾各报。

在美的民社党主席张君劢闻讯后急电蒋介石，抗议雷震被捕，第二封措辞严厉的电文转至台北《公论报》后，惜乎《公论报》迫于形势，只发表了部分内容，此电文长达两千多字，主要内容是：一，抨击政府之最近拘捕雷震；二，使蒋经国担任重要职务；三，要求蒋介石辞职，将其责任交"副总统"陈诚，以达到民族复兴。[2]胡适彼时正在美国出席"中美学术合作会议"，当天收到"副总统"兼"行政院长"陈诚发来有关"雷震案"的电报，即回电表示，"今晨此间新闻广播雷震等被捕之消息，且明说雷是主持反对党运动的人，鄙意政府此举甚不明智"。胡适认为，此举对政府有三点不良影响，"一则国内外舆论必认为雷等被捕，表示政府畏惧并摧残反对党运动；二则此次雷等四人被捕，自由中国杂志当然停刊，政府必将蒙受摧残言论自由之恶名；三则在西方人士心目中，批评政府与谋成立反对党皆与叛乱罪名绝对无关，雷儆寰'爱国反共'

---

[1]　《雷震全集》第 6 册，页 6。
[2]　参见雷震著《雷震回忆录——〈我的母亲〉续篇》，页 50—51。

适所深知，一旦加以叛乱罪名恐将腾笑世界"[1]。

1929 年发起过"人权运动"的胡适，将"言论自由"视为与生俱来的一种权利，他指责当局以"叛乱之罪"加害于雷震等人"甚不明智"，这完全出于他本人对民主自由的一种认知。胡适在1960 年 11 月 18 日的日记中，附有四则英文简报，分别是美国《纽约时报》[2]、《基督教科学箴言报》、《华盛顿邮报》三大报纸就"雷震案"对蒋介石政府的批评文章，其中还有一份哈佛大学学生自己办的日报，认为台湾当局指控雷震"使海内外国民党知识分子迷惑不已。在任何时候，雷震案都将是一件丢脸的事"。胡适回到台湾后，在陈诚的一个晚宴席上，特意将简报交给"总统府"秘书长张群，其意不言自明。胡适本人虽不愿多谈"雷震案"，内心却有着一种"大失望"。

## 二、非法被捕经过

1960 年 9 月 5 日，雷震等人被捕第二天，台湾《征信新闻报》（今《中国时报》前身）即对其逮捕经过作出详细报道，为今天留下了极其珍贵的史料。其中《自由中国》编辑傅正、经理马之骕、前会计刘子英被捕实录为："四日与雷震同时被捕的《自由中国》半月刊编辑傅正，所住的本市松江路一二四巷三号，是一间日式的省政府秘书处职员宿舍，以后由雷震向省政府借用，供为《自

---

[1] 2001 年 2 月 28 日，台湾《联合报》记者钟年晃在一则报道中透露：台北"国史馆"中至今存有 1960 年 9 月 4 日胡适致陈诚的电文原件。

[2] 《纽约时报》的文章题为《台湾雷震案遭抗议》，主要内容为：国民党军方运用军事法，宣判雷震十年徒刑。对雷震的军事诉讼理由并不充分，但雷案在法庭上被快速宣判，这背后的事实是，雷震正在领导一个小型的反对党。参见曹伯言整理《胡适日记全编》第 8 册，页 727。

由中国》半月刊社职员的宿舍，那里住有三户人家，一家姓聂（即聂华苓），一家姓王，另一家便是傅正。傅正平时早出晚归，据同住的人说，与他们甚少来往，傅正被捕的时间为四日上午九时三十分，被拘捕时治安人员执行任务和拘捕雷震的情形一样，且亦被搜去书籍信件一包。另一涉嫌被捕的马之骕，系《自由中国》半月刊社经理。他去年刚与沙昌佩女士结婚，现住中和乡中兴街四十四巷五弄五号太太的娘家里，于四日晨八时十五分被捕。马太太沙昌佩正怀孕……涉嫌被捕的名单中尚有'国史馆'职员刘子英，刘住在南京东路一二〇巷五弄一号，是'国史馆'的宿舍。据说，五十四岁的刘子英，过去曾充雷震的私人秘书。他在寓所被捕的时间是四日上午九时四十分……"[1]

雷震和傅正被捕后，被警备总司令部军法处押解到台北市青岛东路三号的军法处看守所，雷、傅二人后来对此均有亲笔记述，雷震这样写道：

> 大约上午八时过一点，我忽然听到埤腹路警察派出所警员喊门说："雷先生，新店家中发火烧了！"（雷公馆共有两处，一为新店，一为木栅埤腹路，雷当时大部分时间住此处）我骤闻此语，心中不免有些着慌，因而匆匆开门，打算前去看看。平时我出门，总是带个大皮包，内装《自由中国》社的来稿，遇暇即加审阅。闻警报遂匆匆出门，连皮包都来不及带了。不料一开大门，过去跟踪我的数十名国民党特务一哄而入，如入无人之境……我站着问："这是干什么？捉人总不能凭你的口说吧！"于是那位凶煞神似的国民党特务，始从上身口袋中掏出一件署名总司令黄杰（雷震的熟人，《自

---

[1]　原载 1960 年 9 月 5 日台湾《征信新闻报》，收录于《雷震全集》第 3 册，页 4—5。

由中国》创刊初期，黄部退守在越南西贡，曾致函雷震，要求订阅《自由中国》半月刊）的台湾警备总司令部的逮捕状，罪名是"涉嫌叛乱"，再没有其他文字。

我告诉那个手持盒子炮的特务说："我太太上街买菜去了，马上就要回来，家中无人看门，等她回来再走，要不了多少工夫！"不料那个满脸横肉的特务，坚持不肯。我又说："隔了一家的陈访先生，也是'监察委员'，让我去告诉他一声，不然太太回来后，不知我到哪里去了！"胖子特务，仍是不肯。正在这样坚持中，我妻闻讯回来了，我就跟着那个特务走了。特务来捉我时，用的仍是"专门捉人"的汽车，正停在埠腹路口……特务检查后，要我走进看守所，所内的人出入，都是走"狗洞式"的边门，都要弯曲腰出进，只有张所长出进才开大门……我不愿钻狗洞，狱卒只有打开大门让我走进去……狱卒要我把全身的衣服脱掉，说是怕我衣服不清洁……还要检查我的肛门，不悉其用意何在……"拘票应备二联，执行拘提时，应以一联交被告或其家属"，法律是规定得很明白的，不论刑事诉讼法，抑或军事审判法，但"御特"警备总部拘我时，拘提执行的特务，先竟不交出拘票，经我抗议时，那个矮胖子掏出的拘票，上面只有"叛乱嫌疑"四字，所以我被捕后约三周之后，始知是关在青岛东路"御特"警备总部看守所内。

一个国家，仅仅具有由"立法院"通过及"总统"公布之法律，而执行官吏如不负责去执行，那些法律都变成具文了。一般常说国民党政府的官吏是无法无天的，都是从这些地方看出来的。国民党政府，尤其是控制了人民行动和思想的"御特"警备总部的官吏，是如此的不守法，这个政府自然不会得到人民的信任……"御特"警备总部来拘捕我时，应该规规矩矩叫我开门，我绝不会不开的，绝对用不着叫埤腹派出所警员在门外谎称说"新店家中发火烧了！"……特务机关之如此行为，岂仅违法悖情，简直就是下流作风！国民党之失败，一切皆系咎由自取也。不过一般工作人员的"流氓"作风，由来已非一日，因为国民党头子是"流氓"出身的，一向做事是为目的而不择手段，如关胡汉民、李济深和居正之类，上行则下效，下面工作人员自然也就如法炮制，仿效惟恐不能"惟妙惟肖"也。[1]

"雷震案"在台湾各界引起了强烈反弹。"监察院委员"刘永济表示，"政府这种作法，乃是'亲者痛、仇者快'的事，其他则无话可说了"，刘永济系青年党中央委员，一向主张政府办事不可违反法律。雷震后来对此有所评价，"刘氏的言论和行动，都不失为一个在野党人士，确是负起监督政府的责任，与一些拉拉队的在野党人截然不相同的。""立法委员"费希平[2]也发表"雷震被捕事件"书面质询，全文刊发在台湾《公论报》上，费希平说："政府虽然再三声明雷案与政治问题无关，可是天下人皆不相信"。

9月6日，《公论报》发表民社党副秘书长杨毓滋的文章，认为"政府于此时逮捕《自由中国》半月刊发行人雷震，系政治问题，而不是法律问题"，其理由是："国民党发表'白皮书'的小册子（系

[1] 原载1988年5月18日台湾《自立晚报》，此时雷震已去世，由傅正先生整理发表。收录于《雷震全集》第3册，页28—34。
[2] 费希平（1916—2003），生于辽宁。毕业于北京大学政治经济学系。1936年加入国民党。赴台后，为"立法委员"。2003年2月21日在美国逝世。

陶希圣、曹圣芬、沈锜于四日晚上，记者招待会所发），指控雷震罪证的文章，大部分系在三年前发表的。这些文章，当时为什么不依据出版法惩办呢？又为什么在此时，即新党正式成立的前夕，加以逮捕？这不是政治问题是什么？"

中文《世界日报》之编者兼发行人李大明透过香港《星岛日报》致电蒋介石："阁下之部属所作不当之逮捕雷震，其愚昧已达于新的高潮。针对雷氏之虚捏的指控，此间视为无非一个借口，以除去他作为反对党之领袖，并毁灭他之《自由中国》杂志。此种赤裸裸的压制出版自由……阁下未予迅即干预，并使雷震恢复自由，将无疑是历史上记载为阁下事业重大错误之。"[1]

香港《新生晚报》以《台湾的"莫须有"党狱》为总题，指出此次台湾当局逮捕雷震是一次极端行动，雷震在人们心目中成为"英雄"，犹如当年"七君子"一般。此案完全与组建反对党有关，逮捕，不能解决问题，且为自己增添了政治上的负担，何况，逮捕的罪名又是如此牛头不对马嘴。雷震一介书生，手中无枪无兵，又凭什么力量来叛乱？至于说从否定政府到意图颠覆政府，这一说法，要看他用什么手段了。用正当方法夺取政权，犹如美国两党的争夺，又有什么不妥的？[2]

美国中国问题专家费正清教授10月27日致函《纽约时报》，题为《抗议台湾的行动》，他在信中说："台北这些高压的、警察国家的行动，有着许多最严重的含义，它们是对于大多数有现代头脑的中国人的一种冒犯，和对于友好的美国人民的一种侮辱，这已由普遍的美国新闻评论明白的显示出来，这是家门内的极权主义……它使我们丧失了对台湾支持之正当意识上的重要性，它

footnote[1] 原载1960年9月6日香港《星岛日报》，收录于《雷震全集》第3册，页86。
[2] 雷震著《雷震回忆录——〈我的母亲〉续篇》，页56—57。

对台湾期盼在自由世界一个地区中担任的角色，是一个挫折。我们广大的援助背后，竟没有政治自由的意念吗？我们冒了战争的危险保障台湾，只不过是为了支持一个宁愿使用不必要的警察国家方法，而不愿意健全的政治进步的独裁政体吗？"[1]

在美国个人发言最为激烈者，是《时代周刊》发行人亨利·鲁斯。他曾是蒋介石的好朋友，"雷震案"发生后，该刊连续发文抨击国民党当局"打击言论自由"的荒谬行径，亨利·鲁斯对台湾驻纽约"总领事"游建文说："我虽是'中华民国'的好朋友，但我是杂志的发行人、编辑人，我是一个报人，不能不替报人说话，不能不为言论自由来说话，这是报人的责任，否则我就失职了。'蒋总统'用军法来逮捕《自由中国》半月刊发行人雷震一事，就是打击言论自由，无视新闻自由，实在太不应该了，把自己号称为自由的中国毁掉了。"[2]

美国报刊对雷震被捕给予高度关切，《新共和周刊》、《华盛顿邮报》、《哈佛大学学报》等报刊连续发文，认为"独裁就是独裁"，"西方很少有人感到惊异"，"这件事无疑是压制那些期望有一个民主台湾的人们"，"在山姆大叔各式各样的密友之中，蒋介石'总统'从来也没有热心过人民自由一类的事情"，"雷震案在任何时候都是一件有失体面的事，但对于美国却特别恼人"。[3]

[1] 雷震著《雷震回忆录——〈我的母亲〉续篇》，页44—45。
[2] 参见马之骕著《雷震与蒋介石》，页398—399。胡适在1960年11月18日日记中也提及亨利·鲁斯说的这段话，当天与蒋介石会面时，还告诉了蒋。参见曹伯言整理《胡适日记全编》第8册，页723。
[3] 雷震著《雷震回忆录——〈我的母亲〉续篇》，页48。

## 三、雷夫人的呼吁

在雷震被捕后，作为无党籍资深"监察委员"，宋英开始了积极的营救活动。

根据"宪法"第八条"保障人身自由的规定"[1]和"提审法"第一条规定"人民被法院以外之任何机关非法逮捕拘禁时，其本人或他人得向逮捕拘禁地之地方法院或其所隶属之高等法院声请提审"[2]，宋英不愿看到雷震受到军事法庭的审判，9月4日，向台北地方法院递交了一份要求由司法机关来提审雷震的状纸，并称之所以这样做，"是对国法充满了信心"；台北地方法院随即予以驳回，宋英表示不服。9月8日，又转向台湾最高法院提出刑事抗告，请求"撤销原裁定，立即提审雷震，并向该台湾警备总司令部追

---

[1] "人民身体之自由应予保障，除现行犯之逮捕由法律另定外，非经司法或警察机关依法定程序，不得逮捕拘禁。非经法院依法定程序，不得审问处罚。非依法定程序之逮捕、拘禁、审问、处罚，得拒绝之。"参见林纪东：《中华民国宪法逐条释义》（一），台北三民书局1998年版，页119。

[2] 1948年4月26日《国民政府公报》（3117），页1—2。1948年6月22日，"司法院"对此作出4034号解释，"人民被法院以外之机关依法逮捕拘禁者，自不得声请提审"，参见《司法院解释汇编》第五册，台北"司法院"解释委员会，1973年版，页3437。因此，提审法与"司法院"的解释，在"非法"与"依法"这一问题上产生很大歧义，有违宪之嫌。直至1995年12月22日，台湾"司法院大法官会议"作出释字第392号解释，认为"'宪法'第八条第二项仅规定：'人民因犯罪嫌疑被逮捕拘禁时，其逮捕拘禁机关应将逮捕拘禁原因，以书面告知本人及本人指定之亲友，并至迟于二十四小时内移送该管法院审问。本人或他人亦得声请该管法院，于二十四小时内向逮捕之机关提审。'并未以'非法逮捕拘禁'为声请提审之前提要件，乃提审法第一条规定：'人民被法院以外之任何机关非法逮捕拘禁时，其本人或他人得向逮捕拘禁地之地方法院或其所隶属之高等法院声请提审。'以'非法逮捕拘禁'为声请提审之条件，与'宪法'前开之规定有所违背。上开刑事诉讼法及提审法有违'宪法'规定意旨之部分，均应自本解释公布之日起，至迟于届满二年时失其效力；本院院解字第4034号解释，应予变更"。参见1996年2月台湾《司法院公报》，页5。

究非法逮捕拘禁雷震，妨碍司法独立之责任"[1]。

这一天下午 5 时，宋英在台北和平路二段十八巷一号《自由中国》社举行中外记者招待会，通报雷先生被捕后的具体情况。在会上，雷夫人出示了雷震在看守所里给她的第一封信，披露雷震在被捕后曾绝食三天以抗议对自己的政治构陷，宋英表示"这太可怕了"。宋英还说，7 日上午曾与胡适通了三分钟的越洋电话，胡博士连说"知道了，知道了"，并嘱其要保重身体，"胡先生叫我不要激动，但听他的声音，似乎也激动"。

9 月 10 日，宋英再次举行记者会（这一次仅台湾本地媒体），她指出："雷震被捕之初，警备总部发言人王超凡说，雷震涉嫌叛乱罪的主要内容，系《自由中国》杂志的言论越轨，但隔了一二天，突然又宣布雷震涉嫌匪谍案，使人弄不清这是怎么一回事。"又说："尽管警备总部说雷震涉嫌匪谍案，我相信有公道心和有正义感的人，是不会相信的。"[2]

9 月 13 日，宋英在《自由中国》社内又一次举行中外记者招待会，以《营救我的丈夫雷震》为题发表书面讲话：

> 近十几年来治安当局所谓的"匪谍"究竟是什么，他们并没有明白宣示出来。不过从他们给予一般人的印象而论，所谓"匪谍"，构成的条件是很宽泛模糊的。有时一个人只要与那边沾上一点点关系，或者哪怕是许许多多年前的旧账，也要翻过来算，扣上一顶"匪谍"帽子……我们要订立什么是"匪谍"的标准，并不怕严格，愈严格愈能防匪的作用，但怕失之太宽泛模糊。太宽泛模糊就难免牵扯太多，人

---

[1] 参见 1960 年 9 月 9 日台北《联合报》。
[2] 原载 1960 年 9 月 11 日台湾《公论报》，收录于《雷震全集》第 3 册，页 110。

人自危，造成恐怖，以致窒息社会的生机……现在关于雷案，海内外议论纷纷，认为是一件显然的"政治诬陷"。在秘密刑讯之下迅速构成的所谓"供认"和"自白书"实不足以昭信……如果有人造谣，说孔子做小偷，这是不会有人相信的。关于雷震是否"掩护匪谍，知情不报"的问题，完全可作如是观。今日在台湾做"掩护匪谍"的勾当，其利害如何，连小孩子都看得清楚，何况以雷震的经验和阅历？他三十多年的经历足以解答这类问题，用不着我来多说了……每一个真正的读书人，对于一件足以震撼国家社会的大事，应该本着良心和理性，发挥应有的正义感，让事件早日得以澄清，并且对于后一代留下一点示范的作用。这是我以万分沉痛的心情，恳切向政府社会文化学术界所作的呼吁。[1]

宋英在接受《公论报》记者专访时说，9月4日雷震被捕后，自己"吃午饭时，面对着几碟青菜，还有那空着的位子，欲哭无泪。雷震是个忠诚爱国的人，对朋友很热心坦白，做人处事绝不敷衍苟且，做错了事也勇于认过。我与他在民国十五年相识，彼此甚为相契，后来我到日本（1929年宋英赴日本留学，主修政治与经济，后因九一八事件而提前返国），他也随之而来，民国二十一年我们在北平结婚，结褵卅载，从未为任何问题争论过，只是时常劝他应当适应环境，别心里想什么就说出来，写出来，国家是大家的，凭一个人的力量也救不了。他听了我的这番话后，每每笑一笑说：如是大家都怕事，都抱着明哲保身的观念，国家怎能强盛？他的个性很刚强，我知道一时是劝不醒他的这个以'救国救世为己任'的梦！"

---

[1]　参见《雷震全集》第3册，页113—116。

《公论报》记者在这篇专访中，以极其舒缓而含蓄的笔墨描述了宋英在与当局抗争中的另一番心境，读来让人为之动容：

> 雷夫人站在窗前，望着庭院小径，绿草蓬松，花枝疏漫，回首低说："我很喜欢种花植草，得一份与世无争宁静生活，荣华富贵我毫不需要，然而这一点小小的意愿得不到。"她望着留有雷先生片片履痕的石径，默默轻吟：庭前迟行踪，一夜生绿苔，苔深扫不尽，落叶秋风早。壁间一对红寿联，也为女主人的愁容感染得暗淡无光，那苍劲的字迹描绘了一位孤臣孽子的心影："天性是钟以安国家为悦，众心所共祝公寿考无量"……"目前我只有循着法律的途径，希望这个案件能交由司法审判。如果他能以无罪开释，我将坚决地劝他再也不要参加政治了，彼此都已近鸡皮鹤发之年，何不终老林泉，幽闲余生。山间的明月清风，岂不比世上的是非宠辱更值得追寻？"[1]

七天之后，台湾最高法院仍作出裁定，"抗告驳回"并"不得再抗告"，其主要理由：依戒严法第八条规定，犯内乱外患罪，军事机关已得自行审判……惩治叛乱条例又为刑法上内乱外患罪之特别法，该条例第十条复订明在戒严区域犯叛乱罪者，不论身份概由军事机关审判之。[2]宋英在《我的抗议与呼吁——法院拒绝提审我的丈夫雷震后》一文中，字字沉痛，句句悲愤，写出了一位"以尽妻责"的坚强女性内心的泣血悸动：

[1] 原载 1960 年 9 月 12 日台湾《公论报》，收录于《雷震全集》第 3 册，页 117—121。
[2] 参见 1960 年 9 月 18 日台北《联合报》。

　　台湾地方法院接受我的状纸，在二十四小时内，没有提审雷先生，却把我的声请驳回了。我不服地院裁定，提起抗告，台湾高等法院过了七天，给我的答复又是驳回。这不是出于一般人意料之外的结果。但是我关怀宪政法治的前途，更关怀丈夫的安全……丈夫的自由失去了，本身的信念破碎了。我此时的心情，朋友们当可了解，是无法形容的凌乱，雷先生既然命中注定了要受军事审判，我面对现实，不得不退而求其次，企求能在军事法庭里获得公平。我恐惧，我深怕这样的企求仍旧是痴心妄想……"宪法"规定，人民因犯罪嫌疑被逮捕拘禁时，本人或他人声请法院于二十四小时内提审，法院不得拒绝，而法院却拒绝了我的声请。"宪法"规定，人民，除现役军人外，不受军事审判，而法院却听任军事机关侦审雷先生。"宪法"条文既没有受到司法机关的维护，军事审判法纵有"军事法庭独立行使审判权，不受任何干涉"的规定，谁能保证其非等于具文……宣传逮捕雷先生与反对党运动没有关系，已难自圆其说，若谓《自由中国》半月刊没有关系，更是不合常理。指控他的叛乱罪嫌不过基于几篇文章，而这些文章无一篇不是登在《自由中国》半月刊的，官方的表示将雷案与《自由中国》半月刊及反对党运动分开了，我宁愿相信官方的宣传，因为这样才能使我假想我的丈夫的案情不至于过于严重。可是，离开了小小的《自由中国》杂志社，再离开了万众企望的反对党，我的丈夫只是一个匹夫罢了。对付一个匹夫，竟集中党政军的力量，大事渲染，一致攻击，这又不能不使我惶恐无似了……我要再呼吁：军事审判也应独立。只要军法官不受干涉，全凭证据，认定事实，那我相信我的丈夫雷震先生是不会有罪的。[1]

定居美国新泽西州的雷震之女雷德全得知父亲被捕消息，不敢相信，立即打电话到《纽约时报》求证此事。"自从我和定康结婚以后，习惯天天阅读《纽约时报》，那时全世界的大小新闻，《纽约时报》的报导最为详细。我去电求证以后，果然《纽约时报》证实了这个消息，父亲雷震的确被捕了。"

9月5日，雷震被捕第二天，有联邦议员来联络雷德全同去华盛顿国务院会议，雷德全与丈夫于当天下午乘火车抵达华盛顿，次日上午见到美国国务院远东部门主管史蒂芬先生，史蒂芬询问雷德全对此事的看法，雷德全对他说："这完全是政治迫害，因父亲在台湾鼓吹民主，要筹组反对党——中国民主党预备在那年十二月地方选举时，与国民党竞争，至于报纸上所说'为匪宣传，包庇匪谍'等罪名，是欲加之罪，何患无辞。尤其是所谓为匪宣传，都是根据1957年登在《自由中国》的文章，如果父亲真有叛乱意图或颠覆政府，为什么那时不抓他，而要等他在要组党前夕？"

史蒂芬及美国国务院主管亚洲事务官员当场表示，"美国还是支持台湾的，但同意私底下去抗议"。华府人士相信雷震被捕与反对党有关，美联社9月7日电指出：虽则国民党发表各项声明，谓雷震此次被捕，与成立一个反对党"中国民主党"一事并无关系，但此间若干消息灵通人士，均认为该新党至少系促成对该发行人采取行动之一项因素。该方面人士并谓，此点之一切发展，并视乎检察方面是否能在雷氏之审讯中提出一项明确之叛乱

---

[1]　参见《雷震全集》第12册，页250—257。

案件而定。[1]

为营救父亲，9月11日，雷德全致函《纽约时报》，认为自己的父亲是清白无辜的，很多年来，他一直为自由及人权在奋斗，筹组新党，目的在于维护反对与不同意见的权利，并不在于颠覆台湾当局政府，她在信中大声呼吁"所有美国人民、自由世界及所有关心民主与自由人士及早采取行动，以免为时过晚，因为类似这种的暴政与残暴会酿成韩国、古巴……的悲剧"。国民党《中央日报》却指责雷德全"在美国告洋状"，另一份省党部报纸《中华日报》也说"雷震之女为救爸爸而不要祖国"，香港《星岛日报》为此感到不平，立即撰文予以反驳说"第一个告洋状的是孙文，有《伦敦蒙难记》为证"[2]。

宋英在台北知悉女儿在美国为营救父亲不断与美国政要和议员进行接触，生怕引起台湾当局过激反应，即去信给雷德全，要她停止在美国的所有活动，并对她说"爸爸这次被捕原因，绝不是为言论，固然当局恨你爸爸到极点，但也无法下手。这次迫不及待的真的行动起来，还是因为新党马上要成立了，当局非常怕这个新党成立，所以不择手段下此不智的行动"[3]。雷德全说，"母亲说这一切都是预先安排好的，不可能再有什么改变了，而且父亲还在他们手中，如果我动作过多，这批小人们会恼羞成怒更迫害父亲，母亲要我忍耐一段时间，等胡伯伯（即胡适）回台后，看看会有什么转机"。

雷德全并不同意母亲的这一想法，她认为父亲心胸宽大，想

---

[1] 【华盛顿七日美联社电】《美认为雷震被捕系"爆炸性"事件——华府人士相信与反对党有关》，参见《雷震全集》第28册，页226。

[2] 参见雷震著《雷震回忆录——〈我的母亲〉续篇》，页156—157。

[3] 1960年9月17日宋英致雷德全函，收录于"中央研究院"近史所藏，雷傅信函档，H.05 筹组新党与雷案发生后之营救信函。

法也比较天真，不论遇上什么事情，总要替胡伯伯来解释，"胡伯伯除了在研究学问上他有一定的地位，但是胆小如鼠，近乎自私，只想到自己的官禄，就是没有胆量为自己的信仰奋斗，当年创办《自由中国》杂志，他是发起人，现在出了问题，他却畏缩不前，袖手旁观，让父亲一个人去背十字架，正义感不知道到哪里去了"[1]。作为雷震的女儿，这种心情完全可以理解，但毕竟年轻，缺少政治上的经验，摸不清楚胡适在雷震一案中的心思和对策，却一味相信黑白分明的"抗争"，未能懂得顾全大局的"忍让"。在这个问题上，宋英作为"监察院"资深委员，她不是国民党员，却深谙这个体制的黑幕，尽管内心充满了悲观和失望，但在处理每一个细节时，无疑要老练和周全得多。宋英一直相信胡适不会坐视不问，一定会有自己的考虑和方式。

　　雷德全稍有平静之后，总算接受母亲的意见，停止了在美国营救父亲的所有活动。宋英为"雷震案"四处奔波竭尽了全力，一直坚信"公道自在人心"，赢得了当时台湾岛内民众的敬重。雷震身陷牢狱十年之久，宋英独自一人挑起所有的重担，雷德全回忆说："一个生病的儿子，一个坐牢的丈夫，两个家庭的日常生活（雷震有一如夫人），她尝尽了人世间的辛酸，凭她孤军奋战，其艰难困苦是可以想像的。后来她的生活重担实在挑不下去了，只得来信问我们能否助她一臂之力，于是，我开始每月寄一百美金给母亲，每三个月由定康（雷德全丈夫）去银行购买汇票，用挂号信邮寄台湾，以解母亲燃眉之急，逢年过节则多加一百美金，一直寄到父亲出狱为止。"

---

[1] 以上均参见雷德全著《我的母亲——宋英》，台北桂冠图书股份有限公司1996年11月初版，页174—177。

《自由中国》社社长（雷）、发行部经理（马）、编辑（傅）被抓，社内的稿件、账册等文件被搜走，对社内员工冲击甚大，刊物无法继续运作下去，《自由中国》暂时停刊。事实上，没有了雷震，《自由中国》的生存立马出现了问题，"如出钱者台湾银行瞿荆洲不再支持"，其他人又无法承担雷震的筹款重任，再加上此时紧张气氛，诸多因素使得《自由中国》终于无法复刊。一度传出《自由中国》社编委们拟请胡适再次出任发行人主持复刊，10月22日，胡适则对记者表示：他从未接过相关信函，也无人和他谈过此事。[1] "因此，经济因素、内部意见不一、发行人问题、政府的压力，造成社方在丧失领导者、筹款者、编辑之后，无力应付接踵而至的问题，以停刊告终。"[2] 宋英在处理完杂志社善后事宜后，给雷德全写了一信，这样说：

> 我们曾有意继续出刊，同时也想去变更登记，夏道平先生亦愿出任发行人，不料政府机关已将此事断然处置，不准再行发刊了。政府唯恐罪名太重，要我们自行去公事，声明不再续办……我们未理他，让他下令停刊好了，但迄今亦未下令，也许又是怕引起麻烦，所以还未执行，我当然可以做发行人，不过在今日的环境中，还是保留我的身份（"监察委员"）比较妥当些。因为我原有的身份，任何职务都不可以做，这是"宪法"上规定的，政府既不许再办，我又何必自投罗网？[3]

---

[1]　胡颂平编著《胡适之先生年谱长编初稿》，页3343。

[2]　任育德著《雷震与台湾民主宪政的发展》，页278。

[3]　宋英1960年12月8日致雷德全信函，"中研院"近史所藏，雷傅信函档，H. 05筹组新党与雷案发生后之营救信函。

1960 年 12 月 22 日，台湾《公论报》、《时与潮》周刊同时刊登了一份《自由中国》社的启事，这是《自由中国》半月刊十年来最后的文字记录："本刊发行人雷震、编辑傅正、经理马之骕三位先生被捕，同时本刊所有一切有关社务进行的文件，包括文稿账册及各种凭证，亦被警备总部查扣，迄未发还，本刊遭遇此种'不可抗力'，以致无法出刊。兹特奉告长期订阅的读者，请于本月二十日至本月三十日期内，凭定单收据惠临本社退还余款……"当局对《自由中国》采取了一种迫使自行停刊的卑劣手段，宋英等人莫可奈何。

2001 年 1 月 4 日，宋英在美国加州去世，享年九十九岁。根据其"遗嘱"，安葬于南港雷震生前自购的"自由墓园"，与先生"生同寝，死同穴"。马之骕闻讯后，撰文以志纪念，标题为《〈自由中国〉社的老板娘走了》。宋英生前对"雷震案"一直耿耿于怀，至 2000 年仍上书台湾当局，希望对"雷震案"重新展开调查。2002 年 9 月 4 日，"雷震案"终获平反，宋英却先一步逝世，台湾媒体特略述其生平事迹，以为追思：

> 宋英女士于 1902 年生于安徽舒城，家中排行最幼，13 岁进培媛女子教会学校就读，始读书识字。宋英女士进校求学时，虽年长同学多岁，但目不识丁，惟其生性好强，发奋苦读，不仅成绩突飞猛进，更于三年后考取安徽省立第一女子师范学校预科，时为 1917 年。自本科第三年起，宋英女士学科成绩皆名列第一，1923 年毕业时，并获颁"品学兼优，智勤冠群"嘉勉。
>
> 　1924 年春，宋英女士赴上海，考取南方大学，隔年转入中国公学，因要求解除指腹婚约，其父母以断绝经济迫其

就范，宋英女士不从，爰中途辍学，至南京谋职，自力更生。

1926 年春，宋英女士经友人介绍结识雷震先生，同年秋，因于税务局任职稍有积蓄，宋英女士申请复学，并于 1928 年毕业。1929 年，宋英女士进东京帝大研究所主修政治与经济，至九一八事变，乃束装返国。

宋英女士与雷震先生于 1932 年结婚，时雷震先生已任考试院秘书一职。婚后，雷震先生担任政府要职，宋英女士除长期总理家务，并于 1947 年参选第一届监察委员而获当选。

雷震先生来台后，有感于政权专制，乃创办自由中国杂志，并积极筹设新党（中国民主党）事宜。1960 年，雷震先生因组党触怒执政当局而遭罗织罪名逮捕，入狱十年，宋英女士一肩挑起重担，孤军奋斗，备尝艰辛，但始终未曾屈服。宋英女士于 2000 年曾上书当局对雷震狱中四百万字回忆录去向予以调查，其对雷震先生生前所遭冤屈念念不忘，闻者莫不动容。识者皆称宋英女士意志坚强而谦恭温和；在旧时代有对抗庸俗礼教之勇气，在新时代又有恪守传统之美德及宽宏大量之风范。缅怀懿德，特为文悼念。[1]

## 四、胡适在美谈"雷震案"

1960 年 7 月 9 日，胡适赴美出席"中美学术合作会议"。在离开台北前，他曾对媒体表示，此次会议结束后，将回纽约料理一些私事（欲将自己的一个小型图书馆搬回台北），预定在 9 月返回台北。9 月 4 日，"雷震案"的突然爆发，胡适作为《自由中国》半月刊创始人之一，且担任三年之久的发行人之职，近几年来一

---

[1] 2001 年 1 月 10 日台湾《中国时报》电子版。

直在鼓吹组建一个合法的反对党，此间一般关注此案的台湾知识分子，很想知道胡适对此案的真实态度。

案发当天早晨，胡适就在"大使馆看见沈外长的长电报了"，"沈外长"，即沈昌焕。沈昌焕在电报中称："此事曾经过长期慎重考虑，政府深知在今日国际形势下此事必发生于我不利之反响，但事非得已，不能不如此办。"胡适见了这封电报后，称"不敢不说话，还打了两个电报……后来还写了一封长信给陈雪屏"。电报是回复陈诚的：

> 陈兼院长辞修兄：
>
> 　　今晨此间新闻广播雷震等被逮捕之消息，且明说雷是主持反对党运动的人。鄙意政府此举甚不明智。其不良影响可预言者：一则国内外舆论必认为雷等被捕，表示政府畏惧并摧残反对党运动；二则此次雷等四人被捕，自由中国杂志当然停刊，政府必将蒙受摧残言论自由之恶名；三则在西方人士心目中，批评政府与谋成立反对党皆与叛乱罪名绝对无关，雷儆寰"爱国反共"适所深知，一旦加以叛乱罪名恐将腾笑世界，今日唯一挽救方式，似只有尊电所谓"遵循法律途径"一语，一切侦审与审判皆予公开，乞公重意。弟胡适。[1]

胡适又在给陈雪屏的信中，针对"沈外长"所谓政府"深知"此案不良反响之说，坦言道："政府决不会'深知'。'总统'没有出过国，'副总统'也没有出过国，警备司令部发言人也没有出过国，他们不会'深知'此案会发生的反响。所以我不能不做这笨事：

---

[1]　转引自周谷编著《胡适、叶公超使美外交文件手稿》，台北联经出版公司 2001 年版，页 262。

向政府陈说。"[1]

9月7日，胡适在接受美联社记者电话采访时表示"雷震是一个爱国的人"，雷先生涉嫌叛乱被捕一事"极不寻常"，"完全出乎意料之外"。胡适十分希望"雷震案"交由普通法院来审理，而不是由军事法庭来独办。此间，台湾某些报刊已公开发表若干攻击胡适的言论与文章，有人认为一个"围剿胡适"的运动正在悄然开始。更有人传言，胡适已决定不返回台北，将在美国观察一个时期，看当局究竟如何处理"雷震案"，如果雷震获释，他即返回台北，否则，将留在美国不再回去。正当各种传闻甚嚣尘上时，一位自台湾赴美、与胡适早已熟识的记者特意赶到纽约去看望胡适，她就是《公论报》几年前派往美国深造的记者李曼诺小姐。

9月21日下午5时许，胡适在纽约的公寓抱病接受了李小姐的专访，李曼诺发现胡适与在台北时相比清瘦多了，她想，"胡先生的消瘦不是没有原因的吧"。李曼诺这次采访很成功，写下《胡适博士谈雷案》一稿于9月24日付邮寄回台北，10月15日在《公论报》上刊出，李曼诺是"雷震案"发生后采访胡适的第一位台湾记者。

胡适对李曼诺说，"政府对雷案的处置，就像我对'美联社'记者所说的那样，如能交由司法机关慎重处理是最公平的"。在创办《自由中国》半月刊这一点上，"雷先生为争取言论自由而付出的牺牲精神，实在可佩可嘉。对得住自己、朋友，也对得住国家。……为了维持《自由中国》半月刊的精神，他不仅呕尽心血，还曾不惜当卖过私人的财物，目的不过是要争得言论自由"。针对有人认为《自由中国》言论过激这一问题，胡适表示"言论

---

[1] 以上均参见曹伯言整理《胡适日记全编》第 8 册，页 723。

过激与否，各人的观点是不同的。举一件最明显的例子来说，美国的《圣路易报》的社论对雷先生的案件有一段批评中，提到这么两句话：'美国总统竞选中，两党人互相批评的言词，不知要较雷震所主办的《自由中国》激烈多少倍。然而事情发生在台湾情形就不同的多。'"

胡适说着起身取来一份《圣路易报》，将原文给李曼诺看，说："事实上，我个人也没有觉得，它有什么激烈的地方。雷先生确实尽了最大的努力去做……他并没有做错什么。"当问及胡适的归期时，胡适表示自己一定是要回去的，只因原来为自己治病的老牙医去世，现已另换一位牙医，要等第一次诊断有了明确结果之后，才能决定最后启程的日子。说到这里，胡适又对李曼诺小姐解释："有时候两件事情本来毫无关系，也许凑巧碰在一起，别人就会硬用自己的想象力去使这两件毫无关系的事发生关系，譬如我出国、回国与雷案本来就不相干的，现在却像有了连带关系……"

李曼诺与胡适谈到关于组建反对党一事，胡适没有回避，而是坦然道："在这个翻天覆地的时候，我觉得要组织在野党（胡适始终认为不宜称反对党为好）需要更加慎重将事，尤其是许多人赞成我来组织这个党，我是没有这份兴趣的。我要弄政治，可能等到七十岁也许会试试。目前我的精力还希望把自己的中国思想史及中国文学史好好完成就够了"。

辞别胡适，李曼诺坐在出租车上思忖刚才胡适对她说的那些话，面对秋阳西下纽约灿烂多姿的黄昏，她好像想到了些什么，不禁发出内心的感慨，她这样写道："……与当年第一次自美国回台湾的胡先生两相比较一下，显然有很多改变，我追寻不出使他'改变'的真正原因，难道正是在'翻天覆地'的时局下一个老年人自然发展现象吗？”[1]

应当说，在反对党这个问题上，胡适是支持雷震等人的。雷震出狱后有过一段重要回忆：

　　胡适先生于一九五八年就任"中央研究院"院长，我经常至南港他那里坐坐，有时去是为了听他演讲，有时为了《自由中国》社的事情。如无他人在座时，他经常称赞凯末尔的了不得，土耳其因此民主而又繁荣了，今天则是站在西方民主国家的行列。因此，我就劝他出来组党，和当年他与蒋廷黻组织中国自由党一样，他只做党魁，实际工作由我负责，我担任秘书长名义。胡适说，他今日担任了"中央研究院"院长，这是一个学术机关，同时又出来搞政治，实不相宜。他却极力劝我们出来组织，他可在旁边赞助。
　　于是谈过好多次，他的学生——青年党领袖时任"立法委员"的夏涛声有好几次也在场。最后，他说可做我们的党员，召开成立大会和党员大会时，他一定出席演讲捧场，要我们出来组织。我们说："恐怕党未组成，而人已坐牢了。"胡适先生答着说："国民党已把大陆丢掉了，今日总该有点进步吧！"我们齐声答复说："今日地盘小了，可能握得更紧吧！"……关于新党名称，我们仍主张用"中国自由党"，胡适说那个倒霉的名字不必再用，我们今日组党是为改善选举，是争民主，就叫"中国民主党"好了。
　　尽管胡适先生这样勉励，我还是不敢出来组党，因为主办这几年《自由中国》半月刊，为了印刷所之事，使我苦头

[1]　参见《雷震全集》第 3 册，页 208—210。

吃足了……有一天，我和夏涛声去南港"中央研究院"与胡适先生专谈筹组反对党问题，胡适先生劝我们不要徘徊瞻顾，须拿出勇气来，并留我们吃晚饭。他说因心脏病已经戒酒了，今日预祝新党之成功，特在吃饭时拿出白兰地来，敬了我们两人各一杯，他自己也陪了半杯。[1]

以雷震上述回忆，李曼诺小姐当年寻思不出胡适有所"改变"的真正原因，就可得到一些比较合理的解释。用雷震的话说，"胡适先生希望组织新党之切"的心情是真实的，只是他本人不愿抛头露面而已。

## 五、张君劢、左舜生等人的抗议

民社党主席张君劢及左舜生、李璜等人，都是雷震任国民参政会副秘书长、政协秘书长时的老朋友，这些人先后在中国政坛的不同时期有过较大的政治影响力，尽管他们此时不在台湾，对于老友雷震的被捕仍给予高度关切。张君劢是"中华民国宪法"的主要起草人，左舜生曾以在野党身份出任国民政府农林部长一职。上世纪50年代，左舜生在香港就对青年党常委夏涛声说过："青、民两党已被国民党渗透分化而整垮了，不能发挥在野党的作用，我希望你们赶快组成一个新党，我将来一定参加。民主政治如无一个强有力的在野党，政治上一定在腐化。"[2]

9月4日，雷震被捕后，张君劢即从美国旧金山致电蒋介石，

[1] 《雷震全集》第12册，页349—350。
[2] 参见《雷震全集》第28册，页242。

抗议台湾当局这一违法行径。9 月 19 日，张君劢再次致电蒋介石，要求迅速释放雷震。正如前文所说，电文抄本发表在 9 月 25 日的台湾《公论报》上，迫于形势之压，未能全文刊登，只发表了部分内容：

> 　　十天之前，我曾致电阁下，抗议雷震被捕之不当。我如此做，是希望由于他之迅即获释，而能平息美国方面对于一个受人尊敬之发行人被指控虚构之罪嫌，而引起之愤慨。雷震之释放已拖延甚久，目前我经考虑过之意见以为（电文不明）始能恢复政府已经低落之声誉……无论阁下之部属如何作相反报告，但美国舆论界认为雷震之被捕是一种不顾后果的举动，如《纽约时报》及《时代杂志》之社论所反映者。假使对雷震之指控具有任何正确性（或合法性），则不会隐忍了三年，而在他宣布要组织一反对党以备向国民党之一党统治挑战之后才予公布。阁下似乎忽视世界各地对于雷震案的不平所作的抗议，关于此事阁下至少是始终赞同的。（电文不明）在处理国家军事、财政、外交事务方面，阁下已铸成几乎难以令人置信之错误，而不屑接受有关国家或民众福利任何建设性的建议。……[1]

　　张君劢的态度较之胡适更为坚决，他呼吁台湾当局"迅速释放雷震"，不仅仅是将"雷震案"移交地方法院受理。在这位"宪法"专家看来，雷震根本就是无罪的，何有移交之说？ 9 月 9 日，左舜生、李璜、黄宇人等人以雷震老友的身份，在香港格兰酒店召开记者招待会。左舜生在会上说："有一部神圣的'宪法'，关

---

[1]　原载 1960 年 9 月 25 日台湾《公论报》，收录于《雷震全集》第 3 册，页 212。

于人民的一切基本自由，以及人权保障，均有详细的规定，现在公然有这一种极端严重的不法事实出现，这是我们所绝对不能容许的。我们要使所有人完全明了这一事件构成的真相，同时，我们也要使一切关心中国问题的国际友人，对这一事件的发展，能有完全正确的认识；必要时，我们准备向国际有关人权保障与新闻自由的机构提出我们的控诉。"[1]

同一天出版的《联合评论》刊出左舜生的文章，要求台湾当局立即释放雷震："这件事在这个时候发生，凡明了台湾近来政治内幕的人士，都知道这是国民党当局一个预定的阴谋，其目的不仅在使《自由中国》不能继续出版，同时也在使筹组中的'中国民主党'无法成立。远在旧金山《世界日报》发行人李大明先生，只看他昨日（五日）打给蒋先生请释放雷震的一个电报，已可以证实人同此心，心同此理。这不一定是雷震等个人的不幸，实在是'中华民国'民主宪政前途，以及人民一切基本自由与人权保障一种空前的威胁！我听说雷震早已立下遗嘱，在台北那样一种恶劣的环境，他原已抱定以身殉民主自由的一种悲壮心理！'明知山有虎，偏向虎山行'，他这种大无畏精神，真足以使贪夫廉，懦夫有立志。这一'民国'政治史上空前的重大事件，将继续发展，其给予海内外一般人心刺激的深刻，以及可能发生的恶果，目前尚难预测……目前第一希望于国民党开明分子，尤甚蒋先生本人者，即看在无数先烈建国之艰难，为'中华民国'四字稍留余地！绝对不可鲁莽灭裂，操切从事，铸成一无可补救的大错！"[2]

10月5日，左舜生、李璜、李达生、许冠三、黄宇人、劳思光、

---

[1] 原载 1960 年 9 月 10 日香港《星岛日报》，收录于《雷震全集》第 28 册，页 240。

[2] 左舜生《主张立即释放雷震》，原载 1960 年 9 月 9 日香港《联合评论》，收录于陈正茂主编《左舜生先生晚期言论集》（下），页 1466—1467。

陈芝楚、许子由等十五人联名致函联合国人权委员会，呼吁该委员会出面干预和援助雷震等四人：

> ……"中华民国"政府当局此等迫害言论出版自由及蹂躏人权的不法行为，实为对联合国人权宣言第三、第九、第十一及第十九各条款的公然蔑视，倘不及时予以制止，则人权宣言必将失去存在的意义。在此案发生以来，世界各国舆论均表重视，台北"中华民国立法委员"亦力持正义，或联合发表书面，指陈以军法制裁报刊言论，将使今后台湾的言论、出版、讲学及新闻自由遭受严重的损害；或在院会提出质询，指责以军法审判人民实为侵害自由与违背"宪法"。但"中华民国"政府当局仍一意孤行，不但迄未恢复雷震等四人自由，亦拒绝将本案移送法院作公平的处理。反而给雷震加上共谋的罪名，坚持由军法机关审判，我们鉴于情势迫切，特向贵会作紧急的呼吁。[1]

联合国人权保障委员会派员来台调查此案，实际上，毫无结果（雷震语）。左舜生等人对此案前景不感到乐观，凭藉他们与蒋介石打过数十年交道的经验，深知此次老蒋绝不会轻易罢手。当有记者问左舜生，在海内外舆论的压力之下，雷震会不会被释放时，左舜生坦言"恐怕不容易"，但又说，若舆论继续坚持下去，或许能产生一定的效力。记者又问当局会不会枪毙雷震，左舜生对这个问题不愿深想，只表示：雷震无罪，政府不致判处雷震以死刑，

---

[1] 《香港文化界人士向联合国呼吁给予雷震等四人及时援助》，原载 1960 年 10 月 24 日《时与潮》周刊香港通讯。

因这样的行动或将引起严重的后果。[1] 李璜后来透露：雷震先生被案所累时，他本人与张君劢、左舜生等人致电"总统府"秘书长张群转呈蒋介石，请其"能长远着眼，审慎处理"，不料，蒋介石却说，"三位是老朋友，若造反另当别论，但雷做我的官，就是我的部下，怎可造反？"[2]

左舜生批评蒋介石"不失为东方一个硕果仅存的标准独裁者，同时也通明透亮表示了他对民主丝毫不能理解，丝毫不感兴趣，不惜以走极端的态度，甘冒天下之大不韪，同国内外一切主持公道与正直人士挑战"[3]。由他在香港主持的《联合评论》出版"援雷专号"，其中数十篇文章，对台湾当局大加挞伐，指出当局滥用"戒严法"，打压人民言论、出版、结社等自由，应无条件立即释放雷震，否则将不断向联合国提出控诉。总之，在"援雷"议题上，"该报刊言论之犀利，炮火之猛烈，在当时海内外刊物中，可谓一时无双"[4]。

## 六、三位编委的"共同声明"

当时，人们并不知道"雷震案"直接受到最高当局的干预，还是自发地组织起了一个"1960年雷震案后援会"。《自由中国》半月刊两支主笔殷海光、夏道平以及编辑宋文明，他们在报上看到有关当局散发的所谓"白皮书"之后，深感此案纯系"政治构

---

[1] 《左舜生再谈雷案，不信与新党无关》，原载1960年9月10日香港《晨报》，收录于《雷震全集》第28册，页241。

[2] 李璜《雷儆寰先生逝世十周年纪念感言》，收录于《雷震全集》第1册，页114。

[3] 左舜生《雷震与团结》，原载香港1960年12月2日《联合评论》第119期。

[4] 陈正茂编著《五〇年代香港第三势力运动史蒐秘》，台湾秀威出版有限公司2011年5月初版，页10。

陷"，为了减轻雷震的"罪名"，9月27日，三人联名发表了一份轰动一时的《〈自由中国〉言论撰稿人共同声明》。

青年党籍《民主潮》半月刊社长朱文伯也于10月6日在《公论报》上发表《我曾"煽动本省人民背离政府"吗？》一文，朱文伯曾在《自由中国》半月刊上发表过《为中国地方自治研究会再说几句话》一文，被当局指为《自由中国》在"煽动本省人民背离政府"。台湾省议员、新党人士郭雨新在《自由中国》半月刊发表过一篇题为《民选省长此其时矣》的文章，也被当局指为《自由中国》在"挑拨本省人与大陆来台同胞的感情"，郭雨新于10月18日在《公论报》上发表《主张省长民选也犯禁吗？》一文，针对当局对雷震和《自由中国》的诬蔑和指控，作出强有力的反击。

殷海光三人发表的共同声明，有相当一部分人认为"中国读书人一向是重视'文责自负'的观念的，而在轰动如雷案的现况下，这几位写文章的人，敢于不避任何可能的困扰与不利，挺身出来为自己的文章辩护，同时，也表示愿意为雷震分担一部分文字叛乱的罪责，这适足以说明读书人对知识负责，对历史负责的道德勇气……如果再稍深刻一点观察，则几位耍笔杆的文人，在事实上已经使雷案初审判决责令雷震一人独负文责的基础，发生了问题。同时，他们的这几篇文章，也很有希望替雷震在复判时获得减刑铺下了某种程度的可能途径"[1]。

殷海光等人的"共同声明"紧扣"书生论政"和"言论自由"这一主题，虽不能改变当局对雷震的审判，却已然勾勒出在"雷震案"中一代知识分子铁肩担道义的铮铮风骨，让时人敬佩不已：

---

[1] 参见《雷震全集》第4册，页603。

举世惊震的雷震先生等人"涉嫌叛乱"疑案，终于四十九年（1960年）九月二十六日经台湾警备总司令部起诉了。这一起诉书有涉及《自由中国》半月刊言论的地方。那些地方在"基本精义"上，与紧接着雷震先生等人被捕后经官方散发但旋即收回的"白皮书"之"基本精义"，若合符节。这样看来，警备总部认为雷震先生"涉嫌叛乱"与《自由中国》半月刊的那些言论，有互为表里的关联。警备总部的这一表示，十分值得全自由世界关心言论自由的人士注意，更值得我们为那些言论而执笔的人注意。

我们都是读书人。我们没有从事实际政治活动的兴趣。被指控的那些文字，除了读者投书以外，大都是我们撰写的。我们写那些文字，只是书生论政。我们来到台湾，正和所有纯正知识分子一样，只有一个大的目标，那便是"反共救国"。在这一个大的目标之下，十几年来，我们奋笔直书。这一事实，谅为海内外读者所共知的。我们承认，我们立言的方针和若干观念，与十几年来官方千篇一律的颁制品有所不同。诚然，我们所见也许不尽与人相同，但是，我们立言，无一不是对自己的知识负责，对自己的良心负责，对读者负责。我们坚守着"是什么就说什么"的原则，我们认为我们这样做是对的……但是，我们读了警备总部的雷案起诉书，和一现即隐的"白皮书"，我们获知我们这些言论竟被认为是"违法言论"，因而是雷震"叛乱罪嫌"的一个构成层面。这真使我们惶惑万分！

雷震先生是《自由中国》半月刊的发行人，因而他对《自由中国》半月刊的言论负有法律的责任；可是，我们是撰稿人，对于我们自己写的文字，我们从来没有打算规避自己应负的言论责任。然而，不幸得很，我们细读警备总部起诉书中有关《自由中国》半月刊言论的部分，和那本一现即隐的"白皮书"，我们发现其中尽是断章取义，东拼西凑，张冠李戴，和改头换面之词。这一编织的结果，与我们的文章原义完全不符。我们认为这种举措，关系乎我们个人者尚小，关系乎言论自由者大，关系乎中国政治民主化前途者更大……[1]

这篇"共同声明"最初动议，是宋文明与夏道平等人在编委戴杜衡家中形成的，由殷海光执笔，夏道平修改。当时，编委戴杜衡答应参加签名，最终却没有签名。据宋文明回忆："当我们从他那里回到《自由中国》社不久，他就来电话说不参加了。他事后对这件事情，一直感到内疚，甚至在他弥留之际，仍为此深悔不已。我想他在当时，一定是听了他夫人的话，女人家怕事，遂铸成终生之憾。"[2]

实际上，此事与戴杜衡家人并无多大关系。早年戴氏在复旦大学就读，正值"联俄容共"时代，他加入过共产党，后来向国民党政府"自首"，赴台后又"自首"一次。戴杜衡当时也在为《台湾新生报》撰写社论，社长王民得知此事后，力阻戴杜衡在"声明"中签名，以免殃及池鱼。[3]胡虚一参加了这次讨论，他虽不是《自由中国》正式编辑，与雷震和《自由中国》社诸编委却过往甚密，深得大家的信任。他建议此"声明"最好由留在台北的所有《自由中国》社编委一起签名，"这样显得对雷震的声援力量更大一点"，殷海光、夏道平等人认为还是只由涉及被控文章的撰稿人签名为宜，殷海光说：请金承艺签名，他也许敢签，聂华苓写的文章是

[1] 转引自马之骕《雷震与蒋介石》，页404—406。
[2] 宋文明《雷公儆寰逝世十周年祭》一文，收录于《雷震全集》第1册，页82。
[3] 参见《雷震回忆录——〈我的母亲〉续篇》，页196—197。

文艺小说，要她来和我们共同负责被指控的政论文章，请她签名，怕她不敢！[1] 本来还想到请胡适也能签名，可是《违法言论摘要》小册子里没有胡适的文章，且胡适人尚在美国，"即请他签名，时间也来不及了"，因此，最后在这份"声明"上签名的便只有殷、夏、宋三人。

"雷震案"发生后，殷海光内心十分痛楚。他的名字本来也在黑名单上，警总动手抓人前一刻，才把他的名字取消。[2] 在这一段时间里，殷海光情绪十分低落，与之前的他，判若两人，在公开场合下，常独自不语，见到一些老友时，脸上也显得一片"冷漠"。历史学家傅乐成（傅斯年的侄子）是殷海光西南联大校友，两人平时无话不谈。一次，傅乐成与他谈起"雷震案"，殷海光沉默许久，只说了一句，"怎么得了啊"！

在《自由中国》社任副刊编辑的聂华苓回忆："我和母亲非常担心他的安全，每天早上，一打开报纸，就看有没有殷海光的名字。没想到他和夏道平、宋文明突然在报纸上发表公开信，表示愿对《自由中国》出问题的文章自负文责。殷海光写的许多篇社论几乎都是雷案中'鼓动暴动'、'动摇人心'的文章。我们也听说殷宅附近日夜有人监视。我和母亲为他捏一把汗。一直到十一月胡适由美返台前夕，《自由中国》劫后余生的几位编辑委员才见面。……大家见面，真是欲哭无泪、沉痛、绝望——不仅为雷震，也为中华民族的前途。"[3]

几年之后，殷海光被迫离开台湾大学（后改为只领薪水，不

---

[1] 参见李敖、胡虚一等著《雷震研究》，页 147—148。

[2] 梦花编《最美丽的颜色——聂华苓自传》，江苏文艺出版社 2000 年 1 月第一版，页 129。

[3] 转引自王中江著《万山不许一溪奔——殷海光评传》，台湾水牛出版社 1997 年 9 月 30 日初版，页 104。

准授课），他在《我被迫离开台湾大学的经过》一文中说："十八年来，从中国大地逃到台湾岛上的自由知识分子被摧残得所余无几了。我这样的一二人之被清除，乃是'事有毕至'的，问题只在等待机会。"[1]

## 七、殷海光：雷震是"最愚蠢的官僚政客"

这位台湾大学哲学系教授、《自由中国》编委在"雷震案"初审判决之后，将其生命危险置之度外，先后于 1960 年 10 月 1 日和 10 月 16 日在《民主潮》杂志发表了两篇有关雷震和"雷震案"的文章。《民主潮》杂志在编者按中说，"雷案究竟是'政治事件'还是'法律事件'，各方因此颇多争论。殷海光先生应本刊之请，特就这个论争的中心实质所在，为文加以阐明，是令人得到更深一层的认识"。

殷海光与雷震相交十多年之久，对这位前国民党高官有自己的了解和认识。当有人对他说"雷震是一个失意的官僚政客，你是一个读书人，跟他在一起搞什么"？殷海光反唇相讥："照我看来，雷震先生不只是一个'官僚政客'，而且简直是一个'最愚蠢的官僚政客'。"殷海光在《我看雷震和新党》一文中写道：

> 在他人生的历程中，摆着两条可以任意选择的道路：第一条，照美国《时代周刊》和台湾《时代潮》杂志上所载的，雷震先生从二十岁开始就加入中国国民党。后来"官运亨通"，一直做到"朝廷命官"，奉命连络四方。在中国政局动荡之秋，他曾尽力之所及，为在朝党立过功劳。来台以后，如果他利

---

[1]　张斌峰编《殷海光文集》，湖北人民出版社 2001 年 10 月第一版，页 341。

用他这个历史、"人事关系"，和他与政治当道的渊源，那么，顺理成章，他不难也和目前若干聪明的知识分子一样，做起特字号的官儿，锦衣玉食，汽车出进，扬扬自得。他用不着这么大一把年纪，每天挤公共汽车，来往于木栅乡和台北之间。有一次，他的夫人宋英女士很幽默地对我说："自从雷先生办《自由中国》以后，我们的房子是愈住愈小，车子倒是愈坐愈大哩！"第二条，雷震先生坚持他的"民主宪政"主张，不肯放弃批评这件事那件事，而且硬要组织一个新的政党。结果，十几年来，他由被开除党籍，而被削掉"国策顾问"崇高的官爵，而遭治安机构看守大门，而被阻挠印刷，而因陈案被控，终至因"叛乱罪嫌"而身陷囹圄。

　　这两条道路，前一条坦易畅达，对自身有利；后一条险恶不堪，对自身不利。雷震先生偏偏选择了后一条……雷震不是"最愚蠢的官僚政客"又是什么？[1]

　　这一段文字道出多少年来中国知识分子复杂的心路历程。在一个威权统治社会，无时无刻不在面临着理念与现实的尖锐矛盾与冲突，尤在专制与民主的对立中，知识分子的"知与行"往往意味着个体生命的繁华与落寞。在这个问题上，雷震毅然决然与给他带来过荣华富贵的体制相决裂，甚至走向它的反面，最终失去个人自由，依殷海光的看法，他是一位十足的"顽固而坚持的宪政主义者"，而且"很有毅力，胆识超人，威武不能屈……能抱定一个理想，并且不避艰危地为这一理想献身。这都是他的特别长处，同时也是此地的知识分子特别缺乏的品质"。

---

[1] 殷海光《我看雷震和新党》一文，原载 1960 年 10 月 1 日《民主潮》杂志第 217 号，收录于《雷震全集》第 12 册，页 220—222。

更重要的一点是，雷震提倡民主自由和人权保障，"有许多人士尚不知这是何等重要的事，只当作耳边风。经过这一个多月来'雷案'的演变经过和若干表演，许多人士可以在脑筋里打打转，体会到民主自由和人权保障不是空谈，而是与一个人的祸福安危攸关的事。这次雷震先生个人之牺牲，至少可以促使许许多多人有这种认识。这种认识之加深和扩大，对于自由中国的民主运动，一定有促进和加速的作用"[1]。

对雷震被捕真正原因，殷海光一针见血地指出："雷震先生之失去身体自由与新党之创建有关。显然得很，1960 年 9 月 4 日上午若干人对雷震先生所采取的这项行动，是对新党'打蛇打头'的行动。我怎么也想不出这项行动有什么必要。我怎么也想不出雷震等人创建新党有什么'危险'可言。"对于有着同样民主政治理念的殷海光来说，雷震等人组建新党不但对执政党毫无危险，相反还可起到监督、制约、平衡，乃至竞争的作用，这本来就是民主宪政中的应有之义。

国民党政权将台湾作为"反共复兴基地"，以政治安定为第一考量，颁布所谓"戒严令"，成为严控台湾社会最严厉、也是收到震慑作用的手段之一。当局以肃清"匪谍"为由，制造出许多"不当军法审判"的政治冤案，动之以极刑，造成人心惶惶，整个台湾社会笼罩在一片肃杀气氛之中，"统治者随时可以国家安全为名，维护并巩固统治者的权力基础，对于强调制衡的民主政治，无疑是个负面因素"[2]。警总时代最受外界诟病的，就是扮演巩固蒋家体系政权的"东厂"角色。为了替当局排除政治上的异己，大举

---

[1] 《雷震全集》第 12 册，页 232。
[2] 薛月顺、曾品沧、许瑞浩编注《从戒严到解严——战后台湾民主运动史料汇编（一）》，台北"国史馆"2002 年 7 月，页 80。

动用特务监控台湾及海内外所谓的"反动分子"，"雷震案"就是一个最为明显的案例。

雷震被捕之后，台湾社会有许多人认为这是一起有预谋的"政治事件"，绝不是当局所说的是一宗"法律事件"，这种普遍的看法，反映出人心之向背。对此，殷海光以《法律不会说话——因雷案而想起的》为题，发表自己的看法：

> 许多人以为"法律是公正的"。其实，法律本身无所谓公正或不公正，只有公正的人才会把法律用得公正。大家必须知道，法律是人为的东西。法律不会说话。法律不能自动的应用于任何人头上，应用法律的，是那些站在法律背后的人。在非民主的地区，同样是站在法律背后的人，谁最有力量，谁便能取得行使法律的决定权。所以，归根究底的说来，行使法律之事还是操之在人。既然如此，于是乎平日德行素习，宅心仁厚，尊重人权，服从众意，以天下为公且真以国家为重的人，如果握有行使法律的决定权，那么我们较有理由相信他们会公正地在行使法律；我们也较有理由相信他不会玩弄法律——拿法律作达到私图的工具。
>
> 在近代的民主政治中，我们不能说所有的人都是圣人，我们不能说所有的人都没有拿国家法律作达到一人一党私图之工具的动机。但是，民主政治这种制度的本身，正足以防制这种危险的事件。所以，我们简直不能想象，美国现在执政的共和党如何利用国家法律作为打击、削弱，甚至消灭民主党的工具。推广来看，自美国立国一百几十年来，我们从来没有听说任何在朝党利用国家权力和法律来打击在野党派

之事。[1]

殷海光表示"法律是不会说话"的，并非不认同法律之于国家、社会及每一个自由生命个体的重要性，而是在批评台湾当局利用手中的强权，将"法律"视为一党统治进而制裁政治敌手的党派工具。他又说：极权暴政之下有否法律呢？有的。而且似乎很多，他们也有民法、刑法种种等等名目。这些法律，恐怕比民主国家的法律更苛细而且也有"公理"、"正义"等等好听的字样。但我们能否因此就说，在极权暴政之下，人民的人权更有保障呢？社会有更多的正义和公理呢？显然没有。谁都应该明白，在这样的一些地区，所谓法律也者，只是维持政权和扩张"党势"的一种手段而已……在这种地区，一切的一切，都得受一个权力之摆布，哪里有"独立的法律"之可言呢？因此，所谓"法律事件"，不过是"政治事件之法律的表现"而已。[2]

殷海光的这篇文章，不仅强调司法独立的重要性，同时也是在回应台湾"立法委员"、原台大法学院院长萨孟武声称"雷震案"只是一个"法律事件"之说法。9月9日，萨孟武撰文对胡适所说"雷震是一个爱国的人，不会叛国"这句话表示不满，认为这是一种偏见，并称近两三年来《自由中国》半月刊诸多言论"似是不妥当的"，他本人不相信雷震被捕与鼓吹新党有关。萨孟武的这种说法，与蒋介石对美国记者的谈话内容十分接近，不能为殷海光所接受。

萨孟武是雷震在日本京都帝国大学的校友，比雷震早两年毕

---

[1] 殷海光《法律不会说话——因雷案而想起的》一文，原载 1960 年 10 月 16 日《民主潮》杂志第 218 号，收录于《雷震全集》第 12 册，页 225。

[2] 殷海光《法律不会说话——因雷案而想起的》，参见《雷震全集》第 12 册，页 226。

业。1924 年萨孟武毕业返国，雷震到东京车站为其送行，"并赠水果一篓"（雷震语）。萨孟武在之前修改出版法的争论中，撰写专著和时文，批评国民党当局，"颇受新闻文化界以及一般知识分子的敬重，被目为自由主义的学者"（雷震语），而此次对"雷震案"与当局持同样立场，并发声批评胡适，令人不可理解。[1] 萨孟武的这一说法，最先遭到雷夫人宋英女士的驳斥，殷海光的文章多少受此触动而所发，意在指陈"雷震案"完全是一起莫须有的"政治构陷"（或政治事件之法律的表现），可谓倒行逆施。

9 月 24 日，"雷震案"发生不久，殷海光接受过《时与潮》杂志记者一次访谈，内容刊于该杂志第四十四期。针对有人认为雷震筹组新党或为"造反"的"革命"，殷海光对此表示不能同意，他用了一个譬喻，这样说：我们知道他是年届花甲的人，如果一个人活到了六十多岁才搞"革命"，这有点像一个女子在二十岁时"抱独身主义"而到六十多岁忽然要谈恋爱嫁人，这样的事不能说没有，但总有点令人发"姗姗其来迟"之感吧？！

从与雷震十几年接触所得出的整体印象，殷海光认为在雷震身上很难找出什么"浪漫气氛"，"他和我这样的人之思想，除了赞同民主自由以外，距离是很遥远的。据我的标准看去，我认为他'太现实'一点。而且他口里无论怎样不满国民党，尽管这十几年来他已有不少的改变和进步，同时他和新牌国民党人很不相同，可是，我看来看去，无论在思想形态，行为模式，和待人接

[1] 据熟悉内幕的人士说：萨孟武之所以对胡适有所不满，实际上是借题发挥。当年台大校长傅斯年突然去世，萨孟武继任的呼声颇高，胡适却极力推荐当时的台大校务长也是他的干女婿钱思亮继任。这件事被认为是萨孟武对胡适不满之内因。参见雷震著《雷震回忆录——〈我的母亲〉续篇》，页 246。

物的习惯上,他和老牌国民党人并没有根本的差别。以这样一个人,哪里造得起反?哪里会搞'革命'?有什么'危险'可言"?

在殷海光看来,雷震虽然被抓了起来,并没有被斗倒,不仅没有被斗倒,"而且是在早晨刚刚起床呢"。他这样说:"雷震案"本身,也许很快就可以了结,也许较迟才能了结,这个我不知道,可是,有一点我却十分清楚,"雷震案"外而在国际上的影响,内而自由中国民主运动的催生作用,无论直接或间接,只是刚刚开始,既在今天,也在未来,"我们睁开眼睛看看,张起耳朵听听,自从雷震先生的身体失去自由以来,全自由世界的舆论是怎么说的?一切有良心有正义感的同胞是怎样关切他的?如果这算是'被斗倒'了的话,那末,古往今来一切仁人志士都被'斗倒'了,雷震被'斗倒'的充其量是他那六十四岁的身体而已。但是,他所发生的长远作用,他所表现的方向,他所揭开的广大的人民的意义,则正在轫发的起点"[1]。

---

[1]  均参见雷震著《雷震回忆录——〈我的母亲〉续篇》,页212—216。

第二十一章

# 判决之后引起的震撼

## 一、"监察院""纠正案"石沉大海

据 2002 年 9 月 4 日台湾《联合报》披露，当年雷震被捕后，"监察院"曾三度展开调查，并责成陶百川、刘永济、金越光、黄宝实、陈庆华五位"监委"组成"雷震案项目小组"，尽快查明案情真相。然而，调查小组从一开始就遭到当局有关部门百般阻挠，可见此案背后的政治因素。军事法庭只允许调查马之骕、傅正、刘子英三人的案情，"主犯"雷震则不在其列。

10 月 8 日，"雷震案"初审判决后，宋英再次向媒体发表谈话，对当局作出这样的判决深感不安，"在这样的时代和环境里我还有什么好说呢"，"何以刘子英片面的口供与自白书中所说'在雷震书房里讲的'，竟如此毫不怀疑地被采信，而雷震的申辩则不予采信"，"梁肃戎律师曾要求会晤刘子英，为什么未获允准"，而在审讯时，"为什么未使雷震和刘子英两人当面对质"……宋英想起美国总统林肯说过的一句话：你可以暂时欺骗所有的人，你亦可以永久欺骗一部分人，但你绝不能永久欺骗所有的人！宋英最后说，

"为了国家，为了给我们的后代子孙多保荫德，我希望雷案是这种表演的最后一次。请上帝作见证，我知道我的丈夫是无罪的"。[1]

"监察院"调查小组调查报告分为"逮捕理由，侦查情形，审判经过，查询要点，调查意见，处理意见"六项内容，在处理意见中，调查小组认为：警总等机关在处理"雷震案"时有"诸多不合"及"失当之处"，建议将其审判违法事项向"行政院"提出"纠正案"，可是"纠正案"递交之后，石沉大海，杳无音信。

1961年3月25日，一份由警总政治部主任签署的公文，建议当局对"监察院"的报告"以不理为宜"。这一份签呈是用"中国国民党中央委员会便笺"撰写，先送国民党中央，国民党中常委陶希圣在会签意见中以蓝色大字批注"此刻以不理为宜"，警总司令黄杰批示"拟照陶先生意见办"，具体而微地呈现出当年党、政、军一家之情形。陶百川等人欲从法律层面以挽救雷震的最后一线希望破灭了，陶百川慨然发出"深知政府制裁雷震决心如铁，自非'监察院'所能挽回"之叹。[2]

若干年后，陶百川在自传《困勉强狷八十年》中叙述了这一段历史公案，坚持认为"那些做法（对雷震逮捕、判刑）都是层峰的意思，他们都是中上校阶级的小军官，何能有独立的意志和反对权力……纠正案毫无效果，我更不信对几个小军官弹劾会有什么结果"。

《监察院雷案调查小组报告》刊发在1961年3月10日台北的《联合报》，党报、官刊则一字未登。其时雷震已被送至安坑乡台

---

[1] 《雷震全集》第28册，页282—283。

[2] 参见李志德《雷震案：监察院通过纠正，警总建议不理》，原载2002年9月4日台北《联合报》。

湾军人监狱（今新店监狱）服刑，"当局拒绝雷震保释，其理由雷氏是一个属僚"[1]。据报载，调查小组"监察委员"至土城洗脑所调查傅正、马之骕的案情之后，第二天就来到军人监狱对刘子英展开调查，"并希望能够调查雷震案"。雷震这时仍是"国大代表"，在狱中享受"将军级"单间待遇，即所谓"分居监"。有一天，雷震发现"军人监狱的分居监的小小院落，头一天就打扫得十分干净。惟时值冬季，风吹仍有落叶，第二天晨又令外役将地上昨晚落下的每片枯叶都捡得干干净净"。雷震就问："何以要扫得如此干净？"狱吏对他说："今天有人来参观。"上午 10 时左右，有人（一位钟姓负责照料雷震的人）跑来对雷震说，"'监察委员'要来调查你了"。谁知，过了一个小时，那人又跑过来说，"'监察委员'不来调查了"。"监察院"调查组要来，最终未来，显然必有内因。

　　若干年后，雷震得知此事真相："'总参谋长'彭孟缉打电话来，说是奉'蒋总统'命令不准'监察委员'面晤雷震，因为军人监狱是属于'总参谋长'主管也，林监狱长还在那里敷衍'监察委员'，并留他们吃午饭，说他再去请示，这明明是托辞，'监察委员'拒绝了，说他们可以自己去询问，下午再来好了。"[2] 正因为如此，雷震才始终未能见到"监察院"调查小组的任何人，《监察院雷案调查小组报告》中也未提及"面晤雷震之事"。

　　以雷震的特殊身份，此案从一开始就显现出它的复杂性。2002 年 9 月 12 日台湾《Taiwan News 总合周刊》第四十六期上一篇有关文章透露：当年"副总统"陈诚在雷震案中的处境十分尴尬。由于他与胡适、雷震等人的私谊，事前并不知内情。直至下令逮

---

[1]　《雷震案史料汇编——国防部档案选辑》，台北"国史馆"2002 年 8 月出版，页 235。
[2]　雷震事后的回忆，参见《雷震全集》第 12 册，页 331。

捕雷震的那一刻，才由警总司令黄杰与"参谋总长"彭孟缉一起向他作了通报。时任"总统府秘书长"的张群，也是雷震好友之一，在开始时，对此案竟也是"不闻决策"，一度成了局外人。[1] 这些都充分说明台湾最高当局即蒋介石为逮捕雷震，事先作了十分缜密的安排。

2002 年 9 月，台湾有关方面披露的"雷震案"大量机密文件同样显示，"情治单位办理此一案件的政治性质远超过法律性质"，让人不禁想到当年陶百川等人之所以不能挽救雷震的真实原因所在。这些文件还显示，蒋介石本人对此案给予"足够关注"，据台北"国史馆"2002 年出版的《雷震案史料汇编——国防部档案选辑》，在"导论"部分以"最高当局关注下的审判与调查"为题，对若干细节有所披露：

> 事实上，早自雷震等人被逮捕之后，蒋介石"总统"就非常关注此案的发展，九月十六日开始垂询本案发展，数度召集党政军高级幕僚开会，指示尽速办理（九月二十日），与会成员则包括张群（"总统府秘书长"）、唐纵、谷凤翔、黄杰、汪道渊（军法复判局局长）等人。尤其在开庭审判之后，他再度训示办案有如作战，要求参谋多拟几个腹案（十月六日）；甚至在十月八日宣判的当天早上，还明确指示雷震案的"刑期不得少于十年"、"复判不能变更初审判决"。所以，尽管"监察院""雷案调查小组"后来在调查报告中列举与警备总部处理该案诸多"不合或失当之处"，并提出纠正案，仍然无法改变初审的判决……在强人政治威权独断之下，司

---

[1] 张友骅《雷震不向权势低头，蒋介石赶尽杀绝？》一文，原载台湾《Taiwan News 总合周刊》2002 年第 46 期。

法和监察体系乃聊备一格，遑论独立公正。[1]

从这一史料中，足见蒋介石在"雷震案"中所扮演的不正常角色。在"国防部"档案中，还可以完整地了解到当年情治部门对雷震等人是如何进行监视或跟踪的，如 1960 年 7 月 31 日《要情专报》第六十一期，就有特工人员秘密监视、打探雷震和杨金虎等五十余人在高雄集会的记录，会议从几时几分开始，至几时几分结束，哪些人作了发言，发言之内容摘要，最后由谁作"会议总结"等等，其细节翔实而完整，台湾情治部门布下了"天罗地网"，特务无所不在，告密者不乏其人，连雷震进入"精华印书馆"也不放过，偷拍照片注明"四九（1960 年）、六、廿七、上午八时十分雷震进入精华印书馆背影"等字样，难怪雷震感叹"真是一个警察国家"！

从法律程序来讲，"雷震案"审判不仅违反了"宪法"第九条"人民除现役军人外，不受军事审判"之规定，也违反了第八条第一项"人民身体之自由应予保障，除现行犯之逮捕由法律另定外，非经司法或警察机关依法定程序，不得逮捕拘禁"之规定，而"未审先判"本身更是一种违法行为。从雷、蒋二人关系来看，蒋介石最初支持胡适、雷震等人办刊，以谋"反共救国"，未料，后来竟成了自己的"反对派"，这恐怕是蒋介石本人无法忍受，决心制裁雷震的一个原因。然而，从政治的角度看，"雷震案"发生根本还在于威权党国体制思维的必然结果，即任何反对或动摇现存体制，哪怕是来自善意的、合法的抗争，均被视为政治上的"不安定因素"，大可大到"颠覆政府之目的"，小可小至盟友间的"反

---

[1]《雷震案史料汇编——国防部档案选辑》，页 19。

目为仇"，因此"雷震案"从一开始注定就不可能是一个普通案件，正如殷海光所指出的那样，"在近代的民主政治中，我们不能说所有的人都是圣人，我们不能说所有的人都没有拿国家法律作达到一人一党私图之工具的动机"，"法律本身无所谓公正或不公正，只有公正的人才会把法律用得公正。大家必须知道，法律是人为的东西，法律不会说话"[1]。

## 二、胡适归台后见蒋介石

1960 年 10 月 22 日 9 时 50 分，胡适自美国经日本返回台北。

当晚 11 时，胡适在南港"中央研究院"接受了记者的采访。他对《联合报》记者说：对于目前台湾正在筹组中的反对党情形，尚未了解，也未同意担任该反对党任何名义之职务。不过，他一向主张民主的政治应该有两个或两个以上的政党，远在十年以前，他就一再向国民党总裁蒋介石，以及蒋先生以下提出过此一主张，甚至认为最好由国民党内，根据政见的不同而分化出三四个党，最后形成两个强大的党，以发挥民主政治的功能。

胡适说，此案不宜由军事法庭审判，而应由法院来审理；他本人相信雷震的人品，不相信雷震"涉嫌叛乱"，他被判十年未免太重，当局这样做，有损"国家"的声望，说到这里，甚至有点激动，"太不公平"！当记者问及此间传闻《自由中国》将改在香港继续出版，胡适表示：此事应由该刊发行人及编辑委员会全体委员决定，他只是编委之一，不过，《自由中国》半月刊即使这样停刊了，"不失为光荣的下场"；若决定继续发刊，应该是在台北，而不是改在

[1] 殷海光《法律不会说话——因雷案而想起的》，原载 1960 年 10 月 16 日《民主潮》第 218 号，转引自李敖、胡虚一等人著《雷震研究》，页 9—10。

香港，那样就会失去它的意义。[1]胡适对记者强调，"别的话可以不登，但我不是营救雷震，我营救的乃是国家，这句话是不能不登的"。胡适还十分体谅记者不断追问，握别时说：今天我说了很多动感情的话，希望你们写的时候注意一点，以免影响到各位的饭碗。[2]

第二天早晨，胡适尚未起床，雷夫人宋英到访，胡适与宋英女士共进了早餐。之后，胡适又会晤到访的夏涛声、李万居、高玉树等人，这些人均为此次"改选会"筹组新党的重要人物，李万居做过台湾省议会副议长，高玉树做过台北市市长。

由于胡适公开表态，同情雷震，自美回到台湾后，当局故意对他有所冷淡。"农复会"主任委员蒋梦麟比他晚回台湾，却先见到了蒋介石；胡适则在"不谈雷震案"的约定之下，才见到了蒋介石。"蒋中正平常与胡适见面，通常是两人密谈式的，这次却是秘书长、秘书、副官全在的官式谈法，显然是有象征意味，有表示距离的明示了。"[3]

11 月 18 日上午 11 点，胡适前往"总统府"。秘书长张群先陪他在接待室小坐片刻，然后去见蒋介石。正是"雷震案"复判之前，知情者认为，胡适与蒋介石这次会晤或许会对案件的最后定谳产生积极作用。在胡适进门见蒋之前，张群再次提醒不要谈"雷震案"。但胡适是不可能不谈的，他始终认为雷儆寰没有做错什么，而且，"雷震案"在国际上已引起诸多强烈反响，当局不能听而不闻。胡适与蒋介石谈话约有五十分钟，表面上是向蒋汇报赴美出席"中

[1]　原载于 1960 年 10 月 23 日台湾《联合报》，收录于《雷震全集》第 5 册，页 652。

[2]　雷震著《雷震回忆录——〈我的母亲〉续篇》，页 174。

[3]　李敖、胡虚一等著《雷震研究》，页 25。

美学术合作会议"情况，实际上，更多的是在谈"雷震案"。

蒋对胡适说：我对雷震能十分容忍。如果他的背后没有"匪谍"，我决不会办他。他背后有"匪谍"，政府不能不办他，我也晓得这个案子会在国外发生不利的反响，但一个国家有他的自由，有他的自主权，我们不能不照法律办。

胡适说，"关于雷震与匪谍的关系，是法庭的问题。我所以很早就盼望此案能移交司法审判，正是为了全世界无人肯信军法审判的结果……这样重大的案子，只开了八个半钟头的庭，就宣告终结了……这是什么审判？我在国外，实在见不得人，实在抬不起头来。所以八日宣判，九日国外见报，十日是双十节，我不敢到任何酒会去，我躲到 Princeton（普林斯顿）去过双十节，因为我抬不起头来见人……"

蒋介石突然说起了一件旧事：某某去年回来时，自己曾对这个人说，胡先生同我向来是感情很好的，但是这一两年来，胡先生好像只相信雷儆寰，不相信我们政府了。蒋问：某某对你说过没有？胡适说，某某从来没有对我说这番话。胡适也说起了一件往事：1949 年 4 月赴美，抵达旧金山时，有美国记者乘小汽轮到船上来，请他就当时的中国时局发表看法。胡适说自己当时讲了许多话，其中有一句话："我愿意用我的道义力量来支持蒋介石先生的政府"，"因为我们若不支持这个政府，还有什么政府可以支持？如果这个政府垮了，我们到哪儿去"！

胡适对蒋说，刚才这些话，对雷震也说过，今天蒋先生的话太重了，我当不起。接着，又说：李万居一班人既然说，他们要等我回国，向我请教。我有责任对他们说几句很诚恳的话。我要劝告他们两点：（一）在时间上要展缓他们成立新党的时期，他们应该看看雷案的发展，应该看看世界形势，如美国大选一类的事情，不可急于要组党。（二）我要劝他根本改变态度：第一，要采取和平态度，不可对政府、党取敌对的态度……第二，切不可使你们的党变成台湾人的党，必须要和民、青两党合作，和无党派的大陆同胞合作。第三，最好是要能争取政府的谅解。

谈话结束时，胡适仍不忘被捕的雷震，对蒋说自己还有一个希望——"十年前'总统'曾对我说，如果我组织一个政党，他不反对，并且可以支持我。'总统'大概知道我不会组党的。但他的雅量，我至今不忘记。我今天盼望的是：'总统'和国民党的其他领袖能不能把那十年前对我的雅量分一点来对待今日要组织一个新党的人？"[1]

这是胡适当天日记中的详细记述，无论是从道义上，还是站在朋友的立场上，胡适都尽了自己最大的努力。蒋介石对逮捕雷震并无悔意，没有给胡适一个明确说法。蒋介石只是说，等自己从南边回来后，再约谈一次。台湾文史学者徐宗懋认为"以上这段文字是胡适在台湾最重要的纪录之一，它也多少反映了自由派学人在民主思想与实践之间的两难，其深刻的意义需要长期观察比较后才能为人理解与体会"[2]。

胡适从"总统府"回到南港后，即收到美国中国问题专家费正清的来信。其中附有费正清针对"雷震案"致《纽约时报》的公开信。这封信写于 11 月 10 日，正是美国大选揭晓的第二天。费信的大意是：肯尼迪是一个关心公民自由和出版自由的真正的自由主义者，他的新政府将会继续关注"雷震案"这一事件。在美国，民主党内的自由分子对此很关心，不肯轻易将它忘掉不管。费正清还建议胡适就"雷震案"发表一个声明，将会非常有用。如果现在雷震案有一个好的结局，这是非常可喜的。这或许会抵

[1]　参见胡适 1960 年 11 月 18 日日记，曹伯言整理《胡适日记全编》第 8 册，页 722—727。
[2]　徐宗懋《胡适在台湾的日子》一文，原载《凤凰周刊》2002 年第 9 期。

消一些损失，挽回国民党政府的名声。[1]

是晚，陈诚有一个晚宴，胡适将费正清的信及附件"照了相"，将原件交给了"总统府秘书长"张群。五天之后，11月23日，军事法庭维持一审原判，雷震被判处十年有期徒刑。胡适在日记中写道："昨晚各报访员问我，我只说'大失望，大失望！'今天看了判决书的日子——十一月十七日，我忍不住要叹气了。"[2] 原来安排他与蒋介石见面，是在11月18日，即判决书下达的第二天，也就是说，无论胡适怎样对蒋说"雷震案"，已不可能有什么作用了。

《征信新闻报》一则报道称，胡适心情很沉重地对记者说："我是吃晚饭的时候，听到有关雷案复判的结果，饭后心情不好，什么事都不愿做，所以玩'过五关'（纸牌的一种玩法）来解闷。"

## 三、自辩状

"雷震案"经"国防部"军法复判局判决后，根据当时法律规定，被告人若希望在法律上再觅自救之策，惟一途径为申请"再审"或提出"非常审判"。雷震作为日本京都帝国大学法学院高材生，当年国家制宪中枢核心人物之一，心里十分清楚，只要军事法庭的这一诬词得以成立，"判刑十年就认为是名正言顺的了"。

雷震等人非现役军人，此案为何交军法审判？"宪法"第九条明文规定，"人民除现役军人外，不受军事审判"，当局的主要"法律依据"是《戒严法》第八条和《惩治叛乱条例》第十条的规定，即"戒严时期接战区域内，关于刑法上内乱、外患等罪，军事机

---

[1]  参见胡适1960年11月18日日记，附件，曹伯言整理《胡适日记全编》第8册，页730—731。

[2]  胡适1960年11月24日日记，曹伯言整理《胡适日记全编》第8册，页733。

关得以自行审判或交法院审判之"；"犯本条例之罪者……在其戒严区域犯之者，不论身份概由军事机关审判之"。[1]9 月 23 日，台湾最高检察署检察长赵琛针对"雷震案"声称：军事审判也是很公正的，与司法审判相似，而军事审判法与刑事诉讼法相似，是一部很进步的立法，对人民的权利保障规定很完备。[2]

事实上，军事审判不仅侵害了人身自由，而且一直存在很大的争议。[3]10 月 31 日，马之骕辩护律师林颂和对非现役军人被交付军法审判与"宪法"第二十三条之间的必要关系提出质疑，"非现役军人之人民，受军事审判，对于防止妨碍他人自由、避免紧急危难、维持社会秩序及增进公共利益，又何有关？更不明其何有必要"，指出有"违宪"之嫌。[4]

上世纪 40 年代末以来，与台湾相关的"戒严令"主要有三次：第一次是在"二二八事件"发生后，为时较短，与其后长期戒严无直接关联；第二次是在 1948 年 12 月 10 日，总统根据"临时条款"，经行政院会议之决议所颁布的全国戒严令，台湾并不包括在内，直至 1949 年 11 月 2 日经"行政院"会议决议，才将台湾划为戒严接战地区。此一"全国戒严令"，1950 年 3 月 14 日虽经"立法院"完成追认手续，却没有完成"总统"签署公布的最后一道程序。

---

[1] 参见 1949 年 1 月 14 日《总统府公报》（203）页 1；1949 年 6 月 27 日《总统府公报》（230），页 1。

[2] 参见 1960 年 9 月 28 日台北《联合报》。

[3] 1980 年美丽岛事件的军法审判，辩护律师谢长廷当场质问审判长：被告的都不是军人，根据"宪法"第九条规定，除了现役军人之外，都不受军法审判，为什么他们来这里接受军法审判？审判长说是根据《戒严法》，谢说：戒严有好几个戒严令，到底要根据几年几月几日的戒严令？请审判长告诉我们，我们才能辩护，不然今天老百姓突然来到军事机关会觉得很奇怪！参见谢长廷演讲《军法大审与人权发展》，原载 2000 年 7 月高雄《高市文献》（13—3），页 5。

[4] 参见 1960 年 11 月 2 日台北《公论报》。

第三次是在 1949 年 5 月 19 日，台湾省警备总司令部所宣布的全省戒严，但并未注明其法源依据何在。若是根据"戒严法"，应由这个地区的最高长官发布此令，属于"戒严法"第三条之临时戒严，并提交"立法院"予以追认。台湾学者后来遍查"立法院"会议议程、文字记录或公报，发现并无此项"追认"记录。若是根据"临时条款"，应由"总统"签署公布，可是"总统府公报"中查无此项记录。一个毫无法律依据的"戒严令"，在台湾实施三十九年又五十六天，至 1987 年才告终结，历史的荒唐，莫过于此！

"雷震案"初审判决之后，雷震在 10 月 30 日"军法声请复判理由书状"中说得十分清楚，指控他的"这两大罪名，完全是出自诬陷与罗织，与事实不符，缺乏积极具体之证据"。对于第一项指控，判决书声称，雷震"与邵力子傅学文夫妇常相过从"，其证据是"民国三十八年一月二十一日下午，南京紧急，雷震离京时，'邵逆'诣雷震住宅，同进晚餐，共商行止"。邵力子原本亦为国民党高层人物，1949 年代表国民政府参加国共和谈，滞留北京，并发表"声明"表示脱离国民政府，当时即有传闻称邵妻傅学文与共产党有相当密切关系。对于这一"指控"，雷震申辩道：

> 我在国民参政会任副秘书长的时候，邵力子为秘书长。秘书长与副秘书长在一个办公室办公，几乎是朝夕相见，无所谓"常相过从"。至于邵妻傅学文，是我向来看不起的人，因为她贪小利而又喜欢说闲话，我从不单独和她谈话。这种情形，在台湾的参政会老同事大都知道，可以调查……三十八年一月二十一日是蒋总统宣布下野的一天，我于当天同王雪艇（王世杰）先生乘车离京赴沪。卧车票是上午购买的。那时候，南京和谈空气甚浓，我在离京的前几天，曾发

表过反对和谈的谈话，在《中央日报》发表。我决定二十一日晚离京，正是我在行动方面表示反对和谈的坚决态度。邵力子看到我反对和谈的谈话，特于晚餐前来劝我，不必赴沪，但为我拒绝……我决定赴沪在前，邵力子来我家在后，何得说"共商行止"？[1]

关于雷震与刘子英之间的关系，判决书上称，"同年（三十八年）四月间，南京撤守时，刘子英……三十九年（1950年）二月间……即首途至香港，由雷震为之声请来台，于同年五月十二日抵达……并于第五日晚，在台北金山街一巷二号雷震住宅书房，将'傅匪'在京情况及所交为匪工作任务，密告雷震，并夸张大陆'匪情'，劝雷震为人民立功，雷震不仅未予告密检举，且给予《自由中国》社会计职务，一九五八年七月复由雷震推介，任'中日文化经济协会'干事，并仍交缮密件"。针对这一点，雷震又说：

> 刘子英来台，是我作保，我也给予《自由中国》社会计职务，后来也介绍他到"中日文化经济协会"作事。他是我的老同事，来台时衣食无着，朋友们帮忙，是人情，也是伦理。他能力强，会写字，我经常请他缮写私人文件及《自由中国》社所搜集的各种参考资料而给予适当报酬。这都是很平常的事，不能构成任何罪名。至于判决书上所说的"并仍交缮密件"，所谓"密件"究何所指？办杂志，办报纸，总有些只供参考而不发表的文件。其中有蒋总裁在国民党二中全会的讲演词是铅印的小册子，和一二本"工作通讯"（国民党特

---

[1] 雷震《军法声请复判理由书状》，收录于万丽娟编注《雷震胡适来往书信选集》附录二，页268—269。

种党部印发的）。这些文件，也是我们供参考之用而不发表的。这类文字的抄缮，不应构成任何罪名。判决书仍用"密件"二字，其用意无非想淆惑听闻而已。

判决书上"事实"部分里面所说，刘子英在我书房将"傅匪"在京情况，及所交为匪工作任务密告我，并夸张大陆"匪情"，劝我为人民立功，而我未予告密检举云云，关于这一重要关键，我在警备总部高等审判庭提出的申辩状及十月三日在警备总部高等审判庭的陈述，都已详细申辩过（请查阅），但判决书一概不理，而以"搪塞"二字轻轻抹煞。既不多方调查，也不让我与刘子英对质，单凭刘子英片面的供词来定我的罪，而且还用"尽与事实相符"、"互相印证，其（指刘子英）自白自属可信"等语，作为推理的结论。这其间的语句之武断无稽，稍有逻辑常识的人，都可看出。[1]

雷震长兴小溪口同乡尚传道[2]1988年在香港回忆，邵力子夫人傅学文曾亲口对他说："所谓派刘子英策反雷震，是百分之百的捏造。刘子英是王世杰用的人，邵力子继任国民参政会秘书长后，刘子英继续任职，认识此人，但很少见面。"[3]雷震辩护律师梁肃

---

[1] 雷震《军法声请复判理由书状》，收录于万丽娟编注《雷震胡适来往书信选集》附录二，页 270—271。

[2] 尚传道（1910—1994），浙江湖州长兴人，字希贤，本姓王，后过继给尚姓人家。1929 年考入清华大学政治系。抗战期间，曾任贵州省民政厅主任秘书、省政府秘书兼人事科长、省政府及滇黔绥靖副主任公署联合视察室主任等职；抗战结束，参加东北接收，任吉林省政府委员兼长春市代市长、市长等职。1948 年长春之战被俘，长期被关押在抚顺战犯管理所，至 1975 年获特赦。后任民革中央监察委员、北京市政协委员等职务，出版回忆录等，并为邵力子之妻傅学文代笔撰写自传《永恒的纪念》。

[3] 尚传道《海外为雷震鸣不平》一文，收录于《雷震全集》第 1 册，页 130。

戎举证，"刘子英之自白书及侦审各庭之自白供述自相矛盾"[1]，若真如此，有触犯刑法第一百二十五条"意图取供而施强暴胁迫"之虞。

至于判决书第二点，"连续以文字为有利于叛徒之宣传"之诬，雷震指出："判决书只从《自由中国》半月刊言论中东摘西抄，割裂文句以构陷，既不就某一篇文章的全文寻绎要旨，更不就每期的内容连续地通盘检视。以为于此即可构成欺骗世人的文字狱。其实海内外的广大读者，是无法掩尽耳目的，我在这里对于判决书的申辩，决不是舞弄文笔可抹煞的。"

从雷震这篇"自辩状"可以看出，当局不惜以造谣诬蔑、构陷之能事，欲置他于死地而后快，已到于天理、法律、人情所不容的程度。雷震对于这个体制的"为所欲为"早已有所了解，因此对夫人宋英提出的"非常声请审判"不抱任何希望。雷震说："对于声请复判已不热心，至于声请非常审判，更是无此必要，盖万般皆已内定，何必多费心血呢？但是我妻仍是朝着好处着想而抱着万一的希望决定进行的。她说：病人未咽最后一口气，总是要努力挽救的，所谓'尽人事而听天命'也，现在则是'尽人事而听党命'，所谓'知其不可为而为之'。"[2]事实证明，雷震的判断非常准确，宋英提出的"非常声请审判"被驳回。

至此，"雷震案"的法律途径已全部走完，既然蒋介石和国民党当局想办成一个"铁案"，就不可能有任何回旋之余地。受雷震好友端木恺推荐担任雷震辩护律师的梁肃戎[3]不无遗憾地说："当

[1] 梁肃戎《雷案军法辩护意旨书状》，1960年10月31日《中央日报》第七版。
[2] 《雷震全集》第5册，页783。
[3] 梁肃戎（1920—2004），辽宁人。毕业于长春法政大学法学部，获日本明治大学法学硕士和博士学位。国民党CC派成员。1949年赴台后，出任律师，后任台湾"立法院"院长。

时舆论哗然，国际间都非常重视，说你对一个《自由中国》杂志，在社会上有一定好评的杂志，你把人抓起来，那么他（指蒋介石）不愿意因审判而让大家知道他迫害言论自由，所以很快就解决。所以我认为在辩论上，在起诉上有瑕疵，违背这个立法原理，在程序上草率，故入人罪，不能够有一个很公平的审判"[1]；梁肃戎又说："法律途径走到这里，已经没有门径可寻了！我已尽我所能，我所列举的理由，他们不采纳，我又有什么办法？我又有什么好说呢？"

不特如此，国民党中央党部还找到有国民党员身份的梁肃戎，要他把"辩护书"交党部审核，梁肃戎断然拒绝：我一个律师，把我的"辩护书"交你们来审核，这不是两重人格吗？一计不成，又派出"立法委员"刘兆勋、"国大代表"单成仪游说梁肃戎，转达某方下达的五点意见，要梁肃戎在军事法庭上按照这"五点意见"为雷震辩护，梁未予理睬；[2] 更有甚者，有人给梁肃戎寄来挟有子弹的恐吓信，称若不停止给雷震当辩护律师，小心丢掉自己的性命。

1960 年 11 月 24 日，雷震被移至新店军人监狱服刑，12 月送达"国防部"复判局的"雷震声请非常审判理由书状"，是由夫人宋英提出来的，在狱中的雷震本人并不知道。在复判之后，雷震已不赞成再提什么"非常审判"。他心里知道，只要是蒋介石一介入此案，一切都"在劫难逃"。宋英提出的"雷震声请非常审判理由书状"，内容主要包括两点，依然是针对判决书上所谓"明知为匪谍而不告密检举"和"连续以文字为有利于叛徒之宣传"进行申辩，宋英希望法庭"能撤销原判决，另为无罪之判决"，仍遭驳回。

[1] 参见《可贵者胆，所要者魂：雷震》一文，收录于蔡明云主编《台湾百年人物志 2》，台北玉山社出版事业股份有限公司 2005 年 3 月初版，页 17。
[2] 参见 1960 年 10 月 4 日台北《公论报》，收录于《雷震全集》第 28 册，页 258。

## 四、且说刘子英

有人将"雷震案"与 1955 年 8 月"孙立人案"相提并论。

从不断揭秘出来的史料中可以知道，当年"孙立人案"中所谓"匪谍"郭廷亮，完全是由情治人员一手策划的；"雷震案"中的"匪谍"刘子英，不过是"郭廷亮模式"的一个翻版而已。与长期遭到当局软禁的孙立人相比，此次雷震的境遇更为险恶，在军事法庭不允许当面对质的情况下，被诬为"知匪不报"，最终被投入大牢达十年之久。

当局之所以采用这种模式将雷震送上军事法庭，是因为孙立人事件与所谓"匪谍"相关联之后，确实起到震慑作用，一种"把主张民主自由与'匪谍'的行为关联起来的论述也正式提出……此一说法发布后，使得许多主张自由民主的人士为之'战慄'，之所以如此，主要是因为主张民主自由的人有可能被戴上'匪谍'的帽子……对《自由中国》而言，将'宣传民主自由'与'匪谍'划等号的宣告事实上是针对他们而发"[1]。以这种"政治构陷"方式将雷震等人逮捕入狱，对当局来说，既可混淆视听，又能掩饰其非法，达到"一石二鸟"的政治目的：只要将雷震判刑，《自由中国》自会停刊而解体，筹组中的反对党也将胎死腹中，当局确实做到了这一点。

台湾法律界本来对"雷震案"多少还持有一点信心。当局逮捕雷震最初的理由是"涉嫌叛乱"，所谓证据：《自由中国》半月刊自 1957 年八月第十七卷第三期开始，至现在第二十三卷第五期止，共计七十五期……其内容多系煽动、诱惑、分化、中伤之

---

[1]　薛化元著《〈自由中国〉与民主宪政——1950 年代台湾思想史的一个考察》，页 134。

言论，显已逾越言论自由之常轨。而根据《出版法》第三十二条之规定，即"出版品不得为下列各款之记载：一，触犯或煽动他人触犯内乱罪、外患罪者；二，触犯或煽动他人触犯妨害公务罪、妨害投票罪或妨害秩序罪者；三，触犯或煽动他人触犯亵渎祀典或伤害风化罪者"，如果《自由中国》半月刊确实违反了上述条款，完全可由"内政部"根据《出版法》第四十一条之规定，予以"撤销登记"，大可不必由警备总部来抓人。一旦雷震的罪名变成"知匪不报"，就性质而言，就不单单是一部《出版法》可以解决的问题。雷震辩护律师梁肃戎认为判决书中多次指控雷震以《自由中国》半月刊的文字"意图瓦解反共斗志"，"意图在宣传上孤立金马"等，却不见明确显示具有上述客观行为的证据。[1]"监察院"雷震案调查小组报告，也批评军事法庭"不应断章取义入人于罪"。[2]

在整个审判过程中，由于刘子英"利诱成招"，使"雷震案"性质发生了根本改变，刘子英成了惟一的原始证人。如若没有他的"自白书"，就谈不上所谓"雷震知匪不报"。刘子英最后被判十二年，比主犯雷震还多两年，其用意再明显不过，若判刘子英无罪，就不可能判雷震有罪，甚至还有被全部推翻的可能性。刘子英是一个悲剧性的人物，他从来就不是什么"匪谍"，被捕之后，之所以"利诱成招"，完全是在审讯人员的胁迫之下，出卖其个人良心之所为。

刘子英其人有着较为复杂的政治经历，在大陆时期，雷震任

[1] 参见梁肃戎《雷案军法辩护意旨书状》，1960 年 10 月 31 日《中央日报》。雷震老友潘公展也撰文指出："所谓'连续以有利于叛徒之宣传'，必须此种文字的本意确是意图颠覆政府，确有以'非法'手段颠覆政府的阴谋，确有发动颠覆政府的力量与事实，而后方可指为'有利于叛徒'"。参见潘公展《论雷案声请复判》一文，原载 1960 年 10 月 29 日《上海日报》，转引自 1960 年 11 月 16 日台北《民主潮》（10—22），页 24。

[2]《监察院雷案调查小组报告》，1961 年 3 月 10 日台北《联合报》，第 2—3 版。

国民参政会副秘书长，刘是参政会秘书处会计；抗战结束后，由
参政会而监察院，与监察院院长于右任有所过往。1950 年初，刘
子英从香港致函于右任及"总统府"秘书长王世杰，要求前往台湾。
于右任历来是一位谨小慎微之人，不想出面，请求雷震为其作保；
赴台后，刘子英申请到"监察院"复职，声称自己曾被"监察院"
任命为"监察院南京留守处主任"，于右任又未允，雷震只好安排
在《自由中国》社做了会计。

　　大陆时期，刘子英原在平汉铁路局工作，任会计；抗战爆发后，
日军逼近武汉，平汉铁路局撤至后方即予以解散，刘子英由该局
会计处处长介绍至国民参政会秘书处总务组任会计，这位处长是
时任国民参政会秘书长王世杰的胞侄王德芳。雷震在参政会任副
秘书长期间，听到最多的就是"刘子英经常和同事吵架"。1947
年 5 月，国民参政会于第四届第三次会议之后宣告结束，秘书处
工作人员分发至立法院和监察院秘书处任职，去监察院有三人，
刘子英是其中一人。

　　1949 年大陆局势此消彼长后，"监察院"从南京迁往广州。
刘子英未走，雷震感到奇怪，还问过他为何不跟政府一起撤走。
刘推说"家累很重，不能远行，情愿担任'监察院'南京留守处
主任，'监察院'已留下相当的经费，可以生活一年，过一年看形
势再说"。实际上，有人告诉雷震，刘子英曾在火车上搭上一女子，
后来两人姘居，这才不愿意走的，但雷震"从未见过这个女子"。
雷震后来得知刘子英从大陆到了香港，请求"监察院"保其入台
而未果，刘无奈，只好又托参政会老同事向雷震求情，雷震回忆
说，"我想到过去黄少谷对我所说'要物色文书人才'的话，而
始允其请"。

　　当年刘子英从香港抵达基隆，"参政会老同事曾到码头迎接，
看到他面黄肌瘦，狼狈不堪，由于在港羁留太久，简直弄得不成

样子，就把他送到台北市和平东路二段十八巷一号《自由中国》社里住下，并未事先问过我。那里有屋可住，有饭可吃，念在老同事的份上，我也只有听其自然，不加追究了。我做过他长官多年，这一点人情味，我是不会吝啬的"。

《自由中国》社会计王君（原编委王聿修的本家）因做账错误百出，自知待不下去，便去了政工干部学校受训，刘子英便接手《自由中国》社会计工作。刘子英是一个与同事不太能合作的人，"同事纷纷前来诉苦"，在这种情况下，雷震把刘子英又介绍到"中日文化经济协会"工作，张群为该会会长，雷震系总干事。未料，刘子英恶习不改，在"中日文化经济协会"任职期间，仍不能与同事们合作，此事让雷震"闻之不胜其烦"。

"由于《自由中国》半月刊的文章，经常批评国民党违'宪法'，和揭露国民党政府的秕政和许多弊端，国民党首领对我不满之至，且怕我和日本人谈话而泄露了政府许多坏事，我就辞去了'中日文化经济协会'总干事长之职，以免他们疑神见鬼似的……闻刘子英不久亦到罗家伦主持之'国史馆'去工作，此后就极少见面，除了我有极少的文章请他代抄……此乃我和刘子英的关系的全部事实，以刘子英这种恶劣的脾气，平素不能和人和平相处的人，还配做匪谍吗？还能在《自由中国》刊物的幕后作活动吗？"[1]

刘子英被捕后，被羁押在台北市西宁南路警备总部保安处。那里有一间黑房子，"四周无窗户，不透空气，不见天日，地上是泥土，其黑暗阴森可怕，被囚于此者无不肉跳心惊，以为个人的末日将至也。关在这里的人，都是为着逼供的，和过去的屈打成招则毫无二致……这里的方法，是精神压迫而使囚者精神崩溃，

---

[1] 以上均参见雷震著《雷震回忆录——〈我的母亲〉续篇》，页11—25。

有时也兼用酷刑的"[1]；刘子英的"自白书"就是在这种情况下"迭经补充六次"，直至警总满意才完成的，他成了当局"用来诬陷雷震的工具"（聂华苓语）。

情治部门给刘子英开出的条件不菲：养其终生。这一年，刘子英五十四岁，单身。在狱中，化名陈英，底册仍是"刘子英"。他每月从警总那里可得到当时的台币六百元，后加到八百元，以作零用。刘子英长年生活在北京，喜吃面食，"故警备总部每隔两个月就送一袋面粉去，俾刘子英可以自备小炉子来做面食"（雷震语）。"隔不多少时，可以出狱看电影，但不能宿在外面，也不能和人谈话，怕的是泄露了其中的把戏"[2]。刘子英被关在"智监"，就是专门囚禁"政治犯"的地方。

1960 年 11 月 24 日上午，刘子英被押解至军人监狱时，那里的犯人不知从哪儿得知来人就是刘子英，便围作一团，声势汹涌，群起而攻之，斥责他出卖主人，是一个不忠不义的无耻之徒、一个没有良心的阴险小人……军监生怕出事，后来只好隔出一间狱室让他独居，这才免去了众人的围攻。

1965 年某一天，有人（谢聪敏[3]）在军监见到刘子英，他的"头发已雪白，数不尽的皱纹像蜘蛛网一般密布在他那圆圆的脸上"。他说自己当年受到过疲劳讯问，"特务拿第二天的报纸给我看。他们说'我们是公开逮捕，不是偷偷摸摸。你也知道老先生（蒋介石）的脾气，公开逮捕就不会释放。我们所面临的问题是你和马

---

[1] 《雷震全集》第 28 册，页 386。

[2] 雷震著《雷震回忆录——〈我的母亲〉续篇》，页 298。

[3] 谢聪敏，台湾彰化县人，民进党籍。台湾大学法律系毕业，政治大学政治研究所硕士。1964 年因与"中研院"近史所研究人员魏廷朝发表《台湾人自救宣言》，被判有期徒刑十年；减刑出狱后，1971 年因涉嫌在台美国银行爆炸案被判刑十二年，1979 年去美国，1991 年返台。2000 年被聘为"总统府国策顾问"。

之骁两人之中……总有一人要承认中共派遣来台鼓励雷震背叛政府'"[1]。刘子英说,如果不是雷震组党,自己也不至于坐牢。

雷震出狱之后,问过当年"监察院"调查小组调查召集人陶百川,调查组到底有没有看到过刘子英的这份"自白书",陶肯定地说:看到过!还让人抄录后附在了调查报告之中。雷震让宋英到"监察院"去调看原始档案,发现雷震案调查报告中的刘子英"自白书"早已被人抽走。雷震感慨:他们这是要湮灭历史啊! 1970年代,谢聪敏第二次出狱后,去拜访过雷震。谢聪敏告诉雷震说刘子英已提前获释,雷震当时就问:"刘子英已经出狱,为什么不来见我?"

根据"军事审判法",有关"对质取证"的规定有五条之多,自一百六十六条起至一百七十条止,其中第一百六十八条规定:"被告虽经自白,仍应调查其它必要之证据,以察其是否与事实相符。"尽管刘子英后来有所翻供,已来不及了,铸成终身之悔。据同案人马之骁回忆,他本人在被捕后,也有过与刘子英一样的遭遇,"连续谈了三天三夜,这可能是全世界少有的'疲劳审讯'。中间虽然给饭吃,但'侦讯'则未间断!开始时以礼相待,称我'马先生',说:'政治问题,政治解决','问题不在你','我们的对象不是你','只要你合作,一切都好办';继之则动粗,动粗的经过很惨,实非笔墨所能形容"[2]。一位姓李的副处长负责马之骁的案情,每天只有一句话,"没有什么好谈的了,你就是匪谍,不承认也不行"。

直至有一天,对马之骁的侦讯突然中止,审讯人员态度开始变得"和蔼"起来,并说:"好了!你这部分就到此为止了,你放心,

---

[1] 《雷震全集》第 2 册,页 304。
[2] 《雷震全集》第 2 册,页 32。

不会有事的。"马之骕觉得莫名其妙，直至接到起诉书，才恍然大悟，原来是刘子英招了，承认自己是"匪谍"，马之骕"痛心欲绝"。雷震一直没有怪罪于刘子英，"我并不深责刘子英，如果他不肯屈服，警备总部当会另找他人来陷害我的。国民党最高当局既作了决定，而又批准了时任台湾警备总司令部总司令黄杰的签呈，台湾警备主管人员，包括军事法庭在内，自会依照所批来胡干到底的……"[1]

## 五、申请特赦落空

雷震于 1960 年 11 月 24 日被移至军人监狱受刑，在警备总部看守所整整被关押了八十天。对于复判结果，海内外舆论普遍表示不满，纷纷发表文章或评论。其中包括《民主中国》和《民主潮》的《雷案复判以后》，《祖国周刊》的《雷案复判以后的感想》及牟力非先生的《国民党的三病与雷案因果》，贺兰的《雷案复判后的反应》等社论与专稿。

1961 年 2 月 4 日，胡适、蒋匀田、陈启天、胡秋原、张佛泉、成舍我、毛子水、沈云龙、徐复观、夏涛声、齐世英、李公权、朱文伯、李济、沈刚伯等四十六位著名学者、社会名流上书蒋介石，替受诬入狱的雷震慷慨陈情，要求根据"宪法"第四十条规定[2]，予以特赦。"这个文件是由某名报人'立委'主稿，其后也有其他签署的人略加润饰，全部用文言文写成，长约五百字"。[3] 签名的社会名流有大学教授、"立监委员"、"国大代表"、在野党领袖等，

---

[1] 《雷震全集》第 28 册，页 35。

[2] "中华民国宪法"第四十条规定："总统"依法行使大赦、特赦、减刑等权。

[3] 《雷震全集》第 28 册，页 324。

其中大学教授八人、"国大代表"七人、"立监委员"二十八人，其余为政党领袖。若以党籍计，国民党二十人，民社党七人，青年党十一人，无党无派人士八人。全文如下：

《自由中国》半月刊发行人、"总统府前国策顾问"雷震，被控言论叛乱及掩护匪谍，经台湾警备总司令部军法处处刑十年，复判确定，已于十一月廿四日移监执行。伏念雷震追随 钧座，献身革命，抗日戡乱，无役不从，奋励忠勤，垂三十年，"共匪"肆虐，中原板荡，于上海垂陷之时，协赞汤故总司令恩伯，履危蹈险，万死不辞，淞沪撤守，随军转进，厦台之间，辛苦驱驰，承命规划，弥多献替。及 钧座俯顺舆情，再秉"国政"，"共匪"惶惧，妄肆谤诽，以香港为枢轴，逞簧鼓之诡诈，人心悯惑，迷其归趋。雷震与国民党故中央委员洪兰友，驰往宣释，瘏口哓舌，收效颇宏。凡兹陈述，胥属实情。 钧座泽及群黎，恩周部曲，慈仁恺悌，中外同钦。苟有微劳于国家，从不见弃于帷盖。昔黄效先杀人毁尸，法判极刑， 钧座垂念其先人百韬将军为国殉职，功勋丕著，特命宽减，闻者感泣。今雷震以言论获罪，束身狱狴，暮年多病，旦夕堪虞。雷震勋劳虽不及百韬将军，而其"爱国反共"、忠爱领袖之赤忱，则似无悬异。大辟从减，既加恩于身后，一眚可原，盍邀恕于生前。况当中兴日近之时，益切举国一致之望，雷震如蒙矜宥，必能知所感奋。××等不揣冒渎，敢竭愚诚，谨联名吁恳 钧座依"宪法"第四十条，予雷震以特赦，宽仁旷荡，率土蒙庥，××等不胜屏营，翘企待命之至。[1]

---

[1] 《雷震全集》第28册，页325—326。

这份"陈情书"送达"总统府"，蒋介石确实看到了，却未做任何表态，仅发交给"行政院"办理此事；"行政院"又将"陈情书"转至此案主办单位军法机关的主管部门——"国防部"。当时就有人指出：蒋介石如果不将此信发交"行政院"，即可直接予以特赦；而一旦发交给"行政院"，则意味着特赦的希望十分渺茫。就是说，蒋介石不发话，一切只有以"行政院"与"国防部"签办的意见为定了。

1961 年 4 月 12 日，上书者收到"国防部"部长俞大维具名的公文，被告知"没有先例可援，而不予特赦"。与此同时，台湾云林县议会"请愿特赦雷震"的提案也遭到了拒绝。1961 年 3 月 18 日，台湾云林县议会举行第五届第一次大会，通过了议员苏东启、廖郭凤、吕春木等人提出的"临时动议案"，吁请蒋介石"依'宪法'规定，对《自由中国》半月刊发行人雷震予以特赦"。提案内容主要包括两点：一是雷震其人其事，本省民间地方人士知之甚稔；二是政府对异族尚且化敌为友，况对国家民族有贡献之雷氏？1961 年 8 月 16 日的《民主中国》半月刊对此评论道："该提案人虽非国民党籍议员，若依据云林县议会议员党籍比例推论，即国民党籍多数议员也是同情的，否则，该提案是通不过的。因此，时值国难当头，深盼国民党诸君子想想看，雷案的后果是什么？雷案的效果又是什么？"[1]

在雷震入狱近一年中，香港《祖国周刊》发表了方芝《雷震狱中生活点滴》、《怀雷震先生》的怀念文章，《民主中国》发表了牟力非《我们哪一年才有言论自由——并怀念雷震先生系狱一年》的专稿，《自立晚报》发表了《"雷案"一周年》、《雷震〈自由中国〉·反对党》等文章或社论。雷震入狱第三年，《祖国周刊》又发表许

---

[1] 《雷震全集》第 28 册，页 330。

冠三的专稿《雷儆寰先生入狱三周年——雷震·中国民主党·中国
民主运动》，日本《中央公论》发表了高木健夫《致蒋介石的公开信》）。

针对"行政院"和"国防部"的"不予特赦"，雷震愤懑地说，
"'行政院'所属机关——'国防部'和警备总部，如此玩法弄权，
陷害人民，贻笑中外，其监督机关的'行政院'，竟视而不见，听
而不闻，装聋作哑，任其下属机关如此胡作非为，难道就不应当
负其监督的责任吗？按查'行政院组织法'第七条明明规定：'行
政院长综理院务，并监督所属机关'，那么，'行政院'的所属机
关之不依照由'立法院'通过，'总统'公布的'军事审判法'行
使职权，甚至玩法迫害人民，'行政院'首长难道就没有责任吗？
不过，话又说回来，在一党专政和个人绝对独裁的政治之下，'行
政院'也可能是一个'聋子的耳朵'罢了！"[1]

## 六、"雷震案"背后

"雷震案"是"先抓人后侦讯"，足以证明台湾当局已失去理
智，不顾法律，更不恤人言。从 2002 年 9 月台北"国史馆"公布
的《雷震案史料汇编——国防部档案选辑》中可以知道，无论下
令逮捕雷震或审判、调查，均受控于来自"最高当局"的直接指令。
这种政治超越法律的行为，成为台湾"白色恐怖时期"最为不堪
的一页。

警备总司令部将"自由中国半月刊言论是否足以为科刑论罪
之基本"准备工作，实际上，从 1958 年 9 月下旬就已经开始了。
按照情治部门最初的构想，是以"触犯惩治叛乱条例"对雷震等
人进行起诉。后来则发现，这一指控"并不足以构成刑责"，有关

[1]《雷震全集》第 28 册，页 333。

部门即向最高当局建议，"应在法律制裁途径之外另先觅适当对策"。所谓"对策"包括：对雷震的处理将"充分准备广求事证、运用矛盾孤立首凶、制造环境提前行动"；"对《自由中国》社内部之较缓和者（毛子水、戴杜衡、胡适等），研究其利害关系，指出其矛盾所在并加以运用"，更以"分化胡适与雷之关系为主"，使其得不到支持；至于在海外反应方面，则"运用关系使美国国务院远东问题顾问费正清等不再同情雷之活动"等。

1959 年 1 月下旬正式确立"田雨"（雷震两字拆出的代号）项目，以"假想作业"的方式在秘密进行，并设有甲、乙两案。在甲案中，是以"殷某"（殷海光）、"田雨"（雷震）为起诉对象；乙案则扩大到"张三"（夏道平）、张益弘等人，两案均以"田雨"为主要目标。[1]情治部门还收录了一份 1960 年 7 月的《要情专报》，详细记载由"谍报"来源提供，内容为雷震到高雄与杨金虎、高玉树、齐世英、郭雨新、傅正、苏秋镇、李亚苹等数十位南部地区人士开会的内容。

"假想作业"实际上运作得并不十分理想，仍不能真正"构成刑责"。因此，采用"匪谍案"的模式在此时被提了出来，成为台湾最高当局惟一有可能制裁雷震的"可行"方式。在这个方案之中，同时逮捕对政治一向无多兴趣、没有写过文章的经理人马之骕和《自由中国》杂志社前会计刘子英，就成为"雷震案"中最为关键的一个伏笔，按照情治部门最先预设的"突破口"，并不在政治背景较为复杂的刘子英，而是在年纪较轻、不谙政治的马之骕（新婚不久），结果，马之骕未招，刘子英却"说了"。

10 月 8 日宣判当日上午 11 点，蒋介石召集"副总统"以下十八名党、政、军、特要员，在"总统府"内亲自主持会议，为

[1]　参见 2002 年 9 月 4 日台湾《联合报》。

其审判定调。与会人员包括"副总统"陈诚，府、院、党三大秘书长张群、唐纵、谷凤翔，"司法院长"谢冠生、"检察长"赵琛、"国防部军法复判局"局长汪道渊、"外交部长"沈昌焕以及陶希圣、曹圣芬等十四人。与逮捕雷震时一样，对雷震的宣判警备总部也拟就了甲、乙、丙三种方案。谷凤翔及警备总部主张采用甲案，即以惩治叛乱条例第二条第三项，预备以非法方法颠覆政府之罪名，判雷震有期徒刑十年，违禁书籍十八册没收。谢冠生、赵琛、汪道渊等人主张采用乙案，即以雷震明知刘子英为匪谍而不告密检举，依戡乱时期检肃匪谍条例第九条，判有期徒刑七年；以文字为有利于叛徒之宣传，依惩治叛乱条例第七条判有期徒刑八年；定执行有期徒刑十年。令人不解的是"副总统"陈诚，雷震的这位老友竟主张采用丙案，较之蒋介石内定的刑期还要多两年，[1] 即雷震包庇叛徒，依惩治叛乱条例第四条第一项第七款判有期徒刑十年，以文字为有利于叛徒之宣传，依同条例第七条判有期徒刑七年；定执行有期徒刑十二年。全部财产除保留家属必需生活费外，没收之；违禁书籍十八册没收之。

蒋介石在平衡了各方意见之后，倾向裁决采用乙案，当场作出四项指令：一、题目（指判决书）要平淡，须注意一般人的心理；二、雷的刑期不得少于十年；三、《自由中国》半月刊一定要能撤销其登记；四、复判不能变更初审判决。会议行将结束时，蒋介石还

---

[1] 以后来学者的分析，陈诚当年之所以这样做，实际上反映出他在雷震案中的被动处境，若以权力接班，依蒋介石的逻辑，雷震、胡适等人反对他"三连任"，岂非是在支持陈氏竞选"总统"，或由"副总统"升任"总统"？陈诚为示避嫌，主张重惩雷震，在逻辑上无不道理。事实上，逮捕雷震陈诚事先并不知情，直至时任"总参谋长"的彭孟缉、"警备总司令"黄杰下达拘捕令前，才共赴陈诚家中报告此事，作为"副总统"兼任"行政院院长"，仅被部属告知，场面之难堪不难想象。

是有点不放心，又问：“乙案能否撤销《自由中国》的登记？将来复判不可变动有无把握？”“国防部军法复判局”局长汪道渊当即站起来答道“可以办到”。[1] 当天下午军事法庭就是朝着这个“方向”作出了宣判，主文如下：

> 雷震明知为匪谍（按：指刘子英）而不告密检举，处有期徒刑十年，褫夺公权五年，连续以文字（按：指《自由中国》半月刊）为有利于叛徒之宣传，处有期徒刑七年，褫夺公权七年，执行有期徒刑十年，褫夺公权七年。
>
> 刘子英意图非法之方法颠覆政府，而着手执行，处有期徒刑十二年，褫夺公权八年，全部财产除酌留其家属必需生活费用外没收之。
>
> 马之骕预备以非法之方法颠覆政府，处有期徒刑五年，褫夺公权四年，匪伪书籍……均没收。

2003年台北“国史馆”出版的《雷震案史料汇编：黄杰警总日记选辑》，其内容比《雷震案史料汇编——国防部档案选辑》、《雷震案史料汇编——雷震狱中手稿》更清楚地呈现了1960年“雷震案”中情治机构密谋策划、蒋介石的态度和指示，以及“国防会议副秘书长”蒋经国扮演的角色：

> 1960年6月12日：“陈副总统”（陈诚）召见指示：《自由中国》半月刊之处理，不必要“总统”负责，“副总统”愿身负其责，余曾表示本部（警备总部）可以负责处理。但“副总统”说：“不要你负责，我来负责”。又说：“我下命令，

---

[1]　参见2002年9月4日台湾《联合报》。

由我负责，你来执行。"

1960 年 8 月 8 日：本部奉命执行"田雨专案"，对新闻界必须加以说明，军法处亦已搜集其以往之荒谬言论，拟就起诉书，上述之新闻稿及起诉书，均已定稿，拟送中常委陶希圣、唐纵两先生及"总统府"张秘书长岳公过目，以求妥善。中委会唐秘书长电话通知，已报告总裁，兹奉指示："田雨专案之执行，须等待命令然后始可行之"。

1960 年 8 月 13 日：晋谒"总统"，垂询"田雨专案"准备情形。余当即报告一切均已准备完成，只等待命令行动。"总统"指示：一，对雷震之行动应切实注意。二，对傅正之行动，亦应加以注意。三，机场港口应该注意。四，行动时间到月底再做决定。余当即报告"总统"，对本案应予逮捕之对象，已分组加以监视。

1960 年 8 月 20 日："总统"指示：下星期即拟采取行动，究竟应先逮捕雷震？拟应先逮捕傅正？或能从傅正之供词获得较多之资料亦未可知。倘先逮捕傅正，雷震必然于其所办刊物甚或煽动其他反动报纸刊物对政府大肆攻击，如何应付此一可能局势，均应详加研讨。

1960 年 8 月 27 日："总统"指示：雷震将其逮捕后，预备禁闭于何处？是否系监狱？余答以拟将其禁闭于本部军法处看守所，俟起诉判刑后，即正式移监执行。"总统"问："军法官已指派否？必须指定头脑清晰，学识经验均称丰富之干练人员担当此一非常之任务"。

1960 年 9 月 2 日：利用"总统"召见前十五分钟时间与唐（纵）秘书长一同趋谒"陈副总统"辞公，报告"田雨专案"已近执行阶段，"副总统"极表欣慰，并谓："本案我可以负责处理，如需由'行政院'下令，余虽卧病多日，仍可即刻下山，俟执行后，再回山休养"。十七时卅分，"总统"指示：一，本案不必由"行政院"负责。二，本案行动以后，唐秘书长可分别告知李万居、高玉树等，此次行动，系处理《自由中国》半月刊之旧案，与反对党毫无关连。同时请"副总统"电告胡适先生加以说明。"总统"问：有关本案之法律问题，已准备否？余答：法律问题均已研究清楚，将来判刑最高可判有期徒刑十五年或无期徒刑，最少亦将判刑七年。

1960 年 9 月 3 日：为执行田雨专案，本部军法处须以拘票三张，一张为逮捕傅正，另两张为逮捕雷震之用（雷有一妻一妾，居处有两处），同时签发搜索票五张，于拘捕雷、傅时对其住宅与自由中国杂志社进行搜查。

1960 年 9 月 15 日：蒋副秘书长经国兄来访，"总统"已将"刘子英自白书"过目，甚觉内容无力量，嘱对雷震及刘子英两人提出下列问题：一，询问雷震：刘子英曾否告知你负有"匪方"使命？你有没有报告政府？你有没有要刘子英自首？你既知道刘系"匪谍"，为何为刘介绍工作？二，询问刘子英：是否系"匪方"派遣来台？是否告知雷震？雷震是否曾要你自首？雷震是否知你为"匪谍"而仍为你介绍工作？政府宣布自首办法后，你为何不自首？

1960 年 9 月 17 日："总统"指示：雷案起诉书应以雷震等所为文字煽动军心影响士气提起公诉。

1960 年 9 月 21 日："总统"指示：一，对各被告凡无充分证据之犯罪事实不必提出审问，自己必须凡事站稳脚跟，以免招致批评。二，傅正既无附匪事实，可不必起诉，但仍应依法"情节轻微，交付感化"。[1]

---

[1]　参见 2004 年 1 月 1 日台湾《联合报》A13 综合 / 政治版。

黄杰在 9 月 26 日日记中写道："'总统'称,处理本案,余之根本原则绝不变更,即必须交由军法审判,盖如交司法审理,不但刑法上无可资引用之适当条文,引起之反应与军法并无二致。"涉案人之一傅正因发表过两篇文章,批评当局推动"修宪"以利于蒋介石"三连任",被裁定感化三年(实际上最后成了六年)。[1] 黄杰在日记中又说:

> "总统"指示:雷震之秘书傅正,其人极为可疑,傅之年龄,据专案组所报,系三十六岁,但根据其个人资料,出生于民国十七年(1928),今年为三十二岁,而非三十六岁。且此人曾就读于上海某大学,旋又转入武汉大学,最后又入台湾大学政治系毕业,从未谋取公职,专为雷震为助手,青年人读书之抱负,果如是乎?以此情形推断,当系"共匪"之职业学生,来台渗透工作者。[2]

蒋介石询问雷震会不会自请律师,回答是一定会聘请律师,家人正在与端木恺、梁肃戎、李公权等接洽中。蒋指示:告诉唐秘书长,即以端木恺为雷震的辩护律师好了,在"双十节"前必

---

[1] 《惩治叛乱条例》第九条第三项规定"感化教育不得延长",但在实际操作中,往往违反其规定。即"感化"根据训导程度,如考核分数较高,提出具体实证,可提前结训,反之,若训导认为其仍有思想问题,有权签报上级延长感化期。傅正感化三年届满之时,被找理由又感化了三年。作家柏杨亦为一例。参见许伸弘、许瑞浩等记录整理《马之骕先生访问记录:生教所的悲欢岁月》,台北《国史馆馆刊》2003 年 12 月,复刊第 35 期,页 235;柏杨(郭衣洞)《柏杨回忆录》,台北远流出版公司 1996 年版,页 319—325。

[2] 参见陈世宏、张世瑛、许瑞浩、薛月顺编《雷震案史料汇编:黄杰警总日记选辑》,台北"国史馆"2003 年,页 88—89。此史料全套光碟系台湾"中研院"近史所胡适纪念馆馆长潘光哲先生提供,特此说明。

须结案。答：是否太急了一点，怕来不及。蒋说：还是快一点好。[1]
端木恺拒绝担任雷震的辩护律师，托付给了梁肃戎。

10 月 8 日下午，军事法庭根据来自最高当局的指令，对雷震
作出了宣判。尽管此时"监察院""雷案调查小组"的调查报告，
已列举出该案在处理时诸多"不合或失当之处"，并提出纠正案，
仍然无法改变初审的判决。

11 月 23 日，"雷震案"复判仍维持原判，美国国务院对此甚
为关切，因不断受到来自美国国会方面的巨大压力，美国政府希
望台湾当局对雷震一案"优予考虑"。时任"驻美全权大使"叶公
超 1960 年 11 月 28 日发给"外交部"一份电文称：美国国务院主
管政治助理国务卿（茂椿德 Merchant）约见谈话，[2] 分管中国事务
的马丁局长在座。茂椿德告诉叶公超，此间对"雷震案"的反应
于台湾政府极为不利，并对维持原判表示遗憾，目前惟一的办法，
只有"蒋总统"予以减刑这一途径。美方自知对此无建议权，仍
希望台湾当局予以考虑为盼。

叶公超电文转呈之后，蒋介石态度坚决不为所动，指示"总
统府"秘书长张群复电叶公超。张群 12 月 4 日电文中称：蒋亲批
"雷案为'反共运动政策'与'共产阴谋'之争，且为维持'国法'
与破坏反共法律之争，乃为国家生死存亡之关键，不能再作其他
如减刑等之考虑。否则我政府无法再言反共，即使其存在亦无意义。
最后结果台湾只有坐待'共匪'和平解放而已。此为我政府所绝
不能想像之事，即以此意电告叶大使明告前途[3]"。张群电文还称

---

[1]　参见 2004 年 1 月 1 日台湾《联合报》A13 综合 / 政治版。

[2]　原本国务卿拟亲自约谈，因离开华盛顿而改由茂椿德约谈。

[3]　这里的"前途"，系指他们，或另一方；旧时与人洽谈时，隐去称谓，称另一方为"前途"。

"辞公（指陈诚）表示完全同意"[1]。

雷震被捕之后，最初受押于警总军法处看守所内，遇到一件终生难忘的事情，"有一天睡不着出来纳凉（我的牢门二十四小时不关）时，忽有人来对我说：'雷先生，你不要问我姓名，我对你很敬佩！你在政府搞过几十年，为什么对他们的作风还不明白？为什么要花钱去上诉？你上诉也是十年，不上诉也是十年！你今年已是六十四岁了，坐了十年牢也差不多了！你如果今年只有五十四岁，恐怕要判你无期徒刑啊！这都是国民党老先生批准的'"[2]，老先生指的是蒋介石，雷震闻后慨然不已，扼腕长叹。

---

[1]　参见周谷编著《胡适、叶公超使美外交文件手稿》，页 262—264。

[2]　1975 年 5 月 30 日雷震致陶希圣函，收录于《雷震全集》第 28 册，页 197。

第二十二章

# 在 狱 中

1960年11月24日上午9时许，宋英及两位女儿在二三亲友的陪同下，前往台北青岛东路警备总部看守所探望"复判"后的雷震。未料，雷震在一小时之前已被移至新店镇安坑乡"国防部"军人监狱，宋英等人只好再匆忙乘车赶往新店。

第二天，雷震好友齐世英、夏涛声、蒋匀田、胡秋原、夏道平、周弃子等七人，前往军人监狱看望开始服刑的雷震，遭到狱方的拒绝，理由是"每周二、五的例行接见日，求见者以服刑人的亲属为限，朋友没有必要时，监方可拒绝接见"。实际上，当局已下达有关指令，非亲属探望雷震，"一概得要先经申请，获得'国防部'批准，否则免谈"[1]。

根据当时的规定，"军人无论是受审判或服刑，都是按阶级而有所不同的。非军人而受军法审判的，也依其身份职位比照军人之待遇"。雷震仍是"国大代表"，相当于军人"将军"之衔，可住单人囚室。新店安坑军人监狱条件比看守所好不了多少，许多

---

[1] 李敖、胡虚一等著《雷震研究》，页149。

设施尚不尽如人意。雷震因身材高大，军人监狱中的床似乎太小，雷震让家人送去自己平时睡的那张大床，还有一张桌子，一把藤椅，一把靠椅，以及一个洗澡盆。以雷震的身份，在这里无需穿囚服，雷震最初两次会见家属时，穿的都是西服。后来天气渐冷，雷震让家人又送去棉袍。安坑在乡下，早晚特别凉。在看守所时，家人经常会送一点小菜来。到了这里，雷震觉得不甚方便，就关照家人不必再天天送了。宋英是每周五探监，如夫人向筠是每周二探监，孩子则分别随宋英和向筠一起去。朋友们来探望雷震，往往由于见不到人，会留一点水果给他。

有一次，"立法委员"胡秋原、成舍我偕雷夫人宋英一起来探监，胡、成二人硬是被挡在了门外。胡秋原只好留下自己的名片，在反面写道："儆寰兄：今日兄坐牢，不是坏事；唯坐牢之道，首须安心。安心之法，不外读书与思想。一当读轻松者，二尚当读费脑筋者。盖唯有用心深思，始能安心也。不得见，所欲告兄者如此……"[1]

雷震在狱中发出的第一封家书，是入狱两天之后。他让宋英透过"总统府"秘书长张群"负责协商政治解决"，其办法是"我不参加反对党，自由中国社改组……希望我今后脱离现实，过一点写作生活"。十天之后，再次致函宋英，"政治解决，除'总统'外，恐要与经国谈谈……这里虽然特别优待，如果再住一二年，也是无法下去的"，信末特别交代"绝对秘密看完烧去不可留"。[2]
雷震一直认为此次当局之制裁"决心如铁"，其关键症结在于参

[1] 《雷震全集》第 5 册，页 722。
[2] 参见吴乃德《不要摧毁民主未来的重要价值——致民进党的朋友们》一文，原载 2006 年 8 月 25 日台北《中国时报》。

与组党，因此，想透过"政治协商解决"的方式，来改变目前的困境。应当说，这并非雷震此时萌发出来的"悔意"，而是不想"新党"因此而胎死腹中，他在信中说，"新党我不能参加，希望他们成功"。

1960 年 12 月 14 日，雷震在狱中致函胡适，为他的七十大寿提前祝贺，并向胡适索书，"本月十七日为先生七十大庆，我在狱中不能前来祝寿，谨写此信代贺……贺寿不能无纪念品，我现在把'读《胡适文存》校误表'作为纪念品，向您敬呈……先生还有什么书，请赐几本，外国人的传记（译本）如有，请赐下几本。我读了一本中译本《阿德诺传》，给我启发的地方甚多"[1]。获悉雷震在狱中开始写一些回忆性质的文字，胡适感到十分高兴。1961 年 1 月 20 日，宋英前往探监，胡适特意托她带了一封信给雷震，其中说，"我很高兴你能够安心写回忆的文字了，也很赞成你尽量写得'白'。但不要学我，赵元任兄常说适之的白话是不够'白'的"[2]。

自雷震入狱，至 1962 年 2 月胡适以心脏病猝发逝世的一年多里，雷震先后给胡适写过二十余封信。1961 年阴历五月二十六日，雷震六十五岁生日，胡适想念狱中的雷震，手书南宋诗人杨万里的诗《桂源铺》以相赠，"万山不许一溪奔，拦得溪声日夜喧。到得前头山脚尽，堂堂溪水出前村"，其寓意，不言自明。第二年，胡适就去世了。聂华苓始终认为"胡适的速死与雷案有关"，唐德刚说"雷震案"之后，胡适好像一下子老了二十岁。雷震自己也说，"胡适为我的事，是遭受了冤屈，但胡适本身也有错误，他不应该回台的，回来了即等于'瓮中之鳖'，蒋中正就不会买他的账，胡

[1] 1960 年 12 月 14 日雷震致胡适函，万丽娟编注《雷震胡适来往书信选集》，页 237—238。
[2] 1961 年 1 月 16 日胡适致雷震函，万丽娟编注《雷震胡适来往书信选集》，页 242。

适也没有办法来对抗"[1]。

雷震在狱中受到严密监视，有一个"雷震监视班"，共四人，轮流值班。1963 年 4 月 2 日，《时与潮》杂志刊发《访监委宋英女士问雷震狱中生活》一文惹怒了当局，雷震旋被停止会见家属达半年之久，《时与潮》杂志也因此被迫停刊一年。这篇文章系《时与潮》记者对宋英的一次专访实录，同时附有"雷震狱中自励诗"一首。宋英在专访题记中特别感谢"所有海内外关心儆寰之好友的殷殷至情"，并借用《圣经》上的话，称自己的丈夫"为义而受难"，他的冤屈将得到历史最公正的评价。关于这首"雷震狱中自励诗"及自己的心情，宋英这样说：

> 这首诗，是儆寰……自新店安坑军人监狱寄给我的。我读了他的这首诗后，觉得他在监狱中的心情，已逐渐平和下来，这点对我来说，自是一件最可欣慰的事。儆寰以垂老之年，坐牢已快三年了。自他被捕入狱至今，一直受到海内外甚多识与不识的朋友的同情和关怀，我个人亦常受到许多友好的热诚安慰和帮助……一般说来，一个坐牢的人，心情总是不好受的；儆寰坐牢，难免亦是如此；所以儆寰常说自己是个"受难"人。儆寰以所谓"文字叛国罪"被捕的情景，对我来说，真是历历在目，有如昨日之事一样，但它毕竟已是两年以前的事了，再来旧事重提，似乎无此必要。至于儆寰坐牢，究竟是"罪有应得"，还是如圣经上所说"为义而受难"，这自然只有诉诸世人的公道与良心，和留待后来历史的判断……最近，又承《时与潮》杂志记者先生来访，承其关心儆寰，探询他的狱中生

---

[1]《雷震全集》第 28 册，页 434。

活至详。临时乃将徽裹寄我已快半年的这首诗,顺便交请《时与潮》杂志发表。[1]

　　从对宋英的这篇专访中,可了解到雷震前三年的狱中生活主要以写作为主,多是回忆类的文字。宋英对记者说,"据我观察,谈不到写作兴趣的高低,只能说他精神来得及时就写……这是一个狱中人寂寞时惟一使用(或发泄)精力灵感的方法和方式。他曾告诉我,写起来几千字,还是没有困难;哪一天精神不济了,就休息不写"。当记者问及雷震狱中健康问题,宋英说,"还算好。你想,他到底是六十七岁的人了,再好也没法与青年人相比。何况他有风湿病,气候一变化,他就免不了痛苦……"记者又问,先生与入狱前相比有什么显著不同,宋英以两年多来会见雷震时观察所得,告诉记者"他现在安静得多了","人生经验比以前更丰富了,容忍的修养更高深了,观察事理更深入了"。

　　雷震患有多年失眠症,一直困扰他的健康。宋英对记者说,雷震在入狱后一段时间里每天确实需要安眠药才能入睡,"后来因为购买不方便,以及他有意要藉此机会摆脱安眠药的纠缠,就像一般人戒烟一样地把'药'戒掉。现在他已完全可以不需药片而能安眠了"。记者询问当时那场"中西文化论战"双方主角[2]由

[1]　《雷震全集》第12册,页363—364。

[2]　1962年,胡适在台北逝世之前,发生过一场"中西文化论战"。其中以李敖和胡秋原之间的论战最为激烈。论战是由两篇文章引起的,一篇是胡适的《科学发展所需要的社会改革》,一篇是李敖的《给谈中西文化的人看看病》。李敖指名道姓批评了一些国民党要人和社会名流,包括张其昀、陈立夫、陶希圣、胡秋原、任卓宣、郑学稼、钱穆、牟宗三等,在台湾社会造成极大的震动。面对李敖来势凶猛的批判,胡秋原、任卓宣(叶青)、郑学稼等人深感其声誉、人格受到极大羞辱,于是也撰写文章,在《文星》杂志上进行反击。这场以李敖、任卓宣、郑学稼、胡秋原、徐复观等人为中心的"中西文化论战",后由于涉及毁谤诉讼,被台湾报纸大量报道。

论争而诉诸法庭一事，雷震在狱中对此案十分关注，宋英解释说，"那是雷先生看报知道打笔战打进法庭，他向来的性情爱关心朋友，便在给我的一封信上顺便提了一句，说他认为那件官司打也不会有什么结果，嘱我见到胡秋原先生时，就说儆寰诚意劝胡先生千万不要继续打官司，如果不是他在狱中，他一定要给双方调解息争"。

记者提出想看一看这封信，宋英表示这是一封夫妻私函"不便公开"。不过，她又说："我可以把雷先生附有识言的一首诗交给你发表。因为那首诗是《自励诗》，足以说明他的心境和修养的进度。诗后的跋语，等于是一篇日记，可以让关心他的朋友们知道他的生活情形而放心。那是他亲笔写的。"1963 年 4 月 1 日出版的《时与潮》杂志第一百六十六期刊表了雷震的这首《自励诗》（附跋），全文如下：

九月九日夜梦到胡适之先生所示容忍与自由因成自励诗一首。

无分敌友，和气致祥，多听意见，少出主张。容忍他人，克制自己，自由乃见，民主是张。批评责难，攻错之则，虚心接纳，改勉是从。不怨天，不尤人，不文过，不饰非；不说大话，不自夸张，少说多做，功成不居。毋揭他人短，毋扬自己长，毋追怀既往，毋幻想将来。忠于信守，悉力以赴，只顾耕耘，莫问收获。虚心无愧，毁誉由人，当仁不让，视死如归。做人和处世，皆赖之以进；治国平天下，更非此莫成。

九月五日夜，台风肆虐，居室浸水，物件凌乱，霉气四溢。七日亚英（即宋英）探视，送来书架一只。九日天晴，乃抖擞精神，将书籍文稿，衣履被服，碗橱炊具，药瓶壶盂，以及坛坛罐罐，全部搬到室外曝晒，洗刷拭净，然后一一搬回室内，上午十二时完毕。其间虽有一人相助，而大部分工作是我一人任之，跑进跑出，不下百次之多。午间小睡后，又赶写今日应写的回忆文字，成二千五百字，复利用休息时间，将书籍放到书架上，并略事整理。其他物件，亦均一一放到适当地方，其间曾准备午晚两餐。晚饭后又洗衣三件。因之精疲力竭，头昏眼花，晚间运动因而停止。九点钟即上床休息。不意横身酸痛，皮肤发烧（太阳晒的），疲劳过甚，竟不能成眠。十一时半又起床出外散步，腹饿吃饼干两块，然后上床再睡。在迷迷糊糊中，忽然梦到适之先生告诉我们"容忍与自由"的意思，因成诗一首，藉以明志自勉。[1]

《时与潮》这篇温和、平实的专访遭到台湾当局的责难。《时与潮》是雷震老友齐世英以"立法委员"身份办的一个党外刊物，此时齐世英已被国民党开除党籍多年。雷震说，"蒋氏父子认为这是讽刺语，即下令《时与潮》停刊一年，我则停止接见，不准带冰箱和电扇。我的停止接见未付期限，一下子停止接见半年，这又是大大违法的"[2]。雷震在 4 月 28 日日记中有"《时与潮》载有陶元珍教授《读雷儆寰代表（震）狱中诗》"之记载，第二天，收到老友徐复观《读儆寰狱中诗感赋》的抄件，足见这首《自励诗》感人至深。

雷震在狱中为争得自由阅读报刊合法权利，与狱方做过一番

---

[1] 以上均参见 1963 年 4 月 1 日《时与潮》杂志《访监委宋英女士问雷震狱中生活》一文，收录于《雷震全集》第 12 册，页 362—371。
[2] 《雷震全集》第 12 册，页 362。

坚决抗争。军人监狱规定订阅的报纸是党报和军报。雷震不愿看官方刊物，要求订阅《联合报》以及一份英文的《中国邮报》。经过两个月的审核，方才获准。狱方对于书刊的阅读管制特别严格，雷震所订《联合报》，除负责检查报纸的保防室外，其他受刑人，甚至狱吏、狱卒一律不许看。在那段时间，狱方只要提及《联合报》，常称之为"同路报"，意即"自由派的同路者，思想有问题"的报纸。狱官告诉雷震，狱吏和狱卒为了也能了解社会大事，常跑到新店公路局车站内看张贴在公告栏上的"同路报"。

雷震在《雷案回忆》和《狱中十年》等书中，经常提及在狱中阅报时的遭遇和不堪心情。狱方虽然特别核准他在狱中订阅《联合报》，对每天的报纸仍加以严格检查，并不时查扣，雷震想尽一切办法争取自己的阅报权，其中有若干记载：

> 《联合报》常常要到下午才送来,上午要经过保防室检查,其实他们也要看这些同路报,而不要看那些成天歌功颂德的党报和官报。
>
> 可是保防室的检查,常常扣去一天,我就抗议:不见得报上所载全部我都不能看吧?
>
> 于是保防室改变办法,抽出不给我看的那一张。
>
> 我又抗议:难道全张都是不能给我看的吗?
>
> 保防室又改变办法,把不准我看的那一部分剪去了。
>
> 我再又抗议:保防室不准我看的,只有一则新闻,这一剪去一块,我连背面可以看的也就看不到了。于是保防室又改变办法,把不要给我看的那一部分用油墨涂去,如何用水洗刷也洗不掉。[1]

---

[1] 以上均参见 1994 年 7 月 29 日台湾《联合报》报道。

雷震被捕之初，确实受到过军方在某些方面的"优待"。宋英承认"雷先生自入狱后，没有像一般人所想象的狱中生活那样苦(例如挨打、受辱和做苦工)，但也没有得到家属亲友特别的照顾(例如"监犯有接见任何家属亲友的便利")……我每礼拜按军狱的规定，给他送两次菜去"。[1] 当局无疑知道此次逮捕雷震在海内外引起的震动和反应，迫于舆论的压力，不得不采用一些办法来缓解雷震的情绪，对他在狱中提出的一些要求，尽量给予满足。

还在看守所时，所长张福庆对雷震透露过，"雷先生过去对于国家有很大的贡献，这次事情，理由并不充分，自'雷案'发生后，外国的报刊，包括香港在内，对于政府和国民党，甚至'蒋总统'都抨击甚烈，说是'蒋总统铸下了一项最大的错误'。逮捕雷先生是'蒋总统'下的手令……为补救起见，关照我们对雷先生特别优待，我们自然要照办的"[2]。雷震大发感慨："我听到这一段话，马上联想到许多人所说'外国的月亮圆些！'这话却不无道理，这些讽刺的话，当是由经验而来，我的优待就是受了外国人，尤其是美国人之赐！"[3]

自发生《自励诗》事件，狱方对雷震的态度立即有所改变，监控得更加严密。李敖曾托宋英女士将其新作《胡适评传》送给狱中的雷震，此书一审查就是十九天。这本《胡适评传》让雷震看了许多天，他还将书中"错误的地方均一一记出，将来可交给李敖"。

雷震在狱中十年，军人监狱更换过四位监狱长。他回忆道：

[1] 《雷震全集》第 12 册，页 368。
[2] 《雷震全集》第 12 册，页 372。
[3] 《雷震全集》第 12 册，页 373。

　　第一位是李玉汉，据说是特务出身，我未见到过；第二位叫做马光汉，他任军监监狱长三年，每年倒是来囚室给我拜年，他是对我特别客气，他知道我是被蒋氏父子诬陷，下令而坐牢，我本身是清白无辜的，所以每年来给我拜年，对其他受刑人当然无此礼貌，和其他监狱长对受刑人是一样的态度，依然是"牢头禁子"的作风。第三位姓赵，做了好多年，我根本没有见过。第四任监狱长叫做"洪涛"(即洪破浪)，系宪兵出身……洪涛任监狱长后作风大变，对待受刑人的态度则大为和善，受刑人都觉得这位监狱长有人性，是一个人，不是牢头禁子，对我也特别客气……洪涛到任之后，对于受刑人也举行"生日会"，使受刑人也得到一点温暖……受刑人的生日会是在监狱的礼堂中举行，洪涛和许多监狱官亲自参加……我是受蒋氏父子下令不准和大众见面，所以给我添了几样菜，由我一人在监房中吃。这虽是美中不足的事，但不能责怪洪涛，那是他不敢违背独裁者的命令，除非他不想做官，不要这条命。[1]

　　以雷震坐牢的亲身体会，发现在军监中态度最为恶劣、最不讲道理、又无法律观念的机构当属"保防室"。"保防室"名义上属于军人监狱政治处代管，实际上是一个特务机构，隶属蒋经国管辖之下的一个安全室，在军监中谁也管不了它。"保防室"对雷震特别苛刻，"我所接见的人，要它核可，我除掉家属和亲属外，任何人也不许接见，连家中烧饭伙夫送菜来时，也不许我接见"[2]。每次会见家属时，只有三十分钟，两部录音机同时录音，更有人

[1]　《雷震全集》第10册，页376—378。
[2]　《雷震全集》第10册，页378。

在一旁监视。"立法委员"、原"军统局"上海站站长王新衡来军监探人，提出顺便见一见雷震，同样遭到拒绝。王新衡只好留下名片一张，以示来过了。就是这张小小的名片，"保防室"从未交给雷震。雷震出狱后，一次与王新衡闲聊，才得知当年还有过这样一件事。

"保防室"检查受刑人书信更是苛刻，近乎不可理喻。"凡有一语他们认为不妥者，就不给你看，或不给你发出。实际上在检查书信工作的人，都是那些半瓢子水的外役，自己的肚子里是半通不通的，他们只知道从严，只会挑剔。我的来信，看了一遍，马上就收回去了，[1] 存放在保防室那里……我刑满出狱前几天，我要索回存在保防室的来信，可是来信不多。在这十年坐牢中，何止一两百封信呢，只还了二十几封……殷海光有一封长信，有十页之多，这封信我记得很清楚，而殷海光在我出狱前的前一年已去世，我要留这封信作为纪念，故一再向保防室提出要求退还此信，他们一概置之不理，仗着他们是蒋经国培植出来的特务，可以无法无天而不顾一切。"[2]

牢中十年，让雷震没有想到的是，军人监狱内腐败之事，笔不胜书，贪污之奇，"也和政府一样，最不贪污的监狱长，只要盖上三、五幢房子，所得就极为可观……其他如军监的各工厂购买原料和出售成品，官兵及囚人的伙食费……有的彼此利益均沾，有的则主持者独吞其款"。雷震说，若不是蒋氏父子将他不折不扣

---

[1] 雷震狱中日记对此有详细记载，所有信件看完之后都要收回。一次，雷震收到长子绍陵（元配夫人刘氏所出）夫妇从美国纽约寄的信，外役要求他二十分钟内看完，然后就收回。雷震说，只有二十分钟，此信就不看，为何要这样严格限制我？对方说，是奉命办理的。参见雷震 1964 年 7 月 1 日狱中日记，收录于《雷震案史料汇编——雷震狱中手稿》，台北"国史馆"2002 年印行，页 84。

[2] 《雷震全集》第 10 册，页 380。

地关了十年，否则，还不会知道军人监狱中的腐败情形。[1] 当局
对军监的意识形态控制得相当严密，那些低阶狱卒，表面上唯唯
诺诺，实际上，对国民党早已心怀不满，每次军人监狱大礼堂举
行"国民党党员大会"，"党歌"响成一片，背后却有人大骂，切
齿痛恨。"有一次正遇上一个护士（军中护士均是男的，同为士
兵）给我打针时，我问他何以不去参加？打针迟一点没有关系。
不料那个护士却气冲冲地对我说：'哪个人要去参加这些流氓集
团？'"[2]

　　若论坐牢，雷震早有预感，毕竟是国民党高官而沦为"阶下
囚"的，几十年来，他在国民党内部，经历过太多的风风雨雨，
对当局打压异己之手段无所不知，此次坐牢完全因其理念与体制
相悖所致，而且纯属"政治构陷"，因此，他的心态较之一般犯人
相对平静和从容。不过，作为当局重要的政治犯，漫长的铁窗生
涯，失去人身自由的滋味与普通犯人毫无二致，雷震在信中对如
夫人向筠说："第一次看眼睛（指眼疾），如此困难，失去自由的
人，多可怜啊！"[3] 他之所以能够坚持下来，正如马之骕所说"雷
震坐牢十年，之所以能保存了性命，他惟一的'哲学'是他能'欣
赏坐牢'"。雷震出狱后，历史学家唐德刚与他见过一面，两人谈
了很多，从中大致可了解到雷震当年在狱中的真实心态，唐德刚
这样记述：

　　　　这次我与雷先生谈了两个多钟头，甚为投契。他告诉我

---

[1]　雷震著《雷震回忆录——〈我的母亲〉续篇》，页 389—390。

[2]　雷震著《雷震回忆录——〈我的母亲〉续篇》，页 380。

[3]　雷震著《雷震家书》，台北远流出版事业股份有限公司 2003 年 9 月 1 日初版，页 3。

一个人做人要有骨头，也要有修养。坐牢就要有修养；他说他坐牢十载，左右隔壁的难友都死了，只有他一人活了下来。"有什么秘诀呢？"我问。"要欣赏坐牢嘛！"雷说时微笑。他说他左右邻难友都烦躁不堪，一个不断傻笑，另一个终日唧唧咕咕，大小便都不能控制，结果一个一个死掉。"我想我如不拿出点修养来'欣赏坐牢'，我一定跟他们一样死掉……"雷说他用修养克制自己，终于神经还能维持不错乱，而终于"活着出来"。[1]

　　雷震"欣赏坐牢"的心态，并非一开始时就有。初到看守所时，因愤懑于蒋氏父子对他的"政治构陷"，整整三天未吃任何东西，连一口水也未喝过，打算绝食而死，以示抗争。后来想到"事情尚未搞明白就绝食而死，蒋氏父子可能诬我'畏罪自杀'，那就太不值得了"。女儿雷美琳回忆："我父亲自己在牢里头，他也很注意自己，每天该吃什么吃什么，他也不是很消沉的，他把全部精力放在写这个回忆录，就是说他有一个事情做，有一个目标的话，他就没有那么烦躁。"[2]

　　尽管如此，以雷震的个性，在狱中心情渐渐平静下来，但骨子里仍对蒋介石将他送入大牢感到愤激。他时常想到自己从事推动民主政治运动，完全是为了台湾和政府的进步，最后遭如此"政治构陷"，不免内心痛楚。他在狱中写道：有人告诉我说，"雷公，你是逃不了保安司令部——警备总部这一关的，你总是要坐这个牢的，政府对于舆论的控制，出版法和惩治叛乱条例乃是并行的

---

[1]　唐德刚《"铜像"迟早会出现的》一文，收录于《雷震全集》第 2 册，页 248。

[2]　参见《可贵者胆，所要者魂：雷震》一文，收录于蔡明云主编《台湾百年人物志 2》，页 18—19。

两道钳子，如果觉得出版法的控制不够劲，就使用最后法宝的惩治叛乱条例，这样就可以万无一失。惩治叛乱条例在平时则是备而不用"[1]。

在狱中，雷震多次梦见胡适，可见对先生情感至深，也可见胡适对他的影响最大，以下这篇狱中日记写于胡适去世一月之后：

> 昨夜睡得迷迷糊糊，做梦遇到胡先生，好像在上海八仙桥上海银行楼上，又好像在南港，又好像在自由中国社，做了一晚上的梦。他劝我放弃搞政治，他说我是搞民主政治的健将，今日时候不到，在台湾不适合，这里根本无民主政治，所以英雄无用 [武] 之地。劝我今后连政治也不要谈。他又说过去不来看我，是怕触怒了蒋先生，其目的是为我。又说他没有帮到忙，很抱歉，劝我忍耐，劝我逆来顺受，劝我放弃搞政治和谈政治，劝我从事著述，说我是研究宪法的，中国宪法书很少，劝我写一部巨著，临走时劝我保重身体，坐牢人以身 [体] 为重，这样迷迷糊糊了一晚。醒了一身汗，我想今后还是脱离政治吧！左舜生就退出政治，我也应该这样。[2]

雷震入狱的后五年，身体开始出现一些毛病，军监医生查出他已患有前列腺炎，"解小便时即感很不畅通，有时很吃力"，申请出狱做手术的手续十分烦琐，再加上家中没有治疗费，此事就拖了下来，一直未能得以及时治疗，出狱不久，即恶化为前列腺癌。此时雷家经济状况十分糟糕，雷震的"国大代表"津贴被取消，

---

[1] 雷震狱中手稿，收录于《雷震案史料汇编——雷震狱中手稿》，页 392。

[2] 雷震 1962 年 3 月 24 日狱中日记，收录于《雷震案史料汇编——雷震狱中手稿》，页 75。

其子雷德成患有重病，前后大小手术二十余次，"最后两腿全被锯掉，仅剩躯体"。雷震被关在新店，雷德成住在荣总，一南一北，宋英两地奔波，孩子们看在眼里，说母亲最可怜，真是筋疲力尽了。雷震在狱中日记中也说："我想到她过去常说，她总有一天要送牢饭的，有许多事情她比我看得清楚，我还是太天真啊……"[1]

　　雷德成的病是二十岁那年马祖服兵役时落下的。马祖地区只是几个荒凉的小岛，驻军没有什么设施，军营十分简陋，海边搭一个棚子，前后通风，没有门障，地上铺着榻榻米，只有一条军毯。

　　雷德成与父亲一样，个子高大，军毯太短，盖了上身，就遮不住下身，军医说是得了风湿性麻痹症。雷震夫妇向当局五次提出请假让其回台医治，都未予核准。雷震此时与当局的关系已然紧张，雷德成遂成这场政治冲突中第一个遭遇肉体打击的人。三年后退伍回到台北，已是完全不能行动。雷震当时找到前卫生署长施纯仁大夫进行手术，未获成功。

　　在美国的姐姐雷德全，十分心疼这个弟弟，建议母亲将其送来美国治疗，并说已在罗斯福医院为他找好了医生。"母亲将全部有关罗斯福医院所提出的文件，送交当局，准备去办出台手续，几个月下来，如石沉大海，毫无回音，从侧面打听，也不得要领。后来才证实德成弟弟领不到护照，因为当局认定他已是残废，政府不能允许残废的人出国，当我听到这一个消息，真是心内咯血，眼冒火花……当局会怕我们在德成弟弟到了美国之后，暴露给新闻界他的一切不幸遭遇，而影响政府的颜面。"[2]1969年11月，雷震出狱前一年，雷德成不幸早逝，"一个活生生的年轻人，他的一生还没有开始，却在极权专制的政治斗争中被牺牲了"，雷震狱中

---

[1]　雷震1961年2月9日狱中日记，收录于《雷震案史料汇编——雷震狱中手稿》，页73。
[2]　雷德全著《我的母亲——宋英》，页178—179。

得知，老泪纵横。

雷震身陷牢狱十年，失去人身自由，在高墙之内，除狱中两次嫁女无法参加外，[1] 还有几件令他痛苦不堪的事：

第一件：下狱数年后，老友高玉树以无党派身份高票再次当选第五届台北市市长。[2] 在狱中，每当雷震听到很多人在痛骂国民党为"狗民党"时，心中不免戚戚焉，确实"难过之至"。雷震二十岁时即在日本加入中华革命党（国民党），直至被开除党籍，前后有三十七年党龄。当看到自己曾经投效多年的政党被无数人批评或憎恨，不免有种"恨铁不成钢"的心情，应当说，这很真实。"这一晚上，听到离我囚室不远的斜坡上，人声鼎沸，我遂出来看看，见到许许多多充当'外役'的囚人，一堆一堆的群集在那里，拍手狂欢，状若得到了'爱国奖券'头彩似的，其欣喜若狂的样子，好像发了疯一样。我为好奇心所驱使，就跑过去问问他们今晚为什么这样高兴？是不是有人得了'爱国奖券'的头彩？他们争先恐后地对我说道：高玉树当选了台北市长，'狗民党'的周百炼落选了！我们高兴之至，因为'狗民党'已失去了台湾的民心。'"[3] 狱友们的肺腑之言，雷震慨然万千，"不料成天自吹自擂的国民党在老百姓的心目中，竟是一个畜类东西……今日这个局面，真是古人所说：'天作孽，犹可违，自作孽，不可活也'"。

---

[1] 雷震入狱后，与如夫人向筠所出之长女雷美琳于 1962 年 2 月 12 日出嫁，1964 年次女雷美莉出嫁。作为一个父亲，无法亲自送女儿出嫁，是他一生中的遗憾。他在家书中总是对儿女们谆谆教诲，"你们再要好好用功，一个人没有学问，在社会上无立足之地"，并鼓励他们赴美深造，只要能去成，钱由他再想办法。参见雷震著《雷震家书》，页 152。

[2] 1954 年以党外人士当选台北第二届民选市长。

[3] 《雷震全集》第 12 册，页 374。

　　第二件：一部近四百万字的《回忆录》，在出狱前两月被强行没收。对雷震来说，撰写这部回忆录是狱中十年最重要的一件事，无论是抗日初期国民参政会的成立；或抗战胜利后，从"国共和谈"到"政治协商会议"，及至"制宪国大"，雷震均为重要的亲历者和参与者。四百万字的《回忆录》对那一段潮起潮落的历史真貌，应当有着极高的史料价值和研究价值。当时狱方奉命将雷震的囚室搜索一空，连一张纸片也未留下。几十年后，台湾政治大学研究员洪茂雄针对"前东德国安部机密文件展览"一事，在《自由时报》上撰文，"反观台湾，在国民党白色恐怖统治时代，有不少悬案迄今仍不明不白，如一团迷雾。诸如：雷震和《自由中国》半月刊事件……当雷震准备离开黑牢前夕，他凭其坚定不屈的意志在狱中夜以继日所完成的回忆录却不翼而飞，无故没收，甚至予以销毁。雷氏出狱后，还相当长一段时间遭监视，形同软禁。试问，雷震的冤狱始末，谁该负起责任，还其清白？"[1]

　　第三件：雷震刑满行将出狱，当局却提出要有双重保人，并须签署一份"誓书"，保证出狱后"绝不发生任何不利于政府之言论与行动，并不与不利于政府之人员往来"。雷震遭此节外生枝，对于坐满十年冤狱的他来说，内心痛楚可想而知，表示不愿出狱。"要我在出狱前立下'誓书'，始能于十年刑期终了时开释，否则不得出狱。我因为'于法无据'，一再拒绝。我说'监狱行刑法'第八十三条规定：'执行期满者应于刑期终了之次日午前释放之'，并未附有任何条件。因而，我不肯做'违法'的'法外'之事……于是军监又通知我妻，要她来监劝我接受这件'法外'的规定。迫我的妻女来监劝我时，我还是拒绝，她们不仅落泪，甚至下跪恳求，我总是无动于衷……我妻不得已，乃请于民国三十八年春，

[1]　2002 年 4 月 14 日台湾《自由时报》第 13 版。

在上海保卫战中，出生入死，共过患难的谷正纲先生来军监劝我接受，并劝我要可怜我妻这十年间所受的煎熬和痛苦……过了两三天，王云五、陈启天、谷正纲三位先生来到军人监狱要我出具誓书时……我看到八十以上的老人王云五先生这么远跑到，在不得已的情况下，我只有含泪而写。"[1]

所谓"双重保人"，是指具有两种不同身份的人出面作保。第一种，乃直系亲属，雷震的选择是：女婿陈襄夫，时任台湾"中央信托局"高级主管；侄女婿毛富贵，时任台湾铁路局运务处主管；内姨侄程积宽，原《自由中国》社职员。第二种，乃政治的社会人士，雷震的选择是：老友王云五，时任"国民大会"代表，曾任台湾"行政院"副院长；青年党领袖陈启天，前"经济部长"，时任青年党中央主席团成员；国民党高干谷正纲，时任"大陆救济总会"理事长。

临将出狱前，对于军监强取他的稿件、日记等，雷震怒不可遏，五次给监狱长洪破浪写抗议信，对军监违法乱纪行为表示严重不满，其中一封抗议信这样说：

> 七月二十三日军监强取了我的稿件、日记，经保防室剪涂过的报刊及自来水笔和台币等等之后，再加以次日停止接见的不当处分，我的精神上已因此而遭到重大的打击，故连日服安眠药和镇静剂了，此事可询问彭医生……我已坐牢了，生死一切均掌握在军监的手掌之中，我之受到军监的折磨和打击，自在意想之中……我这一次所争者为法律，为人权，并非坐牢而不安分守己。"蒋总统"一再训示部属要"守法"，而军监又是一个执法机关，一切自应依法办事，我们拥护领袖，就必须依照他所训示的"守法"等等切实去做，仅仅喊

---

[1] 《雷震全集》第 12 册，页 267—268。

喊口号、贴贴标语是算不得拥护的。"知耻"也是"蒋总统"的训示，那么，一切依法办事才是"知耻"，而违法乱纪就是"无耻"。台湾环境诚然特殊，但是"蒋总统"叫人"守法"，是在台湾说的，不是在大陆说的，就是要在特殊环境之下实行法治。

我向军监索取我的稿件，能说这是"不合作"吗？是不是军监要我做耶稣，人家打了你的右脸，你还要把左脸再送给人家打啊？现在长话短说：一、军监如不把不依法而强取的稿件、日记等等还给我，我是不会出狱的；二、《监狱行刑法》上有规定的，我一定照做不误，其他没有规定的，我一样也不做。即使不让我出去，也是如此。[1]

尽管如此，高墙之内，铁窗之下，同情雷震的不乏其人。某个深夜，雷震收到过一张偷偷送来的纸条，特别注明阅后立即毁掉，"千万不可保存，万一查出笔迹来了，他们要受到严厉的处分"。纸条这样写道：

德不孤，必有怜，愿先生勿因此而气馁，太公举于渭水，夷吾囚于士，"国父"蒙难于英，皆先贤虽殊途而同归也，凡此三贤，未尝不先难后获，危然后安！

民不畏死，奈何以死惧之，巧立名目，图穷匕见而已，凡有血性而志在救中国之人，思念先生至此，未尝不泣血椎心，仰天长啸，壮怀激烈！后生之心，愿先生因此保重玉体

---

[1] 1970年8月18日雷震给监狱长洪破浪的抗议信，收录于《雷震全集》第27册，页220—222。

健康，继而异日负救苦难国家而不辞使命而已矣。[1]

　　雷震将此内容抄在老友端木恺送给他的那本《圣经》包皮纸里面，将原件销毁。端木恺时任东海大学校长，他是著名律师和法学家，雷震被判刑时，他委托梁肃戎作为辩护。雷震入狱后，端木恺特意送来一本《圣经》，"这是他多年来，每天必读的，送给儆寰兄在苦难中阅读"，端木恺还把《旧约·罗马书》第五章二至五节写在这本《圣经》的封底上，"就是在患难中也是欢欢喜喜的，因为知道患难生忍耐，忍耐生老练，老练生明理，明理不至于羞耻……"[2] 端木对雷震精神上的支持，使其受到很大的安慰。十年之后，雷震把这本《圣经》带出了监狱。

[1]　雷震著《雷震回忆录——〈我的母亲〉续篇》，页352。
[2]　参见雷震著《雷震家书》，页6。

# 雷震军监服刑日记审查表

雷震在狱中对自己被罗织"知匪不报"、"为匪宣传"等莫须有罪名愤怒不已，批评时政未因身陷囹圄而手软，雷震在狱中的日记、回忆录、致亲友的信函等，受到军监的再三审查，并被检查人员冠以"诋毁政府"、"诬蔑蒋公"、"诋毁经国先生"、"诬蔑监狱迫害"、"诋毁国父"等罪名。2002 年 8 月台北"国史馆"出版的《雷震案史料汇编》之《雷震狱中手稿》，首次披露一份军监检查雷震服刑期间的日记审查表（"总统"、"行政院"等字样均为台湾当局的相关称谓，为保持原件的真实，此处未作技术处理，特此说明），摘录如下：

【诋毁政府：不以民主自由为基础，不过是以暴易暴。】

1961 年 2 月 9 日：我想到她[1]过去常说，她总有一天要送牢饭的，有许多事情她比我看得清楚，我还是太天真啊，也是变好的心可能太切，我总以为不以民主自由为基础，那不过是以暴易暴耳。

---

[1]　这里的"她"，系指雷夫人宋英女士。

【诋毁政府：批评政府，曲解宪法。】

1961 年 4 月 23 日：又载名流上书特赦雷震未批准，兹剪贴其所持理由是"以往同类案件，从无赦免先例"，因而对雷案不予特赦，这真是辞穷理屈了……这样解释拿的出来，他们可谓大胆之至了。

【诬蔑蒋公】

1962 年 1 月 13 日：黄兴死日为十月三十一日与总统生日同在一天，因此黄兴死后四十年，不准开纪念会，怕冲了总统的寿辰，后来只好提前举行。

【诬蔑蒋公】

1962 年 3 月 24 日：胡适说，过去未来看我是怕触怒了蒋先生。

【以偏概全诬毁政府。】

1962 年 4 月 22 日：李天霞诱女成奸，后又将该女送给参谋总长杨英为，因杨老丑，该女不愿意，且该女与一团长好，李某与杨某认为团长是匪谍，将团长暗中枪决，将该女害死，尸首丢到河中，他们随便用匪谍的帽子，过去不知陷害了多少人。

【诬蔑政府：攻讦警总。】

1962 年 8 月 26 日：我前年被台湾警备总部以莫须有名义逮捕……要在世界上站得住，不要做一点非法的事情，不要为一个政权而使用恐怖手段。

【诬蔑监狱迫害】

1963 年 6 月 11 日：晨八时二十分袁科长请我去谈话，说他

们要搜查我的房间，并说要搜查小刀，我心中很不适，一再催促
他快点搜查，直到十一时搜查完毕，我一查桌上的稿纸，已少了
几张，尤其正义歌十九页，当然是保防室拿去，这样逼我，我不
能再活下去，决定完成正义歌而绝食。

【诬蔑政府：国防部无人负责。】

　　1963 年 7 月 24 日：关于接见一事，大概最高当局下了命令
而未注明期限，现在国防部无人负责。政府之腐败于此可见。

【利匪文字：渲染反攻无望。】

　　1963 年 9 月 20 日：引述报载日本首相池田勇人于六三年九
月十八日对美国记者表示："我认为中华民国没有希望收回大陆"，
"我看不出中华民国有光复大陆的希望"。

【诬蔑政府：对外宣传全是言行不符的假言滥调。】

　　1963 年 11 月 6 日：我外交部发言人说我们公民有充分自由
前往他们希望去的地方，但美国国务院邀我访美，而政府不给护照，
我说政府对外宣传全是言行不符的假言滥调。

【诋毁政府：国民党统治下，自由安在哉。】

　　1964 年 1 月 23 日："年年自由日，我却失自由，大吹大擂叫，
内心羞愧舌，国民党当局，自由幌子乎？口头唱自由，行时无自由"，
天天骂共产党不自由，而国民党统治之下自由安在哉？

【其他诬蔑文字】

　　1964 年 1 月 24 日：像沈昌焕这种人，既无远见又无抱负，
如何能担任外交部长？

【诬蔑总统：蒋公不懂推行民主政治道理。】

1964年1月31日：报载越南又发生政变，其首脑为三十六岁军人，有枪杆子的人可以为所欲为，因此推行民主政治必须培植社会力量，如工商业的力量，舆论的力量，持枪者才不敢轻举妄动，蒋公自己是军人，可惜他不懂此理，无法推行民主政治。

【诬蔑经国先生：军事将领升迁须走小蒋路线。】

1964年2月4日：今日军事将领如欲升迁，要走小蒋路线，要小蒋答应才有办法，因此大家都走小蒋路线，对于陈诚则置之不理。

【诋毁军监及军法制度】

1964年2月17日：军监有一潘君，判决徒刑八年，过了不久潘君不见了，顷悉送到北投病院去养病去了，潘君是少将，国防部方面有人帮忙，于此可见军法机关不守法也。对于我则苛刻备至，连接见的权利竟横遭剥夺了。

【诋毁蒋公：教育部长拿鸡毛当令箭。】

1964年7月14日：教育部长把鸡毛当令箭，看到蒋总统的条子，不问内容可行不可行，就接着发命令，而且三令五申，弄成今天这个样子，非驴非马。

【诬蔑经国先生：国民党在大陆失去人心，就是蒋经国在上海打老虎、杀人。】

1964年7月26日：国民党在大陆失去人心，就是蒋经国带了许多经济督察在上海查货、打老虎、杀人，结果金圆券还是崩溃，人是自杀的，上海人最恨国民党，就是蒋经国这一次的行动。

【其他诬蔑文字】

　　1964 年 9 月 13 日：孔祥熙贪污了很多钱，国家危急，逃到外国避难，现在又回来大做其寿，杨森也搞了许多钱，现在又在体育界大出风头，这些都是民脂民膏，不然大陆如何会丢掉！

【诋毁政府】

　　1964 年 9 月 19 日：行宪了十六七年，而国防部组织法还未确定，这是个什么国家？守法乎？宪政乎？而政府负责人老是说假话，实在可耻之至。

【诬蔑蒋公】

　　1964 年 9 月 20 日：蒋总统于四十九年要修宪三任的时候，应允国民大会于六年间召开一次临时大会，讨论创制、复决两权之行使，这本来是一个骗局，六年已过了四年，仍不召开，并借口时局动荡，执政的人最不可说假话。

【诬蔑狱政】

　　1964 年 10 月 25 日：看到一个人的手被手铐铐在树上，大概是被方班长骂过的人回了嘴，方班长认为尊严有损，为表示威风起见乃予以制裁，方班长显然不合监狱行刑法之规定。

【诬蔑蒋公】

　　1964 年 10 月 26 日：过去我们的行政院长常修养数年或几个月，我们从不想使政治制度化，而只是几个私人在那里转圈子。我们现缺乏有力的反对党而执政党又过分自私而忽略了责任政治，所以中国的政治无法走上正常的轨道。

【诋毁军监：风气之败。】

1964 年 12 月 30 日：军监风气已由此闹坏了，这些班长对坐牢人态度十分恶劣，动不动就骂他们，他们如果还口，就用手铐铐他们，而对于女受刑人则优厚备至，对于女孩子更是看护周到。

【诋毁军监：纪律不良。】

1965 年 2 月 3 日：今晚有班长夜间运酒进来，班长不守规矩，监狱自然不易办好，高班长今日抱了女孩在女囚的房间门口说了半小时的话，监狱官看了竟置之不理，此与纪律有碍。

【诋毁军监：卖酒、赌博。】

1965 年 2 月 8 日：军监福利社不卖酒，而班长夜间运进来，由外役卖给监方，一瓶太白酒卖到三十几元，新年军监大厨房和福利社大赌，赌麻将和梭哈。

【诬蔑蒋公：反攻无望。】

1965 年 2 月 19 日：我们主张先把经济搞好，而不要天天把整个精神放到反攻大陆问题上去，不料蒋总统说我们是反攻无望论，可见这些人的浅见。

【诋毁军监：殴打受刑人。】

1965 年 5 月 29 日：晨九时五分，方班长骂一受刑人，又打他，声音很大，我认为班长不应打骂受刑人，并告诉他这是不对的，不料班长骂我放狗屁。

【诋毁军监：军监设有党部，减弱内部团结。】

1965 年 6 月 30 日：这几年看到军监国民党党部行动，只增加非党员的敌视，军队设国民党党部，不仅违宪，而实际上减弱军队内部之团结力。

【诋毁军监：军监官僚。】

1965 年 10 月 29 日：军监作风完全代表政府的官僚作风，王班长骂我，我向国防部申诉并绝食。

【诬蔑总统：总统是军事独裁。】

1965 年 12 月 2 日：蒋总统于民国二十年以军事首领的地位，把胡汉民、李济深关起来，这不是军事独裁是什么？

【诋毁总统：排除异己。】

1966 年 1 月 9 日：蒋介石于三十九年复职后，为扶植蒋经国把陈立夫放逐美国，真是狡兔死、走狗烹。

【诋毁蒋公：国民党压迫反对党。】

1966 年 2 月 26 日：国民党革命成功，就压迫反对党，蒋中正任满就修宪而三任，现在又准备四任了，这都是制造乱源。

【诋毁总统：本身就不遵守宪法。】

1966 年 5 月 21 日：关于总统誓词有"遵守宪法"，今天这时还说遵守宪法，不知作何解释。

【诋毁蒋公：蒋总统是独裁者。】

1967 年 1 月 3 日：一切大权集中于总统，而名实独裁了，过去蒋中正实际上是独裁，名义上还保留宪法体制，现在完全离开了宪法，这样下去有一天会成问题，除非已经反攻大陆，可是何时反攻大陆还不可知，而先来毁掉一部来之不易的宪法，在蒋中正个人来说，实无此必要。

【其他诬蔑文字：批评言论不自由。】

1967 年 8 月 30 日：惟有世界新闻报，目前休想再复刊，深恐批评与责难，政府决定不开放，纸张短缺之理由尽管早已不存在，言论新闻无自由，办报没有啥意思，免于戴上红帽子，奉劝还是办学校。

【诋毁国父：晚年主张俄国式一党专政。】

1967 年 11 月 8 日：孙文在民国初年关于政党的话，不下一千次，当时尚未主张一党专政，后来到了十三年，在组织国民政府案之说明几句话，听说孙文已主张一党专政，可见我的见解一点也没有错，另说孙文民国二年相信民主政治——政党政治，晚年相信俄国式一党专政，五权宪法所设计之民主专政——国民党民主专政。

【诬蔑三民主义及监察权】

1967 年 11 月 10 日：宋英说：陶百川所提监察意见，是受到国民党党部的压迫，他将此意见作为缓兵之计，可见国民党是不要监察权，所谓实行三民主义之语，是欺人的宣传。

【诋毁政府：政府重民主而忽视议会是一讽刺。】

1967 年 11 月 19 日：报载陶百川提政治检讨意见六点偏差，第六点说"重民主，而忽视议会"，这实在是讽刺之言，说重民主，其实是政府喊民主口号，喊得响亮而已，国民党的民主就是如此，如果要重视议会，就要重视议会的职权，那么政府就受了限制，所以要搞出一个"国家安全会议"来了。

【诋毁省主席黄杰】

1967 年 12 月 2 日：……黄杰这段话，完全是一党专政时候的派头，那时国民党的决议就是命令，今天则不同了，人民只接受政府的命令，而不接受执政党命令，除了国民党的党员。一个省主席就不懂民主，难怪民主上不了轨道。

【批评狱政】

1968 年 1 月 9 日：军监最近又上政治课，官兵们能逃避就逃避。

【攻讦政府】

1968 年 1 月 21 日：国民党天天高喊肃清选举舞弊，而政府机关则舞弊如故。

【诋毁军监：停止接见违法。】

1968 年 2 月 22 日：军监对其于五十二年五月起停止接见五月，自十月起每月接见一次是违法的。

【诋毁三民主义】

1968 年 5 月 18 日：三民主义讲习班现在完全成了形式的，各机关均以派人为苦，谁也不愿意去。

【诬指司法审判不能独立】

1968 年 5 月 27 日：引述报载驾驶人协会之言，谓：司法审判不能独立，一向要受政府影响。

【诬蔑蒋公】

1968 年 7 月 31 日：蒋中正邀请中央院士及过去院士茶会时，

均邀国防部蒋经国，可见扶植儿子的意思。

【诋毁政府】

1969 年 3 月 17 日：因高雄青果社出大乱子，而认台湾政府之坏，可以和民间 [ 国 ] 三十六七年相比。

【诋毁政府：批评选举不公。】

1969 年 4 月 10 日：中央委员当选名单公布……国民党已由蒋经国控制，他的人全部都当选了。

【诋毁政府：分化军队团结。】

1969 年 5 月 8 日：士兵吃不饱不敢讲话，否则即要挨屁股，官长则吃得很好。

【诋毁总统】

1969 年 5 月 12 日：现在的总统就是从前的皇帝，是金口玉言，说了就要算数，可是我们总统经常说谎。

【诋毁政府】

1969 年 11 月 20 日：台湾特务遍地，而且张牙舞爪，这就是警察国家。

【批评狱政】

1970 年 2 月 7 日：警卫于昨日起就掷骰子，今日仍是继续赌，即在新年也不应该的。

【批评狱政】

　　1970 年 3 月 11 日：因咳嗽要买糖浆，托医务室代买糖浆，整整两个礼拜才来，可见医官办事之不负责任也。

【诋毁政府】

　　1970 年 4 月 1 日：士官张克文因犯抗命罪与侮辱长官罪而为军法判刑五年六月而深觉冤枉，认为量刑受到上级左右，雷某因此攻讦此是军法审判不能独立之最明显例子。

【诋毁狱政：官兵不守纪律。】

　　1970 年 4 月 30 日：洪监狱长不准酒类进军监，可是监狱官去偷喝，分监的狱卒，昨夜今午均拿进来喝，官兵如此不守纪律。

第六部

# 最后岁月（1970—1979）

第二十三章

# 出狱后受监视

1970 年 9 月 3 日，狱方正式通知雷震翌日上午 8 时出狱。十年冤狱，行将结束，雷震内心感慨良多，自撰春联贴在牢门前，表达悲欣交集的心情：十年岁月等闲度，一生事业尽销磨；横联：所幸健存。

这一天清晨 5 时许，天刚蒙蒙亮，监方迫不及待地通知雷震立即收拾东西，改在 6 时准时出狱，并称已有人来接。不消片刻，内姨侄程积宽来监房帮着运送行李，宋英和儿女们在监狱长办公室里等候。为何提前两个小时出狱，雷震开始也不明白。后来才知道，情治部门事先获悉台北某些媒体及外国驻台媒体机构准备雷震出狱时在军人监狱大门外采访并拍照，为阻止这一难堪的情形出现，"行政院"新闻局特意在雷震出狱前几天，安排这些媒体记者前往南部参观，一如调虎离山计，精明的美联社记者和《纽约时报》特派记者沙荡（Donald H. Shapiro）知道当局故意捣鬼，托词未去南部参观，他们等待的就是这一刻。

上午 8 时，《纽约时报》特派记者沙荡与李敖、魏廷朝、谢聪敏等人兴冲冲赶往新店安坑军人监狱，却扑了一个空。他们立即折回台北追至埤腹路（今和兴路）雷震家中。如临大敌的国民党特工人员布置在四周，不允许他们进门。沙荡、李敖等人坚言，今天若见不到雷先生，就绝不会离开这里。见此状况，宋英只好给台湾警备总部保安处打电话，请他们放人进门，保安处处长吴彰炯在电话中说：“要雷先生站在墙内和沙荡他们说，今日累了，过一天再见吧！”雷震说“这太无礼”，于是亲自打开大门，对沙荡、李敖等人说：“今天太累了，过一天我另约各位先生谈话吧！”说完，与他们握手，表示歉意。五天之后（9月8日），雷震遵守自己的诺言，在松江路寓所（如夫人向筠住处）接受了《纽约时报》特派记者沙荡的专访，谢聪敏充任翻译。[1]

从这一天起，雷震开始受到情治部门全天候的密切监视，直至去世为止。这一年，雷震已七十三岁，虽已出狱，却形同“软禁”。埤腹路住宅大门外斜对面的楼上，以及出门右边路旁的房子里，常有十多人对雷震的一举一动实行二十四小时监控，大门边上的电线杆上装有两只特别明亮的路灯，可以看清楚每一位来访者的面目。所有来访者，被拍照记录在案，客人离开时还要跟踪而去；与人谈话时，也会被偷偷录音。有人提醒雷震说，在家中谈话时，不妨将收音机打开，将音量调大，以防监听。雷震不愿这样做，说“我们所谈的话，都是正大光明之事，毋虞国民党特务听见，他们可以鬼鬼祟祟，做一些见不得人的事，我是正人君子，有话则公开说出的。为人不做亏心事，半夜敲门心不惊”！[2]雷震视当局对他的全天候监视为一个莫大的笑话，称“如完全写出来，可能成为厚厚的一本书”。这里不妨举出几例：

[1] 雷震著《雷震回忆录——〈我的母亲〉续篇》，页252。
[2] 《雷震全集》第12册，页283。

自我家出门的左边，外出必须经过周老板开的一家小水果店。房屋极小，除放水果摊之外，只能在墙边放上两张椅子，特务竟坐在靠窗门一张椅子，手中拿张报纸。我走过，特务装着看报，把自己的脸遮住而暗中窥我。来买水果的顾客，一看到那些厌恶的特务坐在那里，立即不买水果而退出来了，以致周老板损失很大。半年后，周老板就不准特务再坐在那里，不然就要关门。

我出监狱这一年阴历九月二十三日，是我内子七十岁生日，家中贺客盈门，我家用广州街中心诊所附属的中心餐厅自助餐招待……不料特务则大为紧张，不知我家有什么大集会。后来我的邻居魏怡庭先生告诉特务，说今日是雷太太生日，叫他们不要这样紧张。

有一次晚间，友人在南京东路国鼎川菜馆邀我的内子去吃饭。我一进菜馆，看到牌子上某君在某号房间，我们即刻进入该号，而跟踪的特务车子在后面。由于迟进门一步，就不知我进入了哪一间，各个房间的门都关着。特务进来后，不晓我在哪一间，于是遍问那些女服务生："雷老先生在哪一间？"这些女侍也不知道我姓雷，于是特务就问遍了女侍，而特务后来问到我这一间，女侍始知我姓雷……特务这种作法，明明是告诉老百姓，台湾是个"警察国家"，特务遍地皆是，扰民害民，弄得社会不安。

特务还有许多特权，街上靠店家的门前画有黄线者，无论自备汽车或计程汽车不准停车，而特务的车子则可以停在那里。我去林森北路枫亭小馆吃饭，跟我的特务车子就停在门口，现在跟踪的汽车是蓝色轿车，上面没有计程车的牌子，号码为"省五——二八六零"……我出狱已快满七年了，为什么门前还派特务监视着，出门还派汽车跟着？而跟我的汽车，该是浪费了多少汽油？这些都是民脂民膏。

我出狱后，每年要去南港"中央研究院"对面胡适先生的墓上致敬两次，一次为胡适先生生日，阳历为十二月十七日；一为胡适先生的忌日，阳历为二月二十四日。特务的车子都是跟着去的……我今年已是八十有一，身体又不好，非必要时绝对不出门，国民党特务车子何必跟着我呢？蒋经国院长说台湾有人权保障，难道这是有人权吗？[1]

国民党特务四处跟踪造成不断骚扰，直接影响到雷震的日常生活，也波及家中亲人。他的女儿雷德全（与宋英所出）自上世纪 50 年代初到美国读大学，二十二年未回过台湾。1972 年 10 月，适逢宋英七秩整寿，决定回台湾替母亲做寿。飞抵台北松山机场，雷震与宋英亲自接机，还有其他亲友。"有那么多人在机场接我，我真的有点受宠若惊，很不自在，尤其是因为父亲也来接机，那一群国民党做打手的特务像猎犬一样的跟踪到机场。在回家的路上，父亲要我注意看后面，果然有三辆小车跟踪而来，据父亲说，他往日出门坐计程车，总有两部小轿车跟踪，今日父亲去机场，不知从何处多调来了一辆，我们抵家后，特务就来问佣人，今天老先生到机场去干什么？"[2]

在台逗留期间，雷德全最厌恶的一件事就是那些特务无所不

---

[1]　以上均参见《雷震全集》第 12 册，页 284—294。

[2]　雷德全著《我的母亲——宋英》，页 183。

在，"比夏天里的红头苍蝇还要讨厌"。自 1973 年到 1981 年，雷德全每年都要进出台湾三到五次，在海关所受到的刁难与屈辱，令她终生难忘。更为可笑的是，雷德全居然上了当局的黑名单，常在海关一耽搁就是三两个小时。海关人员特别谨小慎微，生怕这些特务会打小报告，来陷害他们。雷德全每次出入境时，"就觉得这是一个极权专制的地方"，以至于每次进入台湾，一定事先去美国领事馆备个案，以防不测。

齐世英是雷震多年老友，也是当年组党中一人，时为"立法委员"。他听说雷德全每次出入境总是遇到不少麻烦，决定陪她去一次机场。因其是"立法委员"，凭公务证可以自由进出机场，雷德全这次又故意不坐华航，因华航是当局可以管得了的公司。特务一时找不到雷德全，"像热锅上的蚂蚁……他们查不到我的行李牌，等到登机的时刻，我才从咖啡厅出来准备上飞机，他们在候机室拦住我，他们若不放飞机离境，一定要有充分的理由，我并无前科，又非政治犯，最大的罪名不过是雷某的女儿……齐伯伯看在眼里，觉得他们实在不像话，站出来表明身份，并替我担保，才让我出境。……我相信许多旅客一定受过这种侮蔑，难怪许多台湾同胞，恨死了这种白色恐怖，这笔账当然都要记在国民党身上"[1]。

台湾特务如此横行，雷震深恶痛绝，又无可奈何，在日记中写道，"台湾特务还是如此对我，使这里的人感到不安，这样只有给国家增加不名誉的"[2]。他更想起在坐牢之前，有一次在大街上遇到桂系首领白崇禧，白氏一把拉住他，对他说："我随政府来台后……什么事情也不去过问。虽然也给我一个战略顾问委员会副

---

[1]　雷德全著《我的母亲——宋英》，页 192—193。
[2]　雷震 1972 年 5 月 20 日日记，《雷震全集》第 45 册，页 211。

主任委员名义，可是特务一直对我监视着，来我家的生人，常常
出门后受到盘问，而家中的电话则有人窃听并录音。"白崇禧再三
嘱咐雷震一定要特别小心，不可大意。白崇禧时住台北松江路省
政府配给的房子里，距《自由中国》社职员宿舍很近，白崇禧再
三关照雷震千万不要去他家，以免节外生枝。[1]

雷震并非怯懦之人，用夫人宋英的话来说"儌寰还是儌寰"，
"面对访客，他一如往昔侃侃而谈，并不因为牢狱折磨而气馁，令
听者为之起敬。他对异议人士亦颇为关心，如对陈鼓应、王晓波、
张俊宏等后辈多有关怀，对于《台湾政论》的鼓励等均为显例，
而他追寻民主自由的勇气，也获得后辈的敬重"[2]。

1972年10月25日，雷震收到一封台湾嘉义县警察局人事室
主任樊迪光的来信，表达了他个人对雷震的"一份无比虔诚的敬
爱"。樊在信中说："对于您的遭遇，在过去我是恨董狐不生今世，
如今我恨我不具他的地位与立场，否则，史乘上少不了您。我现
在所企盼的：未来历史上对这段公案有公正的交代……一般看
法，您是傻子，不是吗？凭您的资历，凭您的才能，只要您的血
凉些，高官厚禄少得了您吗？谁叫您'神志昏迷'，以心许国去把
国家的事当自己的事，甚至不顾自己安危去尽什么爱国救国之责，
落得如此局面，咎由自取……独您所遭，以一介书生，秉一介孤
忠，挽一腔孤愤，心所谓危，本民主认识，仗言论自由，尽一己
爱国救国之责，既不为名，也不为利，情操格调，实在是前无
古人……我常冷眼侧观，我们这儿，说爱国，在情操上够格和您
相提并论的实在不多……举金、马、台、澎上下，谁不'爱'国？
可是他们为何爱，如何爱，尽管口头上说得冠冕堂皇，实质上前

[1]　参见《雷震全集》第12册，页295。
[2]　任育德著《雷震与台湾民主宪政的发展》，页301。

者不是'不得已'，就是为既得利益的保有；后者则教条一番而已。"[1]

另有一位素不相识的人，书赠雷震诗一首，其中有"霸者一日，仁者千年"之句。1978 年 6 月 9 日，雷震在给老友王新衡的一封信中说，"我不敢自称仁者，但我一生行事总以'正大光明'、'问心无愧'而自勉，否则我在牢狱里也难过十年不少一天的牢狱之苦"[2]。雷震写此信时已是八十有二的残烛老人，那位让他一言难尽的"蒋总裁"已去世三年。查 1975 年 4 月 6 日雷震日记，只有短短数言，"今日报载蒋中正于四月五日下午十一时二十分死亡。今日报头均不准用红字，电视停止娱乐节目。完全是一些挽祭的节目，报载停止娱乐一个月，实在太长了……"字里行间，透着雷震对这位曾经的老上司、老朋友的一种复杂心情。之所以说"复杂"，是这位被殷海光称为"老牌国民党"的骨鲠之士，在老蒋之丧，排队去"谒灵"，让人一时不可理解。

其实，事出在因。蒋介石病逝数日，正好有几位雷震的国民党老朋友来他家拜访，其中有邵毓麟[3]夫妇。雷震夫妇与他们在客厅聊天，自然要说到蒋介石病逝这件事，雷震突然站起来，对他们说："老蒋唯我独尊了一辈子，于今落得病死台湾，回不了大陆。以其一生逞强好胜，以退为进的个性，他竟输在共党老毛手里，恐他临死也不甘心的。但这也是他不听人言，一意孤行的报应结果。所谓'咎由自取'，又能怪怨谁呢？"

---

[1]　《雷震秘藏书信选》，收录于《雷震全集》第 30 册，页 484—487。
[2]　《雷震秘藏书信选》，收录于《雷震全集》第 30 册，页 518。
[3]　邵毓麟（1909—1984），浙江鄞县人。早年赴日本留学。1937 年，任驻日本横滨总领事；1949 年 7 月任驻韩国特命全权大使；1951 年回台湾，任"总统府国策顾问"；1957 年，任驻土耳其"全权大使"；1964 年 10 辞职，任"外交部"顾问；1975 年退休。1984 年 1 月 14 日逝世，享年七十五岁。著有《胜利前后》等著作。

这时，一位老友突然问雷震："老蒋死了，他的遗容，今已移放在'国父纪念馆'，供人瞻仰，你要不要也去瞻仰一下？你和老蒋搞翻之后，你见不到活的老蒋，今去看看死的老蒋成个什么样子了，也是好的。毕竟两人亲密过一阵子呀！"

雷震笑而未作表示。在一旁的胡虚一不禁思忖：或许这是当局想透过雷的老友来劝说雷震去捧死去的老蒋的场吧？接着，一位老友建议道："以你和老蒋过去的关系，你在他死了去看看他的遗容，更只有使人佩服你是'有容德乃大'的君子，更会使人觉得老蒋关你十年牢是对你不起的。"有人附和，"对！老蒋关你十年，是他对你不起；今他死了，你不记恶反去看他遗容，两相对照之下，更可显出老蒋对你无情，而你却对他有义呢！我们主张你去一趟'国父纪念馆'"。就这样，几位老友你一言我一语，雷震终被说动，决定第二天由胡虚一陪同前往"国父纪念馆"去看老蒋遗容。

第二天上午，雷夫人打电话给开计程车的干女婿王延年，要他亲自送雷震和胡虚一去"国父纪念馆"。行至中途，胡虚一突然想起了那些特务，"雷公今天是去'国父纪念馆'瞻仰老蒋遗容，跟踪的特务汽车应当不好意思再跟踪我们了吧"？雷震说："那不一定，他们并不知道我们是到'国父纪念馆'去看死老蒋的。"正说着，车已过了成舍我创办的私立世界新闻专科学校大门，王延年从倒车镜中发现特务的车辆正尾随其后。王延年笑着说："胡老师，你向后看看，他们跟来了。"胡虚一回头一看，果然是跟上来了。雷震说："他们的任务就是监视我，哪有不跟之理！"

正是下雨天，到了"国父纪念馆"，等候"谒灵"的队伍大排"长龙"。雷震与胡虚一跟着"长龙"缓慢向前移动。大约二十来分钟，有两位胸前佩挂办事人员牌子的中年人，向雷震走来，走至跟前，向雷震一鞠躬，很客气地请雷震和胡虚一跟他们先进场去，并解释说："没想到下雨天，还有这样多的人来排队，雷老先生在此排队，如何吃得消，我们特来请雷老先生先行一步。"胡虚一问："两位是如何知道雷老先生在此排队的？"对方说："刚才有人打电话来告诉我们的，你就是陪老先生来的胡老师吧？"

进入蒋介石遗体停放大厅，雷震与胡虚一挤在前排队列中，随着司仪人员的"口令"，向老蒋遗容行三鞠躬。行礼毕，正待退场，一位身着戎装的将军快步走过来，一把拉住雷震，将他拖到老蒋遗容的近处，硬是让雷震将老蒋的遗容看了一个仔细。胡虚一不知这位将军是何人，便问雷震，雷震告诉他说："这个人便是过去搞情报的赖名汤，他也算是个特务大军头。我以前认识他时，他还是周至柔的部下。"周至柔为陈诚的心腹，当年是"空军总司令"，时为国民党中央评议委员，雷震的好友之一。

雷震去看老蒋遗容，有许多朋友不以为然，包括年轻的朋友李敖。若干年后，李敖致函胡虚一，对此事一直耿耿于怀，"其实国民党与雷震的关系，纵因反目而下雷于狱，但骨子里，因为他们渊源太深，在人情与财务上，确也不能'人我两清'。老蒋在丧，雷震仍排队去'谒灵'；张群妻丧，雷震仍登门吊唁，可见并未'相忘于江湖'……"[1]对雷震"谒灵"一事，胡虚一深知内情，且有自己的看法，在《拜读李敖先生大函赐教有感——兼代古人雷震先生作点表白》一文中，作出客观的解释："人是有感情的动物，以老蒋和雷的往日关系，尽管两人来到台湾为政治问题而闹成反目成仇的地步，但老蒋死了，雷去看了一下老蒋遗容，就中国做人所谓'亡者为大'的民俗眼光来看，似乎也非什么大可厚非之事吧？我想，特务得知春秋七十有九的雷老先生，手持拐杖，撑着雨伞，在下雨天里排在等候进场瞻仰老蒋遗容的长龙队伍里，

[1] 李敖《由雷三毛想起》以及胡虚一对雷震诸事的回忆与作答，均参见李敖、胡虚一等著《雷震研究》，页 258—272。

便来先请他进场去，而情报特务大军头赖名汤看到雷挤在行礼人群行列里，向老蒋遗容行礼时，便过来把雷拉到老蒋遗容近处，让许多年来未和老蒋再见过面的雷震，好好看看死老蒋的遗容，或也是有鉴于老蒋和雷昔日有过一段不平凡的关系之故吧？"

至于对待张群，要另当别论。雷震与他几十年老友兼同事，公私交谊之厚，非一般人所知。当年蒋介石决心制裁雷震将其下狱，深知张群与雷震有某种特殊关系（"中日文化经济协会"，张任会长，雷为总干事），时任"总统府"秘书长的张群对此案竟"不闻决策"。雷震下狱服刑，张群、莫德惠、于右任、王云五、王世杰等国民党政要，每逢过年，总要透过宋英给雷震送去专印的拜年名片；雷震出狱后，王云五在家中设宴为雷震"压惊"，与宴者中就有张群，也有王世杰。因此，仅凭这一点，张群丧妻，雷震夫妇不可能不去吊唁，政治的归政治，朋友的归朋友，若说雷震一生未脱"老牌国民党的共同习性"（李敖语），那么，最能体现者"莫如世俗人性的'礼尚往来'，雷震夫妇对这方面，是绝不忽略的"，胡虚一这样说。

雷震出狱后，不仅被"褫夺公权七年"，当年"国大代表"资格也早被剥夺。最初的生活，依靠当"监察委员"的宋英一人支撑外，加上海外儿女的孝敬，勉强度日。有人替雷震算过一笔经济账，坐牢十年，使其总共失去"国大津贴"约新台币两百万元，在当时，相当于五万美金。"雷震出狱后，常将此事，诉诸好友"。第二年，当局有意采取补救措施，透过国民党党员经营的两家财团，一家是台塑公司，一家是亚洲公司，聘其为"顾问"，两家公司每月各赠"车马费"新台币五千元，共计一万元。由于生怕遭到雷震的拒绝，事先由雷震好友、"立法委员"王新衡出面与之商洽。在王新衡看来，此数目与雷震做"国大代表"的月俸相去不远，且无任何附带条件，仅作为生活之需，并无什么不可。雷震却认为：

这是当局以"安其生计"之手段，对他久受迫害的一种"安抚"，而自己是一个"临财毋苟得"之人，不愿意接受。在这种情况下，老友成舍我、齐世英、陈启天、陶百川等人相继出面，极力劝说"不可拒绝"，王云五甚至为此写来一信：弟为兄再三考虑，认为取不伤廉，且叔常（即谷正纲）之好意，亦不宜固拒，千乞俯纳鄙见。[1] 在好友至亲不断劝说下，雷震感到"若再固拒，定会引起国民党更多的误会"，只好受纳。不过，在私下里，他对胡虚一说，"这是厚颜接受两处每月一万元新台币了"，可见内心极不情愿。[2]

　　未隔多时，王云五主持的民间机构中山文化基金会邀请雷震从事"中华民国宪法释义"专题研究，月俸新台币四千元。实际上，这也是在帮助雷震，使其出狱之后，不因寂寞而有所失落。雷震写信感谢王云五对自己及家人的关照，"去岁弟出狱前后诸事，一再劳神照拂，现在又为弟的生活问题及小女工作的事情，承蒙赐助，其感激之情，直非楮墨可以罄其万一也。昨承指示写点东西作纪念，或用'专题研究'以娱余年，并可藉此博取生活之费，尤见我公爱护之无微不至也……弟即有意写一本《中华民国宪法释义》，除将本宪法的条文逐一解释外，并拟述及制宪时各种辩论，并可作为'制宪史'，使读者易于了解而不感到枯燥。盖自参政会讨论'宪法'之时起，大小的会议包括小组会在内，共有一百三十八次，弟是无役而不参加也。可以说这部'宪法'的来龙去脉没有一人比我知道得更多的……"[3] 文化基金会"研究成果"由前"经济部长"陈启天审稿，陈从不看雷震的稿子，他不仅知道雷震是"五五宪草"

---

[1]　转引自李敖、胡虚一等著《雷震研究》，页 294。

[2]　李敖、胡虚一等著《雷震研究》，页 242。

[3]　1971 年 3 月 29 日雷震致王云五函，《雷震秘藏书信选》，《雷震全集》第 30 册，页 472—473。

参与者之一，更知道雷震在"制宪国大"期间所扮演的重要角色。直至有一天，雷震被查出患有前列腺癌，才停下了在文化基金会的研究工作，前后近三年时间。

雷震晚年所接触的人中，仍以老一辈者居多，如成舍我、齐世英、陶百川、王新衡、高玉树、吴三连、郭雨新等人，年轻人当中，有黄信介、康宁祥[1]、陈鼓应、张宏俊等人。1990 年 6 月，齐世英之女齐邦媛教授在访问康宁祥时，康宁祥回忆，"雷震出狱后，他们几位大佬就常说，在这一段时间，我们非得把我们的智慧、经验传承给年轻的一辈不可。所以铁老（齐世英）就邀请雷先生、吴三老、高玉树、郭雨新等五人，加上我这个年轻的小朋友，定期聚会……最初我们大概是每月聚会一次，后来甚至每两个礼拜一次。通常我会报告政治活动、'立法院'的情况，不知的就请教他们。他们五老则是谈天说地，从盘古开天起，到国民党的历史，怎么样来台的……一五一十的告诉我，这样前后差不多有三年多"[2]。那时也简单，聚会轮流在各家，最常去的还是吴三连在南京东路公司的会议室，他们常常吃着便当（快餐），讨论不一般的话题。

雷震在生命的最后几年中，除在家重新写回忆录，动手制作家常小菜，医院成为他最常出入的一个地方。年轻的"党外人士"与他时有接触，感受当年这位民主斗士"非常高贵的特质"，日后步入台湾政坛的陈菊说，"我当时看到的雷震先生，其实就是一个寂寞的老人，不过我想他内心是非常热情。他一生一直认为要有

---

[1] 康宁祥（1938— ），台湾桃园县人。1957 年入中兴大学法商学院行政系就读，1969 年，以无党籍身份当选为台北市议员。1986 年当选为"增额立委"。

[2] 《纪念民主的播种者齐世英先生——康宁祥先生访问记录》，收录于沈云龙、林泉、林忠胜等《齐世英先生访问记录》，"中研院"近史所 1997 年 3 月版，页 357。

民主、自由，这是他一生的美梦，不过他并没有在那个过程之中好像有志未伸。他当年看到、认识我们这些人，我们这些人一样受到压迫，所以他有看到一种寄托的感觉，我想他会觉得说可能一个自由化、民主化，有没有可能在我们手中完成，至少他看到了若干希望"[1]。这段话表述在语言上有点不畅，但还是让人能够感受到晚年雷震对于"民主政治"仍持有尚未破灭的梦想！

---

[1]  参见《可贵者胆，所要者魂：雷震》一文，收录于蔡明云主编《台湾百年人物志 2》，页 19。

第二十四章

# 与王云五的笔墨官司

1975 年初春，发生一件令人意想不到的事。

4 月 5 日，原《自由中国》社编委夏道平突然送来一封王云五的"绝交信"，让雷震感到莫名其妙。王云五在信中说："我兄爱国向不后人，即此献议之本意，系向当局秘密进言，并未发表，无论其内容是否正当，亦不离匹夫报国之意。至其后泄露于'台独'机构，则以弟之愚，窃认为万万不可宽恕……不仅对不起国家，亦对不起朋友，谨郑重劝告今后切勿再为类此之举动，以免为'台独'所利用，否则道不同请从此起，不惜与数十年之老友绝交。质直之言，尚祈鉴谅……"[1]

雷震与王云五有数十年的交谊，这封"绝交信"给他带来的震惊可想而知。早在五年前，雷震坐满十年大牢，行将出狱时，当局为阻止出狱后的雷震继续从事政治活动，要求须有"双重保人"予以担保，并出具誓书"绝不发生任何不利于政府之言论与行动，并不与不利于政府之人员往来"方可出狱；不仅如此，还

---

[1] 《雷震全集》第 28 册，页 92—93。

透过台湾警备总部保安处长吴彰炯通知雷夫人宋英："雷先生出狱之后，不得和台湾人往来，不得接见新闻记者，亦不得和新闻记者谈话，尤其是外国新闻记者。因为雷先生一言一语，足以影响国家的前途。"

雷震从政多年，同时身为法学专家，深谙法律条文，认为《监狱行刑法》第八十三条规定"执行期满者应于刑期终了之次日午前释放"，并无其他"附加条件"，因此不愿做"违法"的"法外"之事，表示"宁愿不出狱"，也不签署所谓的"誓书"。当局软硬兼施，乘其不备，没收了雷震十年来写下的四百多万字的回忆录手稿，又怂恿雷震多位老友从中说项，逼雷震就范。

宋英及子女来监劝说，不仅落泪，甚至下跪。原"行政院"副院长王云五年过八旬，不顾体弱多病，风尘仆仆来到距台北较远的新店军人监狱，好言相劝，一道同来的还有国民党中委谷正纲，前"经济部长"、青年党领袖陈启天。面对老友的"苦苦哀求"，并念及家人在十年中所经受的种种煎熬与痛苦，雷震不得已含泪签下了这份"誓书"。出狱一年多后，雷震在王云五的襄助之下，始入一家民间机构（王系该基金会主任委员），即中山文化基金会从事"中华民国宪法释义"专题研究，月领新台币四千元，以补贴家用。

雷震没有想到老友王云五提出"绝交"的理由，竟是三年前他本人向最高当局秘密呈递的那份《救亡图存献议》，此时在海外突然被公开发表，令当局头疼和不满，迁怒于当年为雷震出狱"具保"的王云五、陈启天、谷正纲等人。王是三位"具保人"中地位最高的一个。在王云五看来，这可能是雷震本人有意泄露出去的，如果确实如此，已失信于朋友，是一个"忘恩负义之徒"（雷震语）。事实上，雷震对此事一无所知，当年《救亡图存献议》系秘密进言，至于如何流传到了海外，现在又被披露于世，雷震本人也深感不解。王云五"绝交信"送达前三天,即 4 月 2 日,陈启天专门为《救亡图存献议》一事前来问过雷震,次日, 他又给雷震看了由谷正纲送来的文章复印件,雷震认定这是国民党内部有人故意泄露的,他想起三年前《救亡图存献议》送交未出一个月,国民党政策委员会副秘书长、"监察委员"鄞景福曾对宋英说过这样一句话:雷先生不该写这份《救亡图存献议》。雷震问陈启天,鄞景福"并不在我投书的五人之内",他在当时是如何知道的呢?

上世纪 70 年代初,台湾国民党当局面临风云多变的国际局势,1968 年年底,尼克松重返政坛,在当年的大选中,击败民主党人汉弗莱和独立竞选人华莱士,当选美国第四十六届(第三十七任)总统。尼克松上台后,重新审视并检讨美国对台政策,于 1971 年 7 月,派基辛格秘密访问北京,第二年尼克松登上了长城。三个月后,国民党政府代表被驱出了联合国。雷震认为这是国民党自作自受,"外交为内政的延长,内政不修明,外交一定会失败的,这也是关着门做皇帝的结果"[1]。

这一年"监察院"通过"吁请蒋竞选第五任'总统'"之提案,雷震深感国民党在政治上仍不思进取,毫无革新之意,完全在逆时代潮流而动。12 月 13 日,雷震出于改革之心,"拟写一个条陈给当局,其要点为改制以自保"[2]。在写给蒋介石的信中,雷震说,"兹奉陈《救亡图存献议》,敬请赐鉴,本件绝不对外发表,震绝不参加任何活动,只是鉴于国家已届存亡危急之秋而表示个人意见耳"。此件同时抄送"副总统"兼"行政院长"严家淦、"总统府"秘书长张群、"国家安全会议"秘书长黄少谷、"行政院"副院长

---

[1]　雷震 1971 年 10 月 27 日日记,《雷震全集》第 45 册,页 123。
[2]　雷震 1971 年 12 月 13 日日记,《雷震全集》第 45 册,页 135。

蒋经国等人。

《救亡图存献议》初稿，经老友齐世英仔细读过，并作了一些必要的修改。雷震让胡虚一前往景美镇大街"东山复印店"先后复印了七份，其中一份交给了傅正，另一份留给胡虚一。雷震亲赴"总统府"请代陈转交蒋介石，在七十六岁高龄向最高当局呈示《救亡图存献议》,实与他的政治理想有关,但也有着"天真尽责"的一面。正如他本人所说："不佞常自慨言：'我辈今日与国民党虽不能共享安乐，但却须共患难；有福不能同享，遇难却要同当'。"数万言的《救亡图存献议》共分十点，其大要如下：

一，……以求自保自全，并安抚台湾人，开创一个新局面。

二，蒋介石任满引退。

三，国民党应放弃事实上的"一党专政"，实行真正的民主政治。

四，减少军费开支，健全军事制度。

五，彻底实行法治，保障人民自由权利。

六，治安机关应彻底改变作风，并严加整饬工作人员。

七，应废止创办新报的禁令。

八，简化机构，实行全面节约，杜绝一切人力、物力、财力的浪费，全部用于经济建设。

九，废除"省级"制度，以求行政组织能配合目前的现实环境。

十，大赦政治犯，以冀收揽人心，增强团结。

这十点建议，台湾学者任育德认为"均反映雷震作为自由主义者、宪政主义知识分子对时局的思考，浮现强烈的现实感"，除废除"省级"制度、大赦政治犯等几点颇有独到之外，"其他建议在 1959 年左舜生发表《抢救中华民国时间已经不多了》的改革十六点原则中，皆可寻得类似概念，如精简政府机构、裁军、节约人力物力以谋经济发展、司法独立、保障人民一切基本自由与权利、根绝一党垄断等"。[1] 从某种角度来看，此"献议"仍是站在"政府"的立场为考量，无疑有其一定的局限性，但作为对民主宪政最积极的倡导者之一，雷震晚年对时局的整体思考，都是"不以革命方式造成政权变动"为前提，完全符合一个自由主义者的思维方式 。

1971 年 7 月 19 日，美国《华盛顿邮报》驻日记者 Harrison 采访雷震，当记者问及是否赞成"台湾独立、两个中国或自治"时，雷震明确表示不赞成台湾独立，因为那样会造成流血；雷震还奉劝那位记者去采访高玉树（曾任台北市市长）时，"不要提出或讨论台湾独立问题"[2]。就当时的现实而言，"台湾现阶段的分治，并未排除未来经由民主方式与大陆统一的可能，故此与台湾独立所追求之两岸彻底分离仍有不同"[3]；雷震甚至说，"只要看看'台独分子'在美发表的宣言，当可玩味了，我们千万不可一味胡涂，妄自尊大"[4]。

1972 年 2 月 16 日，雷震赴老友王新衡处拜年。王对《救亡图存献议》内容大都表示赞成，但又说不应送交蒋介石的，"白费心思，完全无用……就等于孙中山革命时上书李鸿章一样是无用的"，并再三强调"这里的局势是没有希望的，无法挽救"。[5] 傅正也认为"固然精神可嘉，尤其所提十大献议内容，更的确具有

---

[1] 任育德著《雷震与台湾民主宪政的发展》，页 304。

[2] 雷震 1971 年 7 月 19 日日记，《雷震全集》第 45 册，页 87。

[3] 任育德著《雷震与台湾民主宪政的发展》，页 308。

[4] 《雷震全集》第 28 册，页 70。

[5] 雷震 1972 年 2 月 16 日日记，《雷震全集》第 45 册，页 163。

远见，但可惜还是有点不了解蒋家父子以及张群、严家淦、黄少谷三人的性格与作风，难免成为对牛弹琴，白费心血"。[1] 事实上正是这样，当局对雷震的"献议"无动于衷，建言未得到任何采纳。

以雷震的性格，本来就对《救亡图存献议》被泄露而大为恼火，一时则又无法解释清楚；而此时，王云五凭一时冲动，便断然提出绝交，"正伤心，却是旧时相识"，他有点坐不住了，当天下午提笔作复，与这位多年老友打起了一场"笔墨官司"。

云老左右：

一九七五年四月五日，我公惠下的绝交书，业已拜读矣。我公竟根据自己的假定而遽作此严厉的责难，则未免过于武断了，盖法院审理案件，必须先行问明原被两造后而始判决也。此事修平先生（即陈启天）于本月二日见访时已面告，次日又将美国纽约出版的《台湾青年》所载而添油加醋的《救亡图存献议》复印本见示。我对此事已有所说明了。修平先生拟同访我公，我恐有碍我公的健康，始行作罢。

案查《救亡图存献议》系于一九七二年一月十一日上午亲自一一分送的，而且在致五位接受人的信上，特别注明，本件绝不对外发表，震绝不参加任何活动。不料未隔一月的二月三日，国民党政策委员会副秘书长、"监察院监察委员"酆景福先生，即就其内容向我提出警告。酆委员究系何处获悉的，我公似应查一查吧！

又国民党中央党部社会工作会的"台北市社会情况报告"，注明是"秘密文件"，何以泄露出去而让台北市议员候选人公开发表

---

[1]　雷震 1972 年 1 月 10 日日记傅正附注，《雷震全集》第 45 册，页 141。

出来,作为攻击国民党的资料呢？由此可见,国民党之疏于保密也。

……

前承公亲莅军人监狱保释出狱,是爱护我而使我得以恢复自由之身,以及出狱后诸事的照拂,一直铭感五内,无日或忘。惟我当年究犯何罪而必须坐牢十年？公道自在人心,世界舆论已早有定评。当"雷案"发生时,我公正为"行政院副院长",查军法机构属于"行政院国防部"管辖之下,按理依法来说,我公对"雷案"的判决结果有无责任,历史家当不会忽略吧!

……

> 雷震敬肃　一九七五年四月五日下午

对当年王云五"率先执笔具保"一事,在此种情绪下,雷震并不领情,相反认为"政府课于人民的做保……总以愈少愈好。要保,是不信任的表示,也是卸责的企图"。在信的后面,又附言道,"在国民参政会时代,青年、民社两党一直反对交保办法,民国三十三年国民政府所颁布的《保障人民自由办法》是我起草的,来台后,我问过林彬'司法行政部长'仍然有效的。兹附上《自由中国》半月刊于一九五一年十月一日出版的第七卷第七期的《谈做保》社论,敬请赐教"[1]。

这封信同时抄送陈启天、谷正纲两人,雷震第一次道出了当年签署"誓书"的悲愤:"一九七〇年八月初旬在我出狱前,由于我不肯出具'誓言',内子和小女儿三番两次来军监及写信给我,劝我接受台湾警备总部的法外要求,我始终加以拒绝。后来我兄特别惠临军人监狱,劝我接受,继交阅誓书底稿,谓'保释外出后,

---

[1] 《雷震全集》第 28 册,页 93—98。

不能有任何不利于国家之言论与行动，并不能与不利于国家之人士交往'。兄并说：'这是警备总部交来的！'我一看上面是'国家'二字，我即允照写，盖我一生从未有不利于国家之言论和行动，也没有和不利于国家之人士来往也。不意是年八月下旬，我兄和王云五、陈修平两先生同来军监，命我出具誓书时……当我看到将'国家'改为'政府'二字，其间意义则大相悬殊了，我就不想书写……旋经公等劝说，我始含泪勉强照写，真是'打落了牙齿和血吞！'两张原件我均保存着，以为历史作证。"[1] 可见签署"誓书"一事始终是压在雷震的心头之痛，现在终于说了出来，却又将当年老友的"苦心孤诣"化为几多怨气，刚烈、耿直的性格可见一斑。

王云五此时在病中，"数度心房梗塞，幸有救免之药，得以苟延残喘"（王自语）。半个月后，给雷震回了一封信，认为雷震对他的"指责"同样是一种"武断"：

儆寰先生：

前奉复，责弟武断，并责弟对于雷案之判决不无责任，辞严而不附任何条件，使弟惶悚万分，一时□□□□，恐惹起文字上之争，则贱恙难以好转又□恶化，而贱恙不克负担。现事隔多日，心平气静，请一辨是否武断，查弟前函，一则曰设果如此事，二则曰"否则"；是本具有附条件之意思表示，台端如此确证，果无此事，或对"否则"二字予以否定，则所谓不惜对数十年老友绝交一语，因条件之变更而不成立；故凡附条件之决定，依条件为转移，似不当视为武断也。反之，台端之责弟不无责任，诚就法

[1] 《雷震全集》第28册，页100—102。

律观之，恐不免武断矣。查军事审判法为正式之法律，与普通司法中之刑法，其效用相等，"行政院"无权干涉普通法院之审判，适与无权干涉军事法院之审判，事同一律。以醉心民主政治之人而责行政机关不干涉普通法院或军事法院之审判，是否可认为武断。总之，先生思想高超，非鲁钝如弟者所敢高攀，经此一简单说明之后，孰为武断，孰非武断，弟不欲再有所言，惟弟现列名具保，负有劝告之责，是否可以放弃此责，还祈明教。此颂

公祺

弟　王云五　四月十九日

实际上，王云五提出"绝交"是有附加条件的。如果真是雷震有意泄漏了这份《救亡图存献议》，有悖当年之"誓书"，失信于朋友的"具保"，其"绝交"恐在所难免。反之，"因条件之变更而不成立"，即可消弭误会，两人还应当是朋友。至于信中所说"'行政院'无权干涉普通法院之审判，适与无权干涉军事法院之审判，事同一律"，若从法理上讲，并无大错。惟在事实上，"雷震案"并非独立司法审判，自始至终受到最高当局的干预，其本身就是违法。雷震提出王云五对此亦"不无责任"，王云五感到了某种不安，又找不出更多理由来反驳，毕竟当时他是"行政院"副院长，因此，"不欲再有所言"。

雷震再三强调自己是"反对"行政干涉司法的。为了证明这一点，在第二封回信中，特意附上在《自由中国》时期所写的社论《今日的司法》和专论《行政不应干涉司法》两文，再次指出当年所谓"具保"是违法的，雷震说：

公如此高龄莅临军监来帮忙，我只有含泪写成……内情我公

当时实不明了也。我写完后，立将军监交来的条子塞在裤子口袋内，警备总部做贼心虚，恐其欺诈手段揭穿，立即大肆搜查那张条子，并一再向我询问……公看看这种政府还有"道德"可言吗……我主持《自由中国》半月刊十年，我所受的打击和痛苦，真是一言难尽。惟有一言堪为我公告者，我是为国家、为民族讲话，从来没有为着自己一己来打算也。而且我们总是从正面讲话，从不避重就轻，或则指桑骂槐。我虽坐牢十年，受尽辛苦，而个人则心安理得也。

雷震写这封信是在 4 月 26 日。不仅附有文章，还有子女雷绍陵、雷德全在其入狱时写下的伤感家书。5 月 6 日，王云五发出第三封信，以抱病之身"不惮辞费，再一申说"，主旨仍为自己是否应对"雷震案"负责以及行政不得干预司法作了解释，同时针对雷震"所具之结，仅具名见证，并非具保"一说作出回应：

傲寰先生：

弟前函所提数点，其中有关武断一项，既不谅解，自不复有言。至关于弟任"行政院"副院长对雷案不无责任一问题，阁下似仍未释然，不惮辞费，再一申说。查军事审判法系经"立法院"通过，"总统"公布之正式法律，其中第十一条明定"国防部"为军事最高审判机关，其在军事审判上之地位适等于最高法院。阁下迭曾撰文反对行政干涉司法，与弟所见正同。军事审判法全文并无片言道及"行政院"得干涉军事审判。实则"行政院长"虽为"国防部"之长官，在军事审判上无权干涉"国防部"，正如"司法院长"为"最高法院"院长之长官，无权干涉"最高法院"之审判，毫无二致。况以仅居副贰地位之副院长，更何能违法干涉作为最高军事审判机关之"国防部"。反之，"监察委员"倒有权对于"国防部"之复判不公提出纠弹，"立法委员"亦有权提出质询。阁下归咎无权干涉军事审判之"行政院"副院长（甚至院长），独对"监察委员"与"立法委员"之有权行使纠弹或质询，而予以宽恕与谅解。弟只依法辨明此一点，至对其他各事，如是否构陷或是否公正，弟实不欲有言。又大示谓弟等对阁下所具之结，仅具名见证，并非具保，此点容弟不误，惟弟记忆所及，确曾在监狱起草一文件，声明对于阁下出狱后如有言行失当，应负劝导之处，此事叔常（谷正纲）、修平（陈启天）兄或亦能记忆。弟虽老耄，以亲自起草，为文约数百言，尚不至善忘，断不止仅书"见证"二字已也……

弟　王云五　五月六日

　　王云五所说并非虚言，确实有过一份不为雷震所知的"具保书"。在当时的情况下，为确保雷震如期出狱，朋友们违心地写下一点什么都是可能的，而以雷震的个性，还是不知道的为好。当然，王云五一再解释"行政院"无权干涉"国防部"的军事审判，只是法理上的一个解释，事实上，当年对雷震的审判，蒋介石召集"副总统"以下十八名党、政、军、特要员召开特别会议，为该案定调，其中包括"副总统"兼"行政院长"的陈诚，王云五本人未被点名参会而已。

　　这一年，王云五八十八岁，雷震七十九岁，两位老友因一个"意外事件"打起了这场笔墨官司，知情者不无扼腕叹息。在很多年前，雷震对胡适说过，王云老是一个"极爱面子的人"，可他却能未给这位老友一个"面子"，王是胡适当年上海中国公学的老师。王云五发出第三封信后，不愿再触痛老友的伤心之处，更兼身体每况愈下，便缄默不语。雷震又写下第三封回信，费时四个多月，最终未能发出，也无法发出。此信长达三百多页，即为日后刊行的

《雷震全集》第二十八册。这恐怕是有史以来最长的一封私人信函，内容包括自"雷震案"发生以来及至出狱之后，当年的审判书及所有报刊杂志有关这方面的剪报，均汇集于此，仿若一部洋洋大观的"雷震案始末记"。

在未发出的第三封信中，雷震说自己考虑到王云五"今年已八十有八矣"，为免彼此劳神，本不拟再复，"惟心中似有一事未了"，在连天阴雨之中，捧读《论孟》一书，当读到"得道者多助，失道者寡助；寡助之至，亲戚畔之；多助之至，天下顺之"时，"心中颇有感触，尤其看到今日的国势"，故勉力来作此书，"将我手中所存的资料，择要复印或剪贴几份给我公一阅，正如孟老夫子所说：'予岂好辩哉，予不得已也'"！在信的末了，雷震以自挽二联为结语，其一：生荣死哀，阿谀者极其歌功颂德之巧言令色；盖棺论定，历史家自会尽忠职责而秉笔直书。其二：雷案的黑幕，天下人尽皆知之；冤狱整十年，历史上自有交待。

雷震写完此信已9月下旬，这封信确实太长，即便发出了，精力衰弱的王云五恐亦无力阅之。雷震决定不再寄出，这一决定还是明智的。其间，雷震分别给陈启天、谷正纲和王世杰各具一函，以明示自己的态度。

雷震在给王世杰信中，坦陈为何要与王云五较劲的真正原因，"由于我于一九七二年向政府的建议，今年一月二十八日美国的《台湾青年》发表了，王云老责我不该泄漏出去，他不详察即严厉责备我，要和我绝交。我复书谓：'法院判案必须问明原被两造，不可仅凭一面之词！'但我说，我为什么坐牢十年？主管军法机关的'行政院'不能逃避责任。他复信说我主张干涉司法，我将《自由中国》我反对干涉司法的文章给他看。但他第三次来书，又提到军法，我不得已只好详复一书……王云老是我出狱的保证人，我坐牢十年还不算，出狱时还要保，这是一个什么局面？"[1]

上世纪五六十年代正是国民党一手遮天的白色恐怖时期，当局对异己者的打压，冷酷无情，绝不手软，雷震首当其冲。由于第三封回信不可能发出，写给陈、谷、王三人的信，也就"按下未表"，这场未公开的"笔墨官司"总算到此为止。雷震在接到王云五"绝交信"当天，确实怆然心伤，惶愤不已，说过王云五"老气横秋"之类的气话，但三封信中所论及述，既是对威权体制下"法之不法"的质疑和批判，更是对"十年冤狱"在情绪上的一次总爆发。后来才知道，这份《救亡图存献议》是经"党外人士"陈菊等人辗转相传，最后到了美国，结果，被公开发表。不过，就《救亡图存献议》而言，无论是秘密建言也好，还是被人公开发表也罢，这毕竟"是雷震呈现晚年政治思想、政治蓝图，与忧国忧时的结晶，同时，也显示他终生对民主制衡理念的坚持，与对现实政治的批判"[2]，王云五本人也承认"无论其内容是否正当，本天下兴亡，匹夫为责之义，未可厚非"[3]。

雷震与王云五痛失数十年之厚谊，未免有点可惜，或如傅正后来所说，"雷、王两先生已先后谢世，后人自可冷静的看这一段公案，同时认识两人的性格和观点"。古人云：君子与君子以同道为朋，小人与小人以同利为朋。雷、王二人"君子绝交不出恶声"，皆以坦诚而相争，不为名节，更不因私利，只求"以守至正"（非朋党）的态度，说到底，许多因素是非个人的，两人最终还应是"同道相益"意义上的朋友。

---

[1] 《雷震全集》第 28 册，页 439。

[2] 任育德著《雷震与台湾民主宪政的发展》，页 314。

[3] 《雷震全集》第 28 册，页 92。

第二十五章

# 铜像迟早会出现的

从台湾战后民主宪政的发展看，雷震与《自由中国》半月刊具有承前启后的作用。

就"承前"而言——雷震、胡适等人一手创办《自由中国》半月刊，以宣传民主自由与宪政理念为主旨，使一大批自由主义知识分子在台湾有了重新集结的机会，并以公共论坛的方式臧否时政，进而发表建言，中国知识分子传统的"书生议政"在那个时代发挥到了极致，《自由中国》半月刊成为当时影响最大、销路最广的政论刊物；而"启后"——体现在雷震等人面对威权体制，建设性地"提出'立法院'离乡投票改选的建议，其落实责任政治、实现民主政治的目的，颇具前瞻性，为民主运动者所承继，遂有进一步提出'全面改选'的诉求"，尤其《自由中国》后期，从公开主张成立反对党到参与组建反对党，以期在台湾社会形成一个"协商的政治秩序"，为台湾民主宪政发展史写下不可磨灭的一页，为若干年后台湾实现政治转型提供了一个有力的支点。一如殷海光所言，"这种勇于实践的精神，虽然最终遭到压制而无法继续，却也形成雷震民主宪政思想，虽然与海外第三势力有共通处，乍看之下并不特殊，实际上却有迥异于同时人的独特性"[1]。

1989 年 1 月 20 日，历史学家唐德刚在北美洲撰文以纪念雷震逝世十周年，也正是由傅正主编的《雷震全集》正式出版之际。唐德刚以其一以贯之的"汪洋恣肆、纵横开阖"之笔法，回顾了他本人与雷震这位民主先驱相知、相交的全过程，并说现在"是我们替儆寰先生竖铜像的时候了"。

在"台湾为雷震造一座铜像"出自胡适之口，最早披露于旅美女作家聂华苓的回忆，这也是人们引用最多的一个版本。聂华苓在《忆雷震》一文中说，1952 年 11 月，胡适从美返台讲学时，正值《自由中国》创办三周年纪念会在台北"妇女之家"举行，当时有社会名流、国民党官僚、党外人士一百多人到场，这是胡适到台湾后第一次作公开演讲。胡适"开头就说，'雷先生为民主自由而奋斗，台湾的人应该给雷震造个铜像'，那两句开场白引起久久一片热烈掌声"[2]。

聂华苓同事胡虚一认为这一记忆有误，胡适这一番话并非在《自由中国》创办三周年纪念会上所言，而是在 1959 年《自由中国》创刊十周年纪念大会上，胡适发表了题为《容忍与自由》的演讲，公开赞誉"雷震先生是在台湾争取言论自由朋友中，功劳最大的人，我们应为他在台湾造一座铜像……"演讲毕，胡适还请与会的朋友一起举杯，祝雷震身体健康。胡虚一参加了这次纪念大会，"躬逢其盛，亲耳聆听"。

胡适这篇讲稿刊于《自由中国》第二十一卷第十一期（1959 年 12 月 1 日），见刊时却没有"台湾的人应该为雷震造个铜像……"

---

[1]　任育德著《雷震与台湾民主宪政的发展》，页 316。
[2]　聂华苓《忆雷震》一文，收录于《雷震全集》第 2 册，页 311。

那几句话，雷震晚年与胡虚一闲话及此，"说胡适讲词中的那几句话，在发表之前，都被他删掉了"[1]。胡适对雷震一直有较高的评价，此生与雷震结缘，诚如他本人所说，主要是因为《自由中国》这份刊物的关系。[2] 十年以来，胡适支持《自由中国》争取"言论自由"始终如一，这种支持虽不是特定的政策主张，却又坚信这是"民主政治"的前提，促进社会进步的一个重要因素。

以唐德刚的看法，胡适先生之所以对雷震表示由衷赞赏，大概是"胡氏鼓吹了一辈子民主，处处碰壁；道不行，乘桴浮于海。谁知道在垂暮之年，却遇到这样了不起的'传人'雷震。雷震所搞的简直就是百分之百的'胡适民主'"[3]。胡适、雷震与《自由中国》半月刊，是推动台湾社会朝着民主政治方向发展的三个关键因素：设若当年没有胡适的支持，《自由中国》不可能维持十年生命；设若没有雷震本人不计个人毁誉的全力投入，《自由中国》很难冲破当局对言论自由的百般禁锢；设若没有《自由中国》十年殊死抗争，为台湾社会开启了一扇透光的窗口，播下自由主义的种子，提供丰厚的思想资源，日后的党外运动或许难以找到"行之有效"的突破口。

胡适无疑是《自由中国》揭橥自由民主理念的一面大旗，但他本人与《自由中国》的关系却是松散型的，在《自由中国》近十一年的社务中，扮演最重要角色的是雷震。当《自由中国》半月刊自由主义的主张越来越浓厚，而执政当局对"个人自由"的尺度越来越紧缩时，作为《自由中国》的"火车头"，雷震个人的

---

[1] 以上均见李敖、胡虚一等著《雷震研究》，页 93—94。
[2] 参见胡颂平《胡适之先生年谱长编初稿》第 9 册，页 3338。
[3] 唐德刚《"铜像"迟早会出现的》一文，收录于《雷震全集》第 2 册，页 240。

立场就显得至关重要，他引领着《自由中国》半月刊，"不仅基于立宪主义原则对时局提出针砭，其思想的变化亦与外在政治环境的改变息息相关，而趋向于实践。这种由理论趋向实践的思想特性，是同时代的中国自由主义者、立宪主义者所较欠缺者，也罕见于中国一般知识分子间"[1]。

胡秋原有过一段很重要的回忆，将当年组建反对党和胡适、蒋廷黻、雷震以及他本人的态度作了一个比较，尽管他始终认为"救国之道多端，不一定要从事政治或立党"，但雷震当年勇敢地突破传统知识分子的旧辙，有别于一般的自由派知识分子。胡秋原这样写道：

> 一九五六年，罗先生（指罗鸿诏）在台大医院病故，他孤零零的一人死在台北。[2] 我到台大医院太平间悼丧，发现儆寰兄一人守灵。这样，我们便在鸿诏兄灵前握手复交了。[3] 这年十一月，我奉派为联合国代表团顾问。儆寰兄到松山机场送行。他当着许多人面前开口便说："你见到蒋廷黻时，请代我问问他，反对党的事他究竟干不干？"

> 我到纽约后，曾将儆寰的话代问蒋廷黻"大使"。他说，他现在身为代表团团长，不能谈这件事。……有朋友告诉我，反对党之议，起于宋子文。他知道他不足以号召，便去找蒋廷黻商量。蒋认为自己的声望还不够，最好由胡适出来带头。不

[1] 任育德著《雷震与台湾民主宪政的发展》，页316。
[2] 罗鸿诏系雷震留日时同窗好友。赴台后一直单身，妻儿留大陆。常与雷震同住在一起。
[3] 1954年前后，台湾推行简化字运动。胡秋原撰文表示反对，认为中国文字是很进步的。结果遭到他人的攻击，其文发表在《自由中国》上。胡秋原随即撰文答辩，其稿却被《自由中国》社退回。为了此事，胡秋原迁怒于雷震，并与之绝交。

日，胡适先生知道我来纽约，约我到他家吃饭，问我对反对党以及他出来领导有何意见？而且再三说，希望我"说老实话"。

我说反对党是民主应有之义，但在今天台湾则不适宜……民主政治与反对党需要条件。文治与基本的法治，一也；言论自由，二也；自由经济培养出大批中产阶级，三也；由此产生独立思考的知识分子，四也。最后一点，最为重要。否则，今天以胡先生的声望，在新公园演讲，宣布新党成立，可以得到十万人的欢呼。但如果枪声一响，第二天可能一个人也没有了。

等到一九五七年我经欧洲回台湾之时……此时儆寰兄家中常常高朋满座谈反对党问题。承他好意，也请我吃饭，参加谈话……在这些谈话中，我听的时候多，说话的时候少。儆寰兄曾经两三次对我说，希望我参加反对党之发起。我很郑重的回答：我赞成和支持反对党的运动，但"你与胡适先生都可发起反对党，唯有我不能。在许多朋友中，我年纪也许最轻，但干反对党，我也许最早。我是在民国二十二年就参加所谓闽变的。我青年时代反国民党，中年因抗战而支持国民党。现在是我的晚年，如又反对国民党，只要四个字，就可将我打倒。"……他知道不可强，但他仍不断请我到他家吃饭。我有时去，忙了便不去。[1]

1970 年 9 月，雷震出狱后，到胡秋原家吃过一次饭，当时没有讨论政治问题。不过，有件事一直让胡秋原引以为憾，那就是

---

[1]　胡秋原《纪念雷震先生的若干感想》一文，收录于《雷震全集》第 2 册，页 189—191。

胡适为什么在"反对党领袖"这个角色上多有反复,其中有何原因?胡秋原觉得"这无论对于研究反对党历史或儆寰个人命运都有重大关系",当年几次想问雷震而未果,事后想起来,一直觉得很惋惜。

胡秋原对雷震的评价很高:"就我三四十年与儆寰兄淡水之交的观感,第一、他是一个直爽的人;第二、他笃信民主主义,并身体力行,从事反对党的组织,是一个有道德勇气和狂狷之气的人;第三、我想,今天是可以组织反对党之时了,如他在今天组织反对党,我想他一定不会组织一个主张'台独'而有法西斯作风的反对党,而一定是一个民主统一的反对党,是我深信不疑的。"[1]

作为历史学家,唐德刚对雷震的评价是从大历史这一视角出发的。他的文章从民主政治说起,认为"民主"既不能靠执政者的"恩赐"而来,也不是靠"枪杆子"可以打出来的。民主政治是要以"一个富裕安定、光彩辉煌的中产阶级的政权作为基础的",他以拿破仑等人为例,这些人"武力打倒了专制,到头来自己却做了独裁者、大皇帝……"而铁肩担道义的书生辈一如谭嗣同、雷震、胡适等人,仅凭"头颅热血、笔杆嘴巴来争民主,也是争不到的"——君不见,这些人不是被杀头,就是坐大牢,或含恨而终,其原因就是没有一个相对制衡于"利益集团"的政治势力存在。像雷震这样一位方孝孺式的人物,只能成为一个时代的先知和圣者,"他们走在时代的前面,没有他们'导夫先路',后一个时代,就没有顺理成章、光辉灿烂了"[2]。唐德刚因此断言:雷震这位民主先驱的铜像迟早要出现的!

1971 年,唐德刚应邀返台参加一个学术会议。这时雷震刚出

---

[1]　胡秋原《纪念雷震先生的若干感想》一文,《雷震全集》第 2 册,页 201。

[2]　均参见唐德刚《"铜像"迟早会出现的》一文,收录于《雷震全集》第 2 册。

狱不久，唐德刚一时不知自己是否应当去拜见一下雷震。当时台北的一些亲友，谈起雷震时，仍人人色变，让他犹豫不决。在此之前，唐德刚与雷震未有过实际交往，在胡适先生的鼓动下，这位哥伦比亚大学历史学博士曾给《自由中国》半月刊投过稿。以唐德刚本人推测，1958 年，胡适从美返台在南港定居后，肯定与雷震谈起过自己。因为时隔不久，唐德刚即收到雷震的来信，向他正式约稿。

唐德刚先后为《自由中国》半月刊写过三次稿，《一个留美学生望大陆，念台湾》(1958 年 7 月 1 日第十九卷一期)、《罗斯福总统究不敢毁宪》(1959 年 11 月 16 日 第二十一卷十期十周年纪念特刊)、《论"西山会议派"》(1960 年 8 月 16 日第二十三卷四期)，如果不是因为后来雷震被捕、《自由中国》停刊，唐德刚或会成为《自由中国》的一位重点作者，因为对于民主政治的认知，他与雷震持相近的看法。

1960 年 3 月 3 日，他在给雷震的一封信中说："晚深感我国民主政治之基础太薄弱，我人羡慕别人，期望太高，所谓'看人吃豆腐牙齿爽'。晚每读时贤政治论文及演讲辞，深感我代表、委员诸先生 [1] 对民主政治与法治之了解，远不若此地为吾辈理发之理发师及打扫房屋之工人。这实在是文化传统使然，非可强求，亦非可完全由书本上求得者……晚窃思时代与潮流究不易阻遏，我国百年之各项开风气之运动，均似水到渠成，当之者终必为潮流所淹没者。" [2]

说起来，唐德刚与雷震算得上是"至戚"。雷夫人宋英的娘家，

---

[1] 这里的"我代表、委员诸先生"，是指在台的"国大代表"和"立法委员"。

[2] 1960 年 3 月 3 日唐德刚致雷震函，《雷震秘藏书信选》，《雷震全集》第 30 册，页 425。

与唐家有多代亲戚关系。若以唐的本家算，宋英大他两辈；若从唐的外婆家算，宋英比他大一辈，"我们唐宋两家真是姻联秦晋的。可是当雷公在重庆做大官，我也在重庆穿草鞋、害夜盲、做难童时，我没有找过他。后来我大学毕业了，在南京作'待业青年'，也没有去找过他们，虽然宋英委员那时与我姑妈她们颇有往来，姑妈也劝我去'找雷儆寰推荐、推荐'，但是我始终未去拜谒过。后来雷公在台湾坐牢了，我奇怪为什么胡适之先生不去看望他，而我自己倒想去探监，可是始终没有这个机会……"[1]

既然雷震已经出狱，唐德刚也来到了台北，无论如何，两人都要见上一面，这对于唐德刚来说，也算了却多年的一个心愿。唐德刚找了一个借口搬出了岳父家，住进台北的"中泰宾馆"。在宾馆，唐德刚给雷震打了一个电话，说要去看他。不料，雷震却说，"你不能来！"唐问为什么？"我家四周都有特务……我来看你！"说完，雷震就挂断了电话。

雷震果真来了，"高大的个子，讲话那样斩钉截铁，真是'虽千万人，吾往矣！'有其凛然不可犯的器度……"[2]这一天，雷震与唐德刚谈了两个钟头，沉浮往事，件件俱细，或喜或悲，数历不堪，"彼此都唏嘘不尽"，这是唐德刚第一次见到雷震，也是最后一次"亲炙高风"。雷震走后，唐德刚意犹未尽，慨然系之，大呼"大丈夫，男子汉，当是如此"！

若干年后，唐德刚撰文以纪念雷震逝世十周年，回首当年相见情形，仍历历在目，"临别之时，我们相约再见，下次到他家中吃饭，并好好再谈谈，谁知竟是永别。如今雷公墓木已拱，忆别时言语，真是'悬剑空垅，有恨如何'"！

---

[1]　唐德刚《"铜像"迟早会出现的》一文，收录于《雷震全集》第 2 册，页 246—247。
[2]　唐德刚《"铜像"迟早会出现的》一文，收录于《雷震全集》第 2 册，页 248。

第二十六章

# 聂华苓：再见雷震

旅美女作家聂华苓是当年《自由中国》社年轻的"老人"。

1949 年，她从中央大学毕业后，与母亲弟妹一家人到了台湾。当时急于要找工作养家糊口，当她听说《自由中国》社需要一个管文稿的人，便在中央大学学长李直中的介绍下，见到了刚刚开张不久的《自由中国》社"老板"雷震。雷震只看了她一眼，未多说一句话，只是点点头，说："好吧！你明天就开始吧。"从此，聂华苓就成了《自由中国》社的一员，直至 1960 年 9 月雷震被捕、《自由中国》停刊，未离开一步。

进社不久，聂华苓就怀孕了，挺着一个渐隆的肚子坚持上班，雷震浑然不觉。有一天，李直中笑着告诉聂华苓，说雷先生想为她介绍一个男朋友。那一年，聂华苓二十五岁，再有一两个月就要分娩，"就凭我日渐膨胀的笨重样子，认识的人全知道，只有粗枝大叶的雷震没看出来"。开始一两年，聂华苓觉得自己在《自由中国》社并不快乐。当时家庭负担很重，既要上班管文稿，又要写文章，还要挤出时间翻译一点作品赚稿费以维持生计。当时办公室里气压太低，常让人透不过气来。"雷震的老部属刘子英作威作福，俨然一副主子面孔。他只是个会计，但什么事都管。工作人员只有四五个人，每天还得在一个本子上签到。有一天，我迟到了半小时，刘子英就在我的名字上打了个问号，同事全讨厌他，叫他'奴才'。"[1]

直至有一天，聂华苓突然被雷震喊去，处境一下子有所改变。刚一进门，雷震就对她说："聂小姐，我还不知道你写文章呢，从今以后，你就做编辑吧，特别负责文艺稿。"这时，聂华苓发现雷震手中正拿着她刚发表的一篇文章在看。她兴奋至极，一下子觉得此时的雷先生"站在小木屋里显得更高大了"。聂华苓从此步入一生中最为关键的发展时期，初而一般编辑，进而文艺编委，聂华苓一生感激雷震当年对自己的关爱与提携，她是一个"知恩图报"的人。雷震垂暮之年，聂华苓不仅在经济上对先生多有支持，她也是雷震晚年想见到的一个人。

《自由中国》半月刊并非纯粹的政论性刊物，只是由于《自由中国》在当时发表大量极具分量的针砭时局、坐而论道的檄文，人们的视线一般很容易集中在这本刊物政治、经济、教育等内容上，包括史家在这方面也是总结得最多。从历史的意义来讲，这确实是《自由中国》在台湾战后思想史上最为重要的一页，不过，就这本杂志整体性而言，若忽略了《自由中国》"润物细无声"的文学部分，仍不能窥得它的全貌。《自由中国》半月刊"征稿简则"第六条，即为"其他反极权的论文、谈话、小说、木刻、照片等"之稿约。《自由中国》出刊十年二百六十期中，有关文学方面的内容，占总发稿量的百分之三十，先后刊出"三百篇文学作品，包括八部长篇小说，三部剧本，及其它新诗、短篇小说、抒情散文、文学理论、书评等不同文学类别的文本，隐然呈现出五十年代台

---

[1] 聂华苓《忆雷震》一文，收录于《雷震全集》第 2 册，页 309。

湾一个文化层次的风貌、文学历史的缩影"[1]。

在这十年中，重要的文艺作者包括：陈纪滢、金溟若、朱西甯、司马桑敦、林海音、聂华苓、吴鲁芹、陈之藩、余光中、于梨华、周策纵等人；其重要作品有：《城南旧事》（林海音）、《荻村传》（陈纪滢）、《落月》（彭歌）、《歧路》（金溟若）、《火炬的爱》（朱西甯）、《我的父亲》（段永兰）等。聂华苓作为《自由中国》文艺专栏的实际负责人，为推动上世纪50年代台湾文学作品的发展，功不可没。当年郭衣洞（即柏杨）的第一篇讽刺小说就发表在《自由中国》半月刊。聂华苓回忆说，"那时台湾文坛几乎是清一色的反共八股，很难看到反共框框以外的纯文学作品。有些以反共作品出名的人把持台湾文坛。《自由中国》决不要反共八股。郭衣洞（柏杨）的第一篇讽刺小说《幸运的石头》和司马桑敦（王光逖）的第一篇小说《山洪暴发的时候》，就是在《自由中国》登出来的。郭衣洞以柏杨的火辣辣的杂文出名还是多年以后的事。有心人评五十年代的台湾为文化沙漠，写作的人一下子和三四十年代的中国文学传统切断了，新的一代还在摸索，成熟的文艺作品很难得。有时收到清新可喜的作品，我就和作者一再通信讨论，一同将稿子修改润饰登出，后来有几位在台湾出名的作家当初就是那样子在《自由中国》发表作品的，《自由中国》文艺栏自成一格"[2]；《自由中国》社编辑黄中也说，"《自由中国》对台湾早期文艺的贡献，为写实文艺提供了一个新的园地，把文艺带出'八股'以外……大概是一九五二或一九五三年起，《自由中国》文艺作家，每月有聚餐会，被官方讥讽为'天下座谈会'……聚会由文艺主编聂华苓主持"[3]。

---

[1]　参见应凤凰《作家群与五十年代台湾文学史》一文。

[2]　聂华苓著《三生三世》，百花文艺出版社 2004 年 1 月第一版，页 143。

[3]　《雷震全集》第 1 册，页 98。

在聂华苓眼中，《自由中国》初创时，雷震在政治上还是一个保守的人，"那就是说，偏向国民党的"，就像殷海光当时说的，"雷震！到底还是个国民党！雷震在基本的思想形态、行为模式和待人接物的习惯上，他和老牌国民党并没有根本的差别"！[1] 雷震的转变是随着时局变化以及对国民党体制不断认识一步步走过来，最终与自己的党分道扬镳，并进行不屈不挠的抗争，从而导致十年牢狱之灾。

1960 年 9 月 4 日，这是一个星期天。上午 9 点多钟，聂华苓刚起床，就听见有人拍打大门。女佣打开大门后，只见几个便衣闯了进来。他们先来到聂华苓这边，看了一眼，说"走错了"，然后转身去敲隔壁傅正的房门。聂华苓立刻意识到将要发生什么，与母亲互相望了一眼，没有说任何话。因为紧张，她让九岁的女儿蓝蓝[2]弹起了小钢琴，试图分散一下自己的注意力。但还是感到十分害怕，"我浑身无力，坐在椅子上，一动也不动。他们是一个个下手，先擒傅正，再拿聂华苓。他们就要来了，我就坐在那儿等着吧！蓝蓝停住了。'别停。蓝蓝，弹下去吧'！我对她说……傅正突然在他的房里叫了起来：'你们凭什么拿这个？'接着一阵争吵声，听不清他们在争什么。接着又是一片沉默"。

聂华苓原以为自己也会被抓，后来才知道，她并不在这个"黑名单"上。傅正被捕时显得镇静自若，他本是蒋经国手下的人，进《自由中国》社才两年多时间，只因他那几篇文章太"辣"，也被当局视为"肉中刺"。傅正被一大群警察和便衣人员围着走出房门时，还冲着聂华苓和她的母亲说了一句，"我跟他们去了！"不一会，

---

[1] 聂华苓著《三生三世》，页 145。

[2] 蓝蓝，学名王晓蓝。长大后从事现代舞艺术，在爱荷华大学主持中美舞蹈交流计划。与英国丈夫离婚后，与哈佛大学教授、现代文学研究专家李欧梵结婚，后与李离婚。

《自由中国》社程济宽来了，冲着聂华苓的窗子大喊：雷先生、马之骕，还有刘子英都被抓走了！"殷海光呢？"聂华苓急问。"还不知道。""傅正也给抓走了！"聂华苓说。程济宽一下子愣住了，站在院子里，张着嘴，半天说不出话来。

　　这天下午，胡虚一从广播中得知雷震等人被抓消息，立即从基隆赶到了台北，直奔《自由中国》社和编委戴杜衡的家。戴杜衡一见到胡虚一就说："虚一呀，你来台北了。现在怎么得了！他们真的抓起人来了！他们真的抓起人来了！"[1] 胡虚一又赶到殷海光家，一进门，就看到殷海光正闭着眼睛躺在书房的长沙发上，殷夫人走过去，轻声对殷说"胡虚一来了"，殷海光一跃而起，对胡虚一说，我们现在就去社里！殷海光一边穿皮鞋，还一边对胡虚一说："迟早总有这一天的。今天终于来了！我听收音机播出雷先生在上午被捉去了，我就闭目躺在这儿，等捉我的人来。刚才你按门铃，我以为是捉我的人来了……"[2]

　　以聂华苓的说法，雷震等人被捕后，她与其他编委即被隔离开来，特务对他们进行日夜的监视，"我们成了一个个小孤岛，不能互通消息"。聂华苓自己的恩师遭到诬陷而被关入大牢，多少年来，脑海中不止一次浮现出十年来自己与雷震、黄中等人在《自由中国》社工作时的场面：

> 　　我永远也忘不了我们在一起校对稿子的情形。每篇稿子都是经过雷震、黄中和我三人先在社中仔细一校再校；在出刊前几天，我们三个人又一同去印刷厂作最后一次校对。首

---

[1] 李敖、胡虚一等著《雷震研究》，页97。
[2] 李敖、胡虚一等著《雷震研究》，页98。

502

先我们要仔细校对错字，一字之误，就可惹出大祸……十年之中，我们换了七个印刷厂，就因为特务找麻烦，老板怕坐牢。除了校对错字外，我们还得绞尽脑汁修改可能出问题的文字，在国民党的特务审查之前，我们自己已经严格地审查过了。一字一句，我们三个人常常讨论很久才决定。

每次出刊前，我们就那样子在一起工作两整天。常常在我们低头默默校对的时候，雷震会自顾自笑了起来，乐得像个孩子，把文章中一句俏皮的讽刺话指点给我们看；或是向我们讲他如何愚弄跟踪的特务的趣事，一面讲一面笑，好像小孩子讲捉迷藏一样。每次校对完毕，天已经黑了，我们三人就挤上公共汽车，一道去沅陵街的新陶芳吃盐焗鸡；吃完雷震就跳上公共汽车回木栅。他挤在人堆里向我们招招手，车子开走了，我还可从车窗里看到他孤立的高大身影。[1]

1962 年至 1964 年，聂华苓应台湾大学中文系主任台静农之邀，在现代文学写作班教授小说创作；徐复观邀请她去东海大学讲授创作（聂华苓的父亲聂洗，字怒夫，早年即为国民革命军之干将，任国民革命军第八军参谋处处长。北伐军攻占武汉后，聂洗为武汉卫戍司令部参谋长，徐复观时为其部下）。1964 年，聂华苓赴美，应邀为美国爱荷华大学"作家工作坊"访问作家，从此定居在美国。1971 年，聂华苓与美国诗人安格尔（Paul Engle）结婚，这是她的第二次婚姻。聂华苓第一位丈夫叫王路生，结婚几年后，王路生即去美国留学，不久离婚。

聂华苓 1964 年离开台湾后，在美国曾收到雷震从狱中给她的一封信。在这封信中，雷震对聂华苓的母亲在前年去世表达了自

---

[1]　聂华苓《忆雷震》一文，收录于《雷震全集》第 2 册，页 313。

已的心情，并对聂华苓能够赴美深造感到欣慰，这封信聂华苓一直珍藏着。1971 年 1 月 9 日，出狱后的雷震第二次给聂华苓写信，感谢她透过台湾《联合报》送来的四千元台币。雷震在信中说："承赐四千元，感激之至，对我一家生活帮助很大。我下狱十年，收入全无，一切全赖在美子女养活。我未坐牢时有'国大'薪津等等，一个月约有八千至一万元收入。后'国大'加薪，收入每月有一万四千元。故十年坐牢，我个人损失约达两百万元，即五万美金……可见从事民主运动之不易，无怪一般人趋避也。"[1]

1971 年，聂华苓与美国著名诗人安格尔结婚，雷震夫妇特意托人为他们带去一只鼎，作为贺礼，"鼎者重也，盛也"。1974 年春天，聂华苓夫妇决定返台专程去看望出狱后的雷震，这时聂华苓定居爱荷华已整整十年，在海外华人作家圈中颇有声名。当他们抵达台北后，聂华苓立刻想去雷震家，被朋友们拦住了。聂华苓回忆说，"我认识的人，反应不同。有的人不置可否——沉默是金；有的人说，雷震出狱之后也过得不错嘛，现在不必去扰他了，也不必再为他招麻烦了；有的人说，他们非常了解我要看雷震的心情，我当然应当去，但不要声张，也不必马上去，最好在我们走的那天去，看了雷震就上飞机！为什么呢？因为……朋友笑笑，很抱歉的样子，'因为怕人攻击，要是什么党棍作家给你在报上打一棍子，再有人一起哄，你和保罗兄在这几天就不好受了。你最好是悄悄地来，悄悄地走'"[2]。聂华苓决定在离开台北的那一天前去看望雷震。

聂华苓知道夏道平与雷震关系密切，打电话对他说想去看望

---

[1] 1971 年 1 月 9 日雷震致聂华苓函，收录于《雷震全集》第 2 册，页 328。

[2] 聂华苓《忆雷震》一文，收录于《雷震全集》第 2 册，页 322。

雷震，并告诉他去看雷震的具体日子，就是他们离台的那天上午。夏在电话里说此事要等一两天才能知道，看雷先生有何说法。"我明白夏道平的意思，雷先生电话有特务窃听，他们需要时间决定雷先生是否可见我。我和夏道平从没断绝书信来往，电话中没说要见我，我就了解他困难的处境了。两天以后，夏道平来电话说，雷先生可以见我们，并要在家请我们吃饭。我说我们只能去看雷先生两个小时，看他之后立刻上飞机回爱荷华了。他哦了一声，没说一句话。"[1]

聂华苓夫妇在台北停留了五天。在最后一天如何去雷震家，颇费一番周折。雷震家住台北郊区木栅，聂华苓妹夫的朋友本来想开车直接送他们过去，可转念一想，雷震家对门的房子里住着十几个特务，时刻监视雷震的一举一动，若开车直接到雷宅，车牌号码肯定要被这些人抄下来。后来商议决定，由这位朋友先将聂华苓夫妇送到景美，剩下三分之一的路程时，让他们再转乘出租车前往木栅雷震的家。安格尔对此大惑不解，一再追问：为什么？为什么？聂华苓与他说不清，对他说："很复杂的，到了台湾，你跟我走就是了。"

整整十四年后，聂华苓终于见到了这位前《自由中国》社的"老板"，当他们下车走进大门时，雷震夫妇迎了出来。聂华苓紧紧握着雷震的手，一句话也说不出来。雷震不停地问："眼镜呢？眼镜呢？我的眼镜呢？我眼睛不行了！"戴上眼镜，雷震仔细端详聂华苓，"还是老样子。十四年不见了！最后那天见到你是 1960 年9 月 3 号，礼拜六……"顿时一阵酸楚涌来，聂华苓感叹雷震对这一天记得太清楚了，可雷震怎能忘记呢，因为第二天他就被捕了。

---

[1] 聂华苓著《三生三世》，页 295。

安格尔见到雷震格外激动，"我一直想见到你。我很佩服你。华苓对我讲了你的许多事，你是一个很勇敢的人物"。雷先生笑笑：我接到你们要来的电话，没有人干涉，我就知道，我可以见到你们了。我家的电话有特务录音。我们斜对面楼上，还有右边的房子，就有国民党特务十几个人监视我。我的一举一动，都照了相，来的客人也照相，硬把老百姓的房子占了，一天到晚朝我们这边照相。有什么可照的？我还能干什么？真是庸人自扰！

雷震又说：那天英国《星期天时报》（*Sunday Times*）驻远东记者要访问我，打电话约我到国宾饭店喝咖啡。特务马上知道了。国民党中央党部政策委员会副秘书长打电话来叫我不要去，我拒绝了。我说，你们叫特务去监视好啦。果然有个特务坐在我们旁边的桌子上，我一看就认得，常常跟我的嘛。他当然带着照相机，要把我们照下来。[1]

聂华苓问起先生在牢里的情况，雷震告诉她，"牢里有人发疯呀。我没有发疯，因为我写回忆录。我写了四百万字，在出狱前被保防官带了十几个人抢走了，还有信件和诗稿。国民党这种目无法纪的作风不改，要丧尽民心的"……时间很快过去，雷震越讲越兴奋，毫无顾忌；十年铁窗，痴心未改。聂华苓有许多话想对雷震说，无奈与安格尔赶飞机的时间已不多，只好起身告辞。雷震夫妇为他们备好的午饭，也未来得及吃。

这时，安格尔突然说："雷先生，你是我这辈子见到的最伟大的人物之一，我很感激你给我这个机会来看你。我想问一个问题，假如你再有机会，你是不是还要做你十四年以前所做的事情？"雷震大笑："不可能了！不可能了！"这个回答大概出乎这位美国诗人的意料，他对中国人的事情了解得实在太少。

---

[1]　聂华苓著《三生三世》，页 296—298。

雷震夫妇将聂华苓、安格尔一直送到巷口，一声声再见，一声声珍重。"我知道再也见不到他们了。我和安格尔走了一段路，回头看看，两位老人仍然站在那儿——站在正午的阳光中。"这是聂华苓对雷震先生最后的一个记忆，她的心一直在流泪：

> 这次我去看雷先生，走的是旧时路，看的是旧时人，却不是旧时的心情。五十年代，我是雷家常客。雷先生有时在他家开《自由中国》编辑委员会。胡适、殷海光、毛子水、戴杜衡……一些最好的中国头脑曾在那儿论文议事。我是编辑委员会中最年轻的一员，也是惟一的女性。我对现实政治一向低能。但是，我从他们那儿悟到作为中国知识分子的风骨。政治风云变化无常；人的风骨可是一辈子的事。
>
> 雷先生雷夫人也常在木栅家中宴请为《自由中国》写稿的作家们。台湾文坛许多朋友就曾在雷家酒酣耳热，欢笑满庭。十四年后，我再到雷家时，寂寞萧条，人情冷漠。雷先生呢？他已坐了十年牢。再见时，他依旧意气轩昂，依旧赤子之心，依旧忧国忧民，依旧坚持他对民主的理想。我们见面都很激动，他一股劲儿找眼镜，我竭力忍住眼泪……[1]

又是一个十四年。1988 年，聂华苓与安格尔再次来到台湾。她没有忘记雷先生，也无法忘记。这时，雷震已安息在南港"自由墓园"中，与他永远做伴的是同窗罗鸿诏、至友殷海光，还有最心疼的爱子。雷夫人宋英正在向"监察院"提出调查雷震的冤案，并与傅正一起公开控诉当年对雷震等人的"政治构陷"，要求警总

---

[1] 聂华苓《旧时路——怀念雷震先生》，梦花编《最美丽的颜色——聂华苓自传》，江苏文艺出版社 2000 年 1 月第一版，页 112—113。

发还雷震在狱中的手稿和日记。"党外人士"康宁祥、尤清、朱高正、许荣淑、张俊雄等十三人，已发起成立"雷震案平反后援会"，并在"立法院"敦促政府从速平反"雷震案"。

这一次，聂华苓与一些朋友是带着鲜花浩浩荡荡地前往"自由墓园"，去看已故雷震先生，再也没有当年的那种紧张和后怕，台湾社会正在出现意想不到的变化。当车子沿着弯曲的山路缓慢向上行进时，突然下起了一阵小雨，细雨之中，可见蒙蒙山雾，聂华苓一下子竟似幻似真："……我又走向雷家，我又去开《自由中国》编辑会议，我又可听到雷先生和殷海光激烈辩论，我又看到多年寄居雷家的罗鸿诏先生捧着茶在一旁呵呵笑，我又可和坐在轮椅里残废的德成（雷震之子）聊天。他们全在自由'家'园，一点儿也不错，他们的'家'就在那高高的山坡上。"在雷震与儿子德成之间有一块空地，是预留给与雷震患难大半个世纪的妻子宋英女士的。在下面的一块小园地，还躺着雷震心爱的小狗。

聂华苓向先生行礼时，热泪涔涔，她感到雷先生并没有离开大家，还似乎看到那尊未铸出的铜像正站在那高高的山岭上，一只手挥向天空，望着远方，铿锵有力地对聂华苓说：你看，我当年拼命鼓吹的意见是对的吧！台湾不正是朝着那个方向走吗？我冤枉坐了十年牢！

# 第二十七章
# "雷震案"平反运动

　　1979年3月7日，雷震在台北荣民总医院病逝，终年八十三岁。

　　雷震出狱之后，一直病魔缠身。1976年2月，发现患有前列腺癌。这一年10月，他在给原《自由中国》社同事黄中的一封信中说："由于在狱中患了前列腺癌……我出狱后不久即割治，系用新法，未割干净。1975年5月27日小便流血，又住院割一次。此次系小手术，是年十月因解小便困难，又动大手术，挖出三十个肉粒……不料1976年1月9日小便又出血，经过四周，于2月8日又出血，于是入院检查，用核子照相，发现为前列腺癌。……我今年已八一初度，现在只是苟延残喘耳。"[1]

　　1978年11月7日，雷震因患脑瘤入院，自此再未出院，其间大部分时间昏迷不醒，整整拖了有四个月之久。雷震子女大都在海外，雷震病危时，都赶了回来。雷美琳回忆，"第二次回国，是因为得悉父亲生病，已住荣总，准备接受脑部手术的消息，在他接受手术前夕，我赶到荣总为他打气，开刀结果并不理想，一

[1] 《雷震全集》第1册，页103。

礼拜后即失去记忆、不能言语、时好时坏，体念到他内心挣扎的痛苦，虽然有特别护士照料，但我们由国外赶回来的兄弟姐妹也都轮班在一旁伺候"[1]。雷震病情一度有所好转，孩子们因工作关系，又都回海外去了；次女雷德全未走，原留在台北家中侍疾，陪伴老母宋英，就在雷震病逝前一日，突然有事去了香港，"故雷震临终之顷，只有大女儿凤陵，和向筠所出的子女在侧"[2]。

雷震去世前一天，突然回光返照，虽不能讲话，头脑却清醒。宋英、向筠及所出子女皆守在他的病榻前，宋英将自己的手指放入雷震口中，俯耳说，现在孩子们来看你了，你如果知道的话，就咬一口。雷震有气无力地咬了一口，总算对亲人有了一个最后的交待。雷美琳是雷震生前交待最多的一个孩子，得悉父亲再次病危，与小弟雷天洪立即从美国赶回台北，见到父亲时，"他脸色红润，神态安祥"，雷美琳一边用手轻轻抚摸父亲的脸颊，一边止不住流泪，一旁的护士小姐突然叫起来：雷小姐，你快看，你爸爸知道你回来了！雷美琳看见父亲两行眼泪，"已流得满脸都是"，医生走过来对她说：雷小姐，我很钦佩你的父亲，本来上礼拜四就应该过去的，你妈妈一直在他耳边说你要赶回来看他，他老人家能撑到现在，真是奇迹！第二天，上午8时左右，雷震的心脏停止了跳动，至此，走完了自己大起大伏的一生。

雷震的家在木栅，离"荣总"甚远。是日，等宋英赶到之时，"父亲早已咽下了最后一口气"。照荣民总医院医生的说法，雷震去世时应该是在清晨5时，因使用医疗器械，让他的心脏继续跳动到上午8时才完全停止。女儿雷德全一直记得母亲宋英对她说过这

[1] 雷美琳《我的父亲雷震——雷震逝世十周年追忆文》，参见雷震著《雷震家书》，附录，页294。
[2] 李敖、胡虚一编著《雷震研究》，页125。

样一件事,"3月7日凌晨,父亲走进了她的房间对她说'SOOJOHN,我走了,你好好保重'。母亲惊醒过来,却是南柯一梦,看看时间,正是清晨五时五十五分"。SOOJOHN 是宋英的日本名字,雷震一直以此称呼她,但从未告诉过孩子这是什么意思。[1]

雷震去世当天,《联合报》、《中国时报》刊发消息,《联合报》称其"前国民党参政会副秘书长,政治协商会议秘书长,'行政院'政务委员及'国大代表'";《中国时报》未提雷震的从政经历,也未提"雷震案",仅称"前'国民大会代表'及自由中国杂志社发行人"。《自立晚报》最早刊发公开悼念雷震的文章,作者司马文武是《中国时报》的一位青年记者,即江春男[2],后与康宁祥创办党外杂志《八十年代》,任总编辑。

年老不良于行的王世杰,由一位亲属搀扶着来雷家签名行礼,此时已年近九十。成舍我夫妇送来亲笔书写的挽联:忧国如焚,万言何补?赍恨以殁,千古同悲。原《自由中国》社编委夏道平的挽词是:政治上是非功罪,往往晦于当代而明于后世。谨以史家此一名言,献于 儆寰先生灵前,以祈安息。

雷夫人宋英的挽联由夏道平代拟,高度概括了雷震一生中最不平凡的那个十年:为争取言论自由,为促进政治民主,努力十年,换得十年牢狱;谁是纯正爱国者,谁是彻底□□者,事关历史,任凭历史评衡。

雷震两年前立下遗嘱,寥寥数语,平静坦荡,超然物外,荣

---

[1] 雷德全著《我的母亲——宋英》,页 202—204。

[2] 江春男,生于 1944 年,台中人。毕业于东海大学政治学系、政治大学政治学研究所。历任《中国时报》专栏记者、《自立晚报》副主任、《八十年代》总编辑,被视为"党外运动"先驱人物之一。政党轮替后,曾任"国安会"副秘书长。

辱皆抛，"死时除解剖需用部分割去外，余则送至火葬场火化后下葬，不进殡仪馆、不发讣文、不开吊、不穿长袍马褂，葬事完毕后，在报上登一启事，说某人已走了……"雷夫人宋英、如夫人向筠等人[1]遵从其遗嘱办理，没有发丧，但由于宋英身为"监察院"委员，"监察院"对外发布了一则消息。雷震之丧事，依照"监察院""监察委员之配偶丧亡，'监察院'协助办理"的惯例，由"监察委员"李拂拯[2]专门负责此事。雷震生前好友陶百川、齐世英等人组成了一个治丧委员会，假荣民总医院礼堂进行小范围的悼唁活动，以尊重雷震生前"不进殡仪馆"的遗愿。尽管如此，"死后荣哀，恐怕不是他自身谦隐可以免除的，在他的丧礼上，各界知交好友、或是仰慕他言行人格的人都到场致哀，黄菊花布满了灵堂"[3]。

一些该来的朋友却没有来，如《自由中国》社职员陈佐和、王佑祺。陈佐和是接替刘子英做会计的那个人，王佑祺当年在马之骕手下负责发行工作。"雷震案"发生后，《自由中国》被迫停刊，宋英为了社中一些职员的生活出路问题，找到"行政院"副院长王云五，请求协助解决。陈佐和、王佑祺二人分别被安插到"国有财产局"和台湾银行工作，后都又被转成了正式人员。胡虚一很生气，在雷震灵堂上说："雷公出狱住家时日，他们或存顾虑不敢来，但今雷公死了，为何也不来一下，未免太现实一点了吧！"

---

[1] 雷震的婚姻状况较为复杂，娶过三妻两房。第一位夫人刘氏，是一位离过婚的人，生下长子雷绍陵，长女雷凤陵，次子雷祥陵；三子雷德宁，次女雷德全，四子雷德成，系与第二位夫人宋英所出；雷美琳、雷美莉、雷美梅三姐妹，儿子雷天洪、雷天锡，系与第三位夫人向筠所出。有关雷震与第一位夫人的情况报道很少，是离婚或病故，不得而知；宋英和向筠，以国民党官方的说法，即一妻一妾。雷震去世时，在"公祭"问题上，曾引起两房夫人间的名分之争。

[2] 李拂拯，江西人，为雷震国民参政会时期的老部属。赴台之后，与宋英是"监察院"同事，宋英常委托他办理一些公私之事，与雷家的关系很近。

[3] 参见雷震著《雷震家书》，前言，页 XVI。

512

刘子英没有来，这是意料中的事，"灵堂开吊的亲友中，认得他的老友不少，他就更不好意思到雷家和医院灵堂去吊祭雷公，向雷家表示歉疚了"[1]。

雷震生前为自己料理好后事。1972 年，在木栅家的不远处，即深坑与南港之间的南港墓园买下一座小山。1976 年 11 月开始平山建造墓地，由他本人亲自督工。除雷震本人与宋英的两座墓穴外，另有三座，为安葬亡儿雷德成、移葬早逝的老友罗鸿诏和殷海光而建。雷震墓碑文为自题，写于 1977 年 4 月：自由中国半月刊发行人 / 中国民主党筹备委员 / 雷震之墓（生于一八九七年六月十五日 / 殁于一九七九年三月七日）。罗鸿诏、殷海光两人墓碑亦为雷震亲笔所书。之前，殷海光夫人夏君璐女士从美国致函雷震，特别嘱咐殷海光墓碑一定要镌刻上"自由思想者"这几个字。雷震受此启发，将这块墓园命名为"自由墓园"。

3 月 9 日，雷夫人宋英在台北《自立晚报》发表《悼念儆寰》一文，其中写道：

> 先夫儆寰的去世，我的哀思苦忆太复杂了。在这复杂哀痛的思忆中，最深刻的，最难忘的，就是多年来许多亲友们和许许多多非亲非故的各方人士对儆寰的那么关切，那么同情。我在这里要首先表示我对他们的感谢。其次，我再勉强的从复杂的哀思中提出我认为我应该说出的几点：
>
> 第一、在儆寰平时与病后尚能说话时，提及其身后的事，要我一定要节约，切切不可铺张。但有些朋友向我说，儆寰

---

[1] 李敖、胡虚一编著《雷震研究》，页 60。

的丧事不应草率了事。关于这一点，我除掉由衷的感激以外，不得不辜负这些朋友的一番盛意了。因为我要遵守儆寰的遗嘱来处理他的后事。

第二、还有朋友们向我提到应为儆寰特制一套讲究的长袍马褂以备大殓。这一点，我也不敢接受。因为儆寰生前的生活衣着方面，从不讲究，而且保有惜物的习惯，小至水电的节约，他都随时随地注意。我为着保持他的这项美德，一切只好从简了。

我讲上面这些话，只是陈述事实，并向有关的朋友们深致谢意和歉意，并不是想颂扬儆寰。儆寰在生前常常批评把去世的亲人说成圣贤的世俗作风。儆寰从政数十年，尽管有他的政治抱负，但我决不应把他粉饰成圣贤。我要坦率地说，在他个人生活起居方面看来，像是个粗线条的人。但是他的为人正直无私，忠诚谋国，不论大小事务负责尽职……

再从某些角度看，他不是没有缺点的，尤其在这世变的复杂环境中未免有时考虑欠周，因此常常遭致不必要的烦恼，同时因他个性坚强，做任何事都不计名利，也从不考虑后果。他既不会巧言令色，更不会文过饰非。如果有错，他也肯诚心诚意的认错。但是，十年的牢狱更是坚定了他一贯的政治主张，自由民主与法治。他出狱后，仍时时刻刻以国事为念，逢人还是大谈其政治见解，一直到死而后已！

雷震是冤枉的，他是那场大悲剧中的主角。以历史的经验看，任何专制时代，一个走在时代前面的先知，不论是宗教上的先知，还是政治上的先知，通常都逃脱不了殉道的命运，雷震也不例外，终未能幸免。

雷震一生枯荣沉浮，他在政治上的遭遇，不仅折射出威权时代的无情与残酷，"台湾自由主义启蒙运动遭遇一大挫折，伴随着言论空间的紧缩，使得自由主义知识分子启蒙活动亦沉寂近二十年。公共论坛为外力所压制，也显示知识分子尚无法形成与政治相抗衡的力量，对雷震个人与自由主义知识分子而言，均为时代悲剧"[1]。

但从另一角度来讲，雷震主导下的《自由中国》半月刊，对自由民主理念的坚守与传播，以及对现实政治的思考和批判，在当时无不深入人心。《自由中国》由政治论述而起，终于政治实践的特质，包括将论述与实践相结合，言谈与改革同并进，这种"思想者、言谈者与行动者三合一的民主参与模式"，深刻启发了新一代的党外民主运动，上世纪 70 年代末期《美丽岛》杂志及政团并体的雏形，正是从这里找到了一个理论基点，"对解严前成长的青年产生政治启蒙与思想武装的作用，不分左右派皆然"，使得无论在何时，对雷震个人遭遇所给予的关切，转换成一种渴求自由民主、社会进步最具说服力的思想动力。以台湾学者钱永祥的看法：《自由中国》从 1949 年办到 1960 年，近十一年，开启了台湾日后的自由主义思潮。一直到今天，我个人主张的一个说法是，从 1950 年到 1985 年，是《自由中国》半月刊的时代。[2]

任何一件重大历史事件，人们在日后总结或反思在所难免。雷震去世三周年之际，当年坚定的追随者卷入"雷震案"下狱多年的《自由中国》半月刊编辑傅正，在接受一家杂志采访时，不堪回首话当年，发出自己的慨叹之言：

---

[1] 任育德著《雷震与台湾民主宪政的发展》，页 320。

[2] 张文中《"我是谁"：台湾自由主义的身份危机——钱永祥访谈》，香港"世纪中国"网站资料库。

　　我对雷震先生献身民主运动的看法：雷先生办的《自由中国》，毋庸置疑，是传递了民主的香火，虽然他本人是悲剧收场，但还是值得的。然而，他为了组党救国运动，最后非但"中国民主党"胎死腹中，又连带使《自由中国》陪葬，这是一个失策。换句话说，《自由中国》存在时，很多人相信台湾有言论自由，但《自由中国》关门以后，台湾的言论自由，就不再那么恢宏了。假使当年不是因为组党，这本杂志能延续多久，虽不敢说，但在鼓吹自由民主和争取言论上的影响，恐怕不是我们现在所能想象的。[1]

　　傅正的这一段话，并不意味"悔不当初"。只是在比较了其中的得失之后，更加肯定《自由中国》于当年推动台湾民主政治进程的重大意义和作用。不过，傅正对胡适一直持有不同看法，认为"胡先生的性格中有很容易妥协的一面，尤其喜欢热闹，爱放野火，事情成功了，请他出来，也许会考虑……事情没有成功，而且可能有很大的风险和困难，要请他真的挺身领头来做，似乎不可能。《自由中国》，特别是初期，是靠胡先生的光芒。这也不是说胡先生喜欢这么做，这是雷先生借重胡先生的光芒，把前面的基础打下来了。假使胡先生有贡献，最主要的是这个贡献"[2]。

　　雷震生前并不认同傅正的这种看法，对胡虚一说过："近年来傅正对胡先生不满的成见，是不对的，我屡劝而无良效。其实，他对胡先生了解得不够，若干往事，也未全弄清楚，就开口评说

---

[1]　参见专访傅正谈话记录，原载 1982 年 3 月 1 日台北出版的《政治家》杂志第 24 期，李宁撰《纪念雷震先生专访：盖棺三年话雷震》。转引自李敖、胡虚一编著《雷震研究》，页 164。

[2]　傅正《〈自由中国〉与中国民主党（1949—1960）》讲词和讨论答问全文，原载 1982 年 2 月《八十年代》杂志第 4 卷第 1 期。

胡先生的不对，很不好的。像过去组党一事，在大陆时候，我和胡先生、蒋廷黻等人商谈的情形，他全不知，我也未像对你讲述那样，对他讲过。因此他将来写回忆和组党的文字时，恐会对胡先生出言不利的。这些年来，我对你讲述胡先生的往事较多，你看到我私人的文件资料也多，而你对胡先生的认识了解，也较客观平实。所以你以后要留心一点关于傅正对胡先生的评述才好。"[1]

雷震至死未改变对胡适的尊敬和推崇，出狱之后，每年都要去胡适墓上两次，一次在胡适生日那天，一次在胡适的忌日，可见对胡适的一往情深和怀念。胡适去世时，雷震在狱中给如夫人向筠写信，要她关照孩子今后一定要学胡适的为学和为人，"胡伯伯的修养都是从做学问来的，他可以说是'手不释卷'，希望我的孩子多多读书。胡先生对人，无论是对佣人，从不'疾言厉色'，我自从和他多接触之后，我极力改过，但是没有完全做到，我时常反省，感到惭愧……让美莉把胡伯伯送的书，赶快多读，她如果不读，那就愧对胡伯伯的在天之灵了"[2]。

上世纪七八十年代，自蒋氏父子先后死去，强人政治不复存在。在台湾，一股翻案之风不期而至。小冤者不计其数，虽不为众人瞩目，但有其"冤"，必"伸"之；而大冤者，关乎历史的进程和真相，更当强力全民伸张，"不容青史尽成灰"，这是民主社会必备的历史道德观。在当时，众所周知的"政治大案"有两件，一件是 1955 年的"孙立人案"，另一件就是 1960 年的"雷震案"。马之骕回忆说："'孙案'因其散居在海内外的亲友及部属均为其喊冤，要求'监察院'公开当年对'孙案'的'调查报告'，以期

---

[1] 以上参见李敖、胡虚一编著《雷震研究》，页 177。
[2] 1962 年 3 月 2 日雷震致向筠函，《雷震家书》，页 51。

平反'冤案';'监察院'因受情势所逼,不得不将尘封三十三年的'孙案调查报告'公开。读其报告内容,足可证明孙立人是清白的。孙氏享年九十岁而终,可谓'死也瞑目'了。继之而起的'翻案'事件,即'雷案平反运动'。"[1]

1988年4月29日,宋英女士和"雷震案"涉案人傅正先生,假台北市台大校友会馆,正式发起"雷震案"平反运动。雷氏家属、亲友及各界关心"雷震案"的人士和团体代表,约二百人参加,随之成立了一个具有重大历史意义的"1960年雷震案平反后援会"。在会上,前《自由中国》半月刊编委夏道平教授发言,认为用"翻案"一词来形容雷震平反似不恰当,因为雷震在所有人的心目中,本来就是清白的,只有在官方的记录中才冤枉了雷震;傅正认为:国民党当局蓄意制造震惊海内外的"雷震案",这是一起最严重的政治冤狱,当局应有勇气公开承认自己的错误;雷震之女雷德全在发言中说:父亲在狱中所写的回忆录和日记,均为个人私产,当局没有扣留的理由,誓死也要追回。

与会者达成共识:"雷震案"的平反,不只是雷震个人清白的问题,它关系到整个台湾民主宪政运动和言论自由问题,同时也是过去大大小小冤狱平反开始的问题。大会由"立法委员"费希平担任主席,推举"立法委员"康宁祥任"后援会"执行长,并作出几点决议:设立总务、活动、文宣、联络等四个小组,"将以循序并进方式进行,不达目的决不终止"。预设目标有两个,第一,向警备司令总部索还雷震狱中所写的回忆录和日记;第二,"监察院"重新审理"雷震案",还雷震当年受冤诬的清白。"1960年雷震案平反后援会"发表一份书面声明,摘要如下:

[1] 马之骕著《雷震与蒋介石》,页430。

　　二十八年前的雷震案，原是国民党蓄意制造的政治大冤案。雷震案的制造，不仅轰动海内外，而且也引起了猛烈抨击。尽管执政党当局利用各种不同说辞和手法，企图掩饰自己的罪行，却始终无法取信于天下……为了达到摧毁《自由中国》半月刊和扼杀"中国民主党"的双重目的，执政当局还是公然一手遮天，不顾法律、民意、舆论，而为所欲为。乃至借法律之名而实际上玩法、毁法。因此，雷震案的当事人，从逮捕、拘禁，到审问、处罚。都是交由台湾警备总部一手包办。而该部当时根本是一个没有法律根据的非法单位，一切程序，也就无一不是非法的。

　　……雷震先生虽然含恨以终已有九年，但毕竟还有活见证傅正先生。为了讨还公道，要求作历史的最后裁判，雷震先生的夫人"监察委员"宋英和同案人傅正共同出面，除向"监察院"提出调查要求，更向舆论界控诉，终于获得了普遍的关切和重视。我们都是关怀台湾民主、法治、人权、进步的团体和个人，深信团结就是力量，自然不忍坐视，所以都愿挺身而出，组成"后援会"，共同为"雷震案"声援。[1]

　　在"后援会"正式成立之前，1988年4月14日，宋英以"监察委员"身份在"监察院"院会上提出报告，要求重新调查1960年的"雷震案"，并公布当年"调查报告"的附件。4月22日，"监察院"司法委员会第四八二次会议决议指派"监察委员"谢昆山对此展开重新调查，并责令将雷震在狱中被警备总部没收的"回忆录"予以索回。正当谢昆山展开重新调查之际，当年没收雷震回忆录的新店军人监狱突然对外宣布，根据4月29日新店军人监

---

[1]　转引自马之骕著《雷震与蒋介石》，页433—434。

狱监务委员会决议，依"监狱行刑法"第七十一条第二项之规定，"雷震回忆录"已于 4 月 30 日予以销毁。

消息一经传出，在台湾社会引起轩然大波。马之骕回忆说：当时"部分省议员表示，要发动省民罢免谢昆山，认为他没有尽到一个'监察委员'的责任；同时'雷震案后援会'副执行长杨祖珺（女）发动群众两三百人，手持苍蝇拍，群集在'监察院'门前，并贴标语，呼口号，大声喊着'监委只能打苍蝇'、'不敢打老虎'、'雷震手稿的焚毁、历史学家的愤怒'等。此次抗议行动，令人重视者系有很多高级知识分子如在野党领袖、'立法委员'、省市议员等均参加了抗议行列……"[1]

7 月 22 日，宋英委托谢长廷、陈水扁、周弘宪三位律师，准备针对新店军人监狱雷震回忆录销毁案提出诉讼；傅正当时正回大陆探亲，听闻雷震回忆录遭当局有关部门销毁，在江苏老家高淳只停留了一周（前后共十三天），便终止探亲匆匆赶回台北，协助宋英等人进行申诉。傅正对平反"雷震案"用心之深，用情之重，由此可见一斑。宋英称傅正"跟我们像一家人的患难朋友"。[2]

迫于民众愤激和不满，调查委员谢昆山只好依据有关调查结果，于 1988 年 8 月 5 日对新店军人监狱长王禄生及军法局长吴松长二人提出了"弹劾"报告，大要如是："监察院"在 4 月 22 日决议对"雷震案"重新调查相关回忆录和文稿，引发舆论热烈讨论，军法局竟在 4 月 26 日将雷震回忆录等文稿交付新店监狱依据监狱行刑法规定处理，没有做好"行政指示"，致使雷震回忆录被销毁，有"行政疏失"之责，因此弹劾吴、王二人。

这一切，不过是"走过场"而已。"吴松长在军法局长任内退

[1]　马之骕著《雷震与蒋介石》，页 436。
[2]　参见苏瑞锵著《超越党籍、省籍与国籍——傅正与战后台湾民主运动》，页 233—234。

520

伍，后转任军队退除役官兵辅导委员会法规会参事"[1]，并没有受到任何处罚。新店军人监狱作出销毁雷震回忆录之决议，与"1960年雷震案平反后援会"成立同在一日（4月29日），第二天，军方就采取了销毁行动，显然存在许多"人为上的疑点"[2]。在众人的努力之下，"雷震案"平反运动不断朝着理性、正义的方向发展，同时也唤醒了某些人的良知。一个"意外的证人"出现了，他就是当年被国民党当局所利用加害、诬告雷震的刘子英。

1988年8月，一直生活在所谓"安全屋"的刘子英赴大陆定居之前，突然给雷夫人宋英女士写了一封"忏悔信"，还有一篇长达万字的"辩诬文"。正如本书第二十一章第四节"且说刘子英"中叙述的那样，在当年"雷震案"审判过程中，刘子英为整个案情关键所在。刘子英被判有期徒刑十二年，提前释放之后，"一直住在'安全地区'，过着被'保护'的生活，尽管受世人唾骂，他都能表现得'无怨无悔'，生活尚称安适"[3]。

台湾各界发起"雷震案"平反运动，当年这位为求自保而不惜出卖"主子"（当年刘子英在狱中，囚犯们对刘的指责语）的"诬陷者"，终于在良心上有所发现，深感自己一生的悲凉。他在给宋英的信中写道：

> 我实在愧对儆公和您了，所以竟致不敢趋前面领罪责。回想当年为军方威势胁迫，我自私地只顾了自己之安危，居然愚蠢得捏造谎言诬陷儆公，这是我忘恩负义失德之行，被

[1] 2001年2月27日台湾《东森新闻报》，记者陈东龙《雷震案成立项目小组协助家属还原历史》。

[2] 2001年2月27日台湾《东森新闻报》，记者陈东龙《雷震案成立项目小组协助家属还原历史》。

[3] 马之骕著《雷震与蒋介石》，页438。

人讥笑怒骂自是应该，所幸社会人士大多明白这是怎样的一桩冤狱，而您对我的为人罪行也似给以宽容，从未表露责怪之意，因而益使我无地自容。现在我要到大陆探亲去了，特将写就"辩诬"一文寄呈，以明心迹，如要公诸社会致以动乱不安之情势益形扩大，则非所愿也。今天再谈正义讲公理似乎不合时宜，一切是非曲直留待后人评断，则或可不畏权势直言无隐使真相大白也。[1]

刘子英在附上的"辩诬文"中对自己当年如何扮演"匪谍"角色交代得一清二楚，"经过二十多小时的对话，虽疲倦已极，但神志尚属清醒，才将紊乱的思绪整理出摆在面前的不利情势。经过长时间的折磨，身体已感不支，如果再不投降，说不定就要昏死当场，看来只有与他们合作且保性命……当年写'自白书'时，在每写一段或一页时，即被'法官'（按：应指侦讯者）取走，拿回来时指出应修正、补充、删除的地方，就提出另一疑问要你写答，所以全篇'自白书'绝大部分是这样写成的"[2]。1990年，定居大陆的刘子英逝于重庆。

当年被捕的马之骕有着同样的经历，以证实刘子英当年确实是在求自保的情况下写的"自白书"，"我何以敢作如此肯定呢？因为约在案发前十天左右，雷先生告诉我说，他们（指警总）已作'抓马'、'咬雷'的决定了，嘱我在心理上有个准备。所以我在受过三昼夜的疲劳审讯后，使我心力交瘁，实在不想活下去了，只有'求死'吧，但我死也不能'咬雷'！这才开始写'自白书'，也就是和刘子英一样的编'剧本'，而且自编、自导、自演！还要演得逼真，

[1] 1988年8月刘子英致宋英函，转引自聂华苓著《三生三世》，页306—307。
[2] 刘子英致宋英的"辩诬函"，参见1989年3月8日台北《自立晚报》。

这是多么惨绝人寰的悲剧啊！我既有如此的经验，所以才敢肯定地说刘子英的'忏悔'信和'辩诬'文，百分之百的真实性"。刘子英当年的"自白书"迭经补充六次，直至警总满意才完成，成为当局"用来诬陷雷震的工具"（聂华苓语）。

宋英、傅正、夏道平、马之骕等人为"雷震案"平反不遗余力，做了大量难以想象的工作。马之骕曾在寓所接受台湾《自由时报》的一次采访，再次强调"雷先生本来就是清白的，全世界的舆论都说雷先生是冤枉的，只有台湾少数人说他有罪，是没用的"[1]！每逢9月4日雷震被捕那天，他总要端起酒杯喝到大醉为止。马之骕是当时唯一健在的"雷震案"涉案人，上世纪70年代中期，他出任台湾东华书局总编辑，先后著有《中国的婚俗》、《新闻界三老兵》、《雷震与蒋介石》等书；另一位涉案人傅正，因患胃癌治疗未果，于1991年5月10日在台北孙逸仙治癌中心医院逝世，傅正在"临终遗言"中写道：生逢战乱，亲历抗战尤其国共大内战悲剧，而坚信和平民主之可贵……四十年来，我在台湾，甚至不惜以自由为代价乃至生命为代价所追求的，第一是民主，第二是民主，第三还是民主。雷夫人宋英于2001年1月4日在美国加州去世，向筠于2002年3月7日去世，与雷震去世是同一天，雷震子女及社会各方人士由此担负起为"雷震案"平反的历史使命。

2001年3月25日，雷震之女雷美琳，携带雷震生前最后一批未曝光的手稿，在台北市文化局长龙应台陪同下，前往市府拜会台北市市长马英九。马英九除了对雷震夫人宋英过世表达哀悼之外，允诺对雷震先生遗稿出版、展览、成立基金会等事项予以协助，再次肯定雷震对台湾民主的贡献。马英九说，虽然"余生

---

[1]　马之骕著《雷震与蒋介石》，页441。

也晚"，只能从文献中去了解当年的历史，但在戒严年代、台海紧张的时刻，有外省人出来筹组新党，这份勇气格外不容易，意义也不一般。又说：国民党执政很多年，有功也有过，一定有许多令人不满意的地方，对于历史应该抱持谦卑的态度，并有认错的勇气，不怕家丑外扬，越是掩饰过错，将来只会犯下更多、更大的错误。

11 月 17 日，台北市文化局在"二二八纪念馆"举办雷震与《自由中国》文物图片特展。文化局局长、著名作家龙应台特邀陈鼓应等人以座谈会方式畅谈雷震的一生。雷震晚年的这位年轻朋友、台大哲学系教授十分推崇雷震的超强毅力和人格风范，他在会上说：与雷震先生相知相惜的那段时光，是一生中非常有意义的日子，鉴往知来，我深深感受到了"五四"以来的一种新传统。龙应台在会上宣读了一封雷震女儿雷美琳从美国写给陈鼓应的信，其中说：我父亲的冤屈，世人皆知。全家人特别感谢陈鼓应先生在父亲的最后岁月里，陪伴着他度过那一段受尽屈辱的日子。

李敖在会上作了题为《于无声处听惊雷》的演讲，他说：一直受雷震先生的影响极深，曾在先生入狱时，前往牢中探视；雷震并非受到美国自由主义之风影响，因为他不是受美式教育的人；他所创办的《自由中国》半月刊，积极倡导民主自由及宪政理念，许多轰动一时的文章，都是他"押着"殷海光写出来的；当初蒋介石身边有两派人士，一派深怕国民党政权会丢掉，主张要更极权，雷震则是主张要彻底执行民主制度的另一派人士，甚至想要筹组一个新党，因而在 1960 年九月出事，引发牢狱之灾，正因为如此，彰显他创办了十年又十个月的《自由中国》半月刊是一个百分百言论自由的刊物；雷震的故事，是一段动人的奋斗故事，它告诉

我们，人为了真理，必须跟自己那个专制的党翻脸……[1]

在社会各界压力及雷震家人多次陈情和呼吁下，经过十二年的不懈努力，2002 年 9 月 4 日——雷震被捕纪念日这一天，自 1949 年以来台湾最大的一件"政治冤案"终于获得了平反，至此"雷震案"真相大白，完全是国民党当局一手策划的"政治构陷"，雷震为正义而赴难，付出巨大代价，足以证明这位为台湾民主政治而献身的先驱人物，那种"明知其不可为而为之"的勇气，无愧于时间的消磨和考验，"那一团火看似熄灭，却已留下无数的火种。有人焚毁史料，有人斩断历史，那全是心劳力绌的事"[2]；作为政治受难者家属，在几十年苦难折磨中，一路坎坷走来，有着说不尽的辛酸，但也有莫大的安慰，"一向关心雷案发展的各界人士，在过去的日子里，不管识与不识，皆对父亲及家人表达了尊敬与关切之意"，这是雷震之女雷美琳在 2003 年 9 月出版的《雷震家书》序言中写下的一段话，足见台湾民众对当年"雷震案"的同情与正义态度。

雷震未逝世之前，某一天，小儿子雷天洪问父亲：十年牢狱可觉得委屈不平？雷震沉默良久，说了一句话：

"总有一天，历史会证明我的清白……"[3]

---

[1] 参见 2001 年 11 月 17 日台湾《东森新闻报》记者陈瀚权《雷震文物展，陈鼓应推崇雷震人格风范》及"中央社"记者杨淑闵《李敖指雷震的〈自由中国〉是百分百言论自由刊物》等报道。
[2] 张忠栋著《胡适·雷震·殷海光——自由主义人物画像》，页 186。
[3] 参见 2002 年 9 月 4 日台湾《东森新闻报》记者简余晏、吴育玫的报道。

# 第二十八章

# 不容青史尽成灰

2002 年 9 月 4 日，当年雷震的被捕之日，台北"国史馆"正式出版《雷震案史料汇编》两册，并举行新书发布暨"雷震案"平反大会。《雷震案史料汇编》除有关当局下令抢救、搜集的雷震狱中手（残）稿之外，还包括"国防部"（特别是警备总部）雷震案的相关档案选辑，拟在以后继续出版第三册（即《雷震案史料汇编：黄杰警总日记选辑》）。透过这一批珍贵的史料，将有助于相关人士对雷震在《自由中国》半月刊时期民主宪政思想作进一步研究，亦可使更多的人清楚地了解到台湾"白色恐怖时期"这件具有代表性案件的来龙去脉，为反思当年权力者如何以国家机器营造"白色恐怖"这一历史事实提供最有说服力的见证。长期从事中国现代史研究、在台北"国史馆"修纂处服务了将近三十年的简笙簧先生对此感触最深，他在接受记者采访时，引用于右任的著名诗句——不容青史尽成灰，对《雷震案史料汇编》正式出版下了一个最准确的注脚。

台湾媒体认为，"国史馆"出版《雷震案史料汇编》，还雷震的清白，这是"迟来的正义"，在民主社会中，人们的一个共同信念，就是"不容青史尽成灰"，要让正义伸张，纵使成灰，也要从灰烬中找到真理，找到真相。 在菲律宾经营成衣业务、雷震最小的儿子雷天洪出席了这次发布会。在接受记者采访时，他说：自小被人视为"匪谍之子"，父亲入狱时，他才十一岁，读国小五年级。在幼年时，让自己感到不可思议的是，曾经的好伙伴突然一夜之间就没有了，没人敢再与我们来往，许多同学、亲友也视雷家如"毒蛇猛兽"，家中电话受到监听。童年时代失去慈父的教诲，加上背着"匪谍之子"的冤屈，一路走来，尝尽了所有的辛酸和苦楚。后来念书和当兵都受到种种压力，甚至找不到工作，在台湾无法立足，想出去发展，护照及出境证却一直批不下来，父亲无奈，后来找到"立委"帮忙，才发现证件躺在当时"内政部长"的桌上，他不敢批准。到了国外以后，才觉得没有了这些压力。雷天洪还说，自己从小就知道"父亲的伟大"，"如果父亲不为坚持自己的理念，荣华富贵也享受不尽……"[1]

第二天，台湾媒体竞相报道"雷震案"平反，呼吁让"民众更加了解台湾过去的历史"，进而让历史见光、见日。《联合晚报》在一篇社论中认为，这是"民主与威权对待历史截然不同的态度差异。雷震与《自由中国》的重大意义，不只在历史，更在于精神。而雷震办《自由中国》的核心精神究竟是什么？是坚持自由主义立场来监督权力，更重要的，是坚持讲当政者不爱听的话，逼当政者去正视问题"，"怀念雷震，不只是历史上的意义，更要紧的是看雷震的精神有没有在新时代里承继下来。威权、民主时代可能不同，然而当政者不愿听真话，不愿正视问题的习性却往往是

---

[1] 参见 2002 年 9 月 4 日台湾《东森新闻报》记者简余晏、吴育玟的报道。

一样的"。[1]《台湾时报》在评论中说："雷震面对的时代，是个特务横行、威权猖獗的时代，白色恐怖压得人民喘不过气来，当局广织文字狱，严禁批评声音，雷震不畏强权，不做歌功颂德的喜鹊，反而去当不讨人喜的乌鸦，他不向当局妥协的勇气，可说是集智仁勇于一身。"[2]

2002 年 10 月 24 日，大陆媒体《南方周末》率先刊发揭载"1960年雷震案真相"文章，[3] 2003 年 2 月，大陆知名刊物《老照片》刊出有关雷震、胡适与《自由中国》半月刊的专文[4]。一时间，雷震平反及"雷震案"成为海内外媒体关注的一个热点。

2003 年 9 月 3 日，继台北"国史馆"出版《雷震案史料汇编》之后，台北远流出版公司正式出版雷震晚年未竟书《雷震回忆录之新党运动黑皮书》及《雷震家书》。《雷震回忆录之新党运动黑皮书》写于 1976 年之后，其手稿由雷震好友郭雨新带至美国藏匿多年，直至近年才由雷震之女雷美琳带回台湾，完成出版心愿。

《雷震回忆录之新党运动黑皮书》详细记载了"雷震案"的前前后后，叙述当年雷震与台湾本土政治精英筹组新党所遭遇的曲折和顿挫，兼及上世纪 50 年代国民党内部的政治斗争，并揭示雷震晚年的凄凉心境，落寞处境，字字血泪，句句悲怆，彰显这位身处"白色恐怖"年代的自由派知识分子，对于民主、自由、宪政一以贯之的坚定信念和献身精神。此书由台湾传播学者林淇瀁博士审订，文史工作者徐宗懋提供多年来搜集的珍贵历史图片。

---

[1] 2002 年 9 月 5 日台湾《联合晚报》社论《异议声的可贵》。

[2] 参见 2002 年 9 月 6 日《台湾时报》评论文章《雷震与赵少康》。

[3] 范泓《万山不许一溪奔——雷震案真相》一文。

[4] 邵建《〈自由中国〉的两个"容忍与自由"》，范泓《雷震与〈自由中国〉半月刊》，载于山东画报出版社《老照片》第 27 辑。

《雷震家书》在在可见温暖感人的家常话语，将雷震鲜为人知的一面展示得淋漓尽致，以及他作为人夫、人父的生命景观。十年牢狱之灾，雷震错过了对子女成长的关爱，无法为他们指点未来的人生道路，只能透过一封封深情的家书，传递他本人对亲人的思念和期待，在精神上，也成为支撑他的一种无形力量。1963年1月4日，雷震在给子女的一封家书中这样说：

> 梅儿、洪儿：
>
> ……肯尼迪说："历史是人缔造的。如果我们认为：我们无需不断的警惕，及努力不懈，便能实现我们对于一个自由，而各种并存不同的，未来世界的理想，那我们将是傻子。"（看联合报）这是说，历史是由人们来缔造的。下面接着说，要努力才能造得成功。我们今日百事落后，我们过去致力的方向固有错误，而我们的努力也是不够的。……我是缔造中国历史的人，我自信方向对而工作努力，历史当会给我做证明。一年之计在于春，我特别来勉励你们两个人。[1]

这封短短的家书，真实地反映出雷震本人对自己历史定位的某种自信。尽管一生大起大伏，多舛多折，但在形格势禁的非常年代，对民主、自由理念的坚守，果敢表达一个自由派知识分子应有的态度和立场，这种道德勇气和良知，益发显得弥足珍贵。雷震在政治上的是是非非，唯有历史才能交代，"他是书生，有他的信仰，也更有沉着的精神"[2]，除给人一种"悲剧色彩"的印象之外，在他的性格深处，很明显，有相当的叛逆性。

---

[1] 1963 年 1 月 4 日雷震致雷美梅、雷天洪函，雷震著《雷震家书》，页 227。
[2] 司马文武《悼雷震先生》，原载 1979 年 3 月 8 日台北《自立晚报》。

雷震当年的政治理想和主张，如今多已获得时间的检验，并一一实现。以雷震当年的看法——实现多党政治，是现代社会民主政治的必要条件，尤其是当一个社会处于情势激荡之中，必然会出现对现实政治和公共政策的不同看法和主张，一个政府若不能容忍不同的声音，"所谓民主只是欺人之谈"。

台湾的"民主宪政运动"并非一帆风顺，回顾起来，"一幕幕景色仿佛走马灯在眼前跳动，变动无论迟缓快速，却夹杂着血泪、辛酸、哀愁与喜悦"。从总体来看，战后台湾历史始终存在着两股力量，相互对抗与角逐，一为代表统治者（国民党当局）的公权力，一为代表台湾民众与赴台自由主义知识分子共生的反抗力量，这两股力量长期胶着与较量，经历了从戒严到解严、从组党到民主化的漫长时光，终于谱写出威权时代"台湾民主宪政"的动人篇章，在中国百年宪政运动史上写下惊心动魄的一页。

雷震作为中国自由主义传统中鲜有的政治人物，一直是台湾战后民主运动参与者的重要标杆，他主导下的《自由中国》半月刊，灌溉了许多崇尚自由民主的幼苗。正如傅正在雷震逝世的那个深夜所写下的那样——"现在，你虽然走了，但你并没有失败。我相信，就凭你的生命力所散发出来的火花，便足以照耀千万年千万里而引导千千万万人继续前进！"[1] 马之骕认为，雷震当年着力灌溉的民主自由之精神，无论何时怎么看，"甚至从整体的中国民主政治发展过程看，都应当立刻为雷震造一座铜像"[2]。

2003 年 9 月 3 日，旅居美国加州的雷美琳返台出席《雷震回忆录之新党运动黑皮书》、《雷震家书》新书发布会。在会上，她

---

[1] 《雷震全集》第 2 册，页 367。

[2] 马之骕著《雷震与蒋介石》，页 449。

痛忆当年父亲在狱中时，当局设下太多的限制，身为雷震之女，与父亲见面的时间由原本每星期两次，减少为一个月一次，甚至曾经长达半年被迫停止见面。她结婚时，因为丈夫金陵是现役军人，她是雷震的女儿，结婚申请报告，等了半年未见下文，上级还劝说金陵放弃这段婚姻。金陵则因不愿意放弃，被海军总司令黎玉玺上将记了两个大过，后蒋经国出面，才取消记过处分。雷美琳与金陵结婚后，决定远渡重洋赴美，这是因为当时国民党政府不断压迫雷家人，"不然我们不会离开台湾"。父亲自 1970 年出狱，仍受到国民党当局的严密监控。雷美琳几次从美返台，入境遭到百般刁难，进行全身搜查，"这是令人难堪的侮辱"！

雷美琳说，父亲的冤屈终于得到平反，她本人仍有一心愿未了，就是希望将父亲一生所戮力追求的台湾民主、自由与人权精神发扬光大下去。父亲当年为民主宪政而献身，不仅因言获罪，人身自由受到侵害，在狱中撰写的几百万字回忆录也遭到销毁，以致抱恨逝世。雷美琳希望藉此历史经验化为实际推动台湾人权的动力，建议由社会公正人士成立一个"雷震基金会"，来推动台湾民主、自由、人权制度的研究，将"普世价值"深入整个台湾社会，延续"雷震精神"，"以便真正挥别旧威权体制的迫害阴霾，让社会能够彻底反省人权与自由的真谛"。

2012 年 3 月 7 日，是雷震去世三十三周年纪念日，"雷震纪念馆"暨雷震研究中心在台湾政治大学社会科学资料中心正式揭幕，由国民党主席马英九揭牌。马英九在开幕式上表示：缅怀雷震对台湾民主自由的贡献，当年勇于提出异议并不容易，正因为有许多人像雷震一样用生命争取，今天台湾才能享有高度的人权与民主自由，我们面对历史没有任何禁区，让我们诚实面对、诚实认错、诚实道歉、诚实改错！马英九再度用深深一鞠躬，向雷震家属与所有曾为自由民主奋斗过的人士，表达他的歉意与敬意，马英九说："历史可以原谅，但是不可以遗忘"。

雷美琳在"雷震纪念馆"开幕仪式上哽咽表示，父亲生前自信方向正确，历史自会还他清白，"这一天终于等到了"。对于亲自前来道歉的国民党主席马英九，雷美琳说，前人犯错，把所有责任都推到他身上，有点不公平，为了台湾的和谐，她选择原谅。

雷美琳还表示：她将陆续捐出父亲生前的书信、手稿等遗物，纪念馆成立代表台湾民主人权又跨前一步，盼父亲在天之灵得到安慰!

2003 年 9 月 29 日初稿

2008 年 6 月 10 日二稿

2011 年 1 月 11 日三稿

# 雷震大事年表

1897年：公历6月25日（阴历五月二十六日）出生于浙江省长兴县小溪口
镇，谱名雷用龙。父亲雷锦贵为河南移民，母亲陈氏为浙江诸暨人。

1903年：接受私塾教育启蒙。

1909年：春季，父亲雷锦贵过世。

1910—1915年：
进入安长小学堂，接受新式教育。稍后入梅溪高小。1912年入浙
江省立第三中学就读。

1916年：参加反帝游行。同年夏天自浙江省立第三中学毕业。10月赴日留学，
更名为雷震，字儆寰。

1917年：在日本东京五九国耻纪念会上，由张继、戴季陶介绍加入中华革
命党（国民党）。

1918年：留日学生曾琦、王希天等人反对北京政府与日本签订《胶济铁路
密约》，发起"罢学归国"运动。雷震支持此运动，于夏天返国，
但发觉无事可做，在亲友劝告下于12月再度赴日。

1919年：考取东京第一高等学校附设中国学生特别预科的文科。

1920—1923年：
特别预科毕业，分发名古屋第八高等学校（简称八高）就读。在

校期间，曾参与"华工共济会"活动。1923 年八高毕业，入京都
帝国大学法学部就读。

1923—1926 年：

在学期间，深受森口繁治与佐佐木惣一两教授影响。1926 年 3 月
自京都帝国大学毕业，入"研究院"跟随森口繁治研究宪法，只
攻读一学期，即于冬季返国。

1927 年：国民革命军收复浙江后，担任浙江省立第三中学校长，未久即离职。
在戴季陶介绍下，进入国民政府法制局担任编审，局长为王世杰。

1928 年：冬季，法制局并入立法院，改任考试院编译局编撰，兼中央军校教官。

1929 年：铨叙部成立，任秘书兼调查统计科科长。

1930 年：兼国立中央大学法学院教授。

1931 年：当选国民党南京市党部委员，继任书记长及常务委员，负责宣传
工作。同年冬季，铅印"行政改良刍议"，分送各单位，期盼组织
改革。在天津《大公报》发表"我们要准备进攻才能应付国难"，
在《时代公论》发表"统一先从小处做起"，在《日本评论》发表
"国联何以屈服于日本——东三省事件与国际关系之解剖"等文。

1932 年：在北平与宋英结婚。担任国民党南京市代表大会主席。在《日本
评论》发表"日本帝国主义侵略东三省之经济政策"，在《时代新论》
发表"法制国家的真谛"，在《时代公论》发表"人道主义与牛兰"、
"可歌可泣之义勇军"、"抗日抵货之合法性"、"热沪情势之透视"、
"救国应先恢复民族精神"、"荒谬绝伦之日本声明书"、"党国当局
应有之觉悟——为国民党三中全会开幕而作"，及"两不讨好的国
民代表会"、"高考及格人员的呼声及考试制度"等文。

1933 年：4 月王世杰任教育部长，随王世杰入教育部；7 月任总务司长。

1934 年：纪念母亲六十寿辰，在长兴创办长安小学，于翌年校舍完工后开
始招生。

1935 年：国民党五全大会，获选为候补监察委员第三名，并兼任国民党政
治委员会下所属财政专门委员会委员（主任徐堪，副主任陈其采）。
4 月份与徐逸樵（总编辑）、周宪文、罗鸿诏（均为留日学生）等

创办《中国新论》，督促政府抗日，刊物曾被上海《中国评论周报》评为优秀政治杂志。在长安小学兴建可容纳三千人的大礼堂。冬季，在长兴小溪口镇成立"小溪口农村改进会"，以改进家乡农业。

1936 年：在《中国新论》发表"非常时期之意义"、"民族与文化"、"如此亲善"、"成都事件真相"、"临难毋苟免"等文。出版《雷震论文集》，收录政论二十二篇，十万余言。

1937 年：在《中国新论》发表"回忆与展望——自力更生"，编辑"非常时期丛书"，共出版三十六种。7 月 7 日，抗日战争全面爆发。

1938 年：1 月间，随王世杰离开教育部，任军事委员会政治部设计委员。2 月，母亲陈氏于长兴家乡为日军硫黄弹击中逝世，享年六十四岁。4 月，国民参政会成立，王世杰为秘书长，雷震为议事组主任。

1939 年：国民参政会设川康建设期成会（蒋介石兼会长），雷震兼主任秘书。于 1939 年 8 月 23 日递补萧佛成病逝缺，成为国民党监察委员。

1940 年：国民参政会成立宪政期成会，雷震为助理，此后有关制宪工作，雷震一直为重要人物。

1942 年：国民参政会川康建设期成会改为全国经济动员策进会，仍任主任秘书。

1943 年：升任国民参政会副秘书长。

1944 年：在参政会起草"保障人民身体自由办法"。

1945 年：8 月 15 日，日本宣布无条件投降，抗日战争胜利。国民党六全大会，连任中央监委。

1946 年：1 月，国民政府召开政治协商会议，任秘书长，负责协商各党派意见。11 月，"制宪国民大会"开幕前后，负责协商青年党与民主同盟中的民社党参与"制宪国大"，任"制宪国大"代表兼副秘书长。

1947 年：1 月起，担任国民党与民社党协商代表，讨论各党派参与国民政府事宜。4 月间，国民政府扩大各党派参与组阁，张群为行政院长，雷震任不管部政务委员，负责联络各党派，并获选为国民大会代表。

1948 年：3 月参政会结束，在《中央日报》发表"完成了历史使命的国民参政会"，4 月国大选举蒋介石为总统，5 月由翁文灏组织行宪后第一任内阁，雷震任不管部政务委员。年底孙科改组内阁，乃离职。

1949 年：1 月中，蒋介石宣布引退。2 月、3 月间与胡适、王世杰、杭立武
等人经常聚会，主张办报纸与刊物，宣扬民主自由，挽救人心。
刊物经胡适定名为《自由中国》，仿照二次大战戴高乐之"自由法
国"。4 月初曾赴浙江溪口，请示蒋介石，获其允助。任京沪杭警
备司令部顾问，与谷正纲、方治协助汤恩伯守备上海，有"三剑
客"之称。上海撤退后，经广州至台湾。8 月初，国民党总裁办
公室在台湾成立，雷震任设计委员会委员。10 月，雷震自厦门返
台，继续筹办刊物；11 月 20 日《自由中国》半月刊在台北创刊，
在美国的胡适挂名发行人，以雷震为实际负责人。

1950 年：继续参与改造筹划，主张国民党应该民主化。3 月 1 日蒋介石"复职"。
任命孙立人为"陆军总司令"，王世杰为"总统府秘书长"，雷震
担任"国策顾问"、"中央银行"监事。7 月，国民党成立改造委员会；
10 月间，雷震至香港考察《香港时报》发行情况。

1951 年：1 月底至 3 月初，与洪兰友共赴香港。归后提出港澳之行报告，
建议"废除学校之三民主义课程及军队党部"。蒋经国在"忠烈祠"
公祭时，斥责雷震乃受人唆使，才建议废除军队党部。4 月中旬，
蒋介石在军队、党部改造会就职会上亦指责雷、洪二人的建议与
匪谍、汉奸无异，令雷震深感难过。6 月初，《自由中国》刊登夏
道平执笔的社论"政府不可诱民入罪"，评论政府采行金融投机作
法可能导致执行人员藉机敲诈，受到压力；刊登"再论经济管制
的必要"一文，被迫道歉，引起胡适不满，于 8 月 11 日来信称"《自
由中国》不能有言论自由，不能有用负责态度批评实际政治，这
是台湾政治的最大耻辱"。

1952 年：在《自由中国》发表"学人蒙难，文化遭殃"（社论）、"健全舆论
形成的要件"、"政治与道德"（社论）、"对国民党七全大会的期望"
（社论）、"监察院之将来"、"《自由中国》三周年的回顾与自省"等文。
出版《舆论与民主政治》一书。11 月 19 日，胡适自美返台，在《自
由中国》三周年纪念会上，鼓励"人人应把言论自由看作最宝贵

的东西，随时随地地努力争取，努力维持"。"中日文化经济协会"成立，张群为会长，雷震为干事长。年底，社方与亚洲协会签约，自1953年起，亚洲协会长期购买《自由中国》杂志一千本，1954年起增购五百本。

1953年：3月间，台湾省政府主席吴国桢离职，随即称病赴美不归。雷震自3月起陆续被免除"国策顾问"、"中央银行监事"、"国民大会"筹备委员等职。11月中，王世杰因"两航案"被蒋介石以"蒙混舞弊，不尽职守"而免职。雷震在《自由中国》发表"国民大会要走到哪里去"、"教育行政应有示范作用——谈守法"（社论）、"舆论界的反省（为本刊第五年开始而作）"，在《公论报》发表"舆论是民主政治的基石"等文。出版《监察院的将来》一书，主张将"监察院"改为"参议院"，"立法院"改为"众议院"。

1954年：年初，设计委员端木恺遭到国民党开除党籍的处分。2月，吴国桢在美陆续发声抨击政府。"陆军总司令"孙立人转任荣誉职的"总统府参军长"。雷震因为《自由中国》刊登读者投书"抢救教育危机"被注销国民党党籍。在《自由中国》发表"行宪六年"（社论）、"行宪与守法"（社论）、"我们需要怎样的行政院长"（社论）、"这是国民党反省的时候"（社论）、"确立文人治军制度"（社论）等文，在《祖国》周刊发表"反对党与民主政治"等文。在"我们五年来工作的重点"一文中强调：自由与民主；实行法制建立政治制度；希望出现有力反对党；团结民主国家和反对力量；鼓励自由经济的制度；建立独立性与批评性的舆论。

1955年：美国国务院邀请访美并为眼疾赴美就医，未获准出国，胡适作保亦无法改变。8月20日，孙立人因郭廷亮所谓"匪谍案"而辞职。

1956年：10月31日，蒋介石七十诞辰，《自由中国》出版"祝寿专号"为自由派人士向蒋介石建言之总集，言人所不敢言者。胡适的"述艾森豪的两个故事给蒋总统祝寿"，希望蒋介石努力做一个无智而能"御众智"，无能无为而能"乘众势"的"元首"。雷震的"谨献对于国防制度的意见"，批评"国防组织法"与"国防会议"。"祝寿专号"大为畅销，后加印十三版，引起党、团、军刊物的围攻。
雷发表"我们的态度"，强调"对人无成见，对事有是非"。

1957 年：4 月《制宪述要》在香港出版。困扰的印刷问题，在黄少谷等人
协助下，于 5 月间暂告解决。7 月起，《自由中国》陆续刊登系列
社论"今日的问题"，全面讨论国是。8 月 2 日，雷震致信胡适，
希望胡出面领导一个新的政党，胡谢绝，并回信给雷："我平生绝
不敢妄想我有政治能力可以领导一个政党……如果台湾真有许多
渴望反对党的人们，他们应该撇开一切毫无事实根据的'讹言'、
'流言'——例如胡、蒋在美国组党的妄传——他们应该作点切于
实际的思考，他们应该自己把这个反对党建立起来，应该用现有
的可靠的材料与人才做现实的本钱，在那个现实的基层上，自己
把这个新政党组织起来。胡适之、张君劢、顾孟余……一班人都
太老了，这些老招牌都不中用了。"

1958 年："今日的问题"系列社论以"反对党问题"为总结，认为"反对党
是解决一切问题关键之所在"。4 月 10 日，胡适回台就任"中央
研究院"院长。5 月 27 日，在自由中国社餐会上胡适公开主张由
知识分子来组织一个在野党。胡适说，"现在可否让教育界、青年、
知识分子出来组织一个不希望取得政权的在野党"。接着《自由中
国》发表社论"积极开展新党运动"，大声鼓吹新党。同时李万居、
吴三连、高玉树等七十八人发起组织"中国地方自治研究会"。6
月，出版法修正案于"立法院"通过。《自由中国》在社论"国民
党当局应负的责任与我们应有的努力"中称：出版法修正案通过，
使出版品不待法院的审判，行政官署可直接径行予以处分，这是
立法史上可耻的一页，鼓励大家努力争取言论自由。

1959 年：陈怀琪事件发生，陈怀琪控告社方伪造读者投书。3 月 3 日，雷
震到台北地方法院应讯。其后胡适发表"因陈怀琪事件给自由中
国社的一封信"、"容忍与自由"，要自由中国社忍耐，还向雷说"个
人荣辱事小，国家前途事大，要多多忍耐"。3 月 25 日，雷震应
传到法院二次应讯。其后王云五上书当局，请宽大为怀，就此息事。

6月亚洲协会购书合约期满，未与社方续约。

1960 年：2 月，《自由中国》发表社论"敬向蒋总统作最后的忠告"。3 月，雷震发表"在国民大会反对修改宪法和临时条款的书面意见"，反对修改临时条款以达"修宪连任"。在"国大"审查会表决修改临时条款时，雷震并未出席，王世杰表示反对。3 月 21 日、22 日，"正副总统"选举，雷震均未出席投票。蒋介石、陈诚当选"正副总统"。地方选举前，参加集会，要求选举公平。5 月 18 日，非国民党籍人士举行选举改进检讨会，主张成立新党，来要求选举之公正，实现真正的民主。于是决议即日起组织"地方选举改进座谈会"。6 月 15 日，"选举改进工作座谈会"发表声明，决定：一，已成立选举改进座谈会，将督促政府办好选举；二，筹组新党，为真正民主而奋斗。6 月 25 日，召开选举改进座谈会第一次委员会，推举雷震等十六人为召集委员。翌日召集人会议，推雷震、李万居、高玉树为发言人。7 月 12 日，雷震、夏涛声、傅正赴彰化演讲。在台中召开中部四县市座谈会，出席者近百人，雷震在会场演讲，声明新党 10 月前成立，决定争取下届县市议员。7 月 24 日，参加嘉云地区座谈会。7 月 29 日《中央日报》刊登社论"论政党的承认问题"，不承认新党。8 月底发表紧急声明，宣布将在 9 月底成立新党。9 月 4 日，"雷震案"爆发，雷震、傅正、马之骕、刘子英四人被捕。《自由中国》停止发刊。胡适两度在美打电报给陈诚，主张司法审判；9 月 9 日，张君劢长电蒋介石，要求释放雷。长女雷德全在《纽约时报》发表文章，为父抗议。9 月 12 日，选举改进座谈会，改名"中华民主党筹备会"，要求释放雷震。9 月底，殷海光、夏道平、宋文明共同发表声明，愿为所写社论负起法律责任。9 月 28 日起，殷海光陆续发表"我看雷震和新党"、"法律不会说话"、"雷震并没有倒"等文。10 月 8 日，当局以"知匪不报"、"为匪宣传"两项罪名判处雷震有期徒刑十年。10 月 23 日，胡适由美返台，称如传他作证，愿出庭。11 月 23 日，当局维持原判，胡适对记者表示"大失望"。

1961 年：1 月 10 日，"国防部"拒绝雷震夫人宋英声请"非常审判"，认为
　　　　原判于法并无不当。1 月，在第五届台湾县市议员选举中，中国
　　　　民主党筹备会曾往各地为新党人士助选，其后停止活动，"中国民
　　　　主党"胎死腹中。2 月初，四十六位社会名流和学者胡适、李济、
　　　　蒋匀田等上书蒋介石，为雷震声请特赦，未准。阴历五月二十六日，
　　　　胡适手书南宋诗人杨万里的诗《桂源铺》贺狱中雷震生日。

1962 年：2 月 24 日，胡适在南港"中央研究院"酒会上心脏病突发逝世。

1963 年："立委"齐世英主办的《时与潮》杂志 166 期刊登"访宋英问雷震
　　　　狱中生活"，并附雷震亲笔的"狱中自励诗"。《时与潮》因而被停
　　　　刊一年，雷震被罚停止接见家属六个月。雷获悉实情后，向狱方
　　　　提出抗议。

1966 年：8 月 5 日，台湾"教育部"去函台大，拟聘殷海光为该部研究委
　　　　员会委员，其目的想让殷海光离开台大。8 月 26 日，殷海光见校
　　　　长钱思亮，双方议定形式上殷仍为台大教授，但停止授课。9 月，
　　　　有关方面到殷家劝其接受"教育部"聘书，遭殷怒斥："我殷海光
　　　　在这里！""我敢拿生命打赌，我不会接受那张聘书，我也不会去
　　　　做官。"

1969 年：9 月 16 日，殷海光因肝癌逝世，享年五十岁。

1970 年：春节，雷震自写春联贴牢房门上，"十年岁月等闲度，一生事业
　　　　尽销磨"，横联"所幸健存"。在狱中所写四百万字"回忆录"遭
　　　　军监没收。9 月 4 日出狱前，被迫写下誓书，由王云五、谷正纲、
　　　　陈启天三人见证，保证"绝不发生任何不利于政府之言论与行动，
　　　　并不与不利于政府之人员往来"。9 月 4 日，十年刑期届满，清晨
　　　　6 时出狱；9 月 16 日，参加在怀恩堂举行的殷海光教授逝世一周
　　　　年纪念会，流泪追述殷海光一生追求真理的无畏精神。

1972 年：为中山文化基金会以"中华民国宪法释义"为题，从事专题研究，
　　　　月领新台币四千元。在南港墓园买五十坪荒山预备做墓地。

1975 年：7 月 5 日，与家人至日月潭庆祝生日，遭到特务监视。

1976 年：整理南港墓园，命名为"自由墓园"。除预留夫妇墓穴外，将亡儿

雷德成与《自由中国》编委罗鸿诏、殷海光的骨灰,一齐移葬墓园中。

1977 年:9 月,自印《我的母亲》一书二百本,分送友好,在印刷厂内被没收。

1978 年:10 月下旬常头痛,到医院检查有脑瘤;11 月 7 日,在荣总医院开刀取出瘤肉。12 月,《雷震回忆录——〈我的母亲〉续篇》经由香港七十年代杂志社正式出版。立遗嘱"死后火化,不进殡仪馆,不发讣文,不开吊"。

1979 年:3 月 7 日,病逝于荣总医院,享年八十三岁。火化后安葬于自由墓园。墓碑自题:"自由中国半月刊发行人,中国民主党筹备委员雷震之墓"。司马文武(江春男)、宋英、徐复观等人先后发表文章悼念。

1980 年:8 月,《八十年代》发表"雷震·胡适与中国民主党——记近代台湾民主运动的一段历史并悼念雷震先生"一文。

1981 年:3 月,《八十年代》刊登悼念雷震的文章及陈在君《雷震先生年谱简编》。

1982 年:3 月,《亚洲人》推出雷震逝世三周年纪念专题,刊登宋英、杨永干纪念文字。4 月《亚洲人》刊登"薪尽火传——中国民主党组党始末"一文。

1988 年:4 月 29 日,"1960 年雷震案平反小组"成立,要求军人监狱发还雷震被没收的日记与"回忆录",及"监察院"彻底重查"雷案",还雷震当年受冤诬的清白。4 月 30 日,发生所谓雷震"回忆录"焚毁事件。8 月 5 日,"监察委员"谢昆山提出弹劾案。8 月,刘子英赴大陆定居前,致函宋英女士,说明其在非自由意愿下"自白","承认"为匪谍,诬陷雷震。

1989—1990 年:

1989 年 3 月 4 日,"雷震逝世十周年纪念演讲会"在耕莘文教院举行。傅正主编的《雷震全集》共四十七册,由桂冠图书股份有限公司出版。1990 年,9 月 7 日至 9 日,召开"台湾民主自由的曲折历程——纪念雷震案三十周年学术研讨会",同名论文集于1992 年出版。

1996 年：7 月 7 日、8 日，殷海光基金会举办"纪念雷震先生百岁冥诞暨傅正先生逝世五周年'跨世纪台湾民主发展问题'学术研讨会"，除发表学术论文外，雷震夫人宋英、其儿女雷德宁、雷德全及故旧朱养民、宋文明、马之骕、聂华苓、殷海光的夫人殷夏君璐女士，以及林毓生、赵天仪、林正弘、陈宏正等人齐聚一堂，见证台湾民主发展历程，探讨未来台湾民主的走向。同月，薛化元著《〈自由中国〉与民主宪政——1950 年代台湾思想史的一个考察》经由台北稻乡出版社正式出版。

1999 年：任育德著《雷震与台湾民主宪政的发展》，经由台湾政治大学正式出版。

2001 年：台湾"中研院"近史所出版《万山不许一溪奔——胡适雷震来往书信选集》，万丽娟编注，潘光哲校阅。2 月 26 日，台湾地区领导人接见雷震家属与同僚，同意协寻雷震在狱中回忆录等资料，并指示立刻成立"专案小组"。2 月 27 日，成立"雷震先生现存资料调查专案小组"，随后展开访谈四十九位军方有关人士，清查十八万八千卷档案等资料。5 月 18 日，台湾有关部门召开"故雷震先生现存资料记者说明会"。

2002 年：9 月 4 日，台湾地方当局公开为雷震平反。台北"国史馆"正式出版《雷震案史料汇编》两册，将当年"雷震等人涉嫌叛乱案"的真相大白于天下。台湾媒体呼吁让"民众更加了解台湾过去的历史"，进而让历史见光、见日。10 月 24 日，大陆媒体《南方周末》首次揭载"雷震案真相"，刊发范泓《万山不许一溪奔——雷震案真相》一文。

2003—2004 年：

2003 年 2 月，大陆知名刊物《老照片》刊登范泓《雷震与〈自由中国〉半月刊》、邵建《〈自由中国〉的两个"容忍与自由"》等文；台北"国史馆"出版《雷震案史料汇编：黄杰警总日记选辑》；2003 年 9 月，台北远流出版公司出版《雷震家书》、《雷震回忆录之新党运动黑皮书》。2004 年 5 月范泓著《风雨前行——雷震的一生》经由广西师范大学出版社正式出版，入围首届"华语图书传媒大奖"（历史类）。

2007 年：台北"国史馆"推出《雷震案史料汇编》系列电子书光碟，包含四大内容：一，《国防部档案选辑》；二，《雷震狱中手稿》；三，《黄杰警总日记选辑》；四，《雷震回忆录焚毁案》。

2008 年：范泓著《风雨前行——雷震的一生》繁体字版（易名《民主的铜像——雷震先生传》），经由台湾秀威资讯科技股份有限公司出版，在台湾发行。

2012 年：3 月 7 日，雷震去世三十三周年，"雷震纪念馆"暨雷震研究中心在台湾政治大学社会科学资料中心正式揭幕。由国民党主席马英九先生揭牌。马英九再度用深深一鞠躬，向雷震家属与所有曾为自由、民主奋斗过的人士，表达他的歉意与敬意。

# 主要参考书目

- 傅正主编《雷震全集》(1—43 册，台湾桂冠图书出版公司出版，1989 年，南京大学图书馆馆藏)
- 1949—1960 年《自由中国》半月刊 (自由中国社，南京大学图书馆馆藏)
- 陈世宏、张世瑛、许瑞浩、薛月顺编《雷震案史料汇编：雷震狱中手稿》(台北"国史馆"，2002 年)
- 陈世宏、张世瑛、许瑞浩、薛月顺编《雷震案史料汇编：国防部档案选辑》(台北"国史馆"，2002 年)
- 陈世宏、张世瑛、许瑞浩、薛月顺编《雷震案史料汇编：黄杰警总日记选辑》(台北"国史馆"，2003 年)
- 马之骕著《雷震与蒋介石》(台湾自立晚报社文化出版部，1993 年 11 月第一版)
- 万丽娟编《胡适雷震来往书信选集》(台北"中研院"近代史研究所出版，2001 年 12 月)
- 任育德著《雷震与台湾民主宪政的发展》(台湾政治大学出版，1999 年 5 月)
- 雷震著《雷震回忆录——〈我的母亲〉续篇》，(香港七十年代杂志社出版，1978 年 12 月初版)
- 雷震著《雷震家书》(台北远流出版公司出版，2003 年 9 月第一版)
- 雷震著《雷震回忆录之新党运动黑皮书》(台北远流出版公司出版，2003 年 9 月第一版)
- 王中江著《殷海光评传》(台北水牛图书出版事业有限公司出版，1997 年 9 月)

- 薛化元著《〈自由中国〉与民主宪政——1950 年代台湾思想史的一个考察》(台湾稻乡出版社，1996 年 7 月)
- 张忠栋著《胡适五论》(台北允晨文化实业股份公司出版，1990 年)
- 张忠栋著《胡适·雷震·殷海光——自由主义人物画像》(台北自立晚报社文化出版部，1990 年)
- 蒋匀田著《中国近代史转折点》(香港友联出版有限公司，1976 年版)
- 张斌峰编《殷海光文集》(四册，湖北人民出版社，2001 年 10 月)
- 曹伯言整理《胡适日记全编》(八册，安徽教育出版社，2001 年 10 月第一版)
- 耿云志、欧阳哲生编《胡适书信集》(三册，北京大学出版社，1996 年 9 月第一版)
- 唐德刚著《胡适杂忆》(华文出版社，1990 年 2 月第一版)
- 胡颂平编著《胡适之先生晚年谈话录》(中国友谊出版公司，1993 年 9 月第一版)
- 胡颂平编著《胡适之先生年谱长编初稿》(台北联经出版事业公司，1984 年)
- 雷德全著《我的母亲——宋英》(台北桂冠图书股份有限公司，1996 年 11 月初版)
- 柏杨(郭衣洞)口述、周碧瑟执笔《柏杨回忆录》(台北远流出版公司，1996 年版)
- 陶百川等编纂《最新综合六法全书》(台北三民书局，1994 年版)
- 潮见俊隆、利谷信义编《日本法学者》(东京日本评论社，1974 年出版)
- 梦花编《最美丽的颜色——聂华苓自传》(江苏文艺出版社，2000 年 1 月第一版)
- 聂华苓著《三生三世》(百花文艺出版社，2004 年 1 月第一版)
- 陈芳明著《殖民地摩登：现代性与台湾史观》(台北麦田出版社，2004 年 6 月初版)
- 钱永祥著《纵欲与虚无之上》(生活·读书·新知三联书店，2002 年 10 月第一版)
- 陈峰著《中国宪政史研究纲要》(贵州人民出版社，2003 年 1 月版)
- 张皓著《派系斗争与国民党政府运转关系研究》(商务印书馆，2006 年 2 月第一版)
- 魏诚著《〈自由中国〉半月刊内容演变及其政治主张》(台湾政治大学新闻研究所硕士论文，1984 年)
- 陈仪深著《〈独立评论〉的民主思想》(台北联经出版事业公司，1989 年 5 月初版)
- 郑大华著《张君劢传》(中华书局，1997 年 12 月第一版)
- 梁漱溟著《忆往谈旧录》(中国文史出版社，1987 年)
- 金冲及著《转折年代——中国的 1947 年》(生活·读书·新知三联书店，2002 年 10 月第一版)
- 《被遗忘的大使司徒雷登驻华报告》(江苏人民出版社，1990 年第一版)
- 《胡适选集·政论》(台北文星书店，1966 年版)
- 《毛泽东文选》第四卷(人民出版社，1993 年版)
- 《顾维钧回忆录》(中华书局，1989 年 3 月第一版)

- 《国共谈判文献资料选辑》（江苏人民出版社，1984 年 4 月第二版）
- 张玉法著《中华民国史稿》（台湾联经出版事业公司，2001 年 7 月二版）
- 陶百川著《困勉强狷八十年》（台北东大图书公司，1986 年版）
- 李敖、胡虚一编著《雷震研究》（李敖出版社，1988 年 5 月 5 日初版）
- 蔡明云主编《台湾百年人物志 2》（台北玉山社出版事业股份有限公司，2005 年 3 月初版）
- 李永炽监修，薛化元主编《台湾历史年表：终战篇 I》（台北"国家政策研究资料中心"，1990 年）
- 《张君劢先生七十寿庆纪念论文集》（1956 年 1 月台北出版，南京大学图书馆馆藏）
- 张忠栋、李永炽、林正弘主编《现代中国自由主义资料选编》（台北唐山出版社，1999 年）
- 《国民参政会纪实》（上、下、续编三册，重庆出版社，1987 年 6 月第一版）
- 《南京国民政府纪实》（安徽人民出版社，1993 年 7 月第一版）
- 《民国军政人物寻踪》（南京出版社，1991 年 12 月第一版）
- 宋英等编《傅正先生纪念集》（台北桂冠图书公司，1991 年第一版）
- [日] 家永三郎著《日本近代宪法思想史研究》（东京岩波书店，1967 年）
- 王世杰著《王世杰日记》（台北"中研院"近史所出版，1990 年初版）
- 陈旭麓、李华兴主编《中华民国史辞典》（上海人民出版社，1991 年 8 月第一版）
- [美] 费正清编《剑桥中国晚清史》（中国社会科学出版社，1985 年 2 月第一版）
- 蒋永敬、李云汉、许师慎编著《杨亮功先生年谱》（台北联经出版公司，1988 年版）
- 沈云龙、林泉、林忠胜等《齐世英先生访问记录》（台北"中研院"近史所，1997 年 3 月二版）
- 叶石涛著《一个台湾老朽作家的五〇年代》（台北前卫出版社，1991 年版）
- 曾逸昌编著《悲情岛国四百年》（出版者曾逸昌，1997 年 11 月 11 日初版）
- 王作荣著《壮志未酬——王作荣自传》（台北天下远见出版公司 1999 年第一版）
- 周谷编著《胡适、叶公超使美外交文件手稿》（台北联经出版公司，2001 年版）
- 左成慈著《余纪忠办报思想与实践研究》（南京大学出版社，2003 年 9 月第一版）
- 贺照田编选《殷海光学记》（上海三联书店，2004 年 7 月第一版）
- 廖宜方著《图解台湾史》（台北易博士出版社，2004 年 12 月初版）
- 薛月顺、曾品沧等编注《从戒严到解严——战后台湾民主运动史料汇编（一）》（台北"国史馆"，2002 年 7 月）
- 周琇环、陈世宏编注《组党运动——战后台湾民主运动史料汇编（二）》（台北"国史馆"，2002 年 7 月）

- 苏瑞锵著《战后台湾组党的滥觞——"中国民主党"组党运动》(台北稻乡出版社，2005 年初版)
- 苏瑞锵著《超越党籍、省籍与国籍——傅正与战后台湾民主运动》(台北前卫出版社，2008 年 1 月初版)
- 陈正茂主编《左舜生先生晚期言论集》(台北"中研院"近史所史料丛刊 (28)，1996 年 5 月初版)
- 陈正茂编著《五〇年代香港第三势力运动史蒐秘》(台湾秀威出版有限公司，2011 年 5 月初版)

(其他文献、报纸、期刊从略)

# 修订后记

　　这本雷震传记，2004 年出版以来，已有八年过去。此次广西师大出版社再版（原书名《风雨前行——雷震的一生》），使我有了一次全面修订、增补的机会。这自然要感谢总编辑刘瑞琳女士，感谢冯克力、曹凌志二位。我与他们是多年的朋友，也许不该说这样的"客套话"，但这些年来，他们的出版境界与眼光，以及对出版事业的执著和敬业态度，一直为我由衷敬佩，有这样的朋友，也是我个人的荣幸。

　　雷震在台湾民主思想史上有着不容忽视的重要地位，对台湾民主宪政运动来说，他是一位承前启后的关键人物。台湾自由主义之发轫，实际上，是从雷震及《自由中国》那一代人开始的，而他们的传承，则来自于 20 世纪上半叶中国大陆的自由主义思潮。今天台湾知识界，仍十分推崇已故的雷震先生，就因为知道在当年形格势禁下，坚持发出正义与理性的声音，知其不可为而为之，是一件多么不容易的事情。只是这些清醒的声音，在威权时代，非但没有对执政当局产生振聋发聩的作用，反而引发一次又一次激烈的言论冲突，及至雷震被捕，《自由中国》被迫停刊，台湾自由主义运动出现过一段"沉寂期",即便有过零星的抗争,却未能形成较大的影响和实际作用。说起来,这是一个时代的悲剧,但历史的经验和教训,并不局限于某个年代,雷震与《自由中国》的历史意义和内涵或许就在这里。鉴往知来,可以给我们带来一些思考或信心,"这几百年来(特别是这一百年)演变出来的民主政治,虽然还不能说是完美无缺陷,确曾养成一种爱自由,容忍异己的文明社会",这是胡适早年说的。

2003 年秋,我撰写了这本雷震传记,当然主要是因为"雷震案"前一年在台湾得到平反,大陆一般读者对雷震与《自由中国》所知甚少;在台湾,尽管有多本这方面的研究专著,却没有一本真正意义上的传记。具体说来,与几位师友促成此书的完成,有很大关系。一位是邵建兄,在他的建议下,我开始了对雷震与《自由中国》的初步研究;一位是冯克力兄,他作为《老照片》执行主编,多次向我约写有关雷震的稿件,成书之后,几经辗转,最后是经他推荐,交广西师大出版社正式出版;还有一位,是袁伟时老师,最早是他老人家约写此书,当时笑蜀兄拟编一套历史人物丛书,袁先生作为丛书主编,将雷震列入选题,使我写了这本"雷震传"(丛书后未能运作成功)。这些都为外界有所不知,旧事重提,或许没有什么特别的意义,但于我个人来讲,是在"雷震传"之后,对民国人物尤其是"从政学人"产生了较大的兴趣,陆陆续续写来,一晃也有七八年了。

"雷震传"(初版)在当时的情况下,无论叙述,还是观点,以及史料运用,都存在许多问题。坦率地说,这是我在当年无法克服的困难,有此心,而无此能力。这样说,并不等于此次修订本一定尽善尽美,但至少我已能发现其中的若干问题,当然,还会有新的问题出现。此次再版,全书结构,整体未动,加大了后半部分的比重,即雷震赴台后创办与主持《自由中国》至被捕入狱、出狱后九年的新资料，同时删去一部分在今天看来是可有可无的内容。这一调整应当说是必要的，正如老友傅国涌兄所言，雷震一生意义最重大的是他的后半生，与我的看法不谋而合。

"雷震传"初版之后，又先后得到来自台湾友人不断提供的新资料，为此次修订提供了条件。除一些熟识的朋友外，特别要感谢未曾谋面的蒋茉春女士，我已记不清与她是怎样认识的了，好像给我写过信。当时她是台湾某校的一位老师，在职研究生，后来又去读博士，做过"三位外省人"——雷震、柏杨、李敖的专题研究，将自己搜集的所有资料都寄给了我，现在已联系不上她了。另外，华中师范大学历史系教授何卓恩先生的专著《〈自由中国〉与台湾自由主义思潮：威权体制下的民主考验》（台湾水牛出版社），使我获益匪浅，得到不少启发。2011 年 1 月，共识网在武汉举办"辛亥百年：变与不变"研讨会，我与国涌、张耀杰、李洁、陈浩武诸兄去访过何先生，介绍我们认识何先生的是天津学者金纲先生，得此良遇，人生幸事，快慰可知。

也要感谢此次的责任编辑，在修订过程中，其一丝不苟、认真负责的态度令人感动。

不多说，以上是为记。

2012 年 11 月 1 日　于南京莫愁湖畔